云南大学民族学一流学科建设经费资助

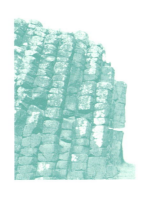

爱尔兰民族问题及其和平进程研究

基于一个边境小镇的调查

周建新 著

中国社会科学出版社

图书在版编目(CIP)数据

爱尔兰民族问题及其和平进程研究：基于一个边境小镇的调查／周建新著.
—北京：中国社会科学出版社，2021.5
（教育部人文社会科学重点研究基地云南大学西南边疆少数民族研究中心
文库. 文化人类学研究丛书）
ISBN 978 - 7 - 5203 - 8468 - 1

Ⅰ.①爱…　Ⅱ.①周…　Ⅲ.①民族问题—研究—爱尔兰　Ⅳ.①D756.2

中国版本图书馆 CIP 数据核字(2021)第 092678 号

出 版 人	赵剑英
责任编辑	王莎莎
责任校对	张爱华
责任印制	张雪娇

出　　版	中国社会科学出版社
社　　址	北京鼓楼西大街甲 158 号
邮　　编	100720
网　　址	http://www.csspw.cn
发 行 部	010 - 84083685
门 市 部	010 - 84029450
经　　销	新华书店及其他书店

印刷装订	北京市十月印刷有限公司
版　　次	2021 年 5 月第 1 版
印　　次	2021 年 5 月第 1 次印刷

开　　本	710×1000　1/16
印　　张	20.5
插　　页	2
字　　数	312 千字
定　　价	128.00 元

凡购买中国社会科学出版社图书，如有质量问题请与本社营销中心联系调换
电话：010 - 84083683

自　序

在遥远的大西洋上，有一个叫作爱尔兰的岛国，中文的字面含义就是爱你的"兰"。当然，这个"兰"一定不是"兰花"，而我却一直认为这个"兰"就是"蓝"。倘若如此，这是一个多么贴切的名字，也许爱尔兰真是这个世界上蓝色最多的国家。首先，它是一个岛国，四周都是蔚蓝的海水，那种清亮的蓝色海水，并不是其他地方可见的。曾经看过世界上许多地方的海水，但是这里的蓝色最清亮。其次，这里的天空最蓝，没有大工业的纤尘，尤其是在雨过天晴的艳阳下，那种深邃的无底之蓝，摄人心魄。还有，就是这里星罗棋布的大小湖泊，像蓝宝石一样，点缀在山岳森林之间。曾经在梅努斯小区别墅二楼朝阳的窗前，呆呆地看那蓝天，以及飞机划过时，白色气流烘托出的清亮的无底蓝，仿佛悬停于世外。倘若你读过爱尔兰非同一般的历史，你甚至会发现在它历史的深处也泛着神秘的深蓝之光。

其实，回到英文的字面，爱尔兰的"兰"，就是"land"，就是"土地"，而这又是一块充满绿色的沃土。

2008 年 2 月，当我第一次在冬季来到爱尔兰，飞机降落的那一刻，儿子不无失望地对我说，"爸爸，没有下雪，草地还是绿色的"。是啊，虽然在此之前我曾在夏季来过爱尔兰，但没有想到如此高纬度地区在二月竟然没有白雪。也就是在那一刻，我不得不佩服人们赋予它"翡翠之国"的美誉。于是我在电脑上输入了"爱尔兰、爱尔绿"几个字。儿子看到了，眼中闪着激动的光亮告诉妈妈："爸爸要写书了！"

说到爱尔兰的绿，似乎要胜过爱尔兰的蓝。翡翠之国，隐含着绿色之美，是那种高贵的绿色之美。这个国家的每一寸土地似乎都是绿色的，最亮眼的是草地，公园的草坪，农庄的牧场，普通人家门前的绿草。这个国家的人们热爱绿色，甚至会从一个人穿着的绿色服饰判断其人品。2014 年 9 月的一天，当我穿了一套军绿色的防风衣在克朗内尔斯小镇散步时，一位老大妈招呼我，她说："我喜欢你穿的衣服的颜色，一看你就是个好人！"爱尔兰人的国花是绿色的三叶草，国旗上的绿色象征着宝岛，人们日常的服饰和工艺品中都喜欢带有绿色。绿色已经深入人心，成为一种国色。因此，在爱尔兰国庆游行时，你会看到许许多多的绿色标识穿行在多彩的人流之中。当然，绿色还与罗马天主教徒的信仰相连，成为一种神圣的色彩。

站在克朗内尔斯小镇的高处，远处山坡上的绿色在阳光下随着光影像波浪般由近及远，再由远及近，像奔涌的绿色海浪。我们人类的历史似乎也是这样，奔涌而来，汹涌而去。而站在那里的我，看见这绿色波浪的片段也就心满意足了，常常刻意不去想那些千丝万缕交织在一起的爱尔兰历史。但我知道，世界不过如此。

我为什么要一次次前往爱尔兰这个遥远的国度，如果要说什么理由，也许就是爱你的蓝，爱你的绿，爱你谜一样的深蓝色历史。

克朗内尔斯就像一幅浓墨重彩的油画，悬挂在柯瑞通酒店的前厅里。壁炉中的炭火闪着温柔的红光，投射在我木然的脸上。那一刻，我什么也没有想，闭上眼睛，却看见了阳光下的克朗内尔斯，它静静地停留在爱尔兰蔚蓝的天空下，停留在爱尔兰翠绿的田园中，也永远停留在我的这本书里。

2014 年 9 月
于爱尔兰克朗内尔斯柯瑞通酒店

目　　录

一

引　子

从剑桥到贝尔法斯特

2006 年 5 月，应英国剑桥大学国王学院社会人类学系主任艾伦·麦克法兰教授（Prof. Alan Macfarlane）的邀请，笔者前往剑桥大学查阅和研究有关缅甸族群的资料。由于当时笔者正在承担国家社科基金一般项目"中国南方跨国民族和平跨居模式研究"，其中有许多内容涉及缅甸与中国的跨国民族情况。对于缅甸各民族的研究，虽然在缅甸国内也找到了一些缅文和英文资料，但考虑到英国曾经是缅甸的宗主国，西方学者特别是英国学者对缅甸各民族的研究成果较多，因此希望在英国剑桥大学能够查阅到一些相关资料。

在这段访学期间，笔者常常会阅读一些与英国历史相关的书籍。其中，英国与爱尔兰之间复杂的历史渊源关系，是笔者最感兴趣的内容。由于长期从事族群关系特别是跨国族群关系研究，笔者的关注点也就集中在英国与爱尔兰之间的民族渊源关系上。

笔者时常会反复思考这样一个问题：爱尔兰是一个单一民族国家吗？在爱尔兰与北爱尔兰之间生活的群体是跨国族群吗？鉴于笔者在中国已经进行了十余年的跨国民族研究，便会自然而然地想到这一问题。所以，笔者决定亲自到北爱尔兰去看一看。

经过与艾伦教授商议，他建议笔者去北爱尔兰女王大学看看，多了解一下爱尔兰的真实情况。另外，他还特意告诉笔者爱尔兰岛（指包括北爱尔兰在内的整个爱尔兰岛）是一个美丽的地方，建议可以多走走看看。对于北爱尔兰女王大学，笔者多少有些了解，一是曾经读过英国学者埃里克·霍布斯鲍姆（E. J. Hobsbawm）所写的《民族与民族主义》小册子，他的开篇想象，让人印象深刻："试想，在核战浩劫后的一天，一位来自银河系外的星际史学家，在接收到地球毁于核战的讯息后，横渡银河，亲赴战争后满目疮痍的地球，想一探地球毁灭之因。……经过一番详细的调查，这位星际史学家的结论是，若想一窥近两世纪以降的地球历史，则非从'民族'（nation）以及衍生自民族的种种概念入手不可。"[①] 他的这本著名的小册子，就是根据其在女王大学所做的演讲内容整理而成的。另外，笔者与好友袁同凯教授曾经共同翻译过一本名为《环境决定论与文化理论》[②] 的著作，其作者就是北爱尔兰女王大学的凯·米尔顿（Kay Milton）教授。

为了完成首次探访，笔者查阅了有关爱尔兰共和国以及北爱尔兰的一些文字介绍。从各种介绍中对爱尔兰岛有了一个大致的了解。

爱尔兰岛可以说是一块挂在西天边上的翡翠，它作为不列颠群岛中面积较大的岛屿之一，也是欧洲的第三大岛。它位于大西洋东北部、大不列颠岛以西，中间隔着爱尔兰海与英国大不列颠岛为邻。爱尔兰岛南部是爱尔兰共和国，北部是英国的北爱尔兰。现代北爱尔兰的地理范围大体上与古代的阿尔斯特（也经常被翻译为厄尔斯特）省相同，因此常常被称作"阿尔斯特"。这个岛屿的人口数量大约为580万人；在爱尔兰共和国有410万人（其中160万人居住在大都柏林地区），在北爱尔兰有170万人（其中80万人居住在大贝尔法斯特地区）。

爱尔兰岛南北长486公里，东西宽275公里，全岛面积8.4万平方公里，其中爱尔兰共和国面积为7万多平方公里。地形南北高中间低，四周群山环绕，最高点为西南的卡朗图厄尔山，海拔1041米。整个岛

---

① ［英］埃里克·霍布斯鲍姆：《民族与民族主义》，李金梅译，上海人民出版社2000年版，第1页。

② ［英］凯·米尔顿：《环境决定论与文化理论》，袁同凯、周建新译，民族出版社2007年版。

屿被茂密的森林覆盖，中央低陷部分绿地遍野。西南沿海悬崖陡峭、怪石嶙峋，尤其是石灰岩地区，大自然神奇的妙手把山石雕琢得秀丽多姿。岛上河流纵横交错，湖泊多如繁星。岛内主要河流有香农河、斯拉尼河、诺尔河、布莱克沃特河等。海岸曲折，大西洋沿岸有许多深入内陆的海湾，其中班特里湾等港口可泊巨型油轮。全岛属温带海洋性气候，温暖湿润，冬季很少降雪。有泥炭、煤、铅、锌和磷灰石等矿藏。经济以畜牧业为主，种植业次之。香农河以东土地肥沃，以谷物、燕麦、小麦、大麦种植为主，其余地区以种植土豆、牧草和饲养肉用牛、羊为主。工业有食品加工、机械和高新技术产业等。重要城市有都柏林、贝尔法斯特、香农等。

爱尔兰岛是一个风景如画的地方，人们称之为"翡翠之岛"。无论是在网络上的国际评价中，还是在一般的纸质出版物上，人们对爱尔兰都充满了溢美之词，无不夸赞那里丰富多彩的自然风光，绵延的海岸线和柔软的沙滩，还有热情好客的人民，所有的一切都那么让人神往。

爱尔兰共和国（The Republic of Ireland）位于爱尔兰岛的中南部，以经济发展水平看，爱尔兰属于欧洲发达国家，国民收入位居全球前列，那里高新科技产业发达，是欧洲的"硅谷"。爱尔兰虽然是小国寡民，但其侨民众多，分布在世界各地，甚至对于美国社会也具有重要的影响力。

虽然查阅到了许多的正面资料，而且爱尔兰岛就近在咫尺，可以说走就走。可是也有朋友提醒笔者，说北爱尔兰地区可能存在安全问题，他们建议笔者不要贸然前往。查阅当年的相关资料，笔者还真的找到了当年在爱尔兰首都发生的冲突事件，而且刚刚过去不久。

2006年2月25日，爱尔兰首都都柏林发生骚乱事件。主张北爱尔兰脱离英国的天主教徒为阻挠主张北爱尔兰留在英国的新教徒的游行，与警察发生冲突，造成数十人受伤。这是都柏林十多年来发生的最严重骚乱。爱尔兰总理以及北爱尔兰天主教派最大的准军事组织——爱尔兰共和军（Irish Republican Army）政治组织新芬党领导人都对骚乱表示谴责。

这次骚乱的起因是，北爱尔兰新教徒支持者打算于2006年2月25

日在都柏林举行名为"热爱北爱尔兰"的游行，以纪念那些遭到爱尔兰共和军杀害的新教徒。

这是 1921 年爱尔兰分割成以新教徒为主体的北部和以罗马天主教徒为主体的南部以来，新教徒首次举行类似游行，而且游行获得爱尔兰政府批准。

爱尔兰警方说，当天大约 800 人乘坐 17 辆大客车，从北爱尔兰出发，前往都柏林。游行者原打算以都柏林北部帕内尔广场为起点，穿越整座城市，在都柏林南部的议会大楼前举行集会。组织者希望借游行呼吁爱尔兰政府采取更多行动，调查许多尚未定论的"爱尔兰共和军谋杀新教徒事件"。

但是，就在新教徒游行之际，大约 200 名罗马天主教徒抗议者试图阻挠游行队伍通过都柏林最著名的商业街——奥康内尔大街。他们向前来维持秩序的警察投掷玻璃瓶、石块、烟花、燃烧弹和鸡蛋，不少年轻人戴着面罩，高呼支持爱尔兰共和军的口号。

骚乱不久便蔓延到爱尔兰议会所在地、多座博物馆、一家购物中心和著名旅游景点圣殿酒吧区。在议会大楼外，抗议者纵火焚烧了至少 3 辆汽车，砸碎了数十辆汽车和多家店铺的玻璃。

骚乱造成数十人受伤，其中 14 人伤势较重。这 14 人包括 6 名警察和 8 名平民，多数是头部受伤。另有 12 人伤势较轻。最后，警方逮捕了至少 37 名抗议者。

时任爱尔兰总理伯蒂·埃亨（Bertie Ahern）和新芬党领袖格里·亚当斯（Gerry Adams）于 2006 年 2 月 25 日谴责这起暴力事件。埃亨说："绝对没有理由解释都柏林今天的可耻场面。爱尔兰民主和共和体制的根本是，人民可以自由和平静地表达他们的观点。"亚当斯发表声明说，任何人都没有借口诉诸暴力。"新芬党呼吁人民不要理睬新教徒支持者的游行，不要受游行挑衅。我们已明确表达我们的观点，即任何情况下，都不应该反对游行。"声明还说："令人遗憾的是，一小伙不具代表性的人不顾我们的呼吁。他们的行为完全错误，应该受到谴责。"

爱尔兰为什么会发生这种事件，显然与北爱尔兰问题密切相关。在笔者阅读的书中，一般把北爱尔兰问题都称作"problem"，而这个"问题"到底是什么呢?

人们一般认为,在北爱尔兰地区的人口中60%的人属于原英国移民后裔,信奉基督教新教,其余为爱尔兰人后裔,信奉罗马天主教,北爱尔兰问题即是两个宗教派别斗争的问题。长期以来,新教和天主教派互有隔阂,特别是爱尔兰独立战争之后,两个群体仇怨加深,在北爱尔兰归属问题上,前者主张留在英国,后者则坚持回归爱尔兰。

从20世纪60年代起,爱尔兰共和军在北爱尔兰进行了30多年的武装斗争,以争取北爱尔兰摆脱英国统治。其间,爱尔兰共和军与英国军警以及新教派的冲突导致大约3600人死亡。1998年,北爱尔兰冲突各方达成停火协议。根据协议,北爱尔兰继续留在英国,但实行高度自治,并与爱尔兰建立更紧密关系。爱尔兰共和军2004年9月全部解除武装,这标志着爱尔兰和平进程进入了历史新阶段。

前往爱尔兰岛尽管存在安全问题,但出于强烈的个人兴趣,以及天生的对于遥远处风景的向往,笔者还是决定只身前往。

2006年6月初,笔者抵达北爱尔兰首府贝尔法斯特,由于艾伦教授的介绍,我在女王大学得到了帮助,并在大学附近住下,开始了对贝尔法斯特的漫游。

穿行在贝尔法斯特城,我仍可以在僻静处的街道墙壁上,看到一些与爱尔兰共和军相关的图画与文字。这是历史在这座城市中所留下的痕迹。走过街巷,自己常常幻想1969年贝尔法斯特建起的街道隔离墙是如何将天主教徒和新教教徒分开的。现在,我们只能从历史的图片和影像中看到当时的场景了。当时,那些原本生活在一起的人们,逐渐以街区甚至道路彼此分界,整个社会被撕裂了。

在贝尔法斯特期间我只是走马观花,并没有感受到什么安全问题,只是偶尔看见警察在僻静处查看当地青年的证件,或者盘问情况。而对于我这个外国人,他们几乎视而不见。

每每走过贝尔法斯特街巷中那些古老高大的教堂,我总会想起那个主动找我传教的北爱尔兰人。

在爱丁堡机场候机准备前往贝尔法斯特的时候,一位老外围着我转了几圈,最后开口用汉语问我,"你是中国人吗?"我很吃惊,迟疑地回答他，"是的"。让我吃惊的是，在这个很少见到中国人的地方，他竟然说着一口标准的普通话。接着，他说他认识很多中国人，去过中国一些地方，还在中国学习过汉语。我以为遇到了中国迷，可是不然，接下来他就开始向我传授宗教知识。到达贝尔法斯特之后，他问我在贝尔法斯特预定了宾馆没有，我随口告诉了他我预定的宾馆。没想到，在我入住宾馆大概半个小时后，他就匆匆赶来，并带来了一包用中文印刷的宗教图书。他说了许多信仰上帝的好处，并且说他经常在贝尔法斯特海港，为到港的中国船员讲授圣经。

笔者是一个无神论者，所有的宗教导引对我来说毫无意义。但是这件事还是让我终生难忘。我感叹那些传教者对于宗教的执着，因此，我也开始慢慢理解，为什么北爱尔兰罗马天主教徒与基督教新教教徒，都那么坚守自己的信仰，不妥协、不放弃。

梅努斯大学印象

正是在北爱尔兰的经历，让笔者觉得爱尔兰民族问题，是个非常值得深入研究的课题。回到中国后，我便开始申请有关爱尔兰边境地区的研究项目。非常幸运的是，2007 年我的申请通过了国家留学基金委员会专家的审核。随后，我向爱尔兰的各个大学和学院发送电子邮件，希望可以得到他们的邀请。最后，我收到了爱尔兰国立梅努斯大学（National University of Ireland，Maynooth）（简称"梅努斯大学"）人类学系系主任劳伦斯·泰勒（Lawrence Taylor）教授寄给我的一封热情的邀请函，邀请我们全家前往。在收到邀请函以前，我通过网络了解了劳伦斯教授。他多年来一直从事美国与墨西哥边境地区偷渡问题研究，早已闻名遐迩。也许是我的研究方向与他的比较接近，他才热情地邀请我前往爱尔兰进行研究。

此后，经过一年的准备，2008 年 2 月 9 日，我携妻儿抵达爱尔兰首都都柏林，开始了我的爱尔兰民族问题研究。

尽管我已经对爱尔兰做了很多前期准备工作，但到达机场的那一刻，看到机场绿色的草坪时，还是颠覆了我曾经学习过的地理基本知识。

　　事情是这样的。我的儿子出生在中国南宁，从小没有见过大雪纷飞的冬天。在来爱尔兰之前，按照一般的常识，我很坚定地告诉儿子，今年冬天你可以在爱尔兰看见大雪了。可是当飞机降落时，从飞机舷窗向外望去，根本没有什么白茫茫的雪地，停机坪旁竟然是绿莹莹的草地。儿子开口就问，"大雪呢？"我真的不知道如何回答，我的地理常识告诉我，如此高纬度①的地方，在冬季一定会有大雪，即使没有，也不可能有绿草生长。而事实就在眼前。后来的整个冬天，真的没有什么大雪，有一点毛毛小雪已经足以让儿子欢乐无比了。

　　这件事，似乎预示着我对爱尔兰的了解真的很少，需要学习的东西实在太多。

　　我们当天下午到达都柏林，然后从市区乘坐火车到达梅努斯。梅努斯实际上是一个小镇，但因为有了梅努斯大学它就成了大学城，也像都柏林的一个卫星城，它距离都柏林市中心区20公里左右，交通非常发达，附近的公路、铁路都提供着优质的服务。

　　梅努斯小镇的火车站很小，它让我意识到这个国家的一切公共设施都很小。他们不需要那么巨大的设施，因为他们的火车车厢里从来都不会人满为患。从火车站我们自己拉着行李箱，背着背包，一路问询着到达梅努斯大学。大学正门是一排老旧的建筑，左手门洞中间是大学住宿登记处。宾馆是劳伦斯教授提前预订的，因此很快顺利入住了。

　　在欧美国家，一般的公务活动，特别是学者的国际交流，对方都不会接站，不管你多晚到达。我曾在夜晚从英国希斯罗国际机场赶到剑桥大学，一个人摸黑在凌晨时分才到达。当我敲开国王学院的大门时，值班人给我钥匙表示直接入住就可以了，好像他已经在专门等我一样。这一次虽然不是夜晚，但也颇费周折，与那次没有太大差别。相比之下，我们中国人对于外宾的到访可谓高度重视，只要是客人一般都会予以接送。

　　爱尔兰国立梅努斯大学，是仅次于圣三一学院的爱尔兰最古老的著

---

　　① 爱尔兰处于北纬53度左右，远远高于中国东北地区的纬度。

名大学。1997年其成为爱尔兰政府资助大学，并被纳入爱尔兰国立大学系统。梅努斯大学的前身是建立于1795年的圣·帕特里克学院，到2008年时已有在校学生大约6000人，其中五分之一的学生是研究生。据了解，这里的生物、化学、医药等专业比较有名，而人类学专业只是一个很小的系部。

梅努斯大学有老校区和新校区两个部分。初到梅努斯大学，我们在老校区居住，入眼的都是欧洲所有大学几乎清一色的灰色古老建筑。梅努斯大学最重要的一组建筑，就是在老校区的类似古老城堡的建筑。若从空中俯瞰，其主体是一个巨大的不完全闭合性正方形建筑群，这里有宾馆、教室、办公室等。主体建筑群的右侧，通往新校区的路旁左侧，是一个现代化的图书馆。继续往前，有一座天桥跨越公路，进入公路到另一侧的新校区。我在2014年再次到访时，这个跨越公路的天桥已经被拆除。新校区视野开阔，建筑物全部为新式建筑，看上去历史不长。人类学系坐落于新校区的一片树丛中，是一组有九十度转角的"L"型平房，虽然内部设施很好，但外观上却很像中国建筑工地上临时搭建的现代化工棚，地上地下各有错层。

时值隆冬，虽然没有漫天飞雪，但夜晚的气温多在零度以下。令我惊讶的是，这里的草木虽然在夜里结了厚厚的霜冻，但白昼时依然绿意盎然。人类学系办公室门外的鲜花，甚至整个冬天都没有完全凋谢。

在我来到人类学系报到注册时，劳伦斯教授和系里都热情接待了我。劳伦斯教授是系里唯一的教授，并担任系主任。他是位非常慈祥的高个子老头，脸上的胡须已经泛白。初次见面时，他为我介绍了汤姆（Abdullahi Osman El-Tom）先生，还有行政秘书。当时系里可以见到的也就这三个人了。奇怪的是，后来我发现，系里有两位秘书，她们是上午、下午各上半天班的。

在大学安顿下来后，没有想到的是，约翰·G.休斯（John G. Hughes）校长先生全家，邀请我们全家外出吃饭。劳伦斯先生、汤姆先生作陪。原来校长先生的太太吴新宇是中国人，因此他们按照中国人的习惯给我们接风，这让我非常感动。校长先生还特意对我说："你是第一位来到我们大学研究爱尔兰民族问题的中国学者，希望你有好的研究成果问世。"后来校长先生调往其他大学任职，我再也没有见过他们，但对他们的情谊始终记挂在心。

在梅努斯大学完成报到手续后，人类学系首先帮我办的是图书馆的借书证，并且给我提供了一间两人合用的办公室。拿到办公室的钥匙，进去一看，发现这又是一个特别的地方。办公室多一半建在地下，少一半留在地上，只有不大的半个窗户紧贴着地面用于采光。据说这种结构可以保暖，同时也不妨碍采光，是一种先进理念下的设计。由于不习惯爱尔兰阴冷的气候，这种半地下式的办公室，我也就基本上没有用过，大多数时间是在图书馆和家中度过的。

爱尔兰国立梅努斯大学拥有一座现代化的图书馆，它虽然面积不大，但对于我来说却是最好的去处。在这里我能找到很多有关爱尔兰的书籍和资料，特别是二楼、三楼的历史学、社会学和人类学资料。当你困倦时，还可以在一楼喝点咖啡、吃点东西。在到达爱尔兰的前三个月，只要有空，我就去图书馆阅读有关爱尔兰历史方面的书籍。三个月之后，我开始通过资料找寻合适的田野调查点，并且有意识地查找和阅读欧洲国家有关跨国民族研究方面的相关书籍。

爱尔兰国立梅努斯大学，是我在海外学习和工作居住时间最长的大学，我感受过那里的学习和研究氛围，欣赏过校园里四季的风花雪月。虽然对于这所大学没有太多深层的了解，但是，这所大学留给我的印象，正如我在视觉层面看到的一切，宁静而美丽，古老而年轻。

文献中的爱尔兰

爱尔兰是一个远离中国的西方之国，在中国的古代文献中未有记载。到了近代之后，随着西方帝国主义的坚船利炮打开了紧闭的国门之后，魏源在其《海国图志》中，对于爱尔兰有如下的描述："爱伦在英吉利之西少北，独峙一岛。佛兰西始开垦，公举头目，综理阔略。耶稣纪年九百，始属于领墨，二百余年，为英吉利侵夺，以腊墨领为首部落，设官约束，法令严刻，止准货物运售兰顿，不许通他国。部众却于威，心皆不服。遂于千六百四十年（明崇祯十三年），聚众屠杀英人四万，尽驱余众出境。旋为兰顿兵平服，后乘英国与弥利坚连年争战，爱伦人始得渐与他国贸易。千七百九十八年（嘉庆三年），英国与佛兰西争战，佛兰西阴结爱伦人为助，爱伦人复叛，军无纪律，佛兰西不及救应，数月仍为英吉利所平。自后英国亦敛其苛政，设爱伦总理大员，驻扎腊墨领，并建书馆，贮书十万卷，赋税每年征收银二千二百万四百七十六元。……爱伦四面皆海，在英吉利之西少北，幅员三万方里，户口七百七十六万七千四百有奇。大部落三十有二，小部落四百四十有二。"① 这些珍贵的文字，或许就是我们能查阅到的最早的由中国人记载的关于爱尔兰的文字了。

在前往爱尔兰之前，我曾在国内一些图书馆，或在互联网上，查找有关爱尔兰及爱尔兰研究的相关书籍和资料，但是令人失望的是，有关爱尔兰的中文资料少之又少，而且在有限的资料中，大多数也是与爱尔兰历史问题、爱尔兰和平进程以及爱尔兰文学相关的。除此之外，我无法寻找到更多相关书籍，而且正如旅居爱尔兰的学者邱方哲所说，"中国对爱尔兰的了解依然颇为贫乏。除却几本已过气的简史，市面上关于爱尔兰或'凯尔特'的书刊都并非基于可靠和全面的材料"②。

一 相关论文*

从查阅到的各种杂志看，有关爱尔兰的文章，主要集中在北爱尔兰问题研究上。大致可分为以下几类：

（一）介绍北爱尔兰问题由来的文章

这类论文虽然是发表在各种学术期刊上，但总体来看，内容多是较为基础性的引介文章。例如，续建宜和刘亚林的《北爱尔兰冲突的历史由来及其发展》③；刘金源的《北爱尔兰问题的历史由来》④ 和《爱尔

---

① （清）魏源：《海国图志》，李巨澜评注，中州古籍出版社 1999 年版，第 322—323 页。
② 邱方哲：《亲爱的老爱尔兰》，上海三联书店 2015 年版，第 232 页。
* 相关论文梳理为 2010 年项目立项当年完成。
③ 《西欧研究》1992 年第 1 期。
④ 《世界历史》1996 年第 2 期。

兰问题在一战时的发展》①；李景卫的《北爱尔兰问题的实质何在?》②；洪建军的《北爱尔兰问题的历史背景及重大事件》③ 和《北爱尔兰冲突的由来》④；刘玉华《北爱尔兰民族问题的来龙去脉》⑤；刘泓的《由来已久的北爱尔兰问题》⑥；王晋新和薛桂芬的《爱尔兰与近代早期英国的殖民活动》⑦；朱州的《北爱尔兰问题》⑧、金文的《北爱尔兰问题的来龙去脉》⑨、章晓英的《北爱尔兰问题的症结》⑩ 等。

以上文章都是属于北爱尔兰问题最基本情况的介绍，没有太多的学术观点阐述。

（二）介绍北爱尔兰和平进程的文章

这类文章聚焦于北爱尔兰和平进程，对于爱尔兰国内外因素分析较多。其中有周婷婷的《北爱尔兰问题开始和谈进程》⑪；吴云和袁方的《北爱尔兰问题的和平解决》⑫；翁翔的《北爱：美英较劲儿》⑬；赵锦元的《北爱尔兰的民族问题与和平进程》⑭；江建国和李文政的《北爱和平进程受挫》⑮；刘泓的《北爱尔兰民族问题发展前景分析》⑯；王利平的《爱尔兰新任女总统玛丽·麦卡利斯（Mary Mcaleese）》⑰；王振华的《北爱尔兰问题的历史性突破》⑱；时晓红的《艰难的和平历程——

① 《世界历史》1999 年第 4 期。
② 《人民论坛》1998 年第 8 期。
③ 《国际资料信息》2000 年第 1 期。
④ 《国际资料信息》2002 年第 1 期。
⑤ 《今日民族》2001 年第 4 期。
⑥ 《中国民族》2004 年第 5 期。
⑦ 《北方论丛》2004 年第 5 期。
⑧ 《世界知识》1979 年第 19 期。
⑨ 《群言》1994 年第 12 期。
⑩ 《欧洲》1996 年第 6 期。
⑪ 《国际资料信息》1994 年第 10 期。
⑫ 《现代国际关系》1995 年第 5 期。
⑬ 《中国青年报》1995 年第 320 期
⑭ 《中国党政干部论坛》1996 年第 8 期。
⑮ 《人民日报》1996 年第 214 期。
⑯ 《世界民族》1997 年第 1 期。
⑰ 《现代国际关系》1997 年第 12 期。
⑱ 《欧洲》1998 年第 4 期。

北爱和平协议述评》①；蒋千红的《北爱地方自治的良好开端》②；蒋千红《北爱游行危机缓解》③；马丽萍的《北爱尔兰和平进程及其走向》④；刘金源的《布莱尔当政后的北爱尔兰和平进程》⑤；章毅君的《北爱尔兰和平进程述论》⑥；杨小明和邱显平的《谈判与妥协——北爱尔兰民族冲突的化解机制探析》⑦；王如君《北爱尔兰回复地方自治》⑧；黄鹏的《北爱尔兰和平进程中的美国调停》⑨；许彩丽的《尘埃落定——"复活节协议"签订后的北爱尔兰局势分析》⑩；郭建彪的《美国与北爱和平进程的历史考察》⑪；丁丽兴、江振鹏的《美国对北爱尔兰和平进程的干预》⑫ 等。

以上文章全部将爱尔兰和平进程称之为"北爱尔兰和平进程"，对于这样的判断，笔者认为并不全面。"北爱尔兰和平进程"从字面上局限于北爱尔兰地区，排除了爱尔兰共和国的存在和影响，显然是不够严密的。此一观点，也不符合我们人类学研究最基本的方法论，没有体现出全貌论和整体观，关于这一点笔者将在后续的章节中展开论述。

（三）其他文章

除了以上容易归类的文章之外，还有许多文章的内容涉及广泛，不便一一归类，但有必要认真参考。

如有马尔科维奇（Malkovich）的《宗教和民族分裂——是否有望解决？》⑬，王国璋的《北爱尔兰宗教流血冲突的由来》⑭，陈杰军和徐晓

---

① 《山东师范大学学报》（社科版）1998 年第 5 期。
② 《人民日报》1998 年第 629 期。
③ 《人民日报》1998 年第 716 期。
④ 《现代国际关系》1999 年第 3 期。
⑤ 《世界民族》2005 年第 1 期。
⑥ 《中央民族大学学报》2007 年第 4 期。
⑦ 《浙江学刊》2007 年第 4 期。
⑧ 《人民日报》2007 年 5 月 9 日。
⑨ 《上海外国语大学学报》2007 年第 1 期。
⑩ 《国际论坛》2008 年第 2 期。
⑪ 《莆田学院学报》2008 年第 6 期。
⑫ 《国际资料信息》2009 年第 4 期。
⑬ 严泉译，摘自英国《国际事务评论》1998 年第 4 期。
⑭ 《世界宗教研究》1994 年第 2 期。

天的《析宗教极端主义及其对国家安全的危害》① 等。

周燮藩在《恐怖主义与宗教问题》② 中指出北爱尔兰的恐怖主义是民族分离主义与恐怖主义相结合的活动中历史最久且最典型的。余建华和晏可佳的文章《恐怖主义与民族、宗教问题论析》③ 中也指出北爱尔兰冲突是民族和宗教极端主义因素结合的恐怖主义。朱素梅在《二十世纪的民族主义与恐怖主义》④ 中指出，爆发于 20 世纪 60 年代末期的北爱尔兰暴力恐怖活动是北爱尔兰新教徒与天主教徒之间的宗教冲突，但实质上是北爱尔兰的英爱民族矛盾的深刻体现。

此外还有邱显平、杨小明的《北爱尔民族冲突化解途径分析》⑤，吴云、袁方的《北爱尔问题的和平解决》⑥，陈发兵的《北爱尔兰问题和平解决有望》⑦，董国政的《英国政府如何解决北爱尔兰问题》⑧ 等，这些文章主要探讨的是如何化解爱尔兰民族冲突的途径。

近年来，随着中国对外不断扩大开放，中国的一些年轻学者也开始关注爱尔兰问题的研究，其中有一些研究生撰写了有关爱尔兰问题的毕业论文。其中有复旦大学张新红撰写的硕士学位论文《爱尔兰民族解放运动探析》，辽宁大学尚德君撰写的硕士学位论文《论从 19 世纪初到"一战"期间的爱尔兰问题》，首都师范大学历史系苏昕的硕士学位论文《格莱斯顿与两次爱尔兰自治法案》，福建师范大学黄萍实的硕士学位论文《从冲突走向和平——北爱尔兰问题的历史考察与探索》，上海外国语大学黄鹏的硕士学位论文《北爱尔兰和平进程中的美国调停》，华东师范大学成路的硕士学位论文《关于古凯尔特人在爱尔兰的播迁和发展》，华东师范大学邱显平的博士学位论文《当代民族冲突研究——以北爱尔兰民族冲突为例》等。

---

① 《江南社会学院学报》2006 年第 3 期。
② 《西亚非洲》2002 年第 1 期。
③ 《国际问题研究》2003 年第 3 期。
④ 《世界民族》2000 年第 3 期。
⑤ 《世界民族》2008 年第 6 期。
⑥ 《现代国际关系》1995 年第 5 期。
⑦ 《世界知识》1994 年第 2 期。
⑧ 《国防》1994 年第 7 期。

有关爱尔兰民族问题及其和平进程研究的文章还有许多，不便一一列出，但是在国内梳理相关文献时，笔者总体感觉是绝大多数研究者都没有在爱尔兰的生活经历，研究内容大多是从文献到文献，而且多是从国际关系、国际政治层面的讨论，真正的民族学、人类学研究的文章几乎没有，更没有细致入微的人类学观察。

二　相关著作

除了以上文章外，在中国内地还出版了一些与爱尔兰相关的著作，一些是介绍性的基础读物，一些是翻译过来的译著，其中有关爱尔兰文学的作品最多。

基础性的读物有《爱尔兰》①《列国志——爱尔兰》②。这两本书比较全面介绍了爱尔兰的自然地理、历史沿革、政治体制、经济社会、风土人情、文化艺术、体育运动以及对外关系等情况，对进一步研究爱尔兰具有基础性参考价值。

由中国人撰写的、有关爱尔兰的并且已经出版的学术著作很少，笔者大致看了以下几本。陈丽的《时间十字架上的玫瑰：20 世纪爱尔兰大房子小说》③，以流畅的文笔挖掘了 20 世纪爱尔兰大房子小说重新繁荣背后的文化原因，并重点对大房子文化符号、房主的身份认同与英—爱文化的接受等爱尔兰文化研究中的热点问题做了专业的评论研究，对爱尔兰文学爱好者与研究者均有借鉴意义。邱方哲的《亲爱的老爱尔兰》④，是我看过的中国人所写的最了解爱尔兰历史文化的著作。书中描述了古老爱尔兰最具代表性的文化元素，以及风土人情、风俗传统，许多都是中国人从未了解到的知识。王展鹏主编的《中爱关系：跨文化

---

①　新加坡 APA 出版有限公司编：《爱尔兰》，刘耀宗、余焘译，水利水电出版社 2007 年版。

②　王振华、陈志瑞、李靖堃编著：《列国志——爱尔兰》，社会科学文献出版社 2007 年版。

③　陈丽：《时间十字架上的玫瑰：20 世纪爱尔兰大房子小说》，复旦大学出版社 2009 年版。

④　邱方哲：《亲爱的老爱尔兰》，上海三联书店 2015 年版。

视角》① 是一本论文集，非常可贵的是其中收录了中国和爱尔兰两国学者的论文，各自从不同的视角畅谈两国关系。

关于爱尔兰共和军的书籍，出版了《炸弹杀手——爱尔兰共和军》②。这本书虽然算不上严格意义上的学术著作，但其中使用的历史材料大多都有明确史实，且人物和年代已交代清楚。柯春桥、梁晓秋、牛伟宏三位作者都是专业研究人员，他们在后记里说明书中使用了大量外文翻译资料，因此具有一定的参考价值。

另外，笔者还看到了苏丝的《爱尔兰北西行：春山半是云》③，这是一本类似游记的图文书籍。我想，即使这样大众的读物，对于了解爱尔兰也是有益无害的。作者醉心于爱尔兰的美丽，认为一生应该至少去一次爱尔兰。而在游历了爱尔兰之后，能够写下一本书的，一定是收获颇丰者。况且该书作者游历的地区，多是我没有到达的西北地区，这对我了解整个爱尔兰岛多有帮助。

爱尔兰的园林建设的确很有特色，无论是在都柏林的凤凰公园，还是在其他城市看到的园林设计，都给我留下了美好的印象。也许正因为如此，中国的出版商也关注到了爱尔兰的园林。中国建筑工业出版社2005 年就出版了由建设部标准定额研究所编写的《爱尔兰园林——世界名园丛书》。

除了以上著作之外，其他在中国内地出版的有关爱尔兰的学术著作，绝大多数都是翻译作品。主要包括以下书籍：

威廉·配第（William Petty）的《爱尔兰的政治解剖》④，是一本资料非常翔实的著作，尽管其中充斥着殖民主义的偏见和政策方案，但作者对于数据的追求和分析不能不说具有科学的态度。艾德蒙·柯蒂斯（Edmund Curtis）的《爱尔兰史》（上、下册）⑤，是一本由爱尔兰本国

---

① 王展鹏主编：《中爱关系：跨文化视角》，世界知识出版社 2011 年版。
② 柯春桥等：《炸弹杀手——爱尔兰共和军》，当代世界出版社 2000 年版。
③ 苏丝：《爱尔兰北西行：春山半是云》，上海书店出版社 2009 年版。
④ ［英］威廉·配第：《爱尔兰的政治解剖》，周锦如译，商务印书馆 1964 年版。
⑤ ［爱尔兰］艾德蒙·柯蒂斯：《爱尔兰史》（上、下册），江苏师范学院翻译组译，江苏人民出版社 1974 年版。

人撰写的历史学著作，该书于 1936 年问世后多次再版。这部著作对于爱尔兰古代史有着较为翔实的描述，也是迄今为止有关爱尔兰历史最有影响力的著作之一。作者是一位爱尔兰民族主义者，但对于爱尔兰历史的思考相对客观。《爱尔兰共和国·北爱尔兰》① 是一本译自《英国大百科全书》的基础知识读物，没有多少学术研究的参考价值。T. W. 弗里曼（T. W. Freeman）的《爱尔兰地理》② 是一本教科书，其数据准确，结构严谨，具有较高的参考价值，曾经在国外多次再版。以上几本书都是 20 世纪六七十年代在国内出版的，翻译非常严谨，但多为历史学研究成果。

罗伯特－基（Robert Kee）的《爱尔兰史》③ 是一本于 2010 年翻译出版的新书。书中介绍了 17 世纪中期，克伦威尔征服、平定爱尔兰的过程。英国实行严厉的刑法制度，剥夺爱尔兰人拥有的土地，在政治经济上实施全面的歧视性压迫政策，导致爱尔兰民众的普遍不满和抗争。尤其是从 19 世纪英国正式合并爱尔兰之后，爱尔兰人争取民族独立的运动此起彼伏、一浪高过一浪，激烈程度空前，终于在 1922 年成功地结束了被英国的统治，建立起爱尔兰自由邦，成为大英帝国范围内继美国之后又一个通过武装斗争赢得民族独立的国家。

杰鲁莎·麦科马克（Jerusha McCormack）主编的《爱尔兰人与中国》④，是 2009 年 6 月为纪念中爱建交三十周年而作的论文集，其中有 12 篇文章，从不同视角和领域呈现了中爱两国人民源远流长的交往历史。

皮特·格雷（Peter Gray）的《爱尔兰大饥荒——发现之旅》⑤ 是一

---

① 《爱尔兰共和国·北爱尔兰》（译自《英国大百科全书》，张梦白、缪华伦译），江苏人民出版社 1974 年版。

② ［英］T. W. 弗里曼：《爱尔兰地理》，上海师范大学《爱尔兰地理》翻译组译，上海人民出版社 1977 年版。

③ ［英］罗伯特－基：《爱尔兰史》，潘兴明译，东方出版中心 2010 年版。

④ ［爱尔兰］杰鲁莎·麦科马克主编：《爱尔兰人与中国》，王展鹏、吴文安等译，人民出版社 2010 年版。

⑤ ［法］皮特·格雷：《爱尔兰大饥荒——发现之旅》，邵明、刘宇宁译，上海人民出版社 2005 年版。

本介绍 19 世纪爱尔兰大饥荒的学术著作。书中指出，当时爱尔兰人大部分为农民，是欧洲最贫困的居民。马铃薯是他们维持生计的唯一一种作物，然而那些地主们，即英国人，却只关心谷物和牲畜的出口。1845年秋天，一种不为人知的病害使马铃薯受灾。穷苦的人们沮丧地坐在菜园的栅栏上，悲痛万分，因为灾害夺走了他们的食粮。自然灾害以及政治压迫迫使人们揭竿而起，但最后失败。根据彼得·格雷的描述，当时有一百多万爱尔兰人死于饥荒，这一惨剧激起了爱尔兰人的民族意识，在它的指引下，爱尔兰自由国家于 1922 年建立。

戴维·麦克威廉斯（David McWilliams）的《教皇的孩子们》[①] 一书认为，当下，爱尔兰最年轻的一批"教皇的孩子"二十五岁，年纪最大的一批三十五岁。他们的人数将近六十二万人，以其在经济、价值观、政见、艺术以及文学方面的影响，构成这个国家最为关键的一代人。该书以一代青年人的生活为切入点，全方位解剖和分析了爱尔兰二十年来"经济奇迹"的来龙去脉和隐藏的忧患，其中展现出作者许多与众不同的真知灼见。

美国时代—生活图书公司出版的《祭司与王制：凯尔特人的爱尔兰（公元 400—1200）》[②] 一书，描述了基督教传入爱尔兰的传奇，讲述了许多扣人心弦的故事。4 世纪到 13 世纪的爱尔兰是从传统的凯尔特社会向基督教世界转型的重要时代。作者通过当时旅行家的描述，教士和法官的记述，还有爱尔兰为之闻名世界的英雄故事和口传历史，讲述了那个时期错综交织的大小故事，故事的主人公有国王，有毛贼，也有农夫、僧侣、学者和圣人。

荷兰时代生活图书公司出版的《史前英雄：凯尔特神话》[③] 一书，介绍了一个古老的传说：一个名叫亚瑟（Arthur）的少年国王，他拔剑

---

① ［爱尔兰］戴维·麦克威廉斯：《教皇的孩子们》，蔡凌志译，人民文学出版社 2009 年版。

② 美国时代—生活图书公司编著：《祭司与王制：凯尔特人的爱尔兰（公元 400—1200）》，李绍明译，山东画报出版社 2003 年版。

③ 荷兰时代生活图书公司编：《史前英雄：凯尔特神话》，费云枫、张晓宁译，中国青年出版社 2006 年版。

于石，深爱着美丽的格温娜维尔（Guinevere），统帅着圆桌骑士们。至今，人们仍在庆祝着"亡人节"——一个古老的凯尔特圣日，只不过现在叫作"万圣节"。在这本书中，我们可以尽情领略那些传说和手工艺品的魅力。这是一本探索古代凯尔特人神话信仰的佳作。

戴尔·布朗（Dale M. Brown）主编的《凯尔特人：铁器时代的欧洲人》[①] 一书，介绍了在 800 多年的时间里，杰出的铁器时代民族——著名的凯尔特人统治着欧洲的大部分地方以及不列颠群岛和小亚细亚的一部分地方。尽管有一片巨大的领土被他们的文化所包围，但凯尔特人从未形成他们自己的书面语言，也没有形成一个统一的民族。即便如此，他们还是在技术上取得了飞跃性的进展，其人工制品也让人们注意到他们的艺术才能、先进的技术和富足的生活。

泰德·奥尔森（Ted Olsen）的《活着的殉道者：凯尔特人的世界》[②] 一书介绍说，凯尔特人像第四纪冰川一样从北欧蔓延到地中海海边。他们是罗马人眼中的蛮族，全民都勇猛如战神，他们用活人祭祀，他们生吃人肉。他们却也听到了基督的召唤，渐渐成了基督教版图的一部分。他们皈依了基督教，表现出令人惊讶的虔诚。他们在寒风摇撼的欧洲西北的荒岛上，如同牛一样耕种，把疲惫和辛苦作为对信仰的坚守。他们把圣经和使徒传道的文字奉若珍宝，装饰得极尽世间的华丽。他们保存了罗马帝国毁灭之后欧洲文明的火种，有人甚至不无夸张地说是凯尔特人拯救了欧洲文明。

埃吕埃尔（Christiane Eluere）的《凯尔特人的欧洲》[③] 介绍说，公元前 4 世纪，凯尔特人的"共同语言"遍及从巴尔干半岛至不列颠群岛的整个欧洲。但凯尔特人并没有在政治上达成一统，只是在文化上形成了一个共同体，高超的金属品制作工艺、相同的丧葬仪式是其显著的特征。作者讲述了这些西方野蛮人跨越五百多年的历史：他们酷爱黄金、

---

① ［美］布朗主编：《凯尔特人：铁器时代的欧洲人》，任帅译，广西人民出版社 2004 年版。

② ［美］泰德·奥尔森：《活着的殉道者：凯尔特人的世界》，朱彬译，北京大学出版社 2007 年版。

③ ［法］埃吕埃尔：《凯尔特人的欧洲》，邵明、丁建译，上海人民出版社 2006 年版。

美酒，四处征战；他们的势力范围曾一度缩小到高卢地区，罗马帝国又企图逼迫他们屈服；而他们的文化在英伦三岛和布列塔尼克岛上的居民那里得以承继。长剑、战车、酒杯、小锅、双耳爵、项圈、手镯、扣钩……这些从维克斯、哈尔施塔特、马格达伦贝格等墓地中出土的物品，不论是铁质、铜质还是用黄金打造而成的，都折射出凯尔特工匠们精湛的技艺。丰富的考古资料见证了铁器时代骁勇而野蛮的凯尔特人。

约翰·多诺修（John Donohue）编的《凯尔特智慧》[1] 一书，认为凯尔特人就是今天爱尔兰民族的祖先，是一个独特而智慧的民族。作者以独特的视角向我们展示了这个民族对自然、对生活的独特看法，对潜藏在他们内心的秘密领域做了一次深刻的探讨，包括与朋友、亲人间的联系、沟通，对友谊的态度，对人生的阐释等，帮助读者以全新的角度认识身边的世界，挖掘、唤醒潜藏在内心的精神力量，让人们像凯尔特人一样剖析自己，每个人不仅只是由血、肉、骨骼组成的物体，而且每个人都是一个个性的世界。

弗朗克·祖巴赫（Frank T. Zumbach）的《爱尔兰的体验》[2]，是一本可读性很强的著作，一个德国人对于爱尔兰的历史文化有着深刻的了解，他用文学的语言，跳跃的思维，生动地描述了爱尔兰神奇而多彩的方方面面。

提莫志克（Tymoczko，M. ）的《后殖民语境中的翻译：爱尔兰早期文学英译》[3] 一书，通过对早期爱尔兰文学作品英译的广泛的案例研究，作者构建了一个繁复的双重主题。她考查了爱尔兰人在争取独立的斗争中所进行的翻译实践，向人们展示了翻译家在翻译爱尔兰民族文学遗产时，如何通过各种途径表达了对英国殖民主义和文化压迫的反抗。这种对英国第一个殖民地的文化轨迹的开创性分析是该书对后殖民主义研究的重要贡献，也为其他有过类似殖民统治遭遇的文化的研究提供了

---

① ［美］约翰·多诺修编：《凯尔特智慧》，刘镇译，重庆出版社 2009 年版。

② ［德］弗朗克·祖巴赫：《爱尔兰的体验》，崔恒、李吟吟译，江苏人民出版社 2012 年版。

③ ［美］提莫志克（Tymoczko，M. ）：《后殖民语境中的翻译：爱尔兰早期文学英译》，上海外语教育出版社 2004 年版。

一个参照模式。这些案例研究同时也成为质疑当代翻译理论的工具。

海因里希·伯尔（Heinrich Boll）的《爱尔兰日记》①，是伯尔最负盛名的作品，至今全球销量已达二百万册。20世纪50年代，伯尔多次游历爱尔兰，该书是此间心灵闪光时刻的精妙记录，描写了动人的爱尔兰风情，神秘的凯尔特文化，以及爱尔兰大地上的众生相。其被称为"二十世纪最富同情心的散文杰作"，是世界散文宝库中一颗明亮的珍珠。

除了以上成果之外，国内还翻译出版了个别有关爱尔兰的专业性很强的著作，例如，《艾琳·格雷（Elieen Gray）——爱尔兰建筑大师》②《兼收并蓄：爱尔兰田园风格》③《爱尔兰风格编织——迷人小物》④ 等。

当然，爱尔兰的文学作品在世界上占有重要的一席之地，爱尔兰曾经出现过一批杰出的世界级文学人才，因此中国的文学爱好者自然会译介许多爱尔兰文学作品。

威廉·巴特勒·叶芝（W. B. Yeats）是当代著名抒情诗人和剧作家，1923年诺贝尔文学奖获得者，20世纪初爱尔兰文艺复兴运动的领导人之一。他是后期象征主义诗歌在英国的主要代表，对现代英国诗歌的发展有过重大影响。国内出版的《叶芝诗选》⑤ 收录了他不同时期的诗作。叶芝是一个真正跨时代的人物，他亲身经历了爱尔兰摆脱英国殖民统治，走向独立的历史转折过程。他的《幻象》⑥ 以诗性的智慧和想象描述了人类和历史的发展。这种描述具有某种与古代智慧的价值及象征的连续性。全书主要以二十八月相为结构，每相各代表不同的历史时期、生命阶段、主观程度、性格类型。每一相各有自己的"意志""命

---

① ［德］海因里希·伯尔：《爱尔兰日记》，孙书柱、刘英兰译，上海文艺出版社2005年版。

② ［瑞士］斯蒂芬·赫克（Hecker, S.）、［爱尔兰］克里斯琴·弗·米勒（Maller, C. F.）：《艾琳·格雷（Elieen Gray）——爱尔兰建筑大师》，曹新然译，辽宁科学技术出版社2005年版。

③ 霍椰尔编著：《兼收并蓄：爱尔兰田园风格》，王世庆、张滨江译，天津科技翻译出版公司2002年版。

④ ［日］《爱编之》编写组编：《爱尔兰风格编织——迷人小物》，顾亚娟译，江苏科学技术出版社2009年版。

⑤ ［爱尔兰］叶芝：《叶芝诗选》，李斯等译，时代文艺出版社2006年版。

⑥ ［爱尔兰］叶芝：《幻象》，西蒙译，作家出版社2006年版。

运的躯体""创造性心灵"和"面具",还有各自的代表人物。叶芝认
为历史是按螺旋性发展的,从顶点向外围发展,螺旋发展到最大时标志
着一个时代的结束。《幻象》也可以说是叶芝诗歌的潜结构的表述,它
极大地丰富和深化了叶芝对于人类复杂经验的感受,并使他的诗具有一
种几乎是无可超越的——又是不可抗拒的力量。《凯尔特的薄暮》① 是叶
芝的又一代表作。诗人以诗歌的笔法写出,却又并非诗集的作品,是诗
人用来表达他对爱尔兰永恒的热爱的一部重要作品。实际上,这是一部
饱含着诗人激情整理出的一部优美的爱尔兰神话传说集。诗人浸淫在爱
尔兰文化中多年,对于爱尔兰传说中的仙女等魔幻力量的存在深信不
疑,这种浪漫信仰给他的诗歌创作增添了特殊光彩。为了回报爱尔兰民
族文化这个提供给他以无限灵感的美的母体,叶芝用诗人的笔触,记录
下他喜爱的凯尔特风土人情。该书整体风格和形式有些飘逸,更多的是
强调诗人本身对于魔幻世界的思索与感激。这是一部反映了作者早期的
典型创作特征的作品。它的内容包罗万象:鬼怪、仙人、幽默故事和乡
间传说层出不穷;它的文体更可谓杂而不乱:时而是一段关于生命和死
亡的严肃探讨,时而是一段农人放肆地讲出的荒诞不经的故事,之间穿
插着叶芝的诗歌片段。全书笔法自由轻松至极,行文充满想象力,张扬
一种神秘浪漫的美感以及对淳朴思想的热爱。

乔伊斯(Joyce, J.)是爱尔兰的又一位文学大师,他的《尤利西斯
(上、下册)——译林世界文学名著》② 被誉为意识流小说的开山之作。
作者乔伊斯一反传统的写作方法,使用极为怪诞的手法,展现发生在都柏
林一天十八小时中的种种事情,每一小时写一章,最后一章描写女主人公
的性心理,整章只有前后两个标点符号,堪称文学一绝。加之该书因是否
属淫书的争论,在西方曾两上法庭,解禁后其影响更大。2000 年英美一
些重要媒体一致将本书列为 20 世纪世界最富影响力的名著之一。

实际上,在中国出版的有关爱尔兰文学作品及其人物介绍的著作还

---

① [爱尔兰]叶芝:《凯尔特的薄暮》,殷杲译,江苏人民出版社 2007 年版。
② [爱尔兰]乔伊斯(Joyce, J.):《尤利西斯(上、下册)——译林世界文学名著》,萧
乾、文洁若译,译林出版社 2005 年版。

有不少，例如，《爱尔兰文学》①《爱尔兰文学名篇选注》②《英国·爱尔兰经典中篇小说》③《爱尔兰作家和爱尔兰研究》④ 等，但由于与本书研究没有直接的关系，暂不一一介绍。

三 英文原版著作

在爱尔兰梅努斯大学访学期间，笔者每天泡在图书馆工作。在那里笔者也查阅到了一些著作。由于要读的书太多，学术性又强，英文难度又大，只能选择性地阅读。其中，一些是关于爱尔兰历史的，例如《牛津图说爱尔兰史》⑤《阿尔斯特简史》⑥《独立战争》⑦《书写爱尔兰：殖民主义、民族主义及其文化》⑧《爱尔兰历史地图集》⑨。一些是关于爱尔兰人民的，例如《爱尔兰人民》⑩《爱尔兰：当代视野下的那片土地和人民》⑪《少数派报告：爱尔兰共和国的新教社区》⑫。一些是关于爱尔兰南北冲突和边界研究的，例如《作为文化分界的爱尔兰边界》⑬

---

① 陈恕：《爱尔兰文学》，外语教学与研究出版社 2000 年版。

② 陈恕主编：《爱尔兰文学名篇选注》，外语教学与研究出版社 2004 年版。

③ 冯季庆选编：《英国·爱尔兰经典中篇小说》，文化艺术出版社 2001 年版。

④ 冯建明主编：《爱尔兰作家和爱尔兰研究》，上海三联书店 2011 年版。

⑤ Edited by R. F. Foster，*The Oxford Illustrated History of Ireland*，Oxford University Press，First Published 1989.

⑥ Sean McMahon，*A Short History of Ulster*，First published 1995 as Beyond the Black Pig's Dyke，Revised and updated 2000.

⑦ Edward Purdon，*The War of Independence*，First published in 2001 by Mercier Press，Printed in Ireland by Colour Books Baldoyle Dublin 13.

⑧ David Cairns and Shaun Richards，*Writing Ireland：Colonialism，Nationalism and Culture*，Published by Manchester University Press in 1988.

⑨ General Editor Sean Duffy，*Atlas of Irish History*，second edition，published in Ireland by Gill & Macmillan Ltd. in 2000.

⑩ Edited by Patrick Loughrey，*The People of Ireland*，First Published and printed by the Appletree Press Ltd in Belfast in 1988.

⑪ Edited by R. W. G. Carter and A. J. Park，*Ireland：Contemporary Perspectives on a Land and Its People*，First published in 1989，London.

⑫ Jack White，*Minority Report：the Protestant Community in the Irish Republic*，First published in 1975，Gill and Macmillan Ltd.，Dublin.

⑬ Dr. M. W. Heslinga，*The Irish Border as a Cultural Divide*，Van Gorcum Assen，The Netherlands 1979.

《北爱尔兰：危机与冲突》① 《爱尔兰：走向敏感的地方》② 《爱尔兰问题》③ 《过去的差异：一个爱尔兰人教区的冲突、社会和历史》④。一些是综合类的，例如《跨国婚姻：性别在亚洲的跨国移动》⑤ 《边界：来自爱尔兰南北的个性反映》⑥ 《边界研究：对前沿地区的人类学透视》⑦ 《边界合作：1901—2002 莫拿亨城的一百年》⑧ 《边界：身份、民族与国家》⑨ 《后来：莫纳亨爆炸记忆选集》⑩ 《居汝木里：一个跨界教区的故事》⑪ 《来自德瑞凯瑞的岛屿记忆》⑫ 《在莫纳亨的独立战争》⑬ 《建构政治地理学》⑭ 《边界：现代世界的领土和国家形式》⑮ 《沿边而行》⑯

---

① John Magee, *Northern Ireland: Crisis and Conflict*, First published in 1974, by Routledge & Kegan Paul Ltd., London and Boston.

② Edited by Joseph Lee, *Ireland: Towards a Sense of Place*, First published in 1985 by Cork University Press, Ireland.

③ James Hewitt, *The Irish Question*, First published in 1986 by Wayland Ltd., England.

④ Bloodworth, *Talking Past Differences: Conflict, Community and History in an Irish Parish*, Cornell University, 1988, U M I Dissertation Information Service, Printed in 1991 by xerographic process on acid-free paper.

⑤ Edited by Nicole Constable, *Cross-border Marriages: Gender and Mobility in Transnational Asia*, published by University of Pennsylvania Press in 2005, U.S.

⑥ Edited by Paddy Logue, *The Border: Personal Reflections from Ireland*, North and South, Oak Tree Press, Dublin, 1999.

⑦ Donnan, Hastings, *Border Approaches: Anthropological Perspectives on Frontiers*, 1994.

⑧ By John O'Donnell, *A Border Co-op: The Town of Monaghan Centenary 1901 - 2002*, Published by Town of Monaghan Co-op Ltd., 2001.

⑨ Hastings Donnan & Thomas M. Wilson, *Borders: Frontiers of Identity, Nation and State*, First published in 1999 by Berg, Oxford/ New York.

⑩ Compiled and edited by Evelyn Conlon, *Later On: The Monaghan Bombing Memorial Anthology*, First published in 2004 by Brandon, Ireland/ UK.

⑪ Nigel P. Baylor, *Drummully: The Story of A Cross Border Parish*.

⑫ Editor William O'kane, *The Derrykerrib Story: Island Memories from Derrykerrib*, Upper Lough Erne, County Fermanagh, Published by Derrykerrib Community Association, in conjunction with Irish World, Dungannon, 1996.

⑬ *The War of Independence in Monaghan*, Prepared by Members of Cumann Seanchais Chlochair.

⑭ John Agnew, *Making Political Geography*, First published in Great Britain in 2002, by Arnold, a member of the Hodder Headline Group, 338 Euston Road, London NW1 3BH.

⑮ Malcolm Anderson, *Frontiers: Territory and State Formation in the Modern World*, First published in 1996 by Polity Press, in association with Blackwell Publishers Ltd. in UK.

⑯ Colm Toibin, *Walking Along the Border*, Queen Anne Press 1987.

《跨越边界：爱尔兰南北之间的新关系》①《公民身份与边界：爱尔兰国籍法与北爱尔兰》②《真的是爱尔兰边界问题吗》③《走过岁月：莫纳亨社区发展》④。还有一些是关于爱尔兰和平进程的，例如，《北爱和平进程：能否终结麻烦？》⑤等。

正如笔者已经了解到的那样，爱尔兰是一个历史悠久、文化灿烂的国家。要想对爱尔兰有深入的了解，有许多相关书籍需要去阅读，但由于时间有限，不能做到面面俱到，所以笔者只阅读了一些与自己研究相关的书籍。虽然知道阿伦斯伯格（C. M. Arensberg）等人对于爱尔兰家庭和社区有过深入的研究，但由于没有找到相关文献，只能作罢。以上列出的书籍对于笔者的研究有很大的帮助。其中，有些书籍是与历史相关的，还有一些是有关调查的工具书或者基础理论书籍。例如《边界：身份、民族与国家》《边界：现代世界的领土和国家的形式》《建构政治地理学》《作为文化区分的爱尔兰边界》，它们都帮助笔者在边界研究方面获得了一些新的认识。

发现克朗内尔斯

开展人类学研究，没有田野工作，显然是不能被接受的。因此，要对爱尔兰民族问题进行研究，笔者必须找到一个可以切入的主题，以及一个合适的田野点。关于主题的切入，我已经思考成熟，就从爱尔兰民族的跨国问题入手。而跨国问题研究，当然在边界一线选择田野点最为合适。而在漫长的边界线上，到底选择哪里作为田野点呢？

---

① John Coakley and Liam O'Dowd, *Crossing the Border: New Relationships between Northern Ireland and the Republic of Ireland*, First published in 2007 by Irish Academic Press.

② Brian O. Caoindealbhain, *Citizenship and Borders: Irish Nationality Law and Northern Ireland*, IBIS working paper No. 68.

③ Cormac O. Grada and Brendan M. Walsh, *Did（and does）the Irish Border Matter?* IBIS working paper No. 60.

④ *Through the Years, Community Development in Co. Monaghan*, by county Monaghan Community Network in 2008.

⑤ Thomas Hennessey, *The Northern Ireland Peace Process: Ending the Troubles?* Gill & Macmillan Ltd. 2000, Ireland.

一 引子

我去请教劳伦斯教授，如何选一个靠近边界一线的 village。他很犹豫，说 village 很难选，因为几乎没有。这对我又是一个基本常识的颠覆，爱尔兰居然已经没有称得上 village 的地方。关于这个问题，后来在我游历了整个爱尔兰岛之后，发现真的很难找到我们中国人概念中的那种农业聚落。这里要么是小城镇，要么就是零散分布的农牧庄园，而这些零散的人家，每一家都像一个隐藏在山林间的度假别墅。后来我在《莫纳亨郡发展计划 2007—2013》① 中，还是发现了 village 的用词，不过那都是表述比较分散的农牧地区。因此，village 真的不适合作为调研的社会单元。劳伦斯教授虽然也做边界研究，但他主要关注美国与墨西哥边境地区的社会问题，对于爱尔兰边界地区少有了解。于是他建议我还是多读一些文献，从中寻找线索。

爱尔兰虽然是个小国，但英爱分治以后所划分的边界线非常曲折。英爱边界从东边的爱尔兰海起始，然后一直向西再向北，直到大西洋海岸。我对爱尔兰的历史地理都了解甚少，要想从毫无头绪的边界一线很快找出一个合适的田野调查点，并不是一件容易的事情。

英爱之间的边界，从东部海岸开始，向西再向北，一直延伸到海洋，中间有多少小镇，究竟哪个点更有代表性呢？这成了必须首先解决的问题。我买来地图，细细查看，结果依然是毫无头绪。

后来，在阅读资料的过程中，我偶然读到了一本书，即《少数派调查报告：爱尔兰共和国的新教社区》②。在这本书中提到一个名为克朗内尔斯的边境小镇。这是我在开始阅读相关书籍后，第一次阅读到有关爱尔兰边境小镇的资料。这使我精神为之一振，我认为那里将可能成为我以后人类学田野调查点的首选地点。随后，在书籍阅读或资料查询时，就将自己的目光锁定在了克朗内尔斯这个名字上。因此，我逐渐寻找到了更多有关克朗内尔斯的资料。

---

① *Monaghan County Development Plan* 2007 – 2013. Incorporating the Development Plans for the towns of Monaghan, Carrickmacross, Castleblayney, Clones & Ballybay.

② Jack White, *Minority Report: the Protestant Community in the Irish Republic*, First published in 1975, Gill and Macmillan Ltd., Dublin.

事实上,《少数派调查报告:爱尔兰共和国的新教社区》这本书大部分是讲述整个爱尔兰共和国的情况的,其中仅有一小部分是有关克朗内尔斯的,但就是因为这一小部分,让我得知了克朗内尔斯是一个名副其实的边境小镇,而在此之前,我对它一无所知。书中这样写道:克朗内尔斯这个小镇位于边界线的右边,是一个小型的商业中心,人口数约为2000人,坐落于丘陵农场与莫纳亨西北部之间。在南北分离以前,它的主要腹地位于邻郡的弗马纳郡内,而且形成了与贝尔法斯特的贸易线。即使到了现在,每天早晨,报刊亭都会收到一捆扎好的贝尔法斯特通讯报。[①] 当我阅读到此时,已经隐隐感觉到自己寻找到了合适的田野调查点。

与此同时,我也没有放弃更多的选择,尽力去寻找都有哪些人或哪些组织也在对爱尔兰的边界、边民和跨国现象进行研究。后来,我获得了一些相关信息,并且也与其中的两个组织取得了联系,它们是爱尔兰都柏林大学的"英国与爱尔兰关系研究所"(Institute for British-Irish Studies),以及独立研究机构"跨国研究中心"(The Centre for Cross Border Studies)。2008年6月12—13日,应跨国研究中心安迪·波拉克先生的邀请,我参加了在邓多克(Dundalk)举行的相关会议。因此,我还遇见了许多来自世界各地有关跨国民族研究的学者。会议期间,我询问了几个了解有关克朗内尔斯信息的学者,他们都告诉我,那是一个十分适合做田野调查的地方。

当我从不同的人与研究机构获得更多资料后,我又与劳伦斯教授进行了交流,他也支持我将克朗内尔斯选作田野调查点,因此也更加坚定了我的信心。临行之前,他为我前往田野点专门写了一封介绍信,最后签上自己的名字。其实,他根本不认识小镇的任何人,只是以教授的身份介绍我过去而已,但这封介绍信却是我在小镇获得信任的基本保证。

选定了田野点,我便开始积极准备,下一步就是要考虑如何进入田

---

① Jack White, *Minority Report: the Protestant Community in the Irish Republic*, First published in 1975, Gill and Macmillan Ltd., Dublin, pp. 21 – 22.

野点的问题了。爱尔兰是个气候多变的海洋性气候国家，笔者对于多风多雨的气候十分不习惯。劳伦斯教授说，秋季是爱尔兰气候最好的季节，因此，他建议我在秋季前往克朗内尔斯。

作为一个中国学者，对于爱尔兰的宗教和政治，我不带有任何偏见，因此我想，自己的田野工作只要做到客观真实即可。在亚洲，我曾去过不同的国家进行田野调查工作，但此次是我第一次来到欧洲进行田野调查。我仅仅只是想完成一份有关爱尔兰边境城镇的田野调查报告，以此来与中国的边境城镇进行比较。我最初的目的是，通过对西方一个边境城镇与中国边境村落的比较研究，找寻两者之间的一些规律性的东西。而这个朴素的愿望就要付诸行动。

由于我的英语水平十分有限，一开始便担心无法将自己的调查写成一本像样的民族志报告，或一份好的学术报告，因此，在第一次田野调查结束后，我只给劳伦斯教授和梅努斯大学图书馆提交了一份十万字左右的简单的田野调查报告。虽然自己尽了最大的努力，但劳伦斯教授阅读后，仍提出了许多问题。当然，报告中的某些观点仍需要进一步讨论，但是我无法准确地用英语将它们表达出来。不过劳伦斯教授安慰我说："用英文撰写出来已经很不容易了，即使我们去也很难调查，而且你是一个中国人。"显然，他对我的工作还算比较满意。但愿自己没有辜负梅努斯大学特意为我提供的研究津贴。

重回爱尔兰

2009 年年初由于身体不适应爱尔兰阴冷潮湿的气候，笔者不得不提前回国。但是，这里的研究才刚刚开始，因此我一直在想，爱尔兰的项目不能就此半途而废。于是，待身体稍有恢复后，我申报了国家社科基金一般项目"爱尔兰民族问题及其和平进程研究"，想以克朗内尔斯微观的田野调查为个案，展开对爱尔兰民族和国家的研究，特别是爱尔兰和平进程的研究。幸运的是，我获得了 2010 年度国家社科基金的项目资助，使我能够继续完成我的首次关于西方发达国家跨国民族问题的研究。

为了继续完成克朗内尔斯的研究工作，我重新开始查阅资料，这不仅是因为获得项目资助的原因，更多是由于个人的兴趣使然。总之，当我关注爱尔兰，大量阅读有关爱尔兰的书籍之后，愈发觉得这个国家真的非常了不起，它在人类历史的发展中，竟然有很多事情与世界的发展脉络密切相关，其中有许多闪光的亮点。正如潘兴明先生所言，"爱尔兰在历史和现实中所扮演的角色，其重要性和受关注度却远远超过了其他与之自然状况相当的国家。"① 而过去我们对这个国家的了解太少，我的研究工作之所以困难重重，主要原因就是对于爱尔兰的国情、历史、文化了解不足，因此需要大量地阅读资料。过去我比较关注爱尔兰内战以及北爱尔兰冲突问题，而对整个国家民族的背景关注积累不够，显然只看表面现象根本不足以了解一个民族和一个国家的历史和现实，更无法展望它的未来。

尽管如此，我还是克服困难，一直坚持关注爱尔兰的所有问题，去尽可能多地找寻有关爱尔兰的资料。随着资料的积累，我也开始越来越多地了解和理解爱尔兰的历史和文化。

很多人都看过电影《泰坦尼克号》，但是又有多少人知道，当时的泰坦尼克号就是在北爱尔兰的贝尔法斯特哈兰德与沃尔夫造船厂建造的，1912 年 4 月它的首航即遭遇海难，震惊世界。泰坦尼克号虽然沉没了，但这从一个侧面可以说明，爱尔兰岛当时作为英国的一部分，其工业发展的水平，特别是造船业的水平已经相当高超。正如马克·奥尼尔（Mark O'Neill）所言，"在 20 世纪第一次世界大战爆发前的 50 年，是大英帝国的鼎盛时期，贝尔法斯特的城市风貌和文化都是英国式的，经济上更是一脉相承。贝尔法斯特的工业产品销往英国其他地区，并通过英国流向全球，由此带来的结果是，虽然贝尔法斯特地处欧洲西端一隅，但她在当时肯定能称得上是一座具有世界眼光的城市"② 。第二次

---

① ［英］罗伯特－基：《爱尔兰史》，潘兴明译，中国出版集团东方出版中心 2010 年版，第 393 页。

② ［爱尔兰］马克·奥尼尔：《闯关东的爱尔兰人：一位传教士在乱世中国的生涯（1897—1942）》，牟京良译，生活·读书·新知三联书店 2013 年版，第 25 页。

世界大战中，北爱尔兰的贝尔法斯特居然建造了六十万吨商船，六艘航空母舰，三艘巡洋舰和一些其他巨型舰船。

德国学者弗朗克·祖巴赫写有一本书《爱尔兰的体验》，其中对于爱尔兰有许多细致的描述，从历史到文化，这位学者似乎都烂熟于心。我甚至暗暗羡慕这位学者，对于爱尔兰有如此之深的了解。倘若自己有他的基础，爱尔兰的研究项目将会是一个不用皱眉头就可以顺利完成的任务。

2014 年 9 月，当我第四次来到爱尔兰，已经没有了最初的陌生感。按照《爱尔兰的体验》中所讲到的故事，以及对爱尔兰社会的解读，我也循着他的足迹开始了对都柏林的细细品味。

对于都柏林我虽然多次到访，已经比较熟悉，至少不会迷路，但在我读了更多的书籍资料后，我才越来越感觉到，过去我看到的只是一个没有故事的空城。当我重新回到爱尔兰时，这个城市在我的视野中生动起来。我开始把书中读到的每一条街道和著名建筑的故事对应起来。也许，我们所说的历史人类学，就是先读历史和背景，然后再去实地走过、感受过，并且解读过，那样我们才能重回历史，同时又能接续现实。

笔者对于文学没有多少了解，虽然知道爱尔兰曾经产生过不朽的文学巨匠，但不知道已有三位诺贝尔文学奖得主。甚至在厄尔大街（Earl St. N）街口处看到乔伊斯的雕像，竟然也不知这是何许人也。

爱尔兰首都都柏林曾经是许多杰出文学家居住生活的地方，这里不仅生活过诺贝尔文学奖得主威廉·巴特勒·叶芝、萧伯纳（George Bernard Shaw）和塞缪尔·贝克特（Samuel Beckett），还有来自该市的其他有影响的作家和剧作家，他们包括奥斯卡·王尔德（Oscar Wilde）、乔纳森·斯威夫特（Jonathan Swift）和《德拉库拉》的作者布拉姆·斯托克（Bram Stoker）等。当然，其中最著名的还是詹姆斯·乔伊斯（James Joyce）。《都柏林人》是詹姆斯·乔伊斯所写的一部短篇小说集，内容是关于 20 世纪早期该市居民的性格和城中发生的事件。他最著名的作品《尤利西斯》，地点也设定在都柏林，其中充满了对该市细节的描绘。爱尔兰最大的图书馆和文学博物馆都位于都柏林，包括爱尔兰国家印刷博物馆和爱尔兰国家图书馆。重返爱尔兰，走在都柏林街头，乔伊斯小说中描述的街景店铺、人物，似乎都在眼前活动起来。

翻阅史料，我才知道了那些文学巨匠的姓名和成就。1923 年 12 月 10 日，爱尔兰作家叶芝因诗剧《胡里痕的凯瑟琳》获得第二十三届诺贝尔文学奖。1925 年 12 月 10 日，爱尔兰作家萧伯纳因剧本《圣女贞德》获得第二十五届诺贝尔文学奖。1969 年 12 月 10 日，塞缪尔·贝克特因为他那"具有新奇形式的小说和戏剧作品，使现代人从贫困境地中得到鼓舞"，获得第六十九届诺贝尔文学奖。与众不同的是，塞缪尔·贝克特 1906 年 4 月 13 日生于都柏林的一个犹太人家庭，而他的后半生定居法国，却始终没有取得法国国籍。而由于贝克特长期使用法语而不是盖尔语进行创作，他的祖国爱尔兰竟拒绝承认他的国民身份。因此许多评论家认为，贝克特的思维始终是欧洲的、国际的，而不像他的同胞萧伯纳或叶芝一样，始终带有民族主义的狭隘气度。

除了以上的文学巨匠，爱尔兰还有杰出的科学家。1951 年 12 月 10 日第五十一届诺贝尔奖颁发。英国科学家科克劳夫特（John Douglas Cockcroft）、爱尔兰科学家沃尔顿（Ernest Thomas Sinton Walton）因加速粒子使原子核嬗变而共获诺贝尔物理学奖。

当然，北爱尔兰冲突问题在全世界影响巨大。为了消除偏见和暴力，1974 年 12 月 10 日第七十四届诺贝尔奖颁发，爱尔兰人肖恩·麦克布赖德（Sean Macbride）因解决国际棘手问题而获得诺贝尔和平奖。

今天，正如世人广泛了解的那样，爱尔兰民族是一个能歌善舞、热情奔放的民族，爱尔兰的音乐、童话、"大河之舞"风靡世界。为了感受爱尔兰迷人的音乐，我甚至专程前往戈尔韦的 Ennis 小镇，在那里购买了经典的爱尔兰传统民歌光碟。据说，那里是爱尔兰民间音乐保留传承最好的地方，也是全世界热爱音乐的游客最向往的地方之一。

在一些景点，看到爱尔兰人优裕的生活，看到大批来自美国和世界其他各地的爱尔兰裔游客，当地人甚至会自嘲地说，我们的海外亲戚给我们带来了大把的美元。说到爱尔兰裔侨民，这真的是一个不得不提起的问题。

爱尔兰人因宗教、战争、饥荒以及经济的原因，曾有多次移民海外的潮流，并最终形成了庞大的海外移民群体，目前全世界有超过7000万人声称自己拥有爱尔兰血统。爱尔兰共和国历届政府都十分珍视本国的侨民资源，并和全球的爱尔兰人社会建立起了多层次的联系，制定了众多的侨民政策来推动侨民与祖籍国的互利共赢关系。侨民与祖籍国经济发展的互动，为爱尔兰经济发展注入了强大的发展动力，也使得爱尔兰的旅游业一直欣欣向荣。

现在，爱尔兰国际侨民中心（The Irish International Diaspora Centre）把世界上的侨民紧密地联系在一起。爱尔兰宽松的侨民政策，也使得爱尔兰人四海为家，他们视野广阔，见多识广，普遍接受过良好的教育，并且具有很高的素质。在爱尔兰侨民中，可以引以为傲的人物有很多，其中具有爱尔兰血统的政治家包括担任过美国总统的约翰·肯尼迪（John Fitzgerald Kennedy）、理查德·尼克松（Richard Milhous Nixon）、罗纳德·里根（Ronald Wilson Reagan）以及比尔·克林顿（William Jefferson Clinton）等。作为爱尔兰人后裔，克林顿曾在爱尔兰和平进程中，发挥了极其重要的积极作用。长期以来，生活在美国的庞大的爱尔兰裔侨民社团对于美国社会的影响是巨大的，当然，他们对于远隔重洋的爱尔兰社会的影响也十分巨大。

我在克朗内尔斯小镇卡桑德拉·汉德中心（Cassandra Hand Centre）的门上看到"家族宗谱中心"（Genealogy Centre）的牌子，这显然也是与找寻海外亲友相关的，说明即使在一个边陲小镇也有专门寻找海外亲友的网络，每年也都会有人返回祖居地探访。

对于爱尔兰，可以说是我游历过的最美的田园国度，也是我从南到北从东到西走过城镇最多的国家。那里真的是美丽的天堂，那里有最洁净的空气，良好的自然生态。每个人对动植物的保护细致入微，钓鱼的人会把钓上来的鱼又重新放入河流。那里的河流、湖泊、海滩几乎都保持着自己原本的样貌。那里的自然风光多姿多彩，那里的城镇乡村也千差万别，总有吸引你的地方。我每到一个地方，都会有不一样的感受。每个城市都各有人文特色，充满了祥和、平静，又注重传统。

爱尔兰是一个管理精细的国家，你可以在任何一个求职中心查阅全国的工作岗位。爱尔兰是一个高度安全的社会，到处都有完善的监控设施，那里的房屋没有防盗门窗。爱尔兰是一个高度讲信誉的国家，人们可以随意在超市中吃喝，只要你离开时支付消费的商品即可。

当然，爱尔兰也有保守的一面，这个岛国，处在美国与英国这两个世界上最发达的国家之间。他们对于英美的认识更多，对于其他国家的了解较少。他们甚至有一种盲目的优越感，对于自我以及欧美世界之外的世界漠不关心。许多人对于中国的了解似乎还停留在万里长城、兵马俑、瓷器等古老的事物上，而当我跟爱尔兰朋友谈到南宁市的人口数量接近 700 万人时，他们甚至会惊讶于中国一个普通省会城市的人口数量居然超过了他们整个国家的人口总和。他们对于中国了解甚少，甚至不相信中国有高铁和磁悬浮列车。爱尔兰的新闻报道除了本国的之外，剩余的时间多是围着 BBC、CNN 转，对于其他遥远的世界没有多少报道，对于中国的介绍更是没有多少。正如杰鲁莎·麦科马克所言，"多年来，爱尔兰人看中国就如同拿反望远镜的观察者那样：视野所及的中国不仅陌生、怪异，而且似乎遥不可及。……爱尔兰自 1922 年独立建国以来就主要专注于自己的内部事务……大多数爱尔兰人迄今只是从孤立的海岛小国的经历出发来认识中国的"①。

当我再次回到阔别六年的爱尔兰时，我开始重读爱尔兰，重新感受爱尔兰，我慢慢地走过都柏林奥康奈尔大街，久久注视那在独立战争炮火中逃过毁灭劫难的邮政大楼；我站立在半便士桥上，看那淡看历史的菲利河水不紧不慢地缓缓向海；我去看乔伊斯，他的雕塑就那样高扬着头，对于熙来攘往的人们视而不见；我去看壮阔的香农河，看那海天一色的天际；我去西海岸登上莫赫断崖（Cliffs of Moher），凌风站立，看狂野的海浪，让大西洋的海风吹散小我的烦忧；我在戈尔韦享受美食，让那海洋慷慨的馈赠滑过唇齿之间，也让自己真实地感到自己还活着。我似乎看懂了一点历史，理解了一些传统，于是敢于下笔写一点关于爱尔兰的文字。

---

① ［爱尔兰］杰鲁莎·麦科马克主编：《爱尔兰人与中国》，王展鹏、吴文安等译，人民出版社 2010 年版，第 1—2 页。

二

克朗内尔斯：一个宁静的边境小镇

初到小镇

2008 年 9 月 8 日，在爱尔兰是一个难得的晴天，我乘坐长途客车从都柏林出发，去到克朗内尔斯。这是我在爱尔兰的第一次田野调查，但是我并不感到担心。因为此时距离我到达爱尔兰已经半年多了，对这个国家我已有了一定的了解。我已经亲身感受到，这是一个非常美丽的国家，不仅有新鲜的空气，绿油油的草场，还有友好的国民，其实这是一个安全指数非常高的国家，我早已不再为个人的安全问题担心。可以说，除了爱尔兰糟糕的天气之外，我想我喜欢上了这里的一切。当然，糟糕的天气只是爱尔兰的常态，正如海因里希·伯尔所说，"人们可以把这里的雨说成糟糕的天气，但它并不是。它就是通常的天气，天气本身就是这样糟"①。爱尔兰常年雨水丰沛，阴晴不定，有人说 5 月和 6 月晴朗的日子比较多，其实只能说运气好的时候晴朗的日子才会多。"爱尔兰人最喜欢拿来开涮的就是他们湿润多雨的天气。……一年里晴空万里的日子寥寥可数，地上总是没干过。……上次有个美国游客告诉我，他到那旮旯时天天下雨，一个星期后他忍不住了，问一个当地的小孩

---

① ［德］海因里希·伯尔：《爱尔兰日记》，孙书柱、刘英兰译，上海文艺出版社 2005 年版，第 109 页。

子：'哎小孩，你们这儿到底停过雨吗？'小孩说：'我咋知道，我才六岁'。"① 这种幽默正是爱尔兰人的自我调侃。

我之所以选择在秋天去田野，一是觉得前期的读书、梳理资料等工作已经有了头绪，而且田野点已经确定，方向和任务明确，可以提出一些问题，也可以听懂一些故事的背景了；二是劳伦斯教授说，秋季是爱尔兰最好的季节，一般晴朗的天气较多，因此我决定在这个秋季晴朗的日子里去到克朗内尔斯。

去往克朗内尔斯以前，我只在梅努斯大学图书馆的一本书的书名上找到了克朗内尔斯的名字，即《克朗内尔斯饰带：爱尔兰钩编的历史与模式》②，这是一本有关克朗内尔斯饰带编织的书籍，主要讲的是当地饰带编织的花样和技艺，与我关注的问题毫不相干。

在我到访克朗内尔斯小镇后，我在一家名为运河商店的地方再次看到了这本书。当管理员知道我是来收集资料的，他从后台给我找了一些其他资料。在那里我了解到，位于莫纳亨西部与弗马纳郡南部的居汝木林（Drumlin）乡间，克朗内尔斯花边编织是一项具有很强传统和良好声誉的手工艺技术。这项美丽且有复杂艺术技艺的传统，通常是由母亲传授给女儿的。在1850年的后饥荒时期，这个小地方曾有1500名左右的花边钩织者，她们的手工制品通常提供给都柏林、伦敦、巴黎、罗马和纽约的交易市场。直到1910年，克朗内尔斯依然是爱尔兰钩编编织的重要中心，而且，他们的产品成为全球绅士与权贵们所追捧的对象。

我在运河商店通过视频资料，看到了这里花边钩织的过程。这些钩编织物因为各种不同的复杂设计而显得美丽无比，可我并不认为它们现在仍有市场，因为它们并不比那些机器制造品好很多。现在的运河商店实际上被改造为一个小型的博物馆，展柜中展示的东西除了编织实物外，还有影像光盘资料等。

编织并不是我所感兴趣的事情，但它毕竟与克朗内尔斯直接相关，

① 邱方哲：《亲爱的老爱尔兰》，上海三联书店2015年版，第131页。
② Maire Treanor, *Clones Lace：The Story and Patterns of an Irish Crochet*, Mercier Press, Ireland, 2002.

至少让我知道了这个小镇曾经的一个历史片段。

在梅努斯大学的图书馆,我还找到过一篇关于克朗内尔斯小镇的田野调查报告,但它并不是人类学专业的调研报告,而只是有关小镇劳动力市场供求的调查。这份报告非常简洁,它是由国家统计部门所完成的,这份调查是在1979年的10月与11月完成的。在这份报告中,我仅仅只能了解到有关克朗内尔斯就业者与雇主们的相关数据,而其他细致的东西一概没有记录。

从都柏林搭乘长途客车去到克朗内尔斯需要花费2小时30分钟。但这对于我来说还是相当轻松的。因为在中国,我们经常花费很长时间在去田野点的路途上。其中行程时间最长的一次,我有5天的时间是在去到田野点的火车与客车上度过的。我还曾经从老挝万象乘坐车况很差的长途汽车返回南宁,路途整整3天3夜。不过这一切与早期人类学家远涉重洋的经历相比,根本不值得一提。因此,我也特别理解,列维-斯特劳斯在前往巴西圣保罗的轮船上,为什么能写下那些描述日出日落的冗长文字。

在我开始田野调查工作之前,根据劳伦斯教授的推荐,我去拜访了安妮·诺兰夫人(Mrs. Anne Nolan),她曾在梅努斯大学工作,而且也曾在克朗内尔斯工作过。她给我提供了一些关于克朗内尔斯的资料,并告诉我克朗内尔斯在1950年以后被称为"鬼镇",但现在不一样了。我从她那儿得到了一篇文章,上面说到,"克朗内尔斯是一个美丽的小镇。在夏日里,每一个置身于'钻石广场'(Diamond)① 的人,他们向外眺望着莫纳亨绿色的小山丘向南部和东部伸展。这个描述非常形象,因为,克朗内尔斯是从寒冬中走出来的。在19世纪,它已成为阿尔斯特地区即克鲁默北部的铁路中心枢纽,每天有超过40列火车通过这里,它们连接着都柏林、贝尔法斯特、德里、邓多克、斯莱戈、恩尼斯基林、阿马等周边地区。在1920年前后,在新边界划定之前,其经济已

_____

① 为了表述的文字更符合中国人的阅读习惯,笔者将原文钻石(实际上是指小镇中心地带一块小的三角地),称之为钻石广场。

被破坏，克朗内尔斯曾被边界委员会描述为该地区最繁华的小镇"①。据说，这个小镇承载着该地区乡村腹地经济发展的需要，它一直延伸到了北爱尔兰，在过去它也曾是铁路运输系统的中心区域。

汽车从都柏林出发，在前往莫纳亨的路上，遇到警察查车，这是我在爱尔兰遇到的唯一一次。他们查看了护照，什么也没有说，就走了，显然这是抽查性的例行公事，与我们在中国边境地区设立固定的检查站完全不同。一路上道路路况很好，但道路比较窄，比不上中国的道路那样宽阔，车辆也不多。一个半小时后，车子到达莫纳亨车站。由于错过了上一班车，我只能多花费一个小时等下一班。

莫纳亨的汽车站很小，一排平房，中间正门入口处正对着一个小的售票窗口，左边是旅客暂时可以喝点咖啡、吃点面包的小商店，右边是车站用房。候车的中间门廊处，最多只能容纳5—6人。冷清的门廊里，除了我之外，还有一个大概刚上中学的小男孩。我问他去哪儿，他说去克朗内尔斯，正好跟我一路。他没有问我去哪，倒是忽然问我："你是中国人吗？""是的。""你会中国功夫吗？"看来很多外国人都以为每个中国人都会功夫。这显然是相互的不了解造成的，就像我认定高纬度的爱尔兰在冬天一定会有大雪一样，其实这都不是真实的，因此真实的田野调查对于每一位人类学家必不可少。在爱尔兰的经验告诉我，如果你没有看见请不要乱说，即使看见了也要仔细分析后再说。

大约下午三点钟，我到达了镇上。尽管这是一个阳光灿烂的日子，我在镇子中心的街道也没遇见几个居民。小镇看上去十分整洁漂亮，安静的同时又略带寂寞。

从网络上，我了解到在克朗内尔斯有一个电影节。这不禁让我猜想，也许克朗内尔斯是一个时髦的小镇，因为在我的印象里，电影节往往只会在一些大城市举行。但是，当我在这里完成我的田野调查工作后，我知道我最初的猜想是错的，这只是一个小镇，这里并没有什么大型电影院。镇上的人说，电影节是在小宾馆举办的，后来，我去过那家宾馆，老板说就是一个聚会一样的电影节。这与我们中国人印象中的电

---

① 参见 http：//borderireland. info/discuss/？p = 5，2009 年 1 月 10 日。

影节相去甚远。因此我经常提醒自己，必须要转换角色，要尽可能以当地人的思维去看待一切。

如果我说小镇没有任何让我惊讶的东西，那也是不正确的，当我在看到那个大型运动场和新修建的现代化图书馆后，我认为这不是一个简单的小城镇。我不知道为什么克朗内尔斯会有一个如此巨大的运动场，但它却告诉我，在过去，人们之所以建造这个体育场，一定是有它的社会需求的，或者克朗内尔斯过去本身就是一个拥有大量人口且十分繁忙的地方。

网络上还有一篇文章这样介绍小镇："在距离莫纳亨十二公里的西南方，克朗内尔斯是一个繁忙而友好的集镇，离边境只有半英里之远。克朗内尔斯坐落在一个山丘上，通过街道远眺周围的乡村，是一个绝妙的视角。"的确，在镇子的街道上能够看到远处的山丘，但要看镇子本身，我们就必须走出镇子，去到远处的山丘上回望，那时才能看到的全貌。在我去过小镇的不同方位后，我前往高尔夫球场的方向从山丘上眺望整个小镇。奇怪的是，每每这个时候，我总会想起原南斯拉夫电影《瓦尔特保卫萨拉热窝》中的场景，仿佛眼前就是美丽的萨拉热窝。这的确是一幅美丽的图画，蓝蓝的天空下，镇子周围绿油油的草场上散布着牛群。镇子在海洋一样的绿波中，像一艘巨轮，两座教堂高高耸立的尖塔，仿佛桅杆。我甚至会想，这两个桅杆就是爱尔兰历史文化的象征，一个代表着罗马天主教，一个代表着基督新教，缺一不可。

当然，今天的小镇已经不再是一个繁忙的小镇，因为小镇上我遇见的每一个克朗内尔斯人都告诉我："这是一个宁静的小镇。"当我反反复复听到这种回答时，我渐渐品味出其中的深意，这句话意味着克朗内尔斯现在是一个和平、友好的城镇，但也隐含着它以前并不是一个安静的地方。

"如果将爱尔兰某个小镇视为英雄小镇的话，那么克朗内尔斯这个边境小镇将当之无愧，这个第二天我要去到的地方。以前繁荣的迹象随处可见，当我从德里抵达这里时，我时时可见它们的印记：古老的铁路建筑，又如，在钻石广场的市场或银行。作为铁路线通过的处于与利默瑞克（Limerick）交界的爱尔兰克鲁默（Crewe）北部的版图，克朗内尔斯是一个重要的地方。"① 像汤姆·托利宾先生（Mr. Colm Toibin）一样，当时我正是怀着美好的愿望与崇高的敬意去到克朗内尔斯的。

正是这样，我一个人来到了遥远的克朗内尔斯。面对这个全新的异国他乡的边境小镇，一切都是新鲜的，处处充满了挑战。我必须去尝试。这里没有一个我认识的人，也没有一件我知道的事，怎样进入，怎样自我介绍，怎样待下去，怎样完成田野报告都是下一步必须面对的问题。

地处要冲的边境小镇

克朗内尔斯小镇位于距爱尔兰北部边界不到 1 公里的地方，距离莫纳亨郡以西 20 公里，距首都都柏林以北 150 公里。我知道我并不能像本地人一样把克朗内尔斯的方位以及小镇的概貌描述得很清楚，所以，我找了两个不同版本的本地人对小镇的介绍，并依此描述与现在的克朗内尔斯进行对比。

克朗内尔斯是一个集市和邮政中心为一体的小镇，位于莫纳亨郡西部边缘。这个地方有一个古老的名字叫作 Cluon Innis—i. e，又被称作"撤退之岛"，它原先是四面环水的；最近才被称为 Clon-nish 或 Cloenish。它主要包括五条街道，这些街道集中走向市场的地方是一个被称作"钻石广场"的宽敞的三角形区域。一个古老的十字架矗立在这里，它的旁边是教区（parish）教堂。这个教堂有一个很好的构架，它有一个直耸云霄的塔尖。这个教堂被建在一个很高的地方，从钻石广场需要走很高的台阶才能到达那里。这个教堂是罗马天主教徒做礼拜的地方，这里当然还有长老会派（Presby-terians）和卫理公会派（Wesleyans）。克朗内尔斯有一定数量的国立学校，这样可以满足周边地方的教育需求。克朗内尔斯同时还有一个卫生院和教养院，这里还有很多历史遗存的古老建筑，其中包

① Colm Toibin, *Walking Along the Border*, Queen Anne Press, 1987, p.104.

括 G. N. R. 遗迹。在这个镇子的南边一直绵延到库特黑尔（Coote-hill）是一个古老的修道院的断垣残壁，它的旁边是一个被墓地环绕着的小教堂的墙垣。在同一条路上还有另外一个古老的墓地，里面有很多奇怪雕刻的墓碑，其中有一个圆形的塔。这个地方的贸易活动基本上是一些零售业。这个城镇由专门委员会管理，这个委员会是根据城镇促进法案来任命的，每周五会举行一次小型例会。1871 年人口数量是 2170 人；1881 年是 2216 人。每周四为集市的日子，每月的最后一个周四为贸易会的日子。①

以上文字，是我在当地图书馆收藏的资料中找到的，是 1897 年的街道指南中描述的内容。对照现实的小镇中心地带，我们可以看到小镇基本的样貌还是 100 多年前那样，文中描述的整体格局没有变化。下面我们再看另外一则介绍。

克朗内尔斯是一个重要的贸易集镇和铁路的汇合点，它被建在一个曾经被水环绕的小山上，其名字的意思为"撤退之岛"。这里有一个著名的教堂，是由圣提纳奇（St. Tigherneach）或者蒂尔尼（Tierney）大主教所建立的。克朗内尔斯的教堂是爱尔兰第一个主教加冠的教堂，1207 年的时候休·拉西（Hugh de Lacy）把这个教堂和镇子毁灭了。但是，五年之后这些建筑又被建立城堡的英国人重建，后来教堂被亨利八世解散，大片的土地被没收。

镇子的中心围绕着一个宽阔的叫作"钻石广场"的地方，这个地方靠近小山丘的顶端，从这个地方辐射出几条街道。这个叫作钻石广场的地方有一些货栈，在这个小山丘的顶部矗立着新教徒的教堂，同时还有一个毫无建筑之美的现代化邮局。在这个宽阔地方的中心是古老的贸易中心，这个地方被很好地保存着。在北边是一些教堂的断壁残垣，但是这些遗迹仍然是有价值的建筑元素，这里还有一个保存完好的圆形塔，天主教堂具有宏伟的令人震撼的设计风

---

① 1897 Street Directory, from Clones Library.

格，它占据了镇子北边山上极好的位置，它的旁边是一个设施完好的由圣路易斯姐妹主持的修道院。

克朗内尔斯的地理位子十分有利，它坐落于西北铁路线 G. N. R. 与连接着贝尔法斯特和卡文（Cavan）铁路线的交界处，这个城镇是一个日益重要并且工业日益繁荣的镇子。20 世纪，这里有一个酿酒厂，在石桥，还有一个能广泛铸造铁锹、犁头及其他农具的铸造厂。在这个镇子的市场上，每周有价值约 150 英镑的亚麻布被售出。在芬河（Finn River）河畔还有很多大型的面粉磨厂，同时这里还有广泛的零售贸易。每月的牛、羊、马匹的交易会是标志性的活动，参加这个贸易会的客商来自爱尔兰的各个地方，这个贸易会一般在每个月的最后一个周四进行。每一个周四都会有大的集市，玉米集市和草种集市会在每周二进行。

市政委员会对城镇的市政进行管理，镇子上提供了极好的高压供水设施，这项设施几乎花费了从外事局借贷来的近 4000 英镑。幸运的是，克朗内尔斯正在筹建的污水处理计划得到了 4000 英镑的安排。这个镇子的平均年收入是 2055 英镑，支出是 1936 英镑，它是这个国家唯一一个人口逐年增长的城镇。根据 1891 年人口统计显示，当地的常住居民为 2032 人，1901 年的常住居民为 2068 人，增加了 36 人。这个城镇近期发展较快，大规模的建设正在进行，每周五会举行一个小型例会。它是由新教的主教克劳格（Clogher）所提倡的。①

与第一则的介绍相比，第二则的描述显然更加细致一些，内容也更加丰富一些。这是 1909 年街道指南中的描述。

以上两则介绍，对于克朗内尔斯小镇的介绍都很概括，内容也很真实。但是其中关于教堂和信众的介绍却并不一致。两则介绍一个是 1897 年的，一个是 1909 年的，前后相差不过 12 年，但对于"钻石广场"旁教堂的描述却完全相反，第一则描述为罗马天主教堂，第二则描

---

① 1909 Street Directory, from Clones Library.

述为新教教堂。我个人认为，这可能是一个错误，或者因为这个教堂本身就经历过罗马天主教堂和新教教堂两个阶段，以至于作者产生混淆。事实上，现在的克朗内尔斯有两个教堂，一个在钻石广场，就是以上两则介绍都提到那个教堂，现在基本处于关闭的状态，它现在是一个新教教堂；在与之相距约 2 公里的北边的山坡上，是一个天主教教堂，常年开放，笔者曾经多次到访该教堂。从教堂的建筑风格看，看不出两者的差别。从第二则介绍看，"1207 年的时候休·拉西（Hugh de Lacy）把这个教堂和镇子毁灭了。但是，五年之后这些建筑又被建立城堡的英国人重建，后来教堂被亨利八世解散，大片的土地被没收"①。显然在小镇历史上曾经发生过宗教迫害事件，1207 年被毁的一定是罗马天主教堂，之后建立的自然是新教教堂，或许，正是因为这样，以上两则描述由于出自不同作者，或许是作者对于当地历史了解不多而造成了错误描述。

1897 年至 1909 年，当时的克朗内尔斯显然是一个繁忙喧闹的城镇。当我 2008 年即时隔近百年后到达那里的时候，虽然钻石广场的样貌还在，高大的十字架、老旧的邮局、古老的教堂一切都在，但过去的繁荣不在了，世事发生了巨大的变化，当地的人们对于当地经济的未来发展并不那么自信。我从城镇委员会那里得到了一本书，上面是莫纳亨郡 2007—2013 年的发展规划。上面写道：克朗内尔斯在最近三十年已经日渐衰退，由于北爱尔兰的问题，这个城镇在社会和经济层面，受到了一些不可避免的影响。边境道路的关闭，使其失去了与传统腹地的联系，在整个 20 世纪七八十年代，它的传统工业也衰败了，在吸引外来投资方面失败，它远离首都都柏林，同时又与边界另一侧实行分离的货币政策，这些都在一定程度上导致了这个城镇的社会和经济衰败。"20世纪 60 年代，工程、食品加工、农业和渔业旅游支撑着这个小镇，但是毁灭性的炸弹袭击摧毁了部分弗马纳街，边境通道关闭，英镑贬值，对 20 世纪 80 年代和 90 年代初的小镇产生重大影响。"② 从上述文字我

---

① 1909 Street Directory, from Clones Library.
② Monaghan County Development Plan 2007–2013, p. 271.

们可以看出，克朗内尔斯在当地人自我的描述中已经不是这个区域的中心了，特别是在经济发展后劲上显得有心无力。

不过从小镇整体街道情况看，基本格局依然如故，教堂、圆塔、老邮局（1903 年）、钻石广场等都还在。不同之处是，过去的描述主要围绕着钻石广场附近展开，没有扩展到外围，而现在我所看到的小镇，虽然整体布局大致相同，但钻石广场外围的发展建设已经增加了很多。现在，从钻石广场向前，公路另一侧建有一个喷泉，以及一个可以休闲的街心花园。街心花园的四周，有爱尔兰国家银行、信贷中心的分支门店，以及各种社会服务机构等。继续向外围扩展，还有商店、图书馆、学校、工厂等，整个小镇的地盘已经扩大了很多。

如果找来爱尔兰地图，从更大的范围看，从地理空间位置看，小镇基本上处于整个爱尔兰岛偏北的中心地带，其位于连接贝尔法斯特和戈尔韦的国家二级公路 N54 号线上，同时连接着南北双方腹地的四条地区公路以及一条当地公路经过。① 但从国家政治边界角度看，这里却是边缘地带，而且这里的边界是整个英爱边界中最曲折的地段。这里的道路应该都是传统的线路，有很多条，说这里是交通要道，名副其实。不过早期这里是英国的殖民地，是爱尔兰岛偏北的中心地带，那时并没有英爱之间的国家边界，交通贸易没有障碍，其交通中心的地位显得尤其突出。

在我到达克朗内尔斯之后，发现这里的街道完全没有方位走向规律，显然是长期自然形成的。为了全面了解小镇的全貌，我去小镇议会（council）调查，没想到他们主动为我提供了克朗内尔斯镇详细的地图，甚至每一块土地的功能分割都能一览无余，但遗憾的是，看着整个小镇在图纸上被各种条条块块的几何图形分割得支离破碎，我根本无法读懂，于是还得依靠小镇简单的旅游地图来确定方位和道路走向。

通过旅游地图，可以清楚地看到，如果以钻石广场为中心，道路从这里分出。朝西北方向伸出的是弗马纳街，一直通往和平链接体育中心（Peace Link Sports Centre）方向，中间有大致南北走向的 98 大道（98

---

① Monaghan County Development Plan 2007–2013, p. 285.

Avenue）交叉通过，然后连接纽塘波特勒路（Newtownbutler Road），继续通往边界。向西南、正南和东南方向伸出的依次有卡拉街（Cara Street）、麦克柯廷街（McCurtain Street）、安洛街（Analore Street）。卡拉街通往运河商店，再往前就是以芬河为界的英爱边界。

小镇的道路纵横交错，过往车辆较多，因此有三处交叉路口设立了红绿灯，一个在柯瑞通酒店前方左侧的十字路口，一个在钻石广场弗马纳街与卡拉街交叉的路口。从后一个交叉路口有一条通往东北方向的道路伸出，它是通往莫纳亨的，由此稍往前还有一个十字路口，这里有一个红绿灯路口。再往前，道路左侧有一个游乐场，右侧有一个加油站。

除了以钻石广场为中心伸出的道路外，还有一些道路，例如几乎与弗马纳街（Fermanagh Street）平行的欧达菲街（O'Duffy Street），以及其两头连接的罗斯莱斯路（Roslea Road）和通往警察局、中学方向的纽布利斯路（Newbliss Road）。

这些道路在旅游地图上被标为 N54、B143、R183、R212 等。

在小镇期间，我徒步走过了所有道路，也乘车去过北爱尔兰地区的纽塘波特勒、恩尼斯基林（Enniskillen），以及穿越边界前往卡文郡，再从卡文郡前往巴利香农（Ballyshannon）等，这里的道路四通八达，显然是个战略要地。如果真的没有国家边界的分割，这里也许早已成为一个具有一定规模的中心城市了。

现代化的图书馆

在克朗内尔斯镇的中心位置有一栋非常现代的灰白色建筑，其建筑风格与小镇传统的建筑风格显得格格不入。这个建筑看上去就像两个巨大的灰白色火柴盒摞在一起，而且上面的一个是错开突出一截的。出乎我意料的是，这是一个崭新的图书馆。平心而论，我从没见过如此现代化的图书馆出现在中国的边境小镇。必须承认，爱尔兰已经是一个发达的西方国家，他们基本消除了城市与农村之间的差距，即使边缘地区一样能够享受到中心地区、都市化地区一样优质的社会公共服务。因此，在这个国家，生活在农牧业地区的人们并不一定羡慕或向往大城市的生活，如果他们愿意，随时可以乘坐现代化的交通工具，去看外面的世界。

图书馆的人员告诉我，这个属于莫纳亨郡的新图书馆于2008年6月3日在克朗内尔斯镇正式开放。笔者是当年9月到达克朗内尔斯的，因此所见是一个开张不久的新图书馆。这个有1450平方米的建筑坐落在克朗内尔斯镇的朱伯利路（Jubilee Road），建成它一共花费了超过700万欧元，莫纳亨郡议会的环境、遗产和地方政府部门拨款资助了75%的资金。图书馆目前藏书约22000本，与之前的库存量相比几乎是增加了一倍，而且也由之前的四台电脑增加到了现在的十四台完全联网的电脑。一楼还有一些其他设备，其中包括两台微缩胶卷阅读器等。

在这个新图书馆开放之前，小镇原有一个旧图书馆坐落在钻石广场，是在1843年建成的集市的位置。在新的克朗内尔斯图书馆，一楼并没有很多图书，取而代之的是一些新的联网的电脑，当地人可以上网查找他们需要的图书和资料。2014年我再次到访时，图书馆的一楼已经摆满了新书架和大量新书及电子音像资料，显然比六年前增加了许多新的图书和其他新的视频资料。

我在图书馆查阅资料之前，玛丽太太告诉我，你可以去办一个借书证，这样查阅资料就很方便了。玛丽太太是个雷厉风行的人，她带我从她的酒吧出门穿过弗马纳街对面的一个门洞，就直接到了后面的图书馆。我本以为办证是个复杂的事情，可是玛丽太太带我到图书馆前台只交涉了几句话，前台的工作人员就热情地给我办理证件。他们甚至根本就没有看我的证件，只是让我写下自己的姓名。短短几分钟，我就拿到了一个借书证。他们似乎那样渴望多几个人能来他们的图书馆读书或查阅资料，根本不在意你是爱尔兰人还是外国人。

图书馆的人员虽然见多识广，但依然认为我是第一位来到克朗内尔斯镇，并在图书馆做历史文献方面研究的中国人。他们在镇上也经常见到几个中国人的面孔，特别是那些开外卖中餐馆的人员，但那几个中国生意人却从来没有走进过图书馆。

这里的工作人员都非常的友好。无论我什么时候来，他们都给予我微笑服务。当我第一次去图书馆借书的时候，他们推荐给我关于克朗内尔斯的三本书和一些资料：《克朗内尔斯杂录》①《忧伤岁月：克朗内尔斯贫穷法联盟 1845—1850》②《莫纳亨故事：从莫纳亨郡有史可考至 1976 年》③。这些书虽然非常有用，但多是与我调查内容不太相关的史料，对于我个人而言艰涩难懂，特别是对其背景知识一无所知，因此非常遗憾，我基本上没有使用多少其中的内容。

后来我在电脑上发现了《沿边而行》④ 这本书，可是图书馆当时没有。但是负责人说，不用担心，我们与全世界的图书馆都有联系，很快就会给你调来。他们通过连锁渠道，三天后为我从莫纳亨郡调来了这本书。

笔者在本书中使用的大部分材料，特别是关于克朗内尔斯的资料绝大部分都是来自小镇图书馆，这其中包括书籍和期刊、报纸。在查阅旧报纸时，他们让我自己使用机器查阅微缩胶卷影印件，那是我第一次使用那种机器。让我震撼的是，这个图书馆将当地《北方标准报》（The Northern Standard）100 多年来的所有版面，都用微缩胶卷拍摄下来，一页不少。从这里我也看到了爱尔兰人是多么重视文化的保存与传承。难怪人们说，是爱尔兰人保存了欧洲文明的火种。

人类学田野调查从来都是件困难的工作，它需要研究者有丰富的知识、懂当地的语言、专门的培训和健康的身体。这些于我而言是困难的，我希望通过采访当地居民来获得更多的信息，但是我的英语不够好，所以不能很好地表达自己的意思，也难以详细地记录人们向我表达的所有内容。因此，我经常会过分地索要纸质资料，并选择先从阅读当地报纸来展开我的工作。

《北部标准报》是在莫纳亨出版的一份地方性报纸。它从 1839 年创办到现在有着一百多年的历史，它在英爱边界划分之后也从未更改过名

---

① *A Clones Miscellany*, Compiled by Clones Community Forum Ltd. .

② Brian MacDonald, *A Time of Desolation*: *Clones Poor Law Union* 1845 – 50, Printed for the publisher, Clogher Historical Society, Enniskillen, by R. & S. Printers, The Miamond, Monaghan. Supported by the EU special programme for Peace and Reconciliation.

③ Peader Livingstone, *The Monaghan Story*: *A Documented History of the County Monaghan from the Earliest Times to* 1976, Clogher Historical Society Enniskillen, 1980.

④ Colm Toibin, *Walking Along the Border*, Queen Anne Press, 1987.

称。实际上，它最初是由英国人创办的，然后从爱尔兰自由邦到爱尔兰共和国仍旧沿用此名，并且始终服务于边界两边。这份报纸就像一个巨大的资料库，保存着当地的社会历史和地方故事。

这份报纸，一直设有关于克朗内尔斯小镇的专版。2014年我到访时，柯瑞通酒店（Creighton Hotel）提供的《北部标准报》，依然有关于克朗内尔斯的专版消息，而且占了整整一版。

在我再次到达小镇的那一周，2014年9月18日出版的《北部标准报》，在第11版，有克朗内尔斯小镇新闻（Clones News），而且报纸也时代化了，提供了电子邮箱地址（CiannaMcNallyatcianna @ northern-standard. ie）。

当期报纸有关克朗内尔斯小镇的新闻主要有以下标题："Charity concertorganized in memory of local lady""Construction could start on Mc-Curtain St houses next month""McElvaney withdraws ' lousy dogs ' comment""New kit for St Tiarnach's""Clones Wi-Fi zone could cost in region of uro 10 ,000-uro 15 ,000""Shane wins Men's Discus event""Council hopeful of decision on six houses before end of September""Clones Youth Forum public meeting""Prison sentences for Lithuanian theft, fraud and assault defendant""Something for everyone to enjoy at Clones Culture Night""Intercultural Dancing at the Phoenix Centre"。

直到今日，我还会常常想起坐在柯瑞通酒店壁炉边，围着炉火看报纸的情境。壁炉中不再是真的炭火，而是天然气燃烧的仿真炭火。当你读着一个有着170多年历史的地方小报，除了报纸上的消息之外，你是否也体会到了当地人们的坚韧，历史的脉络，以及自我心灵的颤动，那是一种难以言状的精神享受。因此，后来人无论怎样感谢这份报纸和珍藏这份报纸都不为过。

这个新图书馆与其说是一个引人注目的建筑，还不如说是象征着克朗内尔斯发展的一个标志。它像一扇开启的窗口，把地方、国家和世界连接了起来。如果小镇没有图书馆，我一个外来人也就无法轻易地查阅这些资料了。

2014年9月，当我时隔六年再次来到图书馆时，我带来了六年前的借书证，本以为可能无法使用了。但我的顾虑是多余的，虽然图书管理员已经换人，但我的证件依然可以正常使用。这次我为图书馆捐赠了两本书，一本是本人所著的《沿边而行》①，一本是广西各民族图文集②。他们高兴地接受了我的捐赠，作为回报，他们给我赠送了一张图书馆自己制作的精美的明信片。

人　口

人类学的田野调查，无论是在农村，还是在城市，调查点的人口数据是一个基本的要素。我们不光要知道总体的数量，最好还要了解整体的结构。例如，男女比例、受教育程度、信仰差异、族群身份、行业分布等。

当我到达克朗内尔斯后，在调查人口数据上，一直不得要领。按照中国的办法，我先去镇议会，他们说没有数据；后来去警察局，他们也说没有数据。问镇上的人们，他们更是一头雾水，不像在中国村寨中，一般人都能说出大概数字。

后来在图书馆查阅资料的时候，发现了一些过去的零星记载数据。

在大饥荒之前，克朗内尔斯是拥有较多人口的繁荣商业中心。据说，克朗内尔斯的人口数量最多时曾达到了6500人左右。在大饥荒灾害之后，克朗内尔斯的人口数量大幅下降。

在1851年，克朗内尔斯的人口数量是2538人③；1871年人口数量为2170人；1881年人口数量为2216人④；在1891年的人口普查中，当地居住民为2032人，1901年达到了2068人，增加了36人⑤；人口数量在1926年达到2358人⑥。

从以上数据分析，1926年小镇人口数量出现明显的回升，这可能

---

①　周建新：《沿边而行》，广西人民出版社2007年版。

②　王梦祥编著、摄影：《民族的记忆——广西世居民族原生态文化影像》，广西美术出版社2009年版。

③　The Northern Standard，Friday，February 7，1930.

④　1897 Street Directory，from Clones Library.

⑤　1909 Street Directory，from Clones Library.

⑥　The Northern Standard，Friday，February 7，1930.

与当时英爱分治后出现的罗马天主教徒从北爱尔兰南迁有关。

20 世纪 50 年代，克朗内尔斯再次繁忙起来。也许是边界隔离后出现的边境贸易增加的原因，很多人去到小镇做生意。在我的调查和访谈中，许多人提到了当时边界一线出现了较多的走私现象。但随着北爱尔兰地区形势的严峻，边境一线出现了一些冲突之后，小镇上又有许多新教徒迁出，人口数量再次下降。

一天上午，我在卡桑德拉·汉德中心与工作人员访谈，无意中说到人口问题，并说自己正苦于无法获得数据。说者无心，听者有意。其中一位女士马上说，这个问题很简单，你去查一下官方网站就有了。于是她给了我一个网站地址（www.cso.ie）。果然找到了一些基本的数据。

表 2 - 1　　　　　1979—2006 年克朗内尔斯镇的人口数量统计　　　　单位：人

年份	国家	郡	克朗内尔斯镇
1979	3368217	50376	2574
1981	3443405	51192	2556
1986	3540643	52379	2280
1991	3525719	51293	2094
1996	3626087	51313	1921
2002	3917336	52772	1728
2006	4234925	55997	1517

2006 年的人口普查显示，克朗内尔斯的人口数量在 2002—2006 年下降了 11.9%，从 1728 人下降到了 1517 人。从 1979—2002 年，镇人口数量几乎下降了三分之一。这跟我在《莫纳亨郡发展规划 2007—2013》中找到的唯一数据完全相同。[①]

除此以外，我找到了更多关于 1981—2006 年克朗内尔斯人口的资料。它们是根据不同的时期和地区进行的统计，它们对于我的分析也是非常有用的。

---

① Monaghan County Development Plan 2007 – 2013, p. 279.

表 2 - 2　　　1981—2006 年克朗内尔斯的人口数量统计　　　单位：人

年份	1981	1986	1991	1996	2002	2006	*变动（%）
克朗内尔斯镇				1921	1721	1517	-11.9
克朗内尔斯市区（街道）	2329	1598	1488	1335	1105	995	-10.0
克朗内尔斯农村		682	606	586	616	522	-15.3

*2002—2006 年的百分比变化。

表 2 - 3　　1981—2006 年克朗内尔斯农村选举司的人口数量统计　　单位：人

年份	1981	1986	1991	1996	2002	2006	*变动（%）
克朗内尔斯农村	887	882	843	869	868	914	5.3
克朗内尔斯（镇）				458	464	464	0.0

*2002—2006 年的百分比变化。

表 2 - 4　　1996—2021 年克朗内尔斯主要居住点的人口数量预测　　单位：人

年份	1996	2001	2006	2011	2016	2021	变动（%）
克朗内尔斯	3376	3129	2917	2648	2414	2081	-38.4

　　为了分析这些材料，我试图查找一些与当地人口的文化背景相关的材料。我去到了镇议会和警察局，但是没有找到这些年的人口数据资料。之后，我查找了民间组织的网站，得到了 1990—2006 年的数据。以下是关于 2006 年的数据。

　　1. 2006 年，出生于克朗内尔斯的常住人口数量统计如下。

表 2 - 5　　　2006 年出生于克朗内尔斯常住人口数量统计　　　单位：人

地区划分＼出生地	爱尔兰	英国	波兰	立陶宛	欧盟其他25国	世界其他地区	全部
克朗内尔斯周边，莫纳亨	213	34	0	2	0	0	249
克朗内尔斯法定镇，莫纳亨	1124	198	13	98	17	39	1489
克朗内尔斯，莫纳亨	1337	232	13	100	17	39	1738

以上表格的内容，包含着许多新的信息。它让我们看到了出生于克朗内尔斯本地的人口中，有许多是非爱尔兰国籍的人口，其中最多的是英国籍人口。

2. 2006 年，在克朗内尔斯按国籍划分的常住人口数量统计如下。

表 2 - 6　　2006 年克朗内尔斯按国籍划分常住人口数量统计　单位：人

国籍 地区划分	爱尔兰	英国	波兰	立陶宛	欧盟其他 25 国	世界其他地区	没有说明	全部
克朗内尔斯周边，莫纳亨	241	5	0	2	0	1	0	249
克朗内尔斯法定镇，莫纳亨	1292	23	13	106	11	33	11	1489
克朗内尔斯，莫纳亨	1533	28	13	108	11	34	11	1738

这里按照国籍划分常住人口，虽然统计总数一样，但出生地不在克朗内尔斯。说明一些人口虽然常住，但可能是从国外或别处迁来的。

3. 2006 年，在克朗内尔斯按人种和文化背景划分的常住人口数量统计如下。

表 2 - 7　2006 年克朗内尔斯按人种和文化背景划分常住人口数量统计　单位：人

人种 地区划分	白人爱尔兰人	白人爱尔兰游客	其他白人	黑人或黑人爱尔兰人	亚洲人或亚裔爱尔兰人	其他	没有说明	全部
克朗内尔斯周边，莫纳亨	243	0	5	0	0	0	1	249
克朗内尔斯法定镇，莫纳亨	1273	10	145	3	12	21	25	1489
克朗内尔斯，莫纳亨	1516	10	150	3	12	21	26	1738

以上统计，主要是从种族外在体质特征对常住人口进行归类，但并不能真正反映出文化背景。

4. 2006 年，在克朗内尔斯按宗教划分的人口数量统计如下。

表 2 - 8　　　　2006 年克朗内尔斯按宗教划分人口数量统计　　　　单位：人

宗教 地区划分	天主教	其他宗教	没有宗教信仰	没有说明	全部
克朗内尔斯周边，莫纳亨	240	8	1	1	250
克朗内尔斯法定镇，莫纳亨	1389	75	30	23	1517
克朗内尔斯，莫纳亨	1629	83	31	24	1767

以上资料来自：http：//beyond2020. cso. ie/census/Report Folders/Report Folders. aspx。

　　这个表格的统计数字，对于我来说，是最感兴趣的。因为它以量化的形式，直接给出了小镇上不同宗教信仰的人数。虽然只有天主教徒的数字统计，但已经足够了。显然，小镇的天主教徒人数占据绝对优势，信仰其他宗教和没有宗教信仰的人数不及天主教徒的零头。

　　2014 年 9 月，当我重访小镇时，又再次查阅了这个网站，但没有获得新的数据。或许，上次获得的数据，正好来自 2006 年爱尔兰进行的人口普查，而此后爱尔兰暂无新的人口调查数据。根据《莫纳亨郡发展规划 2007—2013》内部资料，"克朗内尔斯人口数量在 1986—1996 年下降了 16%，在 1996—2002 年又下降了 10%。2006 年的人口普查数据显示，这一趋势在 2002—2006 年继续下降了 12%"[①]。

玛丽与特雷纳酒吧

　　在来爱尔兰之前，我就知道，欧洲的消费水平很高，一般的宾馆住宿大概都要人民币八九百元/天。记得刚到梅努斯大学的那天，在宾馆前台看到劳伦斯教授为我预定的房间是 150 欧元/天，说明爱尔兰的消费水平属于世界一流的。当时 1 欧元兑换 10 多元人民币，那可是 1500 多元人民币。

　　因此在去克朗内尔斯之前，我就在网上搜索，希望能预订一间便宜的小旅馆。但是我未能如愿，镇上最便宜的附早餐的旅馆一晚要 40 欧

---

① Monaghan County Development Plan 2007 – 2013，p. 271.

元。我自知无法承受一个月的住宿费用，故而不得不想办法租住当地人的房子。

在中国，你一个人去一个陌生的地方做田野调查，如果是在农村，我们很容易就可以在当地老乡家找到住处；如果是在城镇，我们可以去找中介，去找熟人，而且有各种价位的房源可以选择。可是在克朗内尔斯小镇，当时我没有一个熟人，也不知道去哪里问询。

庆幸的是，我在通往克朗内尔斯的汽车上，遇到了一个来自马来西亚的海外华裔青年，他的名字叫艾尔肯（Alken）。他是镇上"天使之家"中餐外卖店的老板。我赶紧抓住这个难得的机会，打听镇上的情况。他说在小镇的街道上有三家中国餐馆，其中两家是外卖店，分别叫"七星"和"天使之家"，最后一家是实体的中国餐馆，叫"美味园"。有7名中国人在这三家中餐店工作。

客套话讲完之后，我赶紧切入主题，问他是否可以帮我找找住处。他略有迟疑，才知道当晚我还没有预定住处。我说要住时间长一些，想租住小镇上私人房间。他又略微迟疑了一下，不太确定地说，可以帮我找找。他说他在镇上多年了，知道镇上的一些情况，但能否找到肯租房子的人，他不敢确定。

艾尔肯是个热情的年轻人，个子不高，虽然是个马来西亚华裔，但我们用汉语已无法沟通了，在他身上华人的体质特征也不太明显。他说都是中国人，帮你是应该的。他的这句话让我非常感动，使我感到在这个世界上真的存在一种超越国家主义、民族主义以及普通人际关系的大文化认同。

从车站下车后，艾尔肯直接带我去见玛丽（Mary Treanor）太太，她是一家名叫特雷纳酒吧（Treanor's Bar）的老板。艾尔肯认为她最了解小镇的情况，且能说会道办法多。玛丽太太给我的第一印象，是一位非常干练的老板娘。当她听了艾尔肯的介绍之后，又看了劳伦斯教授为我写的证明函，沉默了一会儿，然后非常友善地说，还是先看看镇上的宾馆吧，像家庭旅社（guest house）就比较便宜一些。说着，她就出了酒吧柜台，说可以带我去问问。她说话的语速非常快，并不在意我是否明白她在说什么。无奈之下，我只好跟着她出去转了镇上两家家庭旅社，果然像我在网上查阅的一样，即使家庭旅社最少也要40欧元一晚，而且便宜的两家都没有空余房间了。好在镇子不大，也就过了半个钟头左右，我们又回到了特雷纳酒吧。

眼看天色已晚，回到酒吧，玛丽太太与其丈夫商量了一会儿，并且给她女儿打电话沟通了一会儿，最后终于答应下来。她说，她女儿女婿移居美国，现在有一套空闲的房子，可以让我住下。她以一个月500欧元的租金将她女儿的空房间租给我（事实上，我离开克朗内尔斯的时候她是按400欧元/月收取的）。

玛丽租给我的房子在通往纽塘波特勒（Newtownbutler）的十字路口向前几米右转弯处，紧挨着老火车站，是一个双拼的三层楼房，隔壁是帕迪·奥弗莱厄提（Paddy O'Flaherty）先生的家。当我拿到钥匙开门进去时，发现里面的陈设都很现代，家用电器样样俱全，只是屋内显得空荡荡的。一楼是客厅和厨房，二楼还是客厅，有沙发、电视等，三楼是卧室。玛丽太太带我上了三楼，走上去木质楼梯吱呀作响。她交代我住在三楼窗户朝南的一间小卧室。里面有一张单人床，卫生间、盥洗室一应俱全。至此，我便在小镇找到了安身之处，并且有了第一批人脉关系。

弗马纳大街（Fermanagh Street）是小镇的主街道，沿街有许多商铺，考米斯基超市（Comaskey's Surpermarket），康诺德（Connolld）鞋店，帕帕酒吧（Papa Joe's Bar），卢克索赌场（the Luxor Casino），塔楼酒吧（Tower Bar），尼科尔（Nicholl's）肉店，丁肯咖啡饼屋（Dinkin's Home Bakery & Coffee Shop），泰利协·食品供应店盖根（Tlesher P. Geoghegan Victualler），麦克黛茨药房（McDaids Pharmacy），麦奎德（McQuaid）眼镜店，安吉洛比萨外卖店（Angelo's Pizzas），7星中餐外卖店（7stars Chinese Take Away），康诺利制书店（Connolly's bookmakers）等，很多都没有特别的名字，只看见理发店、体育用品商店等通俗的招牌。玛丽·特雷纳太太的特雷纳酒吧就在街道最中间南侧的位置。酒吧不是很大，进门左手边靠近大门处有个柜台；柜台后面摆满了各式各样的装满酒的酒瓶，头顶上悬挂着玻璃酒杯；柜台对面是张长椅，左侧有些桌子摆放在里面；穿过酒吧，还有一个后门，通向后院。

来的客人一般都站在柜台前，一边聊天一边喝酒，这里没有什么我们中国人喜欢的下酒菜，我想这就是爱尔兰酒吧特有的风格吧。

特雷纳酒吧的确是适合喝酒和聊天的地方。第一次到访小镇时，我大部分的报道人都是在这里遇到的。来此喝酒的客人来自不同的地方，有路过的旅客，有当地的常客，也遇见过几个来自北爱尔兰的客人。

2008 年第一次到访时，玛丽太太已经经营这家酒吧 30 年了，她几乎认识街上的每一个人。她丈夫是个退休的邮递员，他们育有两儿两女，其中一个女儿全家移民美国，因此我可以租住他们闲置的空房。玛丽太太告诉我，她原本在都柏林当电话接线员，是为了继承酒吧的产业才回到了小镇。言谈中，她常常流露出对都柏林往昔生活的怀念。

由于玛丽太太是我的房东，我经常在闲暇时间光顾她的酒吧，我也喜欢和在这里喝酒的顾客聊天。关于爱尔兰人喝酒的故事听说过不少，也在小镇上见到过一摇三晃的酒鬼。爱尔兰有一则广为人知的笑话：据说一个酒量很大的美国游客来到爱尔兰，很想羞辱一下自称饮酒无敌手的爱尔兰人。他在一家酒吧大声说："谁能在两分钟内连着喝下十大杯吉尼斯啤酒，我就给他 500 美元！"当时没有人敢答应，他还看见一个小个子溜走了。美国人非常得意，更加不把爱尔兰人当回事。可是一会儿那个小个子又回来了，他只用了一分半钟就一口气喝完了十杯啤酒。美国人问他："你刚才干什么去了？"那个爱尔兰人轻描淡写地说："我不知道自己行不行，所以先到隔壁酒吧去试了一遍。"爱尔兰人的这种幽默不是虚张声势，但也不是所有的爱尔兰人都如此海量。

玛丽太太酒吧里的客人大部分都非常热情，且彬彬有礼，他们经常主动招呼我一起喝酒，但因为我有胃病不能喝酒，只能婉拒他们的好意。虽然我在大学课堂上讲授人类学田野调查方法时，会特别强调融入调查点居民生活以增进感情的重要性。在这里我也非常清楚，我最好能和他们一起喝酒，以获得他们的信任，但是我更加明白，我们不可以为了单纯获取信任，而做出不必要的牺牲。好在，他们并不介意我是否喝酒，可能他们知道我来自一个遥远的国度而原谅了我。玛丽太太在这些时候总会说："即使我经营酒吧，我也不喜欢喝酒，如果你不喜欢，你可以拒绝。"玛丽太太的态度也让我看到，爱尔兰人并不都是像戴维·

麦克威廉斯所说，"喝酒是爱尔兰人的一个荣誉勋章。它没有阶级壁垒。无论富有或者贫穷——我们都是酒鬼"①。

2014 年 9 月，当我再次来到小镇，特雷纳酒吧还在大街的中间，门面招牌依然如故。当我走过冷清的街道推门进入酒吧，玛丽太太不在，只有她丈夫迈克尔·特雷纳（Michael Treanor）先生在场，而他已经不大记得我了。后来在我的提醒之下，他才想起了曾经的故事。迈克尔·特雷纳先生高大魁梧，彬彬有礼，他一直称呼我 Zhou Sir. 我把带给玛丽太太的一件礼物留下，并告诉他说，等玛丽太太回来我再过来。我在小镇熟悉的地方转了一大圈之后，我便返回特雷纳酒吧。回到弗马纳大街，我远远看到一个女人站在特雷纳酒吧门口，那正是玛丽太太，她正在那里等我。由于事前他们并不知道我会时隔六年再来，她甚至还带着疑惑的眼神打量着我。见面的那一刻，没有惊讶也没有惊喜，甚至有点陌生，生活中的爱尔兰人实际上非常矜持。酒吧里的一切似乎跟昨天一样，一切都未曾改变。玛丽夫妇显然已经老了许多。经常光顾酒吧的人似乎也比过去少了许多。当我拿出六年前拍摄的照片给他们看时，他们指着照片上的三个人说，他们已经不在了。一丝凉意从大家的脸上掠过。

当我结束补充调研工作，临走前，我又专门去酒吧道别。玛丽太太对我说，她已经经营这家酒吧 36 年了。我说不清她脸上表现出的是一种怎样的情绪，或许那只是在感叹岁月的匆匆。玛丽夫妇拉着我在酒吧柜台里一起合影，希望我能再次回到小镇。

人　物

在我的个人经验中，一般来说，地处边缘的小地方很难找到具有广泛影响力的人物。但是克朗内尔斯小镇不同一般，我来到这里后发现，爱尔兰历史上的一些名人就出生在这个小镇，他们也是让小镇人引以为

---

① ［爱尔兰］戴维·麦克威廉斯：《教皇的孩子们》，蔡凌志译，人民文学出版社 2009 年版，第 7 页。

傲的。

谈到小镇的人物，图书管理员告诉我，小镇上有一个非常著名的历史人物，他就是出生在克朗内尔斯镇的托马斯·布拉肯（Thomas Bracken，1843—1898）。小镇上几乎每个人都知道他，并为他感到骄傲。因为他是 19 世纪后期著名的诗人，写下了新西兰国歌《上帝保佑新西兰》，并且是第一个发表短语"上帝的故乡"的人。后来，我在小镇图书馆发现了一些关于托马斯·布拉肯的资料，他的确是一个伟大的人物。他出生在小镇，后来远渡重洋，到达新西兰，并在新西兰国歌声中名扬世界。

如果你有机会来到克朗内尔斯，无论在宾馆、在图书馆、在卡桑德拉·汉德中心，还是在小镇议会，你都会看到一个有关小镇的活页宣传小册子。这个精美的小册子里，罗列了小镇上的几个重要人物，不过他们大多是体育明星。

安娜·康奈尔（Anna Connell，1855—1924）：建立英超足球俱乐部唯一的女性。安娜在 1880 年建立了圣马克教堂足球俱乐部，后来重新命名为曼彻斯特城市足球俱乐部。

詹姆斯·塞西尔·帕克（James Cecil Parke，1881—1946）：毫无疑问，他是爱尔兰最好的全能运动员。以下是他的部分成就：橄榄球——20 个爱尔兰帽，三次担任爱尔兰领队；网球——1907 年欧洲单打冠军，在戴维斯杯代表英国参赛，1908 年奥运会男子双打亚军，1912 年和 1914 年温网混双冠军，1912 年澳大利亚男子单打和双打冠军；他在 20 世纪初代表爱尔兰打高尔夫，也是一个优秀的板球运动员和顶级的田径短跑运动员；他在九岁的时候代表克朗内尔斯队下棋；1915 年第一次世界大战中，他作为一个上尉在加里波利负伤，在 1917 年被晋升为少校；他也是一个执业律师。

巴里·麦圭根（Barry McGuigan，1961）：克朗内尔斯旋风，可能是爱尔兰最多产的拳击运动员。在 20 世纪 80 年代表爱尔兰参加莫斯科奥运会之前，他 16 岁在英联邦运动会上获得金牌。1985 年，克朗内尔斯和全世界都将电视频道调到了史无前例的跨越大西洋彼岸的实况比赛，观看他击败了备受尊重的尤西比奥·佩德罗萨（Eusebio Pedroza），获得世界羽量级冠军，圆满完成了其辉煌的职业生涯。克朗内尔斯人口在那个重要的夜晚增加了二十倍，所有酒吧的啤酒都已售罄。巴里现在是一个备受尊敬的体育运动推动者、管理者和播音员。他在 2005 年入选了拳击名人堂。

凯文·麦克布莱德（Kevin McBride，1973）：克朗内尔斯巨人。凯文在 1992 年的巴塞罗那奥运会上为爱尔兰而战，但是他的职业生涯关键性的表现是在 2005 年 6 月 11 日，他通过六轮搏击以技术性点数战胜了无可争议的世界重量级冠军美国职业选手迈克·泰森（Mike Tyson）。

尤金·麦凯布（Eugene McCabe，1930）：尤金是一个剧作家、小说家和诗人，他为电视和电台进行了广泛的写作。他已经写了几部小说，是一个著名的短篇小说家，并且已经为自己的作品赢得了多个享有盛誉的奖项。

在我读《沿边而行》这本书时，书中讲到了一个名叫尤金·麦凯布的人，就是住在克朗内尔斯的。他在 20 世纪 70 年代撰写出版了，《受害者》和《遗产》。

露丝·麦凯布（Ruth McCabe）：露丝，有一副完美的、丰富的和温暖的嗓音，是一位杰出的演员，她在大量电影中出演过，包括《菲洛米娜》《我的左脚》《唠叨人生》《冥王星上的早餐》《田野》《希特勒的审判人》《罗里·奥谢》等。

帕特里克·麦凯布（Patrick McCabe，1956）：爱尔兰最有名的作家之一。他已经写了一系列书籍，包括《屠夫男孩》（1992）和《冥王星上的早餐》（1998），两部作品都入选"布克奖"终选名单。导演和小说家尼尔·乔丹（Neil Jordan）已经将其都改编成了电影。《屠夫男孩》的许多情节都是在克朗内尔斯镇拍摄的。

托马斯·利普顿爵士（Sir Thomas Lipton，1848—1931）：尽管出生在苏格兰，他的父母亲都来自克朗内尔斯郊区的尚诺克格林（Shannock Green）。在大饥荒期间，他们像许多人一样，移民到苏格兰。托马斯是通过经营杂货店和进口茶发家的。1893 年，他回到了自己的故乡，在克朗内尔斯开了一个商店，后来在 1922 年关闭。

小册子的最后写道：我们在克朗内尔斯有许多有趣和迷人的人物，

几乎不可能全部提到，例如诗人和作家特德·麦卡锡（Ted McCarthy）；音乐家帕特·麦凯布（Pat McCabe），即爱尔兰诗人终身成就奖的获得者；著名的艺术家利奥·托伊（Leo Toye）；国际档案理事会前任主席马莫·麦克唐纳（Mamo McDonald）。名单列表真的是难以一一列出。对于任何我们已省略了的，请接受我们真诚的道歉。

从小镇发行的宣传折页小册子看，小镇上产生过许多体育人才，难怪这里有很好的体育设施，以及体育运动传统。似乎是个出产体育明星以及文艺人才的地方。一个小镇能够出现如此多的优秀人物，真的了不起。

访问地方精英，是我们人类学田野调查的功课之一。地方精英不仅是知识的拥有者，而且是地方治理的重要参与者，往往也是地方历史和文化的见证者、记录者、传承者。

拜访地方精英原本是我的人类学田野工作的一个必要环节，但当我想去拜访克朗内尔斯镇一个知名的公众人物时，却未能如愿。我在小镇调查时，一些人告诉我乔治·奈特（George Knight）是克朗内尔斯镇的历史学家，我曾多次到他家拜访，但门都是紧锁的。我打电话到他家，有人说他很忙，他不在克朗内尔斯工作，平时也很少回家。这非常遗憾，我确信如果拜访了他，就会从他那获知更多关于克朗内尔斯的故事。幸运的是，玛丽太太介绍我去拜访了克朗内尔斯的另一名公众人物帕迪·奥弗莱厄提。帕迪先生的确给了我许多帮助，我在后面的章节将会详细描述。

姓　氏

在中国，调查一个村落，我们必然会统计村落里的姓氏，尤其是大姓不可遗漏。但是，在国外我对此毫无把握，也确实遇到了困难，一是对于西方姓氏文化本身不是很清楚；二是查不到家户统计资料，单凭询问，实在难以统计。于是我不得不避重就轻，又在故纸堆里做文章，而且还真的找到了相关的信息。

我从报纸上发现了一篇关于"克朗内尔斯名字消失与存在"的文章，这是一篇 1930 年 2 月 7 日写于克朗内尔斯的回忆性故事。

"75 年前的指南可以一目了然地看出这段时间内克朗内尔斯镇所经历的改变，虽然当时贸易商的名字很少，但这些名字现在仍然存在于商界。

例如：安丝丽（Annsley）、艾薇诺（Averall）、唐纳利（Donnelly）、麦克艾维尼（McAvinney）、格雷顿（Graydon）、法夸尔（Farquhar）、塞戈（Shegog）、莫里森（Morrison）、穆雷（Murray）、麦克康奈尔（McConnell）、欧文（Irwin）、费希尔（Fisher）、科勒金（Clerkin）、科斯格罗夫（Cosgrove）、克雷格（Craig）、波义耳（Boyle）、特纳（Turner）、考特尼（Courtney）等都是这个小镇的商人。

詹斯（Jas）、威尔森（Wilson）、博瑞特（Printer）、约翰·布罗根（John Brogan）、布彻（Butcher）、杰·麦克艾尔瑞（J. McElroy）、德雷铂（Draper）、詹姆斯·克拉克（James Clarke），这些面粉、餐饮和玉米商人的名字仍然存在于商界。而钟表制造商罗宾逊（Robinson）是另外一个至今仍存在于商界的名字。

当时或之后克朗内尔斯镇有 15 家面包店，但现今仅有 1 家。现在，克朗内尔斯镇上的商人主要是来自弗马纳和卡文郡的本地人，这些人来到镇子代替了许多原住居民。1851 年在克朗内尔斯镇从事律师职业的有亚历克斯·邓肯（Alex. Dudgeon），官方律师克朗（Crown Solicitor）；西医有摩尔（Wm. Moore），拉尔夫（Ralf）和理查德·斯科特（Richard Scott）；医生有理查德·亨利（Richard Henry）和乔舒亚·托马斯·霍金斯（Joshua Thomas Hoskins），西医奥莱利（Wm. O'Reilly）；神职人员有托马斯·汉德（Thomas Hand）牧师、神甫；詹姆斯·佩吉特（James Paget）牧师、副牧师；詹姆斯·史密斯（James Smyth）牧师、代理牧师；约翰·史密斯（John Smyth）牧师、副牧师；怀特（W. White）牧师，石桥镇；詹姆斯·克拉克（James Clarke）牧师，纽塘波特勒镇；罗伯特·赫伯塞姆（Robt. Hobotham）牧师，柯林（Currin 地名），居玛德（Drumard 地名）；约翰·理查德森（John Richardson）牧师，夏山学院；威尔士（C. Welsh），埃塔纳·劳基（Etna Logde）。国立学院，庞德·希尔（Pound Hill），托马斯·科斯格罗夫（Thos. Cosgrove）和夫人谢尔兹（Shields）。

曾在克朗内尔斯镇担任过法官的人有：约翰·布雷迪（John Brady）（似乎有许多其他的职位在商业中，包括克朗内尔斯北部银行的经理）；约翰·麦登（John Madden），希尔顿·帕克（Hilton Park）；福斯特（W. Forster），巴利纽尔（Ballinure）；科尔（W. A. W. Kerr），纽布利斯豪斯（Newbliss House）；理查德·梅恩（Richard Mayne），纽布利斯村庄的格林斯豪斯（Glynch House）；摩尔海德（J. Moorehead），安娜玛克里（M. D. Annamaghkerrig），纽布利斯村庄；豪尔（C. E. Hall），M. D. 克朗内尔斯镇；墨累·科尔（A. A. Murray Kerr），格伦贝尔（Glenburne）的让科科瑞村庄（Rockcorry）；克朗内尔斯镇的摩尔海德（S. Moorehead）；赛戈（Geo. Shegog），米欧尼丽（Munnilly），克朗内尔斯镇；斯托普福德（T. Stopford）上尉，里斯里（Lislea）村庄，纽布利斯镇；菲利普斯（T. Phillips），阿汉芬（Aghafin）；托马森（R. Thomason），司卡文（Scarva）；大卫斯密斯（David Smyth），克朗尼镇（Clonooney）；郡里的勋爵罗斯莫（Rossmore），陆军少校；勋爵柯瑞莫姆（Cremorne），德特瑞（Dartrey 地名），让科科瑞（Rockcorry 地名）；科尔瓦斯（H. Kirwas）是克朗内尔斯镇的督察；约翰·凯利（John Kelly）是拘留所的看守人员；沃德尔（C. Waddell），是里斯纳文（Lisnaveane 地名）、巴利贝（Ballybay）的验尸官。

亚历山大·奈特（Alexander Knight）博士是克朗内尔斯发热医院医疗主任；亨利（R. Henry）是济贫院的医疗主任；约翰·柯克帕特里克（John Kirkpatrick）是联盟秘书；约瑟夫·艾略特（Joseph Elliott）和格雷厄姆（Graham）是教师。"①

关于爱尔兰的姓氏我知道的不是很多，当我在克朗内尔斯镇时也没

---

① The Northern Standards, Friday, February 7, 1930.

有专门询问过太多信息。所以，我不知道小镇到今天还保存了多少姓氏，但是我认为展示在此的名字对回忆小镇的部分社会历史是必要的。从名字的拼写方式来看，报纸上的名字多为英文拼写模式，而今爱尔兰的姓名多有盖尔语拼写的特点。姓氏文化，大有学问，甚至与一个民族思想意识的转变直接相关。

当我在中国工作时，常常注重一个村庄的名字，因为村庄往往开始于一个家庭或家族。但爱尔兰很早就搭乘英国工业革命的快车，进入了工商时代，小镇的流动人口非常多。当然，从信仰的角度看，如果我是爱尔兰人，我也许可以把这些名字分成两部分，一部分是天主教徒的，另一部分是新教徒的。从我在爱尔兰接触到的事实看，天主教徒和新教教徒的姓氏，在拼写上的确有一些差别，主要表现在天主教徒更多地使用了盖尔语拼写姓氏。而这种拼写的源头，"普遍采用'奥'和'麦克'（O与Mac，即'孙'与'子'）加上祖父或父亲的名字作为姓氏"。①

以上姓氏表明小镇上当时居住的大多数是商人、法官和其他专业人员。我猜想，他们大多是在爱尔兰内战时迁出小镇的新教徒，因为他们的名字多是英文拼写的，没有看到盖尔语的特点。当然，从1930年再前推75年，应该是1855年，也许与那时的情况原本就没有多少区别。

克朗内尔斯现在还有哪些姓氏，最大的姓氏是哪个？得到的回答都是不确定的，非常明显，在高度发达的西方社会，人们一般不太关注别人的事情，要想了解小镇姓氏文化，不下一番苦功是无法完成的。

我之所以看重姓氏，是因为姓氏文化不仅包含着家族传承的线索，而且包含着地方人口迁移的信息。而爱尔兰是一个历史上向外迁移人口较多的国家，现在其大量的侨民或后裔，对于爱尔兰社会甚至美国社会都有一定的影响力。在爱尔兰，近些年出现了海外后裔回国寻根的热潮，甚至克朗内尔斯小镇也设立了相关机构，要关注爱尔兰侨民的活动，姓氏文化的研究似乎显得更加重要。

---

① ［爱尔兰］艾德蒙·柯蒂斯：《爱尔兰史》（上、下册），江苏师范学院翻译组译，江苏人民出版社1974年版，第61页。

体育场与和平链接（Peace Link）

在克朗内尔斯田野调查期间，我所看到的最大的基础设施，应当是圣·提纳奇体育场（ST. Tiernach's Park）。前两次来我都没有能够有机会进入这个巨大的体育场，而这次是因为一场足球赛，我才得以进入其中。圣·提纳奇是设在克朗内尔斯的 GAA（Gaelic Athletic Association）比赛的主体场。这座体育场可以容纳 36000 人，它是阿尔斯特地区最现代化的用于 Gaelic Games 比赛的体育场。它是莫纳亨球队在阿尔斯特地区冠军赛决赛的主场。GAA 究竟是什么意思，其实它最初是民族主义的产物。GAA 即"盖尔运动协会"，"是一个提倡民族主义的、非常有影响力的体育组织，它发展了传统的爱尔兰式曲棍球和盖尔式足球（并试图在爱尔兰境内消除不列颠运动，诸如板球之类）"[①]。

一天上午，我去探访和平链接（Peace Link）中心，回来时看到体育场开放了，有一些运动员乘车到来。上前一问，知道中午有一场足球赛即 GAA Match。于是赶紧回宾馆吃饭，吃完饭就赶到球场。比赛的门票 5 欧元，小镇上的男女老少都来观看。当时参加比赛的两个球队是：克朗内尔斯"圣提纳奇队"（ST. Tiarnach's）和卡瑞奇马克劳斯（Carrichmacross）"35 英里队"（35 Miles）。与克朗内尔斯对阵的队来自莫纳亨南部。有趣的是，两个球队的啦啦队分坐在球场入口两边的看台。比赛中间由于对裁判判罚出现争议，双方发生了短暂的队员打斗，不过比赛并没有就此终止，在短暂停顿后仍然继续，直至最后终场。这个插曲不禁让人联想到爱尔兰和平进程的一波三折，尽管有些跌跌撞撞，但还是能够继续前进。比赛最后的结局是克朗内尔斯队获胜，比分是 14∶11。我对爱尔兰足球是个外行，根本没有看懂，但是感受到了体育在小镇发挥的积极作用。

圣·提纳奇 GAA 体育场是阿尔斯特足球的故乡。自 1944 年以来，

---

① ［德］弗朗克·祖巴赫：《爱尔兰的体验》，崔恒、李吟吟译，江苏人民出版社 2012 年版，第 183 页。

小镇已经举办了很多次盖尔式足球阿尔斯特决赛。毫无疑问，它是爱尔兰最好的体育场之一。

为什么一个边境小镇会有如此巨大，而且设施现代化的体育场？看了前面提到的小镇上曾经涌现出的杰出的体育人才，你就不会奇怪，甚至若有更好的体育设施人们也觉得理所应当。

六年的时间不长也不短。如果一个地方你六年没去，你会发现那里的每一个变化吗？我发现这里没有太多变化。凭直觉，我觉得小镇更加美丽干净了，一些基础设施更加完善了。镇上的人们告诉我，有两个地方变化了：一是镇上新建了一个消防站，二是"和平链接"（The Peace Link）工程已经竣工。我听懂了消防站，但不知道"和平链接"是什么。后来我才知道，"和平链接"竟然是一个更加现代化的新的体育运动中心，它的英文全称是：The Peace Link Sports Centre。

碰巧的是，在我到达小镇的那一天上午，小镇上发生了一件大事。爱尔兰总统迈克尔 D. 希金斯（Michael D. Higgins）到访小镇，这对我来说真是个意外，而当天总统先生到访主要就是为"和平链接"基地开张剪彩。我到达的当天下午并不知道这件事，是后来从报纸和镇上人们的口中才知道的。虽然西方人不像中国人那样关心政治以及政治人物，但总统到访小镇毕竟是一件大事。

我最先听说"和平链接"是在宾馆。老板当时说，爱尔兰总统昨天前来为"和平链接"剪彩，如果你早到半天，就可以去看剪彩仪式。后来，我在图书馆又多次听到他们谈起"和平链接"中心，于是我很想尽快去看看这个中心。

第一次去找，是按照小镇人指引的方向自己前往。原来中心并不很远，沿着弗马纳大街往北走，经过圣提纳奇体育场（ST. Tiernach's Park），再往前不远的道路左侧，可以看到一块显眼的牌子，上面写着"Peace Link"。牌子下面是一个院墙的大门，大门旁边的牌子上也写着"Peace Link"字样。透过铁制栅栏门，可以看见院墙深处有一组建筑，以及宽阔的运动场地和草坪，不巧它当时没有开放。

后来我跟图书馆人员约定，由欧盟官员黛德瑞·麦奎德（Deirdrio McQuaid）女士带我去参观了和平链接。这是一个新建的体育运动综合场所，也是一个让欧洲任何小镇都值得骄傲的、梦幻般的体育运动综合设施，它为边境小镇及其周边地区提供了一项综合运动和娱乐的大型设施，其"和平链接"的目的，就是努力促进爱尔兰南北所有边境社区居民都来参与这项活动，为民间社会提供日常互动交流的平台。

这个运动中心的设施包括：室外，一个 GAA 草地球场，一个标准的 3G 全天候多功能运动场，400 米国际田联田径跑道。室内，一个 11 人足球场，一个体育馆，一个设施和功能完备的健身房，一个网球场和一个篮球场。

当黛德瑞·麦奎德女士带我参观时，工人们正在安装室内设备。他们说正在安装的设备是从中国进口的，我特意上前看了一下外包装，上面的确标有中国制造字样。

再访小镇

2014 年 9 月 24 日，笔者第三次来到小镇。这距第一次来访已经整整过去六年了。由于轻车熟路，从在都柏林汽车站买票到莫纳亨转车，再到克朗内尔斯小镇，一路顺风顺水，甚至连时间都精确把握到了分钟。早晨 9：30 上车，一路不停，10：50 到达莫纳亨车站，11：00 转车往克朗内尔斯，11：30 到达克朗内尔斯，11：40 入住柯瑞通酒店（Creighton Hotel）。

小镇原本有几家酒店，第一次来时，我没有住酒店，但到过两家，其中包括吉姆斯·谢林（James Sheerin）的勒纳德·阿姆斯酒店（Lennard Arms Hotel）。当时虽然也知道柯瑞通酒店，但由于要长时间居住负担不起费用。第二次来时，因为只是中途返回都柏林，然后又一次回到小镇，还是租住在玛丽太太女儿的房间，并没有入住酒店。

这一次是我第一次入住小镇酒店。柯瑞通酒店是一家非常不错的酒店，就在小镇十字路口的东南一侧，在弗马纳街与通往纽塘波特勒的那条路的交汇处，是一个三层转角的楼房，占据了路口两个侧面，显得非常厚实。我是在都柏林通过电话提前预订了这家酒店。第一天打电话，当时说的 55 欧元一天，但我说我可能会住的时间长一些，是否能便宜一些。也许这里一般没有人一住就是十多天，第二天当我再次打电话过去时，女服务员说已经请示了老板，他同意打折改为 50 欧元一天。

到达的当天，接待我的是那个打过电话的女服务员，她看到我的到来，迅速从柜台下面拿出房间钥匙，告诉我房间号码是二楼的 12 号房间。她既没有让我出示护照，也没有预收我的房费或者押金等，让我感到一种莫大的信任，同时也有一种宾至如归的感觉。酒店一楼正门进去是前厅接待处，左右两侧是餐厅，其实包括前厅及左右两侧餐厅，平时是过往客人及小镇人聊天喝茶的地方。我住的二楼的房间非常整洁，靠马路一侧有一个窗户，从这里正好能够看见我曾经住过的玛丽太太女儿的房子。

第二天上午我见到了酒店的主人，他大概三十多岁，名叫帕特里克·麦卡瑞利（Patrick McCaruille），是一个非常热情的年轻人。他是子承父业，刚刚接手酒店两年，而他的父亲在此之前已经经营这家酒店 32 年了。当我们聊得熟了之后，他给我看了内室保存的有关小镇的老照片。后来他把自己保存的老照片全都拷贝给了我，并希望我把小镇的故事尽快写出来。

麦卡瑞利虽然是酒店的老板，但他和他的父母都会经常出现在酒店前台，甚至充当端菜的服务生。他说，酒店是 1884 年建成的，并且从楼上搬了一块石板出来，像是酒店的奠基石，上面刻有 1884 年的字样。那个时代正是英帝国主义者侵略中国的时代，而那时的爱尔兰还是英国的一部分。

谈到酒店，麦卡瑞利兴趣很浓。说到镇上其他的酒店，他说只有另一家酒店与他家的酒店是同时建造的，但开张稍晚于柯瑞通酒店，那就是海博那酒店（Hibernan Hotel），就在通往纽塘波特勒道路右侧的斜对面，与玛丽女儿和帕迪先生家的三层楼房前后平行，我从柯瑞通酒店房间的窗口可以看到海博那酒店。当时的柯瑞通酒店一般都是比较有钱的人住，而海博那酒店的价位相对便宜，入住的多为工人和低收入的人群。显然，在价格定位上，前者为有钱人服务，后者为劳工和低收入人群服务，彼此各有生存空间，但并不区分入住者的文化身份。第一次来时，我到访过海博那酒店，酒店的主人是迈克尔·卡登（Micheal Cadden）先生，当时他热情地接待了我，并为我展示了他保存的老照片，但这次来，主人已经去世，酒店已经关门。后来，我隔着玻璃窗看到，酒店内部杂乱地放着一些拆卸下来的物品，显然已经关张停业或者准备出售。

小镇上另外还有几家酒店或家庭旅社，不过就我个人后来的观察，镇上的酒店的确只有柯瑞通酒店生意最红火。酒店每天往来的旅客相对较多，特别是周末，几乎顾客盈门。当然，他们的服务也非常到位，服务人员一丝不苟，内部设施窗明几净，一楼前厅和餐厅的氛围也非常温馨。

柯瑞通酒店正门右侧面是一个石头院墙围起来的停车场，称作酒店顾客停车场（Crieghton Hotel Custom Park），院墙门向里正对着的是一排平房，显得比较老旧，平房正门的门楣上刻着 A. D. 1873 几个字。显然，这些建筑要比柯瑞通酒店更加古老，这个院落也就是小镇曾经发生汽车炸弹爆炸的地方。

停车场院墙外，是一个可以供人们休闲的地方。正门外靠近柯瑞通酒店一侧，有两个长椅。这是供小镇人休闲时坐的。椅子正对着弗马纳大街对面的超值（Supper Value）超市，这个超市六年前是尤金·考米斯基（Eugene Comiskey）的，而现在尤金先生已经退休离开了小镇，超市也转让了出去。椅子右侧空地上还有一个小型雕塑，表现的是一个小女孩从一个弯腰躬身的小男孩身上分腿而过的情景，这不禁让我想起自己童年时也玩过这样的游戏，似乎普天之下的人们都会玩这个游戏。

天气好的时候，特别是下午，总有几个年纪稍大的老人聚在长椅那里聊天，一般三五个人，不会更多。

一天，从宾馆出来，准备去中餐馆买外卖，发现长椅空着，我便坐在长椅上晒太阳，无所事事的样子。突然发现，路过的人们用异样的眼光看我。显然，这是他们的地盘，我一个外国人占了他们的领地。他们也许不是路过，而是原本要来长椅休闲的，却不知道该不该一起坐上来。虽然有人从眼前走来走去，却没有一个人过来和我同坐，甚至眼光有意避开我。显然，他们不愿意主动与一个外国人接近。这与我从书本或其他间接渠道了解到的爱尔兰人的性格相去甚远。

　　此后，即便长椅空着，我再也没有独自一人坐上去过。一般情况下，我会等聊天的老人坐定之后，我再过去凑热闹。第一次，我主动拿了几张照片过去，请他们帮我找找照片上的人。我说这是我六年前在小镇拍摄的，现在找不到当事人，请他们转交一下。这一招非常灵验，很多老人都聚过来认人，即刻有人表态愿意帮我转交。有一位遛狗的年轻人也上来凑热闹，当他看到一张老人遛狗的照片时，他说这是他的父亲，照片上的小狗正是他现在带的这只，于是他问我要了那张照片拿走。没想到，第二天下午有一位老人早早就坐在长椅上，似乎在等待什么人。当我走过他面前时，他毫不犹豫地招呼我"Zhou"。原来他就是昨天那位年轻人的父亲，今天他是特意过来谢我的，说他看到儿子带回的照片很高兴，没想到这么多年我还会再来小镇。相隔遥远的普通人的缘分，一辈子也就偶然一次，转身即是永远，而这一次是个例外。六年前我为他拍摄照片时是征得他本人同意的，他甚至有意微笑着摆出一种姿势，显然，他还记得当时的场景。

　　接下来的日子里，宾馆门侧的长椅，就成了我调查的田野点，老人一般会主动拉我坐下聊天。不过，这些老人的爱尔兰口音让我很难听懂，有时光知道点头，很多东西一点儿也没有听懂，只能干瞪眼。好在故事已经不太重要，或许我要的只是那种轻松的气氛。

　　除了主动四处找人了解情况之外，我发现柯瑞通酒店是一个听故事的好地方，也是会客的好地方。这里每天人来人往，一些人就是来此喝咖啡聊天的。我本以为这些客人会好奇，这个中国人长时间住在这里干什么？他们或许会来问你什么。但是令我失望的是，如果不是我主动去问，从来没有一个人主动问过我什么。这里的人都很矜持，并不热情，从来也不会有人请你到他家中坐坐。这与我们东方人的热情好客完全不同。

　　在酒店时间长了，上下都熟悉了，他们对我的态度都很好。当我要去北爱尔兰边境地区调研时，也就是去英国边境一侧时，我会跟他们商量，是否可以在没有签证的情况下过去。老板和服务员都会热情地帮我设计线路，打印过路班车的时刻表，而他们从来没有担心过我所担心的问题，他们甚至认为这是一个奇怪的问题。后来，在我走遍了边境沿线两侧之后，我再也不问这个问题了，因为几乎在我问过的所有地方，每个人都非常肯定地说这不是一个问题。由此，我也认识到他们认为这里是爱尔兰岛，即使是北爱尔兰属于英国的自治地方，跨越边界的行为也是理所当然，甚至在他们的眼里，边界似乎是根本不存在的。

在酒店住得久了，我跟餐厅端盘子的一位大妈说，天天西餐吃腻了，能否帮我做一点中国式的饭菜。餐厅的大妈居然答应了，她甚至为我做了分量过大的套餐，让我一顿无法吃完，但是价格依然不变，每顿都在 12—18 欧元。比如，我要求不要把鱼裹上面糊去炸，她就给我煎，而且一次煎两大块鱼，我当然吃不下。至此，我突然有点明白了，西餐为何那样讲究精致的摆盘，盘中的食物要摆得好看，又要分量合适。如果你不讲究这些，只是要求做法，那就照你说的给你好了，量多量少并不是衡量价钱的标准。

由于这次来访是一次短期的补充调查，主要是想补充完善第一次、第二次调研的不足，也是跟踪调查。因此，调查问题的指向非常明确，我只问那些需要补充的相关问题，并没有刻意再去拓展新的内容。但真实的调研情况却完全不同，自己准备的问题问不出所以然，你不想问的问题，别人却说了一大堆。所以，很多时候只能跟着感觉走了。

一天当我独自走过小巷，遇到一位推着轮椅车的大妈，她腿脚不好行动不便。看到我走过来，她主动招呼我，近前之后她说我的衣服她很喜欢。我当时没有反应过来，以为老人只是随口一说，但看到她认真的样子，赞许的目光，自己才忽然意识到，我穿着的绿色冲锋衣，有着爱尔兰人热爱的国花三叶草的绿色，这是爱尔兰人民根深蒂固的传统。也许是潜意识中自我的安排，也许纯粹就是一个偶然，我真的没有刻意选择这件衣服，只是我只有这件廉价的冲锋衣，但它正好契合了爱尔兰人的审美传统。由此，我联想到了爱尔兰纪念品商店里琳琅满目的爱尔兰绿色。

讲到爱尔兰三叶草的故事，人们把它追溯到公元 5 世纪，据说传教士圣·帕特里克带着圣经和福音，带着宽恕和仁爱，来到了爱尔兰。当时的爱尔兰是个充满暴力、野蛮和残忍的异教国家。他用当时爱尔兰随处可见的三叶草来比喻基督教著名的"三位一体"理论，即"父是神，子是神，圣灵是神，却非三神，乃是一神"。后来他历经许多磨难，向爱尔兰人民传播福音。圣·帕特里克把一生的关爱倾注在爱尔兰这个绿色岛国，他不但热爱爱尔兰人的灵魂，也关怀爱尔兰人的福利，他为爱尔兰人民做了无数的好事，他的影响所至，更为爱尔兰的文化谱写了新的篇章。他去世以后，爱尔兰人民没有忘记他，一代又一代的爱尔兰人纪念他对自己民族和国家的贡献，把他去世的日子，每年的3月17号定为"圣·帕特里克节"，他用来解释"三位一体"的三叶草则成为爱尔兰的象征。如今，圣·帕特里克节已经定为爱尔兰国庆日，每到这天，爱尔兰本土和世界各地的爱尔兰人及其后裔都会穿上以绿色三叶草为装饰的衣服，集会游行、举办餐会、参加教堂活动。

在爱尔兰时，我曾经参加过都柏林的这个节日，观看过盛大的游行场面。许多人都会佩戴各种各样的三叶草绿色标志。他们认为四叶的三叶草，象征着十字架，也被认为是幸运的信物。当时，有朋友还专门给我儿子找了一顶幸运草帽子戴上，一起去看节日游行。

有了绿色冲锋衣引起的一面之缘，那位行动不便的老太太每次在小镇见到我，都要叫住我聊上一会儿。看到她行动不便，我就主动问她医疗问题，她说小镇上有两个医生，可以为镇上的人看看小病，可以电话预约服务。但是小镇上没有医院，只有一个社区卫生所，如果需要住院或遇到诊断不清的病，就要到莫纳亨郡或者都柏林医院去看。后来，我在去纽布里斯方向的那条街上看到了卫生所，它就在警察局斜对面，但没有开门。

在小镇时，我每天的吃饭是个大问题。第一次、第二次来时，我每天都要去超市购买牛奶、面包、香肠、蔬菜和水果，主要是在玛丽太太女儿家的厨房自己动手，做些简单的东西吃，偶尔外出买外卖吃。那个时候，我更像一个当地人。而这次不同，每天早中晚的吃饭问题都要在外解决。一般早餐和中餐都在宾馆解决，但晚餐我往往选择吃中餐外卖。小镇上有两家中餐外卖，一家是"天使之家"，就是原来艾尔肯开的那家，现在已经是一对来自中国福建的夫妻在经营，老板姓吴；另一家开在弗马纳大街的中段，位置较好，店面也稍大一些，名字叫"激情炒锅"（Flaming Wok），是一对来自中国湖南的夫妻在经营，老板姓罗。两家店一般下午稍晚至晚上才开张，只经营外卖，即外卖中餐（Chinese Takeaway）。因此，晚餐我总是轮流去这两家买外卖，几乎每天下午都是海虾炒饭。爱尔兰的鱼虾品质非常好，深海三文鱼只要 10 欧元左右就可以买到一整条，而一份海虾炒饭一般在 10 欧元左右。

在小镇期间，对于这里的经济发展情况是我了解最少的。我不知道这里的人们主要的经济来源是什么。我看到的主要是街道上的商户，以及小镇周边的农庄，但他们毕竟只是一部分人。我问过镇上的人们，他们是否有一些人去附近的工厂做工，但他们的回答是，很少有人去附近的工厂做工，而且现在小镇的青年人较少，大多也都是老人和孩子留在镇上，青壮年都去了大城市，这与中国的情况有点相似。

关于当地人谋生方式的调查并不是一件易事，通过实地观察和问询，我得知他们中的一些人在经商，一些人是职业人士，还有一些是农庄主，但我找不到这方面的相关统计资料。关于当地人的平均收入，我更是问不出什么，但我认为他们有一个较高的生活品质，这从我租住的房间，以及真实观察到的家户内外居住条件就可以看出。虽然对于以上问题调查数据的空缺，影响了对于小镇全貌的调查，也可能会导致对许多问题的分析出现偏差。但是，回头想想，即使在中国，我们面对一个大的村落或者社区，要了解那些敏感的问题，也不是一件容易的事情，何况西方人本来就忌讳谈论这些问题，而我一个东方人在短时间内是无法获得这些信息的，我所能做的就是尽力而为。

关于工业，在小镇周边我只看见有一个规模很大的工厂坐落在斯高兹豪斯路（Scotshouse Road），我曾经上门探访，但工厂的门卫始终不允许非工作人员入内。那是爱尔兰一家大公司的肉类加工厂，工厂围墙外的标示牌上标有 abp 字样（字母没有大写），小镇上的人说那是属于 abp 食品集团公司的工厂，与小镇无任何关系。后来我查到的工厂全称缩写是 A. I. B. P. Ltd. [①]。在小镇上，我曾看到来自东欧的很多年轻人，就在 abp 工厂大门旁等待招工，他们大多应该是来自立陶宛的工人，因

① Monaghan County Development Plan 2007 – 2013, p. 283.

为在小镇的外来人口统计中，来自立陶宛的人口最多，而且工厂招收的都是低端的非技术工人。"克朗内尔斯只有很小的工业可以提供稳定的就业机会，主要是在非技术熟练部门，特别是食品加工以及工程/钢铁工业。2006 年的主要雇主是位于斯高兹豪斯路的肉类加工厂（abp）和莫纳亨路的菲德休斯（Feldhues）。在过去 5 年里，劳动力的形势发生了很大变化，许多外国人于此从事低技能工作。"① 另外，在小镇里还有一些废弃的工厂，如 98 大道（'98 Avenue）边的亚麻厂，欧达菲大街（O'Duffy Street）旁的汽车修理厂等。据统计，1991 年小镇上有失业人口 121 人，1996 年有 93 人，2002 年有 85 人，失业人口数量在持续下降。②

尽管没有得到小镇经济发展的相关数据，但此次补充调查，我看到了"和平链接"中心，这是爱尔兰和平进程在小镇不断推进的最好例证。也正因为我对爱尔兰的和平进程如此关注，以至于卡桑德拉·汉德中心的负责人黛德丽·凯丽（Deidre Kelly）女士和她的同事，专门约我进行了一个上午的采访。他们甚至像对待一个重要人物一样，把我说的话用录音笔记录了下来。也许我对小镇六年间变化的观察，以及对小镇 1998 年后开始参与的"和平 1—和平 3（2015）"项目由衷的赞赏，真的可以成为一个宣传材料，因为那至少是一个中国人真实的表达。

2014 年 9 月 24 日至 10 月 6 日，我一直待在小镇。这些天天气出奇的好，几乎都是阳光灿烂的日子，这与我六年前来时的情形差别很大，那时我想找个晴朗的日子去拍照片都很困难，多是阴雨连绵无法出门。而这次连续的好天气，连超市门前的老人都说，这样的好天气实在难得，大概一百年也难得遇见。

此次调研，我在镇子里待了 13 天，像一个深度体验的行者，寻寻觅觅，走走停停，不时驻足观察，不时侧耳倾听。虽然不能获得镇上所有故事的细节，但能体会到小镇人的态度。走过静静的街巷，我总会

---

① Monaghan County Development Plan 2007 – 2013，p. 283.
② Monaghan County Development Plan 2007 – 2013，p. 283.

想，弗马纳大街（Fermanagh Street）曾经上演过多少人间故事，而那些悲喜交加的故事，平淡无奇的往事，又有多少被历史记录，又有多少随风飘散，而我一个中国人又能记录下什么！

尽管我被自己的问题经常问得几乎要迷失在现实之中，但我依然坚持，坚持去看去问去听去想，真心地去记录当地人的故事，无论人们讲过去还是讲现在，讲自己还是谈世界，甚至一些毫无意义的絮叨。我常常想，唯有如此，我听到的、看到的、感受到的一切才是一个真实的克朗内尔斯。

再访小镇，虽然只有短短的十多天，但当我重走弗马纳大街时，当我坐在柯瑞通酒店前厅的壁炉旁一个人静静地喝茶时，当我在晚上从当地电视台偶然重看了一遍《阿甘正传》时，当我倾听帕迪老人讲述曾经的故事时，当我通过电视观看英国首相卡梅隆为了阻止苏格兰独立而动情演讲时……我常常会陷入长久的沉思，人生的意义、民族的意义、社会的意义乃至国家的意义究竟何在？不知道这个世界上会有多少人也曾经像我一样，这样如此认真地思考人生，体味人生，并由此把个人的思考和体会放之于一个民族一个国家的大背景中，难道和平不是我们渺小世界里最可宝贵的东西吗？

三

小历史：克朗内尔斯的古今变迁

小镇历史

在人类历史上，我们所能读到的中外历史，几乎都是国家中心主义的大历史。叙事的线索也都是王朝更替，前后相继。我们所能读到的人物都是王侯将相，所能了解的地区多是中心都城等。但是，比较而言，中西方历史的记载中，有一点差异非常明显，那就是关于宗教的地位问题。例如，爱尔兰的历史中，宗教人士至高无上的地位的记载和描述较多，这在中国的大历史中是比较少见的。像克朗内尔斯这样的小镇，我们在国家发展的大历史中也是很难读到的。比较庆幸的是，克朗内尔斯小镇的小历史在爱尔兰国家演进的大历史中多少留下了一些深刻的印记。

一个小镇能够在一个国家的大历史发展中，不时留下深刻的印记，这本身就是一个奇迹，而克朗内尔斯做到了。无论是游客，还是研究者，来过这里的人，特别是参观过那些厚重的历史遗迹后，他们都会对这个小镇怀有深深的敬意。

从小镇遗存的历史遗迹看，克朗内尔斯有着悠久的历史，但是关于它的最初起源却无人知晓。这个小镇的边缘地区遗存有一个由三个同心圆组成的土方围成的古老的围墙（作为住宅使用的围墙），显然是历史久远的遗迹。虽然人们发现了许多前基督时期的废墟，但都年代不详。

目前，从考古研究和口头传说的证据来看，克朗内尔斯是从由圣·提纳奇（ST. Tiarnach）在公元 6 世纪建立的修道院发展起来的。当时，圣提纳奇建立了一个名为克劳恩·欧斯（Cluain Eois）的教堂和修道院，地处冰丘居汝木林（Drumlin）地区的中心，此后克朗内尔斯很快成为一个繁荣的集镇。罗马天主教也由此开始在这个小镇扎下根来。

据说，克朗内尔斯的圣·提纳奇教堂是爱尔兰第一个主教加冠的教堂，但是在 1207 年的时候被休·拉西（Hugh de Lacy）捣毁了。然而，五年之后这些建筑又被建立城堡的英国人重建。

12 世纪初，圣徒奥古斯丁（Saint Augustine）的教士们在小镇建立了一个修道院，这个修道院的遗址至今还处在艾比街（Abbey）和麦克柯廷街（McCurtain）的交叉位置处。位于钻石广场西部的诺曼莫特（Norman motte）和贝利堡（Baily）也存在于这一时期。

1586 年 9 月 23 日，在英国女王伊丽莎白一世（Queen Elizabeth Ⅰ）皇室主要代表们的同意下，也就是在她统治的第 29 个年头，英国女王伊丽莎白一世向小镇拨付了一笔款项。这份关于早期克朗内尔斯的账单采自于有关房地产记录。现代克朗内尔斯的起源可以被视为是从授予亨利爵士公爵修道院和教会的土地开始的。[①]

17 世纪，一个大农场主的城堡矗立在欧达菲路上，并由英国殖民者驻守着。

17 世纪之前的小镇历史，大多零散且不连贯。如今的小镇，其比较清晰的历史是从 1601 年英国人接管它后开始的。当时的小镇是一个具有阿尔斯特显著特征的小镇，拥有许多个长老会制的和循道宗制的教堂以抗衡一般的天主教会和为爱尔兰奉献的教堂。也就是说，那时的小镇已经受英国新教影响较深，出现了传统的罗马天主教与英国新教相互竞争的局面。此后，小镇的历史逐渐清晰，有文字可考的内容逐渐增多。

在爱尔兰，几乎没有另外一个小镇可以跟克朗内尔斯拥有的优秀历史文化遗产相媲美，这里能够获得的古老记录可以追溯至 1682 年，而

---

① Early History of Modern Clones（1604 – 1640）.

且与圣公会教会联系在一起，就像作家雪莉（Shirley）笔下所描述的那样：仔细地将这些记录放在一起会成为一次十分有趣的阅读，因为爱尔兰正经历着一次与大约 300 年前发生过的差不多性质的变化。根据雪莉的描述可以了解到，目前的新教教堂是 17 世纪末从新教教区办公地和圆塔学校所在地经过搬迁后到了现在所在的钻石广场一侧。①

17 世纪之后，许多城市和周边修道院的发展都引起了人们的关注。亚麻制品被成功引入小镇及其周边地区，并且，克朗内尔斯还承担了其在莫纳亨和弗马纳两个郡的较为广泛的腹地市场的中心地位。因此，有关小镇的历史文献记载越来越多。

19 世纪上半期，英国经济持续繁荣，克朗内尔斯小镇的发展也迎来了重要的机遇。当时，小镇法院的竣工和一个新的更富裕的市场建筑的建立，就是更加富裕和增强信心的有力佐证。1841 年阿尔斯特运河的启用和铁路的迅速开通也为小镇增强了信心和活力。阿尔斯特运河和大北方铁路开通进一步增强了克朗内尔斯镇作为一个商业中心的重要地位。

进入 20 世纪，克朗内尔斯及其周边环境安定了下来，其拥有了良好的市场和贝尔法斯特与都柏林间的铁路交通。但是随后爱尔兰出现了独立运动，并且英爱之间划界分治，这就直接改变了小镇相对的地理中心位置和其作为交通要道的重要地位。克朗内尔斯一夜之间成为其原有商业腹地的边陲小镇，边界线把爱尔兰岛分成了两半，原来一体的海岛偏北的中心地带人为地竖起了一道政治边界屏障。随着 1922 年边界线的出现和随之而来的麻烦，克朗内尔斯小镇曾经的繁荣一去不复返了，社会紧张和物资匮乏的日子开始伴随他们。

从 20 世纪 20—50 年代，作为海关所在地和"未经批准"的环绕城镇道路的克朗内尔斯小镇努力适应环境的变化。1959 年，铁路的封闭进一步给这个小镇带来了毁灭性的打击，这也加速了小镇人口的外流。克朗内尔斯小镇上的人们纷纷离开，搬到别处去定居或者去找工作。

---

① The Northern Standard, Friday, December 29, 1922.

在整个20世纪60年代，工程、食品加工、农业和垂钓旅游支撑了这个小镇的经济，但是随之是社会动乱的冲击——毁灭性的爆炸袭击毁坏了弗马纳街的部分房屋，边界线的封闭和英镑的贬值在20世纪80年代和90年代初产生了重大影响。这时的小镇甚至被人们称作"鬼城"。

20世纪90年代中后期，爱尔兰的整体情况不断改善，是一个相对活跃的经济繁荣时期，但克朗内尔斯小镇并没有吸引到新的外来投资，尽管低利率和税务革新计划提供的机会较多，而这个小镇的主要商业街——弗马纳街和98大道持续衰落，农村地区的一次性住房需求也加快了城镇的人口数量下降。

进入21世纪，随着爱尔兰和平进程不断推进，以及英爱边界的重新开放，克朗内尔斯小镇迎来了许多新的发展机遇。

文化遗产

在克朗内尔斯我们不仅能够听到许多古老的传说，而且还能看到甚至触摸到古老的历史。因为，小镇上有大量珍贵的历史文化遗产。在小镇发行的《探索克朗内尔斯》的小册子上，封面印有尼尔·乔丹（Neil Jordan）的一句话：如果我想量化任何事情，我都会拿克朗内尔斯去比对。你在生活中将要偶然遇到的任何事情，你都会在克朗内尔斯以某种形式看到。

自古以来，克朗内尔斯就是阿尔斯特南部一个举足轻重的小镇，自前基督教时代以来，它作为当地文化、宗教、社会和经济生活的中心已具有悠久的历史，圆塔、修道院、高十字架和环堡都是其历史的见证。这个镇有大量的历史遗址，在爱尔兰的历史发展过程中有着显著的重要地位。这个镇也还保留着工业革命时与阿尔斯特运河相关的工业遗址，并且复原了运河仓库和铁路转盘建筑。

要了解克朗内尔斯的历史，往往要涉及小镇丰富的人文遗产，每一份遗产都是当地的一本历史教科书。当我住在那里时，我走访了小镇所有著名的地方，包括教堂、老火车站、阿尔斯特运河等，这些遗址会告诉你这个小镇曾经有过的荣耀和苦难。

如果你是一位游客，来到小镇首先映入你眼帘的会是克朗内尔斯小镇的两座教堂，一座耸立在钻石广场旁，是个新教教堂；一座耸立在小镇北部的教堂山（Church Hill）对面，是一个罗马天主教教堂，因为它们都矗立在山丘的顶端，看起来非常高大。可以说它们就是这个镇的标志。

事实上，小镇除了两座高大的教堂之外，还有一些古老的教堂遗址，有些仍保存完好。这些有着悠久历史和不同时代风格的教堂在过去有着许多虔诚的信徒，由此我们也不难推断，小镇曾经是一个多种宗教共存的多元社会。我在 1897 年的街道指南（来自克朗内尔斯图书馆）里发现，其中一条写道：礼拜场所：圣公会教堂（Episcopal Church）——在周日中午 12 点和晚上 7 点钟开放……正好是芬利（Finlay）副主教牧师，D. D. 神父；罗马天主教教堂（Roman Catholic Church）——周日的上午 11 点，下午 5 点开放……嘉农奥尼尔（Canon O'Neill）牧师，教区神父；基督长老教教堂（Presbyterian Church）——周日的中午 12 点和晚上 7 点开放……格拉斯（J. S. Glass）牧师，雷夫·格拉斯（Rev J. S. Glass）牧师；循道公会教堂（Methodist Chapel）——周日的中午 12 点和晚上 7 点开放……卡伦（J. Cullen）牧师。循道公会的创始人，约翰卫斯理（John Wesley），于 1775 年在克朗内尔斯传道。1778 年和 1779 年他再次来到克朗内尔斯传道。

从 1897 年的街道指南可以看出，克朗内尔斯当时是一个十分繁荣的宗教中心，不同的教堂拥有不同的信徒，信仰在当地人的日常生活中是一件非常重要的事，似乎人们都能够和谐共处。总之，克朗内尔斯小镇的绝大多数的历史文化遗产都跟宗教有关。

在小镇期间，我参观了罗马天主教堂、新教教堂、石棺（圣提纳奇之墓）、圆塔、凯尔特十字架、修道院和卫斯理的循道公会教堂等。虽然我对各种宗教不甚了解，但觉得怀着敬畏之心去参观这些地方还是非常必要的，它们至少能够让你感受到一些难于言表的东西，甚至打开你无限想象的空间。

显然，要想研究爱尔兰的宗教问题，克朗内尔斯小镇无疑是一个再理想不过的地方，这里不仅有前基督时期的遗迹，也有后来各种宗教和信众杂居的遗迹。虽然，在今天看来，小镇上是较为单一的罗马天主教信仰，但往昔的历史毕竟真实地存在过，而且各种宗教如何进入又如何淡出的基本线索也是比较清楚的。

从小镇钻石广场向南，走卡拉街（Cara Street）或者麦克柯廷街（McCurtain Street），你都可以看见一座高高的石头垒砌的塔，它也是这个小镇的象征之一，被称之为圆塔（Round Tower）。小镇著名的石棺和圆塔遗址就在两条街交汇的南向一侧的墓园里。

石棺（The Sarcophagus，St. Tiarnach's Grave），是用石头垒成了屋脊状的用来安放圣·提纳奇骨灰的圣物灵柩。有一整块石碑立在坟墓之上。石棺东端有雕刻的主教冠头像，西端雕刻的是动物头像。

该墓大约建于 8 世纪或 9 世纪，是圆塔下墓地中最重要的墓葬，它不仅占地面积大，而且与众不同，是墓地中唯一的石棺，且葬在中心的位置。一般来说，习惯上被安葬在最重要位置墓穴里的，通常是修道院的创始人或者也可能是在这个修道院过世的重要人物。

由于克朗内尔斯小镇当时只有一个修道院，因此这很可能就是圣·提纳奇的坟墓。当然，也有人十分肯定，葬在圆塔墓地石棺里的就是守护神——圣·提纳奇，他死于公元 549 年，就葬在小镇的圆塔墓地。

圆塔（Round Tower），爱尔兰境内现存有约 70 座圆形塔（The Round Tower），这种圆塔为下大上小的圆柱形，顶部覆以圆锥形盖。目前，在爱尔兰蒂珀雷里郡（Co. Tipperary）卡舍尔（Cashel）山区，还保存有完好的圆形塔。这种散布于爱尔兰各地的圆塔，是凯尔特人留下的遗迹，已经成为爱尔兰文化的一个标志性象征符号。克朗内尔斯小镇的圆塔大约建于公元 9 世纪，当时是作为一个储存场所。后来由于北欧海盗的入侵，这里成了一个避难的地方，修道士们可以在危险的时刻撤退到里面。

圆塔原本高约 96 英尺（约 23 米），有一个圆锥形的顶盖，是这个小镇修道院起源的一份遗产，也是小镇之所以遭海盗袭击的一个刺眼的地标。它原本一共有五层，顶层有四个窗口。大门离地约 8 英尺高。圆锥顶和顶层在 1591—1739 年脱落了几次。这些属于公元 9 世纪至 13 世纪的圆塔被用来储存修道院财富，以及在危险的时候提供一个避难场所。

现在的圆塔实际上是一个已经破败的石塔，我曾经多次到那儿考察。第一次去时，墓园还是可以随意进入的，圆塔就在墓园的中间位置。现在整个墓园都被围挡起来，闲杂人等不得入内，栅栏门旁的石墙上贴有地方政府公布的保护文件。

现如今，圆塔在爱尔兰人的精神世界里，已经成为一种民族文化的象征，在小镇上同样如此。我在柯瑞通宾馆门廊的墙上，看到了一幅小镇圆塔的写实主义油画，被挂在酒店最显眼的地方，这显然不是简单的装饰。

凯尔特十字架（The Celtic Cross），耸立在钻石广场，属于9世纪或10世纪时期阿尔斯特类型的圣经十字架。十字架前面描绘的是以撒的牺牲以及亚当与树和蛇的场面。十字架的背面是一个新约圣经场景的描绘：五饼，塔卡纳的奇迹，基督的洗礼。这个十字架展示的是从旧约到新约的情景。

我第一次来到小镇时，这里没有保护标志，但这一次到来，发现凯尔特十字架下面有一个文化遗产保护标志，是一个巨大的由石材雕刻而成的沙发。这说明爱尔兰对于文化遗产保护的高度重视，同时也让我看到了爱尔兰岛南北地区，完全是统一协调开展文化遗产保护工作的。因为，完全相同的标有文化遗产保护标志的石材雕刻沙发，我在北爱尔兰的纽塘波特勒也看到了一个。

修道院（The Abbey），被称为"凌晨修道院"。它起源于12世纪。它的圆顶窗户非常有趣，顶部是由一块完整的石头切割下来的。

教区和修道院定居区是分开的，它看起来就像是圣彼得和圣保罗的修道院，但是在当地被叫作小修道院。教堂在风格上是罗马式的，是克朗内尔斯的罗马式教堂的明证。早先的修道院经历了多次灾难，在836年和1184年被大火焚毁过。

卫斯理的循道公会教堂（Wesley Methodist Church），循道公会的创始人约翰·卫斯理（John Wesley），于1775年在克朗内尔斯传道。据说，克朗内尔斯小镇是他在爱尔兰拥有最多听众的地方。在1778年和1779年他又曾两次来到克朗内尔斯传道。现在，我们从堡垒的方向仍然可以看到卫斯理循道公会教堂右侧完好的一面。1791年时，它是当时在爱尔兰的六个循道公会环线中的一个中心。

18世纪末小镇见证了爱尔兰新宗教的到来（主要指英国新教各教派），卫斯理循道公会教堂和克朗内尔斯小镇本身就是新的宗教狂热的中心。

除了以上所列出的与宗教有关的遗址，小镇上还有一些其他遗址，例如，莫特和贝利堡、卡桑德拉·汉德中心和运河仓库。

莫特和贝利堡（Motte and Bailey Fort），是这个小镇最早的人工建筑，时间可以追溯到前基督时代。这曾经是当地酋长或领导人或大户人家的住所。他们之所以把住所建立在山顶是因为这样可以避免敌人和野生动物的侵害，同时还能避免低地洪水的影响。

根据当地遗址标识牌的介绍，莫特和贝利堡是在前人基础上，由入侵爱尔兰的盎格鲁-诺曼人用几十年时间，于1212年建成的。而当地原有的介绍性手册上说，当诺曼人于1169年入侵爱尔兰时，他们又在这里建立了一座堡垒城堡，这就是莫特和贝利堡。后来，爱尔兰的首领攻击这个城堡并火烧了这个以木构建筑为主的城堡。目前，在克朗内尔斯小镇周围的农村还有几十处这种堡垒的遗迹，这也说明了本地区历史上曾经发生过很多战争或武装冲突。

卡桑德拉·汉德中心（Cassandra Hand Centre），卡桑德拉·汉德中心是一个被修复的近代建筑，用灰色的石材建成，外观古朴坚实，现在是小镇各种各样社会活动的中心，也是克朗内尔斯"社区论坛"的办公室。

中心的工作人员非常欢迎来小镇的游客参观这座精美的建筑，它已经被修复并列入历史文物保护的名录。

卡桑德拉（Cassandra）是一个人名，她在1847年9月爱尔兰大饥荒最严重时期来到克朗内尔斯。卡桑德拉在克朗内尔斯的生活与她在萨里（Surry）的优裕生活教养形成鲜明的对比。她被当时收养她的小镇及周边地区的极度贫困所震撼。她决定推动针织品编织作为一种饥荒救济措施，同时在位于克朗内尔斯小镇外面的毕晓普斯科特（Bishopscourt）即她的家乡建立了一所花边制作学校。她用出售花边赚来的利润，建起了这座建筑，起初是作为幼儿和少女学校使用的。1859 年学校对外开放，当时有 60 多名学生被教区牧师接收。

为了纪念这位善良仁慈的女性，小镇上的这栋建筑以她的名字命名。

阿尔斯特运河（The Ulster Canal），阿尔斯特运河经由内伊湖（Lough Neagh）到贝尔法斯特与香农—厄恩航道一起通向了巴利康内尔（Ballyconnell）运河。它开通进入厄恩湖（Lough Erne）是在 1842 年的 5 月 12 日，最终关闭是在 1934 年，总共运行了不到一百年。

18—19 世纪运河见证了克朗内尔斯镇的重大发展，当时阿尔斯特运河的开通使其进一步繁荣。阿尔斯特运河修建于 1825—1841 年，连接了厄恩湖和内伊湖，它的整个航道长 46 英里。随着铁路和后来的公路运输的到来，使得运河运输逐渐衰落，并最终被废弃。

如今，运河的遗址痕迹仍然可见，人们正准备在厄恩湖和内伊湖之间的 14 公里路线上重启阿尔斯特运河。

运河仓库（The Ulster Canal Stores），是一个古老的建筑，开业于 1840 年，它是一个经由阿尔斯特运河运送货物的集散中心。当时主要引进的货物有煤炭、烟草、茶叶、葡萄酒和为夏瑙克·苏佩德·米尔斯（Shannock Spade Mills）供应的铁矿，出口的产品包括农产品、亚麻以及本色亚麻布。

现在的阿尔斯特运河仓库已经改造为一个小型博物馆，依然在古老运河岸边的位置，人们在那儿可以享受咖啡、点心，或者休闲一番，也可以购买一些小镇当地生产的克朗内尔斯花边编织物。如今，在克朗内尔斯地区仍有许多由妇女纯手工制作的高质量花边，商业买卖就在重修的运河仓库中进行。

我曾经数次到访运河仓库。建筑外的运河自从 1934 年起，已经被废弃了 80 年，河道已经长满了杂草，如果没有人告诉我，我简直不敢相信眼前这条深沟曾经是条运河。

在我第一次考察时，运河仓库建筑已经建成一个小型的博物馆。而 2014 年再次到访时，仓库有人值守，已经不对外开放了。六年前到访时，他们曾满怀信心地对我说五年后运河将再次开通，可是我六年后到来却没有看到运河的影子。看来"计划不如变化"是东西方社会的共性。

运河遗址离英爱分离后划定的边界线很近，顺着公路再往前走几百米，就是芬河（Finn River）边界线了。不难看出，运河在建造开通之时，英爱并未分离，因此它在一国之内沟通南北，互通有无，发挥了重要的交通运输作用。尽管后来的铁路、公路运输对运河运输带来了巨大冲击，但是倘若国家没有分裂，边界并不存在，运河的命运可能不会如此。

克朗内尔斯高尔夫俱乐部，建立于1913年，坐落在希尔顿公园，位于小镇的郊区，当前是一个18洞球场，处在大约有155英亩的起伏不平的草地上。2001年8月1日，巴里·麦克圭根（Barry McGuigan）宣布正式开放这个俱乐部。这个建立在起伏不平的林地中的球场，有着很好的口碑，被称为一个有许多水景的全天候开放的公园球场，因其高质量的球道和果岭而闻名遐迩。其整体设计上，很好地利用了天然的、起伏跌宕的地形和周围的乡村环境，形成了一个风景特别优美的球场。

饥荒墓与苦难岁月

饥荒墓（The Famine Graveyard）在爱尔兰几乎无人不晓。饥荒墓位于离克朗内尔斯小镇半英里的斯高兹豪斯（Scotshouse）路上。从小镇中心的钻石广场出发向南，走过一段路程，然后向左转入一个岔路，继续上坡向东，有路牌指向高尔夫球场方向。在山坡的高处，道路左手边有一块小小的被树林围绕的草地，草地向西的方向正对处有一个高出地面约一米的平台，上面有一个铜质雕塑，表现的是一具覆盖着单薄被单的瘦骨嶙峋的男性尸体。那里就是饥荒墓的墓地，也是人们凭吊缅怀死难者的场所。

爱尔兰大饥荒时期，小镇上许多在救济院过世的人就埋葬在这里。2008年秋天，在一个阳光灿烂的日子里，我第一次来到饥荒墓，它处在一个小山丘顶部，从那里可以看到整个克朗内尔斯小镇。在这个因大饥荒而死难的先人们长眠的墓地，我回望阳光下生机盎然的克朗内尔斯小镇，第一次拍下了整个小镇的全景。

1800 年，爱尔兰只有 500 万人，到 1821 年增长至 700 万人，到 1845 年增至 850 万人。① 爱尔兰成了当时欧洲人口密度最大的地区之一，而当时的人们除了农业，几乎找不到其他的工作，因此贫困人口不断上升。人们开始援引经济学家托马斯·马尔萨斯（Thomas Malthus）关于人口增长与贫困程度之间的因果关系理论，来解释爱尔兰的危机。1816—1817 年以及 1822 年的农业歉收引发了爱尔兰的饥荒。1838 年，英国通过《济贫法》把爱尔兰划分成 130 个教区联合救济院，每个救济院设一处贫民习艺所（work-house），即收容所，给身体强壮的穷人提供食宿，但是他们要付出一定的劳动作为补偿。当时大大小小的收容所可以容纳 10 万人，而皇家委员会在 1836 年统计的数字显示，有 24 万人处于贫穷状态。② 当大饥荒来临时，克朗内尔斯小镇也在劫难逃。

一所庞大的救济院遗址至今仍保留在克朗内尔斯的 AIBP 工厂附近，就在克朗内尔斯小镇的苏格兰屋路旁。

克朗内尔斯联合救济院于 1843 年 2 月 23 日开张。它占地面积 6 英亩，一共花费了 5750 英镑，被认为是爱尔兰最好的一个救济院，它一共接待了 600 位被救济者，其中有 360 位成人和 240 位儿童。

当时，人们一般不愿意进入这些机构，但是当 1846—1847 年马铃薯的产量下降而使事情变得绝望之后，饥饿的人们不得不来到这里，尤其是老人、病人和走投无路的穷人。

从欧洲大陆来到爱尔兰的人们惊恐地发现，这里居然如此贫困。农村居民的生活状况处于欧洲最底层。人们把这种落后状况时而归咎于宗教，时而归咎于动荡的政治形势、人口数量激增或缺乏敢作敢为的精神，而比较有同情心的人们则认为，这是由于地主们的专横暴虐以及英国政府的管理不力造成的。

---

① ［法］皮特·格雷：《爱尔兰大饥荒》，邵明，刘宇宁译，上海人民出版社 2005 年版，第 26 页。

② ［法］皮特·格雷：《爱尔兰大饥荒》，邵明，刘宇宁译，上海人民出版社 2005 年版，第 29 页。

由于缺乏远见，同时也为了不阻碍自由贸易的发展，当时的英国政府不再打算对这个殖民地进行必要的现代化变革。这种保守主义也同样有着各自的特定利益，并和有偏见的对立派别有着千丝万缕的联系。

1845 年的爱尔兰粮食生产只依赖马铃薯一种农作物。当时 150 多万农业工人没有其他收入来源养家糊口，300 万小耕种者主要都靠马铃薯维持生计，而有产阶级对马铃薯的消费也要比英国多得多。当马铃薯歉收时，当然也是那些农村的穷人们承担的风险最大。1845 年 10—11月，马铃薯受到真菌灾害，爱尔兰岛东部较为富庶的地区遭受的打击最为严重，从那里，病害向西部蔓延。整株的幼苗还没等到收获就腐烂了，家家户户一年的口粮储备丧失殆尽。

当时在莫纳亨的贫困镇有克朗内尔斯、圣蒂尔尼、纽布利斯（Newbliss）以及科林。在弗马纳的贫困县有居汝木力（Drummully）、纽塘波特勒、艾格哈居马丝（Aghadrumsee）以及罗斯莱。克朗内尔斯镇当时拥有最大的人口数量，约为 6500 人。这些县在 1841 年的总人口数是42321 人，大约十年之后减少到 28265 人，下降了近 33%。

这主要是因为 1845—1850 年的大饥荒所导致的人员死亡和移民。在这期间，1574 名被救济者死在了救济院及其他相关地方。

"无论是在克朗内尔斯镇还是一些通往小镇的道路上，几乎每天都有不幸的人被发现已经死亡或者正在死亡，更不用说那些死在他们自己小屋和整个国家不同地方的人了。"①

显然，小镇的大饥荒与当时爱尔兰整个国家的大历史紧密相关。

19 世纪 40 年代的欧洲依然笃信宗教，在那里，人们试图使天主教和地质学、植物学或经济学等新兴科学统一起来，像马铃薯病这样的灾害，反映了《圣经》中的饥荒观，只能引起带有宗教色彩的歧视言论。大部分的英国舆论都戴着宗教的有色眼镜去考虑问题。他们认为，袭击爱尔兰的"灾害"是对奢侈和无忧无虑生活的警告。更加极端的言论是，把爱尔兰人正在遭受的灾难同他们的宗教"错误"联系到一起。正如威廉·配第所说，"既然他们能够满足于马铃薯（种马铃薯，一个

---

① The Northern Standard, Friday, May 8, 1847.

人的劳动能够养活四十人），既然他们能够满足于牛奶（在夏天，当他们用船、网、钓具或打鱼技巧，到处都能找到海扇、牡蛎、蚝子、螃蟹等的时候，一头牛能供应三个人的饮食），既然他们能够在三天之内盖好一所房子，他们为什么需要劳动呢？他们被教导说，这种生活方式很像旧日的教长和后来的圣贤们所过的生活，他们是要靠这些教长和圣贤的祈祷和功劳而得救的，从而他们要以这些人为榜样，既然如此，他们为什么要多花劳动来使生活过得好一些呢？"① 这种言论充满着对罗马天主教的偏见。

马克斯·韦伯（Max Weber）认为，新教伦理产生的勤奋、忠诚、敬业，视获取财富为上帝使命的新教精神促进了资本主义经济。他在谈论罗马天主教与新教的差别时，借旁人之口说："天主教徒比较安静，很少有物欲冲动；他们喜欢尽可能有保障地生活，哪怕收入微薄而不喜欢冒险和刺激，即使那会使他们有机会获得荣誉和财富。有句幽默的谚语说：'美食与美睡不可兼得'，就此而言，新教徒喜欢美食，天主教徒则喜欢不受搅扰地美睡。"② 这种借他人之口说出的罗马天主教徒喜欢"美睡"的判断，不能不说隐含着偏见。因此以英国新教统治阶级的偏见看，爱尔兰岛出现的大饥荒，是爱尔兰罗马天主教徒的"懒惰"造成的。

当然，也有许多人开始反思，他们认为粮食作物种植，应当结束这种对马铃薯的"反常"依赖，但这种反思并不能立竿见影地解决当时的问题。

1846年夏，马铃薯的匮乏超过了最悲观的预测。300万人到400万人因爱尔兰史无前例的大饥荒而遭受死亡的威胁。当时只有英国具备足够的资源来应对灾难，而对这些资源的正确使用却需要管理上的明智和政治上的诚意。1847年夏天，人们收获到了无病害的马铃薯。许多观察家总结道，饥荒结束了，爱尔兰现在应该靠自己的力量重新振兴。但

---

① ［英］威廉·配第：《爱尔兰的政治解剖》，周锦如译，商务印书馆1964年版，第78—79页。

② ［德］马克斯·韦伯：《新教伦理与资本主义精神》，彭强、黄晓京译，陕西师范大学出版社2002年版，第9页。

是，由于植株不多，收成仍然少得可怜。实际上，岛上的大部分地区在这一季节并没有实现真正意义上的复苏，饥饿和疾病依然肆虐。1848年，霜霉病的再次袭来彻底破灭了人们的幻想。更为残酷的是，霜霉病集中发生在那些已经没有能力经受第四次饥荒的地区。如果说那些不是很贫困地区的状况有了少许改善，西部和南部却经历了一次与1847年这一"黑暗之年"同样深重的灾难。1849年和1850年，饥荒再度来袭，使得一些地区的人民全部挣扎在死亡线上。

史无前例的大饥荒给爱尔兰岛人民带来了灾难性的后果，当时马铃薯是爱尔兰岛绝大多数农牧业百姓赖以维持生计的唯一农作物，而作为地主的英国人以及远在英国的人们却没有受到严重的影响，英国政府当时甚至还把谷物和牲畜出口，却不是用于救灾。

在1845—1852年，爱尔兰岛大约有一百万人死于饥饿和疾病，另外的一百二十万人逃离了这个国家。如今，去饥荒墓凭吊缅怀先人已经成为爱尔兰人的一种仪式，这是爱尔兰人不忘苦难面向未来的表现。

1845年秋天，大饥荒自然灾害以及政治压迫迫使人们揭竿而起，但最终失败。一百余万爱尔兰人死于饥荒的惨剧激起了爱尔兰人的民族意识，而这种意识的觉醒以及在这种意识的引导下，爱尔兰人从记忆深处划清了与英国人的界线。

"几百年以前，大饥荒出现，连续好几年没有收成。这一巨大的民族灾难，不仅产生了毁灭性的直接后果，而且还把它的恐惧传至下几代直至今天。"①

在爱尔兰调研期间，我走过爱尔兰的许多地方，大饥荒的纪念物几乎到处可见，特别是在各个城市中的雕塑作品中有广泛表现，由此可见爱尔兰民族是一个不忘苦难的民族，一个时刻不忘忧患的民族。大饥荒夺去了成千上万人的生命，驱离了上百万的人，这成为爱尔兰人永远的伤痛记忆。

---

① ［德］海因里希·伯尔：《爱尔兰日记》，孙书柱、刘英兰译，上海文艺出版社2005年版，第195页。

关于铁路的记忆

在克朗内尔斯，如果你询问当地人过去最喜欢什么，大部分人会回答"火车"。没有人会对火车和铁路曾是小镇的生命线产生怀疑。无论何时何地，当人们谈起火车，当地人总会带着对过去的自豪而回忆往事。

据图书馆的资料记载，1852 年，在下议院，议会批准为建造邓多克和恩尼斯基林（Dundalk and Enniskillen）之间的铁路拨款，这条铁路经过克朗内尔斯。1854 年 5 月 8 日卡斯特莱布兰（Castleblaney）和巴利贝（Ballybay）间的延伸线开通。1858 年 6 月 28 日，经由克朗内尔斯去利斯纳斯基（Lisnaskea）的线路最终通车。这条铁路被称为"大北铁路"（The Great Northern Railway）。

大北铁路的到来促进了克朗内尔斯更深远的发展，小镇一下子成为一个重要的铁路枢纽。南来北往的人流物流，给小镇带来了繁荣和便利。

自从克朗内尔斯小镇开通了铁路，小镇就开始了在邓多克—恩尼斯基林线上的铁路事业。1863 年克朗内尔斯连接了从莫纳亨—波塔当（Portadown）线去贝尔法斯特的铁路。由于铁路网的扩大，克朗内尔斯成了一个重要的铁路枢纽，在这里可以通过铁路去到爱尔兰的任何一个地区。最初，许多公司参与了铁路网的经营，并推动它覆盖整个爱尔兰。北爱尔兰铁路公司、邓多克—恩尼斯基林铁路公司和在爱尔兰北方的西北爱尔兰铁路公司，于 1876 年合并成立 GNR 公司。GNR 沿袭旧制直至 1950 年 CIE 接管了共和国所有的路线。①

但好景不长，1957 年 9 月 30 日，最后一班火车从克朗内尔斯开出。这条铁路在开运了一百年后，于 1957 年停止了客运线路，并最终在 1960 年 1 月完全关闭。

"GNR 董事会向政府提出中止邓多克和克朗内尔斯间的客运服务的

---

① "Clones-The Crewe of the North", from Clones library.

请求时，已令小镇的人们十分震惊。那将完全敲响莫纳亨铁路的丧钟，尤其是克朗内尔斯的。他们把克朗内尔斯看作是北方铁路系统的十字路口。在克朗内尔斯有大约100个家庭依靠铁路维持生计。可以说，这的确是镇上唯一的收入。如果决定关闭客运服务，那将意味着在克朗内尔斯，现在平均每一百人中仅十几人能就业。这对小镇的经济将有重大影响。例如，克朗内尔斯的 U. D. C. 通过向铁路公司供水获得400镑租水费，且它可以获得等值的费率。因此，如果关闭请求生效，将导致委员会损失约800英镑或更多的收益。整个铁路系统在克朗内尔斯曾能支付平均40000镑的报酬，若该项资金大幅度削减生效，这个数字将不会超过4000镑。在这里没有任何东西能取代它，而人们也不存在能即刻获得任何东西的希望。这些家庭唯一能做的是移居国外。此时克朗内尔斯的经济情况已不再乐观，并将会因为铁路关闭计划而进一步衰落。"①

从这些消息中，我们得知铁路确实曾经是克朗内尔斯的生命线，关闭铁路几乎扼杀了该镇的经济，且严重影响到许多人的生活。后来，许多人的确因为铁路关闭而被迫离开了小镇。

"克朗内尔斯消息，G. N. R. 停业。自下星期一起关闭客运服务的克朗内尔斯火车站的78名 G. N. R. 员工，已经获得 G. N. R. 董事会提供给他们的在邓多克—都柏林线间各站的替代工作。已经有12名员工辞职。更多人正在计划辞职。"②

我初到克朗内尔斯小镇时，并没有看到旧铁路的任何历史遗迹。后来我向当地人询问火车站在哪里，有人给我指了方向。原来在玛丽太太女儿房子旁边的左拐角处，有一条路往里走，那个老火车站就在一些厂房包围的后面。如果你不走进那个由厂房围成的空地，站在外面是什么都看不到的。在围墙旁边，我看见了由此通往北爱尔兰边境小镇纽塘波特勒的铁路桥梁遗迹。在我前往纽塘波特勒时，一位居住在边界附近的居民告诉我，以前铁路线就从他家屋后经过，但现在我们只能看到绿莹莹的草地。

① Crisis Over G. N. R. Closing, from Clones Library.
② Crisis Over G. N. R. Closing, from Clones Library.

2014 年，当我再次到访小镇，柯瑞通酒店的老板给我展示了许多当年的旧照片。其中就有老火车站百年前的影像，也有小镇街道的照片，让我感到惊讶的是，从那些老旧的照片上，我们竟能清晰地看到现存的许多建筑，其中就有火车站。一切都变化不大，那些建筑还是原来的样子，只是那些照片都是黑白照片，我们无法看到它们当时的色彩。难怪爱尔兰回故乡寻根的侨民，拿着祖辈们留下的旧照片还能找到自家的旧居。

如今，克朗内尔斯作为重要铁路枢纽的历史正在当地人的记忆中逐渐淡去。现在 60 多岁的人，以及更年长的人还记得当时铁路对当地经济起着极其重要的作用。小镇上的人们都希望在未来的某一天火车能够重回小镇。

爆炸袭击活动

我在梅努斯大学和小镇图书馆读到过一些涉及爱尔兰爆炸袭击活动的书，其中大部分讲的是在都柏林和其他地方发生的事件，个别甚至是在英国本土发生的事件。但是在我来小镇之前，并不知道任何有关克朗内尔斯爆炸袭击的事情。当我在小镇调查时，听说这里也曾发生过汽车炸弹爆炸事件，让我感到非常意外。

一天，我在特雷纳酒吧见到了一个名叫尤金·麦克·戈奈尔（Eugene McGonnell）的男人，三十年以前他在克朗内尔斯警察局工作过，他现已搬到多尼戈尔了。那天，他因为业务需要来到克朗内尔斯镇。在我们随意聊天时，他可能是喝多了，随口告诉我说小镇上曾有过两次爆炸事件，一次是 1974 年老黄油小院（the Old Butteryard）爆炸，另一次他不记得时间了。关于爆炸事件，在此之前没有人告诉过我，这让我非常感兴趣。我让他再说详细一些，他却拿出一张纸写下了一个名字，说："我也记不太清楚了。你可以访问一下尤金·考米斯基（Eugene Comiskey）先生，我们有同样的名字，他是在那场炸弹爆炸事件中受伤的人。"

第二天，我去图书馆找旧报纸，发现第一次爆炸发生于 1971 年 10

月。它是一次真正的恐怖袭击，但它并不像尤金·麦克·戈奈尔先生所说的发生在 1974 年。以下内容来自当地报纸。

"神秘的克朗内尔斯炸弹爆炸事件。克朗内尔斯镇发生的一枚炸弹爆炸事件所带来的震惊，直到周一晚上仍然笼罩在诡秘的气氛之中。十一点之前，许多居民仍处于恐慌之中。

一个知名的克朗内尔斯镇商店店主，29 岁的尤金·考米斯基先生，是爆炸事件中伤势最严重的一个，目前还在莫纳亨郡医院的危重名单之中。

就在一个被称为老黄油小院的矩形停车场里发生爆炸之前，人们看到一辆车正从克朗内尔斯到恩尼斯基林的公路上朝着边界方向飞速行驶。估计这次爆炸造成了几千英镑的损失。

爆炸造成了停车场里一排库房的大范围毁坏，因为炸弹放置的位置靠近那里。附近的屋顶被掀翻，建筑物、电话线和电线被放倒，门被吹到大概 100 码远，弗马纳街两边的窗户都被吹到了街上。道路和街面上完全铺满了碎玻璃片和其他碎片。

镇上的人们听说，下弗马纳街道的约瑟夫·考米斯基（Joseph Comiskey）夫妇还没结婚的独生儿子——考米斯基先生严重受伤的消息，都非常的惊骇。"①

1972 年 1 月 5 日的《北部标准报》上还有一条有关尤金·考米斯基先生的新闻。题目是：炸弹受害者的近况。在 10 月中末，克朗内尔斯镇发生的第一起爆炸事件中，弗马纳街受伤最严重的零售店主尤金·考米斯基已经回到家中继续进行康复疗养。考米斯基先生在这个地区是一个很受欢迎的年轻人，住院期间小镇大部分人都去看望，他还收到许多祝福他康复的卡片。他是克朗内尔斯小镇约瑟夫·考米斯基夫妇唯一的儿子。②

---

① The Northern Standard, Friday, October 20, 1972.
② The Northern Standard, Friday, January 5, 1972, p. 10.

看过报纸之后，我开始询问受害者的情况。玛丽夫妇告诉我，尤金就在镇上超市当老板，让我抽空去找他谈谈。

后来我拜访了受害者尤金·考米斯基。他当时是镇上"超级市场"的老板，整天忙于他的超市。我第一次去拜访他的时候，他正在指挥员工从卡车上搬运商品，他说我们可以下个星期再谈。但下个星期他还是很忙，最后我们在他超市储物间里只谈了十多分钟与爆炸袭击事件相关的情况。他非常乐于谈论此事，并且让我看了他身上的伤疤，还展示了当时有关报道他的报纸复印件。也许是时间匆忙，也许是记忆模糊，他说爆炸发生于1976年10月16日。我当时的记录的确如此，但这显然与报纸的报道年份不相一致。根据报纸和口述，应该是1971年10月16日。2014年我再次来到小镇，想再找他谈谈。但是，他已经退休，离开了小镇，因此未能与他再见面。我只能托付玛丽夫妇，把我和他一起的合影转交给他，祝愿他平安健康。

后来我继续查阅了更多的资料，发现第二次爆炸发生在1972年12月28日。

"克朗内尔斯镇的浩劫，竟奇迹般地没有人死亡。幸运的是，周四晚上发生在小镇中心地带的巨大爆炸没有造成致命性的人员伤亡，这也可能是克朗内尔斯镇永远近乎奇迹的经历了。在弗马纳街道繁忙的购物商店里，这几乎是一起令人难以置信的爆炸事件，造成了如此巨大的物质损失却没有造成人员伤亡，只是弗马纳公司的两个人受了重伤。这个骇人听闻的夜晚造成了两方面显著的影响，许多人认为他们的生活是恐怖的，所以毛骨悚然地逃跑了；另一个是汽车炸弹（the car-bomb）所带来的深远影响。"① 报纸没有详细交代当时的汽车炸弹是如何袭击并爆炸的，但这却是我从文献资料中查到的最早的关于汽车炸弹的表述。

弗马纳公司受伤的两个人，一个是纽塘波特勒镇德瑞高斯路（Derrygoash）的20岁未婚男子卢克·麦基尔南（Luke McKiernan），一个是同一地区19岁的布莱登·格兰斯（Brendan Glancy）。

克朗内尔斯第二次爆炸袭击事件之后，整个镇子笼罩在恐惧的气氛

---

① The Northern Standard, Friday, January 5, 1973.

之中。大家都担心他们的生命和财产安全，政府也对边境地区的安全给予了更多的关注，并采取了一些军事和安全措施。

"随着爆炸的发生，对边境城镇的关注度也就增加了，安全是主题。上周四晚上发生在克朗内尔斯和贝尔特比特（Belturbet）令人震惊的爆炸事件使得安全问题成为边境城镇的主要话题。"①

消息刊登在报纸的第一页，右上角还配有一张大图片。图片下边有一行话：午后弗马纳街道景象，克朗内尔斯镇的显眼位置仍可以看到上周五早晨汽车爆炸后的遗迹。

图书管理员告诉我，报纸每周五出版一次。爆炸袭击发生在星期四，报社可能没有及时得到消息，所以消息被刊登在下一个周五的报纸上，也就是 1973 年 1 月 5 日。

很明显，没有人经历了爆炸袭击还能忘记，它是一个很难摆脱的痛苦回忆。帕迪先生说："几个炸弹在克朗内尔斯镇爆炸，那天晚上我儿子在欧尼（Ernie）家。他很幸运，因为炸弹从他头上飞过并在他身后厨房的墙上钻了一个洞。他们五六个人习惯性地围坐在一起，他就是其中的一个，他们在那里，晚上吃薯条。虽然这是一个可怕的经历，但无一人受伤。炸弹事件很快就平静下来了，我想他们肯定采取了更多的预防措施。我不知道他们做了什么，但他们肯定采取了一些措施。"② 他这里所说的"他们"是指爱尔兰共和国政府部门。

"一些炸弹是在没有任何预警的情况下爆炸的，炸毁了弗马纳街道的一部分，给整个小镇造成了巨大的损失。令人惊讶的是，没有伤亡。"③

对于克朗内尔斯镇的年轻人，他们并不知道有关爆炸袭击的故事。有一天，我和一些在图书馆玩电脑的中学生聊天，他们说他们从未在克朗内尔斯镇听说过任何有关爆炸袭击的事情。我想，也许他们的父母从未向他们提及这悲惨的故事。灾难已经过去了，若不是我这个外人提

---

① The Northern Standard, Friday, January 5, 1973.

② 根据帕迪先生讲述整理。

③ Edited by Paddy Logue, *The Border: Personal Reflections from Ireland*, North and South, Oak Tree Press, Dublin, 1999, p. 97.

起，我想没有人喜欢提及。也许年轻的一代人应该忘记那些恐怖事件去寻找更加美好的未来。

动乱的小镇

20 世纪 20 年代、50 年代和 70 年代的克朗内尔斯并不平静，除了偶发的边境冲突和汽车炸弹爆炸外，还有许多麻烦事发生在那里，这里的人们常常因为意外事件受到惊吓。许多老人仍然还记得一些往事，但已经记不太清楚了。因此我只能通过在当地图书馆查阅资料，对比老人们的口述，来得到可靠而准确的资料。我发现许多有关当地冲突的旧消息都发生在独立战争和北部动乱期间，当时的克朗内尔斯并不平静，尤其是爱尔兰共和军在边境地区活动期间。以下几则消息很能说明问题。

> 边境冲突。克朗内尔斯严重的枪杀事件。4 名北爱尔兰特派人员被杀，爱尔兰共和军指挥官身亡。本周边境袭击的紧张局势，在发生于克朗内尔斯火车站的严重枪杀事件中达到了顶峰。一部分共和军和北爱尔兰特别警察被卷入冲突，导致 4 名特派人员和共和军指挥官费茨帕特里克（Fitzpatrik）被杀，其他几名特派人员受伤，另有未受伤的 5 人被俘。①

关于这个消息，我从《莫纳亨独立战争》一书中也找到了一些文字。文中这样描述：

> 这对克朗内尔斯的费茨帕特里克指挥官而言是个不幸的夜晚。当指挥官让他的同党去道格拉斯（Doughlas）议员家的时候，他听到了自一段距离外传来的枪声，他的同伴在那里碰到了特派员的巡查。他赶到道格拉斯家的前门时，发现找不到任何的入口。当他翻

---

① The Northern Standard, February. 17, 1922, p. 2.

过窗户进入房子后面时，一阵枪声响起，而他则身受重伤。① 这是一名伟大的士兵悲惨的命运，1922 年时他被一个特派员杀害于克朗内尔斯火车站。现在火车站所在地的费茨帕特里克广场，正是以他尊贵的名字命名的。②

我在小镇调研时，根据当地人的指引，在旧火车站一处墙壁上找到了一块不大的蓝色牌匾，上面写着：费茨帕特里克广场。在纪念 1916 年起义 50 周年之际，为纪念费茨帕特里克指挥官而设立此牌匾。费茨帕特里克指挥官，于北方分裂五年后的 1922 年 2 月 11 日的行动中被杀害。根据时间推算，小镇设立牌匾的时间，应该是 1966 年。这是我在小镇所见的有关爱尔兰内战时期的唯一的纪念物。

报纸上的有些新闻报道了克朗内尔斯的紧张气氛和当地基础设施被破坏的情况。"在边界，矛盾仍在继续。过去的几个晚上，在北爱尔兰领土沿蒂龙—莫纳亨（Tyrone-Monaghan）边境的大多数最重要的道路都因为桥梁破坏和挖掘战壕而遭到封锁，一些战壕有七英尺宽。封锁行动被视作北部王室军队的行动。这说明它的目的是，武装掠夺者在不久的将来至少会有侵占自由州领土的可能。"③

"在克朗内尔斯，约翰·贝雷斯福德·马登（John Beresford Madden）的屋子被抢劫——"④

"北部入侵者。克朗内尔斯边境地区的农民和园丁们珍贵的土豆被来自北爱尔兰的入侵者糟蹋，这令他们感到困扰。大量的入侵者每个月都会带着小铲子从弗马纳郡越过边界进行大肆破坏，讽刺的是，损失惨重的土豆种植者被南方律法禁止对入侵者的行为进行报复。"⑤

---

① *The War of Independence in Monaghan*, Prepared by Members of Cumann Seanchais Chlochair, p. 70.

② *The War of Independence in Monaghan*,, Prepared by Members of Cumann Seanchais Chlochair, p. 72.

③ The Northern Standard, Friday, Match 17, 1922, p. 3.

④ *The War of Independence in Monaghan*, Prepared by Members of Cumann Seanchais Chlochair, p. 56.

⑤ The Northern Standard, Friday, October 27, 1922, p. 15.

从以上几则消息看，当时"北部入侵者"并没有被称之为"英国人"，但其立场显然是站在爱尔兰共和国一方，否则不会将其称之为入侵者。

我知道20世纪有一些年轻人死于克朗内尔斯边境地区的斗争，他们中的一部分人是无辜的受害者，另一些是共和军的士兵。但除了以下消息外，我无法查到更多的线索。

"克朗内尔斯枪击惨案。被军队射杀的年轻人。星期六凌晨2点左右，最近一起由军方制造的令人悲痛的枪击惨案发生在克朗内尔斯，受害者是一名叫詹姆斯·墨菲（Jas. Murphy）的年轻人，他被枪杀于克朗内尔斯的纽塘波特勒路。"① "克朗内尔斯枪击案：年轻人墨菲惨遭枪击。星期六早上墨菲在克朗内尔斯遭到军队射杀，原因是他没有停止前进或没听到盘问。对该家庭而言，这是件发生在圣诞节的悲惨事件。"② 非常遗憾的是，关于这件事，我在调查询问中没有获得任何进一步的线索。

在《沿边而行》中，有一段关于克朗内尔斯边界附近枪杀事件的描述。"一天晚上，玛格（Margo）和尤金（Eugene）在上床睡觉时听到枪声，这里经常有枪击事件，那是1980年9月月底。当他们第二天早晨开车去都柏林时，才知道昨天夜里，他们居住在边界另一侧的邻居欧内斯特·约翰斯顿（Ernest Johnston）被枪杀了。他们在汽车广播上听到了他的名字，他是UDR。他们坐在车里，吓坏了。"③

关于当时的局势，我们可以从英国军队和爱尔兰共和国部队持续巡逻的紧张气氛中了解某些事情。

"克朗内尔斯新闻：布置坦克于边界一线。英国军队的坦克现在经常在边界巡逻，以协助皇家医学院警察在各边境地区维持治安。"④

"自上星期克朗内尔斯遭到炸弹袭击后，爱尔兰共和国部队在边境的巡逻明显加强，并经常到这些地方巡查。和他们的英国对手一样，爱

---

① The Northern Standard, Friday, October 27, 1922, p. 15.
② The Northern Standard, December 29, 1922, p. 5.
③ Colm Toibin, *Walking Along the Border*, Queen Anne Press 1987, p. 110.
④ The Northern Standard, September 13, 1957, p. 2.

尔兰共和国部队已经做好应对任何紧急情况的准备，当他们沿着狭窄的边境小巷巡逻时，在崭新铮亮的吉普车里配备了枪支和火箭炮，以备遇到情况能立即行动。"①

根据以上报道的内容，我们清楚地看到，在边境一线出现紧张情况时，英国和爱尔兰两国边境地区都加强了戒备，而且出现了坦克、吉普车、火箭炮等现代化武器。我们从历史资料中看到，引起当时紧张气氛的因素很多，有破坏基础设施，枪杀可疑人员，军队巡逻等。不过从报纸的立场看，大多是北方的英国警察所为。

当然，爱尔兰共和军的行动也是导致边境地区气氛紧张的重要因素之一。当地的报纸也有一些零散的记载。

"在火车站，志愿兵会随时阻截火车并驱逐工作人员。该情况在克朗内尔斯、纽塘波特勒、纽布里斯、巴贝利、史密斯拉博罗（Smith-raboro）都有发生。——由于这种对工作人员的搜捕，导致客运服务瘫痪，GNR 公司于 1920 年 9 月停运自邓多克开往克朗内尔斯的列车，并持续至次年 1 月。"②

"以武力夺取邮件常被视为必要的。这些邮件被返还时通常印有'共和军审查'的标志。——克朗内尔斯邮局的邮件被查抄过几次。"③

报纸的旧消息忠实地记录了历史，它告诉了我们许多曾发生在克朗内尔斯边界附近的事情。我们从中可以看到 20 世纪 20 年代整个小镇弥漫着紧张的气氛，以及 50 年代和 70 年代这种气氛再度弥漫小镇。凭借当地报纸，我能查到大量这样的消息，克朗内尔斯真实的人和事向我们展示了 20 世纪一个不平静的小镇。但是，大多数当地人，已经不记得那些往事了，甚至对于某些著名士兵的事迹都无法清晰地记住。小镇的动乱已成为过去，在这里，许多支持爱尔兰共和军的人曾为消除边界而努力。但边界仍在那里，却没有任何一个英雄留在当地人的记忆里，尤

---

① The Northern Standard, Friday, October 27, 1972, p. 15.

② *The War of Independence in Monaghan*, Prepared by Members of Cumann Seanchais Chlochair, p. 65.

③ *The War of Independence in Monaghan*, Prepared by Members of Cumann Seanchais Chlochair, p. 64.

其是年轻的一代。今天，在那里的唯有一个平静的小镇，一切都似乎未曾发生过一样。

小镇与国家

在完成克朗内尔斯小镇的田野之后，我慢慢地意识到，为什么爱尔兰人把这个小镇看得非常重要。因为小镇的历史与爱尔兰国家的历史那样息息相关，甚至一个小镇的历史就能折射出整个国家的历史。在小镇，当我们面对每一个古老的文化遗迹，当我们听到每一个古老的传说，我们仿佛都能看见大历史的影子，小镇上曾经发生的一切，就是整个国家进程的重要部分。

据说，定居爱尔兰的早期居民，"住在一种叫'克朗诺格'（cran-nog）的人工岛上，人工岛周边以栅栏围护，建在一个湖的中央。"① 这种描述，与克朗内尔斯的情况十分相似，甚至发音都有些近似。因为克朗内尔斯曾经就是沼泽地中的"撤退之岛"。这也说明，这个小镇在很久远的历史时期，就与这个国家的祖先息息相关。

此后的历史虽然没有文字记载，但却有大量的历史遗迹留存下来。有些历史遗迹甚至成为一个时代的象征，例如，小镇里的圆塔、石棺、教堂等。

1586 年，小镇被纳入英国女王伊丽莎白一世治下。1601 年英国人接管小镇。这些都是重要的事件和时间节点。严格地说，那时的小镇才真正与一个称得起国家的大历史连接起来。不过，当时是英国的殖民统治。

根据历史传说，在英国人占领小镇之后，有一些小型冲突可能就发生在克朗内尔斯附近，例如，在威廉战争（the Williamite War 1689 – 1692）期间。1690 年，威廉（William Hendrick Van Orange；William Ⅲ）（奥伦治的威廉三世）从卡里克弗格斯城堡登陆，在博因河战役（the

---

① 王振华、陈志瑞、李靖堃编著：《爱尔兰》，社会科学文献出版社 2007 年版，第 27 页。

Battle of the Boyne）中击败詹姆士二世（James Ⅱ）。1691 年，天主教徒在奥格里姆被击败，并在利默里克投降。这是爱尔兰历史上的重大事件。当然，严格来说这是一场宗教战争，并不是单一的英国人对爱尔兰人的战争，因为参战双方都是由欧洲多国成员组成，但最终结果对于爱尔兰天主教徒是一场失败的战争，而对于新教教徒却是一场从此夺取统治地位的胜利的战争。但不管怎样，这是一个爱尔兰历史重大转折的战争，所有爱尔兰人都可以从历史书中找到有关这次战争的大量记载，这是天主教徒和新教教徒共同的历史。

当然，威廉战争是一场范围广泛的战争，当时的战场主要在博因河河谷地带，在都柏林与小镇之间的中间地带，距离小镇其实还有较远的距离。究竟当时的战争对小镇产生了什么样的影响，我们已经不得而知。

在爱尔兰历史每个重要的时间节点上，小镇都有一些事件发生，而且幸运地被历史记录下来。在近现代爱尔兰整个国家的建构过程中，小镇由于其特殊的地理位置，又被时时卷入历史的漩涡而被记录下来。例如，饥荒墓、铁路、运河、边界的划分、避难所、边境冲突等。

事实上，爱尔兰独立战争之后，克朗内尔斯小镇一直是斗争的前沿地区。1921 年 7 月 11 日停火协定签订后，爱尔兰南方的冲突大致结束，但是北方的战斗还在持续。尽管国会在 1922 年 1 月接受了英爱条约，但共和军与英国部队从 1922 年上半年起在新的边界线上仍有零星冲突。正如我们在前面已经介绍的那样，有一件事在爱尔兰历史书中常被提及。

1922 年 1 月，当时在德里郡一群正在当地旅游的莫纳亨盖尔足球队的共和军分子被逮捕。作为报复，迈克尔·柯林斯（Michael Collins）在弗马纳（Fermanagh）与蒂隆（Tyrone）将 42 名保皇派成员扣为人质。而北爱尔兰前去营救的特派员在南方的克朗内尔斯遭到埋伏，4 人被打死。这使得小镇成为爱尔兰共和国的英雄小镇，而这正是费茨帕特里克在小镇牺牲的那次行动。

对于爱尔兰的大历史，笔者都是从书本上得来的，而小镇上的小历史，却是我从艰辛的田野调查中点滴积累的。虽然小镇上的居民并不清楚自己的源头，但他们是那样虔诚地信仰祖辈留下的一切。

从人类社会发展的一般性规律看，早期人类的群体，都是自我控制的以血缘为基础的小群体。随着生产力水平的提高，人们的社会组织集团以地域联盟形式不断扩大，以至于被统治者几乎全部都是通过间接的渠道受制于遥远的高层级的统治者。这样的时代，人们似乎从来没有关注过统治自己的统治者的文化身份，他们对于这样的统治者也是一种并不牢固的忠诚。

显然，如果引经据典，小镇人可能不知道什么是凯尔特人（Gaelic），什么是维京人（Viking）、安格鲁·罗马人（Anglo-Norman），但他们都知道，这里曾经生活过许许多多的先人。当然，现在的人们最了解的还是爱尔兰人与英国人（English）的区别，因为他们知道爱尔兰和英国已经是两个不同的国家，爱尔兰共和国是他们数百年斗争的胜利成果，而英国是他们反抗的对象，或者是比较存在的对照物。

爱尔兰人在学习历史时，知道12世纪中叶，英国开始入侵爱尔兰，1801年，根据《英爱同盟条约》，爱尔兰正式并入英国版图，成立了"大不列颠及爱尔兰联合王国"，英国完成了对爱尔兰的吞并，爱尔兰成为英国的第一块殖民地。而大批英国殖民者从最初在北爱尔兰的定居繁衍，进而逐步向四方扩展，导致了爱尔兰人与英国殖民者及其后裔彼此700多年的矛盾冲突。如今800多年过去了，客观地说，英国殖民者的后裔早已本土化了，可以说彼此从整合到融合的程度已经很深。因此，历史就是历史，那是已经过去的事情。由于已经建立了爱尔兰共和国，小镇人似乎也不再关注谁是天主教徒、谁是新教教徒，这些都不重要，重要的是大家都是爱尔兰人。

在这些历史的大背景中，原本有许多不同来源的人融入了爱尔兰，但今天的爱尔兰人只是选择性地认同于凯尔特人。这究竟是因为什么？显然，因为国家的文化主导方向如此（虽然历史也确有记载），国家文化对于人民的塑造也就是如此。

1921年爱尔兰岛南部的26郡脱离英国成立"自由邦"。1937年，爱尔兰岛南部26郡正式独立，爱尔兰共和国成立。小镇越来越与爱尔兰共和国紧密相连，因为它成了国家边界的前沿小镇，最直接和最深切地体会到了国家的存在。

20世纪中叶之后，北爱尔兰的民族主义者（主要是罗马天主教徒）社区与联合主义者（主要是新教徒）社区的成员之间不断重复发生激烈暴力冲突，造成社会动荡和人道危机。这种动荡也波及了边界地区，直接影响了南北关系和民众情感。小镇也被卷入了斗争之中。小镇人将那一时期的边界称之为"屏障"（Barrier），是真实可见的国家政治边界，那时的小镇人或许是最真实感受到国家存在的人民。

1998年4月10日，北爱尔兰各主要政党之间签订了一项旨在结束长达三十年流血冲突的和平协议——"贝尔法斯特协议"，后来在整个爱尔兰以全民公决的形式通过，开始了"和平进程"。由于和平协议得到了南北双方人民的拥护，南北关系迅速提升，彼此之间的政治边界逐渐弱化。目前，随着英爱关系的不断改善，爱尔兰的政治边界出现了许多特殊现象：南北两边人民可以自由往来，边界一线撤销了所有检查站和海关。

小镇的人们开始积极参与和平进程工作。其中虽然包含着渴望统一的心愿，但更多的是维护和平与享受和平的心愿。

用当地人的话来说："我们除了两边使用的货币不一样之外（南爱用欧元，北爱用英镑），没有什么不同。"爱尔兰跨国研究中心的负责人安迪·波拉克（Andy Pollak）先生给我寄来一篇名为"我们已经是统一的爱尔兰或者联合王国吗？"（Do we already have a kind of United Ireland/United Kingdom?）的文章，他说："来自欧洲大陆的参观者说，爱尔兰边界是欧盟内部最不可见的。每天至少有1.8万人跨越边界去上班，每年有1700万人次乘坐汽车和火车跨越边界购物和短期旅行。"由此可见南北之间的开放程度和紧密联系，以及政治边界的形同虚设。

一个小镇从一个自在的小社会单元，如何在历史的渐进过程中，最后被紧紧纳入一个国家的怀抱，这是一个十分有趣的问题，值得思考。显然，克朗内尔斯的前世今生，给了我们一个值得深入研究的个案。

四

大历史：爱尔兰民族和国家历程

"虽然历史是发生在过去的经历，但与本身的经历却存在着奇妙的差异。当然，最主要的不同之处是，在度过这段经历时，没有人能知道下一步会发生什么事，而人们了解历史时就能知道。这样，历史就占据了高傲的位置。人类存在的细节，无论在当时是多么痛苦、多么富有戏剧性，都分门别类为抽象的历史观点，但有的时候，人们会感觉到同时生活在现实和历史之中。"①

如何看待爱尔兰的大历史，怎样回到历史的场景之中，历史的原本面貌究竟如何？已有的历史观点是否值得肯定？这些都是研究者孜孜以求的。爱尔兰民族与国家的形成，跟世界上绝大多数民族和国家发展史一样，并不是同步发展形成的。要完全把握爱尔兰民族和国家发展形成的历史轨迹是一件十分困难的事，但是，对于爱尔兰的大历史，笔者认为，有三条主线必须把握：爱尔兰民族形成发展的历史大背景要基本清楚，爱尔兰国家形成发展的历史大背景要基本清楚，爱尔兰民族文化形成发展的大背景要基本清楚。清楚了爱尔兰整个民族形成发展的过程，使得我们解释和理解现实的民族关系或社会关系，才能更加辩证和客观；清楚了爱尔兰国家建构的漫长历程，使得我们解释和理解爱英关系，以及北爱尔兰问题，才能客观公正；而清楚了爱尔兰民族文化的发展历程，对于我们分析错综复杂的宗教关系，大有裨益。

---

① ［英］罗伯特－基：《爱尔兰史》，潘兴明译，中国出版集团东方出版中心 2010 年版，第 302 页。

考古与早期文物

对于爱尔兰的历史，过去我一无所知，但自从研究爱尔兰民族问题之后，我发现这个国家的历史非常古老，据考证位于米斯郡的纽格莱奇（Newgrange）走廊式墓穴，其建造年代甚至比埃及的金字塔还要古老。那些卓越的古代文明，给整个欧洲带来了荣光。

爱尔兰的史前史和早期历史，由于缺乏当地当时的文字记载，我们只有通过考古，对传说和民间诗歌进行研究，以及参考古罗马的文字记载来研究。

约公元前10000年时最后一次冰川期结束，由于当时的海面比较低，爱尔兰岛通过一条地峡与苏格兰相连，而苏格兰也通过一条地峡与欧洲大陆相连。因此人类可以直接从欧洲大陆陆路迁徙到爱尔兰岛。今天的爱尔兰岛与大不列颠岛之间最窄的距离是17.6公里。"从苏格兰可以看见（爱尔兰岛的）卡里克佛格斯，而且用一只小船在三四个小时之内就可以渡过去了。"①

人们普遍认为，大约在公元前8000年，就有人类经由当时的陆桥从苏格兰来到了爱尔兰岛。"天气晴朗的时候，人们可以看到仅仅13英里之外的英国海岸。约8000年前，最早的爱尔兰居民是渡过海峡来到这里的。地图可以清楚地显示地理对于历史的意义：地理上的相邻性使得英国不可能对爱尔兰视若无睹。"②"大自然使不列颠岛和爱尔兰岛结成紧邻，因此它们的命运必然以各种方式相互交错在一起。"③

从考古挖掘看，公元前约7000年，爱尔兰海岸沿线，已经有居民在从事捕鱼活动，这从当地出土的燧石可以得到证明。

今天被发现的最早的爱尔兰的居住点是公元前6600年前后建立的。

---

① ［英］威廉·配第：《爱尔兰的政治解剖》，周锦如译，商务印书馆1964年版，第81页。

② ［英］罗伯特－基：《爱尔兰史》，潘兴明译，中国出版集团东方出版中心2010年版，第11页。

③ ［爱尔兰］埃德蒙·柯蒂斯：《爱尔兰史》上册，江苏人民出版社1974年版，第1页。

此后的新石器时代（公元前 3000 年—前 1200 年）在岛上也留下了痕迹。除石器外，考古学家在岛上还找到了耕作的遗迹。正如弗里曼所言，"爱尔兰如同英格兰和法兰西一样，是一个有几千年定居和农业传统的国家"①。除此以外，这个时期的文化还遗留下了许多与天文观察相关的巨大的石材遗址。

公元前约 3000 年起，爱尔兰岛新生代时期开始出现巨石坟墓。延长的定居、农业和文化融合的迹象出现的频率不断增加。"最早的有关人类生活在爱尔兰的确凿证据在博因河流域出土，其确凿性确实毋庸置疑：道思（Dowth）、诺思（Knowth）和纽格莱奇（Newgrange）等地存在一连串规模巨大的连通陵墓，以及众多的卫星状分布的其他墓穴。其修造期约在公元前 3000 年，修造者是那些由不列颠渡过海峡而来的、最早一批居民的正处新石器时期的后人。这些墓室里安葬的是他们的部落王国邦王——简单的农业社会的统治者，这些农业社会已经清楚地带有文明的印记。墓室内壁的装饰性雕刻完成于铁器时代之前。人们可以将这些雕刻称为爱尔兰人留下的最早的个人签名。在外面，爱尔兰早期更加精美艺术的示例，可以在地面环绕巨大坟冢的石块上找到。"② 纽格莱奇是爱尔兰最为著名的巨型通道结构堆土石墓，直径 76 米，高 12 米，这样的建筑奇迹出现在 3000 年前远离大陆的爱尔兰岛之上，不能不激发出我们丰富的想象。

20 世纪 90 年代，随着爱尔兰经济的高速发展，各大学和科研机构开始投入大量的科研经费进行本土考古挖掘。越来越多的考古成果向人们展示着爱尔兰的古老与文明。"如今，在利默里克郡的古尔湖可以看到其文明被发掘出来的许多遗迹——房子、陶器和用具，有一些就陈列在绕湖岸发掘点开发的民俗公园里。新石器时代的殖民者大多自给自

---

① ［英］T. W. 弗里曼：《爱尔兰地理》，上海师范大学《爱尔兰地理》翻译小组译，上海人民出版社 1977 年版，第 73 页。

② ［英］罗伯特－基：《爱尔兰史》，潘兴明译，中国出版集团东方出版中心 2010 年版，第 13 页。

足，但有时也就诸如斧头之类的制品进行有限的交易。"①

"约公元前 2000 年，探矿者和金工工人来到了爱尔兰。金属矿床被发现，不久青铜和黄金器物就被制造出来。这些青铜时代的人们所制作的许多手工艺品已经被发现，其中有斧头、陶器和珠宝。大约公元前 1200 年，另一拨人来到爱尔兰，制造了种类繁多的武器和手工艺品。当时这些人住在一种叫'克朗诺格'（crannog）的人工岛上，人工岛周边以栅栏围护，建在一个湖的中央。"②

约公元前 800 年人类开始在爱尔兰寻找锌和铜等矿物，由此向这里带来了青铜器。爱尔兰进入青铜器时代之后，遗留下了一些精心加工的金器、青铜装饰和青铜武器。

从文献记载看，"爱尔兰的凯尔特人又发展了一种用来记录各种仪式的'欧甘文字'（the Ogham script），这是一种刻在石头或木头上的，由 V 形和条状凹痕所组成的文字。但是这些都出现在公元 4 世纪。因为凯尔特人并没有自己书写的历史文献，所以他们的故事大部分都是由他们的敌人来描述的，这就不可避免地会出现一些失实之处"③。在爱尔兰发现的石刻碑铭的"欧甘文"，与北欧古文的笔迹有些相似。实质上它是一种拼音文字，由方向、长短和数量不等的刻痕组成。"创造欧甘文的人可能是曾经在欧洲大陆或不列颠接受过罗马教育的爱尔兰知识分子，甚至可能在当地接受了基督教，但欧甘文在爱尔兰并没有被特定用于基督教，而是在本土的知识阶层流传开来。"④ 刻有欧甘文的欧甘石（Ogham Stone）在爱尔兰各地都有发现，其中以爱尔兰南部的芒斯特最多。爱尔兰南部的科克大学现存较多的欧甘石文物。

此后的不同历史阶段中，爱尔兰都有大量精美的文物出土。这些珍

---

① 王振华、陈志瑞、李靖堃编著：《爱尔兰》，社会科学文献出版社 2007 年版，第 26 页。

② 王振华、陈志瑞、李靖堃编著：《爱尔兰》，社会科学文献出版社 2007 年版，第 26—27 页。

③ ［美］戴尔·布朗主编：《凯尔特人：铁器时代的欧洲人》，任帅译，华夏出版社、广西人民出版社 2002 年版，第 12—13 页。

④ 邱方哲：《亲爱的老爱尔兰》，上海三联书店 2015 年版，第 90 页。

贵的考古发现，我们在"失落的文明"系列丛书①中都可以获得基本的了解。

古代先民

众所周知，爱尔兰是一个欧洲岛国，虽然它拥有海洋作为屏障，但在漫长的历史发展过程中，依然不能逃过外来者的进入。因此，爱尔兰的历史同样拥有一段较长的、带有西方世界特征的战争史和迁徙史。当时来自欧洲大陆的凯尔特人、北欧人、诺曼人，以及近在咫尺的英格兰人、苏格兰人都曾经生活在这片土地上。不过，当历史发展到今天，爱尔兰岛似乎只有两种语言和两个社会群体，曾经的各色人群已经消失在今天的爱尔兰民族之中。那么，爱尔兰岛究竟是如何由多元的族群社会，逐渐转变成为今日的两个宗教群体社会的？

一般认为广义的爱尔兰人属于凯尔特（Celtic）人种。属欧罗巴人种大西洋波罗的海类型。爱尔兰人的先民主要是属于凯尔特部落的盖尔人（Gael），并吸收有伊比利亚人、诺曼人、盎格鲁－撒克逊人的成分。除了早期无法辨识的通过地峡进入爱尔兰岛的原住民外，伊比利亚人是爱尔兰岛上最早的居民，他们来自比利牛斯半岛。公元前 4 世纪，盖尔人从法国南部和西班牙北部来到这里，也有学者认为这批盖尔人来自苏格兰。后来，他们同化了伊比利亚人，成为爱尔兰民族的早期基础。这种观点，在爱尔兰历史学家埃德蒙·柯蒂斯（Edmund Curtis）的著作中有鲜明的表述。他依据古书《侵略史》认为，"大约于亚历山大大帝时代，西班牙王米勒的三个儿子黑里门、希伯和厄来到了艾林（古时爱尔兰岛的称谓），从达南族手里抢夺了这块土地。在此之前，岛上生活着具有半神化魔术和巫术的优等种族达南族、黑发矮小和平凡粗野的菲尔博耳格种族以及粗狂凶狠的海上巨人福莫族"②。不过威廉·配第并不

① 参见［美］戴尔·布朗主编《早期欧洲：凝固在巨石中的神秘》，高峰、王洪浩译，华夏出版社、广西人民出版社 2002 年版。
② ［爱尔兰］艾德蒙·柯蒂斯：《爱尔兰史》（上、下册），江苏师范学院翻译组译，江苏人民出版社 1974 年版，第 1 页。

赞同这样的看法，"不是依靠历史的权威，而是在仔细研究了自然法则和自然趋势之后，我认为，说首先来到爱尔兰的人是腓尼基人、西吉亚人、比斯开人等的说法，乃是虚构的。首先居住在卡里克佛格斯（Carrickfergus）附近各地的人，乃是从对岸苏格兰各地移来的……因此，爱尔兰的最初居民更可能是来自苏格兰，而不是来自上述的遥远的其他各地"①。

尽管存在不同的观点，但是总体而言，似乎第一种观点已经被广泛接受。"约在公元前 6 世纪，最早一批凯尔特人入侵者即从中欧越海进入爱尔兰。这个种族身躯魁梧，头发金黄，讲一种接近拉丁语的语言。随后一群群凯尔特人纷纷涌入，直到基督纪年前后……公元前 2 世纪左右，拉特内（La Tene）文明的凯尔特文化开始进入爱尔兰。拉特内文明是以瑞士的一处凯尔特遗址命名的。"②

根据目前的研究成果，从文化和血统的观点来看，公元前 5 世纪来到岛上的凯尔特人是现代爱尔兰人的祖先。他们在岛上建造固定的木制房屋，过着氏族集团生活。不过也有人认为，公元前约 100 年，最初的盖尔人才来到了爱尔兰岛。③ 总之，到了公元 1 世纪，凯尔特文化已在爱尔兰岛上扎根。凯尔特人自称盖尔人，将自己的国家称作"艾林"（Eire）。他们世代流传的优美的民间传说，动听的民谣，一直延续到今天。那些传说和民谣所描绘的爱尔兰岛，五谷丰登、牛羊成群，辽阔的牧场绿草如茵，森林里长着高大的圣树，四季常青，呈现出一派和平幸福的景象。

公元 800 年前后，凯尔特人在爱尔兰岛只占很少的比例，但由于他们战斗力强，很快控制了爱尔兰全岛。凯尔特人统治下的爱尔兰，在政治上并不统一，但在文化和语言上基本实现了一致。爱尔兰人的语言为

---

① ［英］威廉·配第：《爱尔兰的政治解剖》，周锦如译，商务印书馆 1964 年版，第 81 页。

② 王振华、陈志瑞、李靖堃编著：《爱尔兰》，社会科学文献出版社 2007 年版，第 27 页。

③ ［英］罗伯特－基：《爱尔兰史》，潘兴明译，中国出版集团东方出版中心 2010 年版，历史事件纪年表，第 1 页。

盖尔语（Gaeilge），与威尔士语，苏格兰盖尔语，布列塔尼语（法国的布列塔尼半岛）同属于印欧语系之中的凯尔特语族，主要分布在爱尔兰西海岸线地区。目前，尽管爱尔兰仍然努力传承自己的民族语言，但它却是欧洲除英国之外唯一一个英语国家，而英语属日耳曼语族。事实上，现在在爱尔兰岛，只有西部偏远地区的很少一部分人还使用爱尔兰语。

　　凯尔特人统治时期，爱尔兰全境分为五大王国，即阿尔斯特、康诺赫特、蒙斯特、南伦斯特和北伦斯特，史称"五王统治"。有关这一时期的历史线索并不十分清晰，往往与爱尔兰神话史诗掺杂在一起。

　　公元 5 世纪，基督教传入爱尔兰岛。帕特里克于公元 432 年来到爱尔兰传教，他的布道足迹从阿尔斯特开始，为传播天主教教义奉献了一生。帕特里克是爱尔兰宗教史上最伟大的人物，他给爱尔兰岛带来了基督的福音，使爱尔兰迎来了拉丁文明和罗马文化。6 世纪以后，爱尔兰通过修道院制度对英国和欧洲大陆的基督教传播产生了重要影响。因为当时的欧洲大陆甚至不列颠群岛都受到了罗马帝国崩溃后各种"蛮族"势力的洗劫。"爱尔兰年鉴中就描述了公元 794 年'异教徒对不列颠群岛的蹂躏'，同时也提及了公元 798 年'爱尔兰与苏格兰之间的地区所遭受的破坏'。当时，似乎只有一位正在缮写圣典爱尔兰的修士，听到窗外轰鸣的雷雨声时，高兴得难以自制。他在手稿的边页写道：'今夜将有暴风席卷海面，我不再恐惧维京强盗会不期而至。'"① 这里提到的"维京人"，通常泛指生活在 8 世纪中叶到公元 1066 年之间的所有斯堪的纳维亚人。这期间他们开始了海上冒险生涯，直到在哈斯汀斯战役征服英格兰，这是欧洲历史上具有划时代意义的一次战斗。然而，从严格意义上讲，"维京"一词用以特指掠夺者。做"维京人"就意味着要去海上远征以获取财富和声望，这是斯堪的纳维亚男人生活中至关重要的核心。

　　关于维京人到来的时间，罗伯特－基（Robert Kee）认为，公元 6

---

　　① ［美］戴尔·布朗主编：《北欧海盗：来自北方的入侵者》，金冰译，华夏出版社、广西人民出版社 2002 年版，第 103—104 页。

世纪，"第一批北欧人或维京人（有时称为'丹麦人'）抵达都柏林近海的兰贝岛"①。其后，"在整个 9 世纪期间，挪威人控制了爱尔兰部分地区，北部的奥克尼群岛及设得兰群岛、西部的赫布里底群岛、爱尔兰海中的马恩岛以及英国的大片地区。他们打败了当地的土著首领，建立了许多殖民地，并且开始耕种土地、修建商业据点，这些商业区日后逐渐扩大为城镇。他们还常常互相交战。在爱尔兰和英国，他们甚至自封为国王。无疑，这些入侵者受到了被征服的本地人的影响而发生了改变，他们最终与当地人通婚并且放弃了异教的多神信仰而改信基督教。然而，维京人在一些岛屿的统治一直持续到 11 世纪晚期，当时，一批新的征服者蜂拥而至，将其消灭。这伙人便是同样具有北欧血统的诺曼底人"②。

1170 年，诺曼人到达韦克斯福德郡的巴金本，彭布鲁克伯爵（Earl of Pembroke）强弩（strong bow）的先头部队应德莫特·麦克默罗（Dermot MacMarrough）邀请来到爱尔兰。后来，"强弩"本人来到，并在 1171 年成为伦斯特邦王。③

尽管事实可能并非完全如此，但我们不能否认，爱尔兰岛在历史上的确是各种文化群体混居在一起的有限空间。因为爱尔兰特殊的岛屿环境，决定了他们在狭小的空间地域内，很容易在较短的时期内，彼此自然或不自然地交往互动，并朝着一个彼此都能接受的方向发展。就像爱尔兰在动植物的种类上相对贫乏一样，因为海洋成为他们扩张的一个阻碍，所以不管我们是否关注体质特征或者是心理及表现在气质上的特征，爱尔兰这个国家只能提供一个相对有限类别的人种。

无可否认，史前的居民是比现代居民小得多的群体，又因为他们生活在很久以前，因此我们的偏见造成了对他们重要性的忽视，而这仅仅

---

① ［英］罗伯特 – 基：《爱尔兰史》，潘兴明译，中国出版集团东方出版中心 2010 年版，历史事件纪年表，第 1 页。

② ［美］戴尔·布朗主编：《北欧海盗：来自北方的入侵者》，金冰译，华夏出版社、广西人民出版社 2002 年版，第 104 页。

③ ［英］罗伯特 – 基：《爱尔兰史》，潘兴明译，中国出版集团东方出版中心 2010 年版，历史事件纪年表，第 1 页。

取决于他们之于我们的时间距离。在每一个史前时代的早期，人们彼此之间必须处理与较小群体之间的关系。但是毫无疑问，这些较小群体不但可以通过外来人口数量的增多而壮大和多样化，而且也凭借外来人口的融入进一步扩大人口再生产，并使得多样性群体逐渐增加同质性。爱尔兰人的历史形成正是如此。

爱尔兰学者一般认为，爱尔兰人的基因库可能确立于石器时代晚期。基因库本来可以在石器时代早期就得到很好地确立，即可能在大约五千年以前。爱尔兰人的基因库可能与英国高地（苏格兰西部、英格兰北部、威尔士和康沃尔）的基因库有着密切的关系。

爱尔兰是一片适于生存的土地。在20世纪，这一区域大体一致被认为是"凯尔特边缘"，即仅因为这是一片操凯尔特语的地区，凯尔特语曾经遍及欧洲，缓慢发展地进入了近现代。但是在这个边缘地区里，其文化和生物遗传基因的关系，几乎可以追溯至比英国和爱尔兰掌握凯尔特语言及习俗的那段不确定时期还要更远的时期。因此，就爱尔兰人的体质构造而言，无论爱尔兰北部、南部、东部和西部的所有居民，都应是在圣帕特里克来到爱尔兰之前的原住民，他们是最具标志的祖先群体。这些原住民和与之毗邻地区的人们（英国相邻岛屿的北部和西部）拥有共同的族源。

同时，凯尔特人也是一个现实和虚构融合的整体。当然，爱尔兰的一次意义非凡的转变可能发生于公元前最后一千年里。从那时英国和欧洲大陆语言使用的情况来看，当时所有的岛屿都操一种语言，但就其自身拥有个体特征的渊源，可能源于其吸收了来自于被其替代的古代土著语言的元素。从留传下来的文字记载中可以看到，爱尔兰人习惯用语言来表达一些关于信仰和乡村阶级社会统治的独立的故事。我们可以直观地认识到，这些信仰和故事十分接近于那些处于英国人和高卢人同时统治的时期。

但是，是否有群体能取代具有高挑身材、蓝眼睛血统的凯尔特人，去接任来自起源于中石器时代和新石器时代身材矮小的早期人群。历史学家的回答是，根本不可能会有。凯尔特人以其在当时的优势地位，凭借一个少数群体的实力足以将其语言强加于他者。然而，凯尔特人拥有对于爱尔兰居住民十分重要的博大文化。首先，语言本身就成熟并发展于两千年的历史长河之中。在中世纪以前，凯尔特人的语言在英国各岛屿中，已经成为分布最广的语言，其使用遍及爱尔兰、苏格兰及英国属地曼岛。除了以上那些地区，凯尔特人的语言也存在于其他许多地方。它创作了一系列规模宏大且具有重要意义的文学作品，这些作品对于爱尔兰民族和英国高地民族的世界观的塑造有着重要影响。就不同的形式而言，爱尔兰的人口数量在过去五百年里逐渐变少，但其数量并不少于居住于苏格兰并以盖尔语为母语的本地居住民。

18 世纪初期，英国在爱尔兰通过立法，使得一个残酷的区分族群特征的模式得以确立，并对随后的爱尔兰人发展史产生了深远影响。这主要表现在包括新教徒在内的，与被排除在外的天主教徒之间的区别上。持异议者同样也被排除在外。这种划分，其实从一开始就是以宗教派别为界线的。

但是，大部分的天主教徒并没有真正认识到，这种划分正在迅速分裂着盖尔人的世界。因为对于古老先民渊源的追溯，在当时的整个欧洲似乎都被宗教派别的区分所取代。另外，几乎所有西方国家已经追溯其较高品质的文化均来自古希腊和古罗马，但是在现代民族国家形成的早期，其国家意识形态导致人们对包括凯尔特人、哥特人、法兰克人及其他人在内的，及历史上那些未开化的野蛮人的关注及颂扬，爱尔兰的情况就属于后者。

现代聚居于爱尔兰的凯尔特人，其对民族国家的想象已经比凯尔特人如今的现实要更有意义。人们已经将注意力转到在爱尔兰还未成为凯尔特人主要的殖民地以前的第一批流入爱尔兰的新移民上，他们已经注意到爱尔兰既不是罗马人的殖民地，也不是德国人的殖民地的经验上来。事实上，爱尔兰在从史前时代晚期进入到中世纪，与之相配套的社会体系仅仅是被认为高贵且占据重要地位的基督教教义所修饰。

在爱尔兰居住的维京人在数量上少于其在英国定居的人数，但是，具有不同血型的居住民其在百分比上的差异表明，当维京人于 10 世纪围绕着东部和南部海岸建立贸易城镇时，这种行为可能已经给爱尔兰早期基因的地位带来了一些冲击及影响。他们无疑对爱尔兰的政治形态也造成了一定的影响，这种影响不是通过征服，因为那样做他们是不会成功的。他们通过极力协助爱尔兰政治形态的重新定位，尤其是对于地处偏远地区的爱尔兰东南部来说，产生了重要影响。维京时代的贸易和交通发展是十分迅速的，随之而来的不仅是外来人口的大量涌入，而且还有新思想的传入及变革的开始。过去内陆地区的腹地及城市里修道院是保守派的传统据点，其相对的重要性也开始日渐衰退。都柏林成了当时爱尔兰与世界沟通交流的中心，其功能一直延续至今，这与维京人的到来不无关系。

从某种意义上说，诺曼人接管爱尔兰国家后，爱尔兰民族和国家的进程并未被打断。爱尔兰的国王竞相创建一个民族国家，这种更为积极、进步的行为涉足政治及爱尔兰的对内对外事务。同时，他们的行为也引起了外界的关注。这种情况不仅很快导致了一些新住民广泛地分布于爱尔兰的一些地区，而且，用当下的术语来描述，即其导致了"不稳定"状态。英国国王干涉在英国的诺曼人首领所控制的产业，同时，这种情况在爱尔兰发生的概率更高。但情况完全不同的是，爱尔兰人的经验与英国人形成了强烈的对比。在1066年，诺曼人对爱尔兰的征服，这对日后英国的统一造成了一定的影响。1169年，诺曼人对爱尔兰入侵及随后削弱其中央集权，并计划以此在当地建立一个新的中央政府，但由于种种原因，这个计划以失败告终。

对比爱尔兰东南部的岛屿与其西北部之间发生的变化，我们看到这些地区受新植入文化及政治形态影响最深，而这些地区依旧处于古时盖尔人体系的统治之下。但是，南部和东部的现代化与北部和西部的传统制之间的对比，即进步的地区与落后的地区之间的对比，在诺曼人抵达爱尔兰之前，这种比较已经开始有所显现。如果有什么区别的话，就是这种比较在中世纪后期得到加强。在某种程度上，对于10世纪的阿尔斯特来说，其在16世纪的发展水平更接近于早期的铁器时代。然而，我们发现这种现象在工业革命时期得到逆转，在一段时期，东部的阿尔斯特成为爱尔兰发展进步的地区，这个模式基本上确立于中世纪早期，并不断得以维续。

诺曼人的殖民伴随一些地区出现了人口相当集中的集群现象，正如在沃特福特、韦克斯福特、基尔肯尼地区聚集了大量姓氏为"沃尔什"或"佛兰芒"的人一样。由于种种原因，即使多数殖民地在中世纪晚期衰落，其给爱尔兰留下了一个永久的印记，同时也影响了当地的体制及观念。甚至在爱尔兰的那些盖尔人法律、语言、习俗及传统盛行并未被干扰的地区，其也深受诺曼人社会与文化的影响。

谁是爱尔兰人

1167—1169 年，诺曼人入侵爱尔兰岛。1171 年 10 月 17 日，诺曼人的最高君主英格兰国王亨利二世带领军队登上爱尔兰岛，迫使爱尔兰诸王向其效忠。在随后的几个世纪里，英格兰人主导了爱尔兰的历史。也正是在这一阶段，爱尔兰人的群体意识渐渐产生。

诺曼人与英国人的区别在中世纪的爱尔兰并不是很清晰，因为英国跟爱尔兰一样，其本岛的早期居民也是从欧洲大陆迁移过来的。如此一来，当时的诺曼人与英国人的这种差别，更多的是被当代人所演绎，而这种情况在中世纪并不十分明确。

爱尔兰人意识的出现是一个漫长的过程，但最初造成这种普遍性自我意识产生的外部条件，主要是英国人进入爱尔兰岛以及成为后来的统治者。但追根究底，爱尔兰人与英国人原本都属于凯尔特人这个大的群体。这一点，人们已经从语言学角度，找到了充分的证据。"直到公元16 世纪和 17 世纪，学者们才意识到古老的凯尔特人的语言与一些现代语言形式，如爱尔兰语、马恩岛语、威尔士语、康沃尔语、布列塔尼语和盖尔语（即苏格兰人所说的凯尔特语），以及一些地方的方言，如法国、西班牙和意大利北部等地的方言，都存在着千丝万缕的联系。当时两位语言学家，威尔士人爱德华·鲁伊德与苏格兰人乔治·布坎南，就是用这些古老的证据证明了爱尔兰人和不列颠人是凯尔特人后裔。"[1]

由于"凯尔特人"一词直到 18 世纪才被人们逐渐了解和接受，因

---

① [美] 戴尔·布朗主编：《凯尔特人：铁器时代的欧洲人》，任帅译，华夏出版社、广西人民出版社 2002 年版，第 16—18 页。

此对于早期源于共同祖先的问题，无论是爱尔兰人还是英国人，都缺少基本的认识。关于探讨在爱尔兰居住的英语人口的复杂问题上，有学者在文章里有所介绍，并贴切地引用了 1170 年莫里斯·菲茨杰拉德（Maurice FitzGerald）的一句话，即"正如我们是对于爱尔兰人来说的英国人，所以我们也是对于英国人来说的爱尔兰人"。对于中世纪居住在爱尔兰的英国人来说，出入市镇时都会意识到这是在殖民的区域，但是中世纪之后，其在爱尔兰就有了一种显著的国民身份。然而，居住在爱尔兰的英国人，其身为爱尔兰的一分子，存在着一个反复出现的问题。这个问题就是，爱尔兰人对时常来往于爱尔兰的英国人在态度、行为上的憎恨，而这些人往往是官方的或者更为确切地说是英国派来管理爱尔兰政府事务的英国人，由此爱尔兰人与这些官僚或地主产生了区隔意识。

在中世纪的爱尔兰，可以发现在殖民地产生的"朋友和亲戚"关系的特殊问题，这种现象我们也能在现代社会中发现。这个问题也可以说明原来聚居于英国殖民地的爱尔兰人，为何认同于现今受盖尔人文化影响的爱尔兰共和国，因为爱尔兰人与英国人只是"朋友"，而爱尔兰人与爱尔兰人才是"亲戚"。在教会中，这个问题导致了人们用特别的方式去预想天主教与新教后期分化问题的分歧。理论上，天主教与新教曾经属于同一个教会，共用一条教义，共享一套权威的系统。但是，实际上他们是两个不同的教会组织，在中世纪的爱尔兰，他们分别属于两个不同的国家。总的来说，自从爱尔兰于中世纪成为英国人的殖民地之后，英国人提到在宗教改革运动中的天主教，以及随后在历史上对其描述都带有讽刺意味。

古时的英国，正如他们所言，其试图在他们的殖民地保持与操盖尔语的爱尔兰人的区别。他们全心全意地忠诚于英国新教改革运动所倡导的新模式及行为方式，同样的，在某种程度上，操盖尔语的爱尔兰人却全然不同，以至于在宗教改革之后，他们仍然认为在爱尔兰，其与英国人是分属于罗马天主教会的两种不同的组织。但实际上，爱尔兰罗马天主教现有的一个特质，就是没有完全免于古时英国强加于其的宗教与政治联盟的影响。

13 世纪时，盎格鲁－诺曼政权向爱尔兰岛扩展，直到 14 世纪他们的统治始终稳定。不过盖尔人的酋长们利用诺曼贵族内部的纠纷，也逐渐收复了部分他们过去的领地。这一时期爱尔兰的英国化并不十分奏效，反而是诺曼人接受了爱尔兰岛的风俗。"在爱尔兰的大部分地方，既不知英国语言，也不懂英国法律。1366 年的基尔肯尼法规，曾设法阻止英吉利人进一步被本地人同化，法规的序言中写道，'现在许多英吉利人舍弃了英国语言、服饰、骑马方式、法律、习惯，依照爱尔兰敌人的风尚、服饰、语言来生活和行动，同前面所说的爱尔兰敌人通婚结盟'，所以规定英吉利人不能仿效爱尔兰习惯，只能讲英语，只能同本国籍的女子结婚……当时似乎只有这样，才有希望使英吉利统治阶级作为根深蒂固的力量维持下去。虽然这些法律执行了二百多年，并再三重申贯彻，它们并不能建立起一种社会秩序，使征服者和被征服者相互分开，因为许多英吉利人被同化到'比爱尔兰人自己还要爱尔兰'"①。这种现象的发生，事实上一直贯穿于爱尔兰岛内部各族群的日常生活，也是非常值得我们认真思考的问题。

有人在处理苏格兰与爱尔兰的关系问题上，理所应当地认为，这对于 17 世纪的阿尔斯特种植园时期来说是具有特殊意义和重要性的。正如人们所知，苏格兰与爱尔兰之间的关系形成于近代的爱尔兰。但阿尔斯特与苏格兰的联系绝非始于近代。就其关系而言，我们可以追溯至其在爱尔兰的人类早期传说。位于爱尔兰海域前沿的是一道狭窄的海峡，这道狭窄的海峡一直是爱尔兰与苏格兰连接的通道，因此这一区域早期就有很多苏格兰人移居并不奇怪。纵观历史，这些岛屿及海岸的居民来回搬迁，一会儿定居这里，一会儿定居那里，相互之间自然发生联系是再正常不过的事情了。用于形容在美国的阿尔斯特长老教会的定居者的词，即生硬的接合词"苏格兰裔爱尔兰人"，用以形容聚居于爱尔兰这片区域的居住民也是具有同样重要的意义。

因此，在 17 世纪种植园时期，那些从苏格兰来到阿尔斯特的居民，

---

① ［英］T. W. 弗里曼:《爱尔兰地理》，上海师范大学《爱尔兰地理》翻译小组译，上海人民出版社 1977 年版，第 82 页。

并没有真正为爱尔兰及当地居民带来新的元素，尽管从某种程度上说，他们都是来自于英国的同一个种植园。居住于阿尔斯特的苏格兰人，他们在当地构建了同他们已经离开的苏格兰文化十分相像的住房、风俗及传统。那个时期的大部分阿尔斯特人都是天主教徒，然而，外来的苏格兰人都是加尔文教徒，属于新教教徒。因此，他们之间仍然存在着十分显著、强烈的对比。正如加拿大人类学家艾略特·莱顿（Elliott Layton）在对阿尔斯特东部沿海的一个渔村的天主教徒与新教徒的研究中所指出的，他们是两个群体，同时莱顿又强调他们在宗教信仰及其他许多方面存在差异，并将其书名定为"同一血缘"，承认天主教徒与新教徒是属同一族源。

以上内容很好地说明，由于先来后到之分，来自英国的居民，原本就分为两个宗教群体，但历史发展的结果把先到的信仰天主教的老苏格兰人彻底改变为了爱尔兰人，而把后到的新教教徒依然看作"英国人"，尽管他们早已爱尔兰本土化了。

在爱尔兰学术界，一些人认为"英裔爱尔兰人"这个词是一个具有贬义且不适当的术语，然而，这适合用一点略带模糊的方式来形容18世纪末那些群体的后裔。之所以称之为带有贬义的术语，不仅因为它是一个生硬的联合词，还由于其暗含了一种容易误入歧途的民族主义偏见，这种偏见将承认只有共享爱尔兰传统文化的人民才能称之为"爱尔兰人"。

类似于"苏格兰裔爱尔兰人"及"英裔爱尔兰人"的词汇说明了人们已经陷入一个困境。这个困境通常被称为"爱尔兰人问题"，这个断续的措辞表明了人们在阐述说明的阶段，已经在这个问题上产生了困惑。

当时的"英裔爱尔兰人"就是在爱尔兰的英国人，主要是贵族或上层中产阶级，他们之所以被联合，是因为在许多方面，他们自认为其有独特的能力来处理爱尔兰国家的日常事务，及其有能力与爱尔兰王权联盟并扩大英国在全球范围内的势力。"英裔爱尔兰人"群体的联合试图跨越已经存在的左右为难的处境。的确，曾经大部分英国人已明确表明，他们不希望爱尔兰与英国有密切的来往，并必须做出一个终止联系的决定。

"英裔爱尔兰人"群体起源于英国在爱尔兰的第二波殖民潮（主要

相对于早期阿尔斯特地区的移民群体而言），这个群体是成功地取代了天主教教徒（既是过去的英国人又是操盖尔语的爱尔兰人）的阶级，并于 17 世纪以后征用了原天主教教会的那些追随者。同第一波英国的殖民潮一样，"英裔爱尔兰人"也使用英语。不同的是，在宗教信仰方面，他们与大多数人存在着差异，他们是一个成功地占统治地位的少数族群。他们的语言规范高效，他们的人民拥有财富和权力，在很长一段时期内，他们完全成为一支成功的殖民地的精英。

可以毫不夸张地说，英裔爱尔兰人在创造爱尔兰现代社会中发挥了非常重要的作用。英裔爱尔兰人认为其在建筑、文化、文学作品上的作为，与其他群体为他们本国所做的贡献是一样的。但作为一个阶级，他们现在已经丧失了权力，并且其人口数量也在大量地减少。在文学、音乐或艺术方面，他们遗留给现今爱尔兰社会的影响，远不及盖尔人后裔所拥有的一切。

天主教的统治地位绝不代表着爱尔兰的所有人都是天主教徒，爱尔兰少数族群宗教信仰的历史对目前的爱尔兰同样有着十分重要的影响，尽管他们人口的数量不是很多。胡格诺派、卫理公会、贵格会及其他有助于活跃爱尔兰人新教教义多样化的组织，其中大部分的组织在爱尔兰国家的经济社会发展史上同时扮演了特殊的角色。他们并没有把自己看作英国人。作为外来的移民，他们对于爱尔兰的经济发展也具有十分重要的意义，因为他们是一个倾向于相对机动的群体。他们为新聚居地的人们带去的信仰和热情，以及对当地造成的影响力远远超过其在自己本国的影响。

爱尔兰究竟是有一个民族还是有两个或者更多民族的国家？或者说这个问题的用意是什么？尽管爱尔兰岛历史上融入了许多族群，但现今社会主要以宗教派别划分为两大群体。换句话说，对于共同组成爱尔兰岛居民的不同群体来说，他们必然有相似之处，在这个小岛上他们不可能保持着绝对的差别与隔离，即使有，无论如何也不会持续很久。他们之间相互通婚，并以多种方式互动。他们之间相互影响并互相整合各自的文化及行为方式。现代科技及通信的开发使全球得以共享同一场足球比赛、流行音乐及快餐饮食成为可能，而在这之前，如上所言的相互交流的产生原本十分缓慢。但是爱尔兰是一个面积相对较小的岛屿，甚至在更早的时期，在爱尔兰某个地区的族群互动很容易就会影响到整个岛屿。爱尔兰人不仅共享"同一血缘"，而且他们是共生于同一片土地的"小群体"。

如今的爱尔兰岛，已经分为了两个行政辖区，正如笔者前文提到的，与当今世界的其他许多国家相比，爱尔兰的民族构成具有同质性。虽然，一些学者依据对个别较小群体（新近建立的）如犹太人、意大利人、华人及印第安人团体的调查，为爱尔兰族群构成提供了一些例外。由于像建立这些爱尔兰人社区的外来移民的增多，可能今后的爱尔兰将成为一个族群多样化的地方。但是，目前在很大的程度上，这种情况在可以预见的未来是不可能发生的。

很难说有必要去强调爱尔兰是一个民族差别明显的国家。实际上，这种情况在全世界都普遍存在。我们不必纠结于区分"英裔爱尔兰人""爱裔英国人"等类似的问题。假如我们回过头来看爱尔兰国家的历史，或许用"爱尔兰民族"来指称会更有意义，因为从史前到现代，那些已经顺利定居爱尔兰的人口较多的群体，他们彼此在族源、语言、信仰、文化等方面都存在差异，但经过漫长的历史演进，他们彼此已经有了很深的融合。

我们并不否认爱尔兰民族内部之间的不同及差异，这些差别已经在书中得到了较为完整的表述，没有必要进一步指出。但是我们还必须看到他们在更多方面存在的共性，尽管目前的爱尔兰岛被两个国家在地理上一分为二，分属于不同的政治共同体，而爱尔兰人共享的历史渊源，已经使全体爱尔兰人共享着一种文化精神。"总而言之，历史上被称作'凯尔特'的人群早已消亡，语言学根据语言的相似性把另外一些民族也归到凯尔特的标签下，包括中世纪早期的爱尔兰人。然而现代爱尔兰作为多民族的融合体却一致接受'凯尔特爱尔兰人'的身份，则是文学和政治合力构造的结果。"[1]

当然，我们也不否认，对于北爱尔兰极少数新教徒来说，他们始终

---

① 邱方哲：《亲爱的老爱尔兰》，上海三联书店 2015 年版，第 64 页。

以英国人的身份自居。他们在文化的层面上总是通过一种防备的方式来维护自己的传统。

然而，当下的英国与爱尔兰已十分明确并且合理地划定了国家的界线。边界是国家主权体系中所必须具备的。边界线用于精确标记一国管辖权的界限范围，同时这条界线又是另一个国家的开始。但是实际上，这些边界都是具有自然地理特征的，如爱尔兰周围的海洋，但这些边界完全不足以划分并界定相互之间隐含的所有复杂的人类社会关系。

爱尔兰共和国国内的同质性要强于北爱尔兰，这至少表现在某些重要的方面。由于种种原因，这种同质性绝不能简单地如人们平常理解的那样，因为，目前只有较少一部分的新教徒聚居在爱尔兰共和国境内。但爱尔兰民族是包括罗马天主教教徒和新教教徒在内的庞大群体所构成的。自从爱尔兰岛被划定为南北区域以来，天主教徒与新教教徒的区分被人为地进一步明晰了，这不仅表现在人口数量的可区分上，也表现在相关政治党派之间的政治主张的差异上。不过，"我们爱尔兰人正在积极地重新界定自身的身份认同。不久前，我们中的许多人还不愿将北爱尔兰人视为'爱尔兰人'。而如今，北爱尔兰已被纳入'大爱尔兰'的概念"①。"我发现对英国殖民统治时期的爱尔兰历史做实事求是的叙述效果更好：在当时的爱尔兰，爱尔兰人既是管理者，也是受害人；既是奴隶主，也是契约仆役；既是民族主义者，也是大英帝国的忠实臣民。由此，我们可以得到的启示是，爱尔兰历史上一直不得不面对的一个复杂宿命是，民族主义者往往为实现自身目标采取一种简单化的立场。"②毫无疑问，对于"谁是爱尔兰人"的问题，任何简单化的分析都是站不住脚的。

同时，自划分边界以来，爱尔兰北部和南部的人口统计数已发生了相当大的变化，而这种变化的持续时间是不可预计的。我不确定我们能否在未来更长的时间里，继续去构建一幅我们所了解的、关于爱尔兰宗

---

① ［爱尔兰］杰鲁莎·麦科马克主编：《爱尔兰人与中国》，王展鹏、吴文安等译，人民出版社 2010 年版，第 2 页。

② ［爱尔兰］杰鲁莎·麦科马克主编：《爱尔兰人与中国》，王展鹏、吴文安等译，人民出版社 2010 年版，第 11—12 页。

教教派的地图。但历史是处于不断变化之中的，它将不会为我们停下脚步。爱尔兰民族将继续在南北之间及与外界之间互动，爱尔兰在处理移居国外及迁入国内的移民与本地居民相处的矛盾时，一定会找到自己公平正义的解决办法。

从今日爱尔兰岛整体状况看，爱尔兰的人口结构将会受到日益增加的外来人口的影响，族群及文化多样性将日益发展。《爱尔兰民族》[1]一书中，按照先来后到列出了凯尔特人、维京人、诺曼人、苏格兰人、英格兰人、盎格鲁－爱尔兰人，甚至还有宗教少数族群、20世纪新定居者等，分别介绍了爱尔兰历史和现实中的族群结构及其来龙去脉，然而关于"谁是爱尔兰人"的种种旧有的局限认识和争论依然会存在，但"我们已开始用多重性和开放性来重新定义爱尔兰身份，这一趋势日益明显"[2]。

从自由王国到英国殖民地

关于"绿岛"最早的人类社会形式，我们已经无从描述。从已经发现的考古挖掘看，爱尔兰早期的人类群体，都处于小聚落群体社会，直到古代社会中后期，也没有出现过庞大的高等级的社会组织形式。

公元43年之后，罗马人逐渐将不列颠岛纳入其帝国行政体系，但并没有进军爱尔兰岛。因此，爱尔兰岛保存了自己独特的政治制度。当时的爱尔兰岛由上百个部落各自割据，每个部落或部落联盟为一个邦，有一个从男性自由民或军事贵族中推举产生的国王。这些大大小小的邦相互之间错综复杂的关系，使得彼此之间混战、迁徙、分裂、合并的现象不断发生，因此爱尔兰岛的政治版图一直处在变化不定之中，很难形成统一的集权中心。

从公元5世纪开始，爱尔兰岛先后遭到丹麦人、挪威人、诺曼人和

① Edited by Patrick Loughrey, *The People of Ireland*, first published and printed by the Appletree Press Ltd. in Belfast in 1988.

② ［爱尔兰］杰鲁莎·麦科马克主编：《爱尔兰人与中国》，王展鹏、吴文安等译，人民出版社2010年版，第3页。

英国人的入侵。在英国人到来之前，爱尔兰岛原住民社会，以及入侵的外来群体，都未能在爱尔兰岛建立起称得起"国家社会"的治理结构。

而英国人登岛之后，其统治时间最长、剥削与压迫最残酷，对爱尔兰岛历史影响最深。甚至可以说，是在英国人第二波殖民势力入侵之后，爱尔岛的真正意义上的国家社会秩序才逐步建立。

爱尔兰的国家化进程漫长而艰难。正如学术界普遍认为和爱尔兰人自我宣称的那样，他们是古代凯尔特人的后裔，世代居住在爱尔兰岛上。5 世纪的时候，随着罗马天主教的传入，爱尔兰人逐渐信仰了天主教。8 世纪末，爱尔兰岛上出现了较为统一的文明体系，但政治上并没有出现统一的国家。公元 332—1022 年，是"九祖王"统治爱尔兰的时代。经济、文化在"九祖王"统治的时代得到了高速发展，是爱尔兰的黄金时代，但当时的王国各自为政，没有最终形成一个强大统一的国家。

公元 5 世纪，罗马帝国崩溃，盎格鲁－撒克逊人入侵不列颠群岛。公元 8 世纪，从斯堪的纳维亚来的维京人，忽然出现在爱尔兰沿海的各个港口。爱尔兰最后一个独立的维京王国，即商业城市都柏林，在 1171 年被爱尔兰伦斯特王联合诺曼贵族"强弩"（Strongbow）的军队消灭。"诺曼人本身的血统极其复杂，既有高卢－罗马的底层，又有日耳曼法兰克人和维京人的掺杂，来到英国之后更和原有的盎格鲁－撒克逊人融为一体。他们征服了英国，把威尔士和康沃尔置于诺曼王权之下，又借由伦斯特王哲尔默德（Diarmait mac Murchada）的引狼入室政策率大军登陆爱尔兰，不久就让爱尔兰诸王纷纷臣服于英格兰国王。"[①] 这一时期，许多诺曼贵族与爱尔兰部族联系紧密，互通婚姻，逐渐融入了爱尔兰社会，被称为"旧英格兰领主"（Old English Lords）。

12 世纪末，爱尔兰开始进入英国殖民地时代。当时英王亨利二世利用爱尔兰的分裂局面，率军在爱尔兰岛登陆，用武力迫使各诸侯前来宣誓效忠，开始了对爱尔兰的征服。英国人的侵略剥夺了爱尔兰自我发展的一切可能性，并从 12 世纪开始把它推后了几个世纪。

---

① 邱方哲：《亲爱的老爱尔兰》，上海三联书店 2015 年版，第 48—49 页。

　　然而，爱尔兰在其他诸多方面的发展，与欧洲其他地区的发展相比较，大致都处于同一水平。在英国殖民统治下的爱尔兰，当时大多数的小酋邦都处于各自争夺霸权地位的竞争中，这种情况并不利于爱尔兰统一国家的产生。而国家的建构需在划定的界限范围内进行，这些边界可以是天然的，也可以是一条长期既定的传统界线。如果说爱尔兰人要建立的国家是盖尔人的国家，而盖尔人的界限可能是可以延伸至英国的，但是爱尔兰则是以海洋划定其边界线的，这种自然地理障碍很容易让爱尔兰人与殖民者进行文化切割。17 世纪，随着欧洲三十年宗教战争的结束，以及威斯特伐利亚体系的逐步建立，民族国家思想的传播等，使得爱尔兰人要与英国殖民者进行文化切割的思想观念，通过深受殖民者伤害的盖尔人文化的传播，深入被压迫的爱尔兰人的下层社会，这有力地促进了爱尔兰近现代民族主义运动意识形态的形成。

　　英国殖民时代非常鄙视爱尔兰人，把爱尔兰人看成是"低等"的种族而将他们驱逐到沼泽地带和森林中去，破坏爱尔兰人的土地和庄稼。"爱尔兰人八分之六都过着牲畜一样的极为恶劣的生活，住的是没有烟筒、门、楼梯和窗户的小屋，吃的是牛奶和马铃薯。"[①] 爱尔兰人早期正是以这种被压迫者的身份进行彼此界限分界，而不是以族群文化身份进行分界。到了后来，甚至英国人自己似乎也开始根据贫富标准进行区隔划分，"越来越穷和越来越感到不满的、在爱尔兰的英格兰人，堕落成为爱尔兰人；而越来越富足的爱尔兰人则和英格兰人和睦相处"[②]。在人类学的经典著作中，似乎从未有人把"阶级"作为一个分析工具，应用于民族的形成、认同与区别，但爱尔兰民族的形成，似乎隐藏着阶级的影子。

　　都铎王朝时期，英国加强了对爱尔兰的控制，着手在岛上建立法律和政治秩序。真正意义上的征服是从 16 世纪开始的。当时，英国在进行宗教改革之后，为了防止教皇利用爱尔兰岛向英格兰发动攻击，1541

---

　　① ［英］威廉·配第：《爱尔兰的政治解剖》，周锦如译，商务印书馆 1964 年版，第 31 页。

　　② ［英］威廉·配第：《爱尔兰的政治解剖》，周锦如译，商务印书馆 1964 年版，第 87 页。

年6月亨利八世宣布自己为爱尔兰国王。在随后的两个世纪里，战争、叛乱以及没收土地都标志着英国当局在爱尔兰的扩张。有的地区整个被英格兰、威尔士和苏格兰殖民者所占有，居民们被赶走，然后再通过各种方式进行移民，以增加人口。1603年，斯图亚特王朝入主英国，随即有计划地在爱尔兰进行殖民活动。在政府的鼓动下，大批信奉新教的苏格兰和英格兰移民来到了北部的阿尔斯特省。爱尔兰人的大片土地被侵占，天主教徒大多被赶到荒凉的西部，一小部分留下来的人也几乎沦为佃农。通过近十年的殖民活动，英国终于在阿尔斯特地区成功地建立了一块新教殖民地，该地区的新教徒移民已超过了本地的天主教徒，由此埋下了未来南北冲突的种子。

16世纪宗教改革期间，英国王室肆意迫害爱尔兰天主教徒，鲸吞爱尔兰土地，激起爱尔兰人民和天主教会的反抗。

1641年10月23日，爱尔兰人民在氏族领袖R. 奥莫尔（Rory O'More）领导下举行起义，很快控制了爱尔兰广大地区。次年10月，起义者在基尔肯尼建立领导机构"爱尔兰天主教联盟"，并于1643年宣布脱离英国而独立。当时，爱尔兰有三支力量：爱尔兰起义军控制阿尔斯特省和伦斯特省；英国议会军占据北部和南部的大片地区；都柏林一带则由英国王党军控制。起义军曾与英王党军谈判，以求共同对付英议会军，但未果。1646年，英议会军占领都柏林。1649年英国内战结束后，英议会决定远征爱尔兰。同年8月15日，克伦威尔率英军1.2万人在都柏林登陆，先后向北、南两个方向推进，攻陷德罗赫达、韦克斯福德等地，至年底占领爱尔兰东部和东南部沿海地区。1650年春，英军又占领芒斯特和基尔肯尼，但在克朗内尔斯附近遭到爱尔兰人顽强抵抗，伤亡约2500人。此后，英军继续向内地推进，到1652年5月占领爱尔兰全境。

克伦威尔发动的对爱尔兰的殖民战争，曾两度屠杀天主教徒，使爱尔兰天主教徒人数大量减少。1652年8月通过《爱尔兰处理法》，英国夺占了爱尔兰大部分土地，夺占的土地也被英国移民所瓜分。"英格兰人的征服，以及1662年议会通过的爱尔兰殖民法案序言中所描述的情况，为实行任何这类合理的措施创造了条件。"① 这里所谓的"合理的措施"，就是进行殖民同化。威廉·配第在其著作中以精细化的设计，为殖民者提供方案，"六十万贫苦的爱尔兰人中，未婚的已到结婚年龄的妇女不过二十万人，每年长大到结婚年龄的也不过二千人。因此，如果在这一年中把这类妇女的二分之一，在下一年中再把其余二分之一运送到英格兰，分配给每一教区一个，并把同样多的英格兰妇女带到爱尔兰，嫁给那些能够把他们的住所改善成为具有三镑价值的房屋和庭院的爱尔兰人，那么，自然转化的合并的全部工作在四五年之内就可以完成"②。

后来继位的詹姆士二世因信奉天主教而受到爱尔兰人的大力支持，但随着"光荣革命"以新教徒的胜利告终，威廉三世对天主教徒再次进行了报复性镇压，由此爱尔兰对英格兰的仇恨又增添了新的记忆。为了削弱天主教徒在爱尔兰的势力，英格兰一方面没收他们的土地，并向该地区大规模迁移新教徒；另一方面则从各个方面对天主教徒进行限制，比如限制财产继承权、教育权、参政权以及禁止爱尔兰人持有武器等。

到 17 世纪末，爱尔兰岛已完全置于英国的控制之下。但是，在北美独立战争和法国大革命的影响下，爱尔兰人再次发动了大规模的反英起义。1798 年 5 月，爱尔兰人民在 T. W. 托恩（Theobald Wolfe Tone）为首的爱尔兰人联合会领导下，在韦克斯福德、威克洛、安特里姆等地起义，最后因实力悬殊，惨遭英军镇压，7 万余人被处死。

1801 年英国通过了《英爱合并法案》，正式将爱尔兰纳入了大英帝国的版图，爱尔兰从此彻底丧失了政治和经济上的独立地位。合并以后，新教被宣布为爱尔兰国教，而天主教徒则被剥夺了基本的政治和公民权利。此后，英爱之间的矛盾一直未能化解，爱尔兰人争取民族解放的斗争持续不断，后来出现的"天主教徒解放运动""取消合并运动"

① ［英］威廉·配第：《爱尔兰的政治解剖》，周锦如译，商务印书馆1964年版，第30页。

② ［英］威廉·配第：《爱尔兰的政治解剖》，周锦如译，商务印书馆1964年版，第33页。

"芬尼亚党人"的武装起义、"青年爱尔兰运动"等，都一次次地动摇着英国的统治基础。

挣脱百年束缚

为加强对爱尔兰的控制，1800 年，英国解散爱尔兰议会，将爱尔兰与大不列颠组成联合王国，由此爱尔兰丧失了所有自主权。

在合并之前，爱尔兰的大部分土地已经由新教徒占据，而天主教徒则是佃农的主力。合并之后，进入 19 世纪的英国迅速发展。受英国工业革命的影响，新教徒居多的爱尔兰东北部地区迅速实现工业化，经济和社会获得较快发展。而以农业为主且天主教徒居多的南部和西北地区则几乎与现代化无缘，一直处于贫穷落后状态。原因在于英国无意推动该地区的现代化改革。长期的贫困落后和少量的土地使得爱尔兰人只能依靠产量比较大的马铃薯糊口。1845—1852 年，出现了爱尔兰历史上最严重的"大饥荒"。据统计，7 年间爱尔兰人口锐减四分之一。除病死、饿死外，还有接近 200 万人移居美国和世界其他地区，他们构成了后来支持爱尔兰独立的最大一支海外力量。这次"大饥荒"激活了爱尔兰人的民族意识，因为一方面"大饥荒"期间英国政府的不作为，甚至对饥荒采取漠视的做法是导致饥荒不断恶化的原因之一；另一方面"大饥荒"的受害者只是爱尔兰人，特别是那些底层社会人群，而那些吃谷物的新教徒大地主都居住在英格兰，几乎不受饥荒影响。

这种赤裸裸的阶级压迫，以及群体差异，进一步催生了爱尔兰岛人民的民族区隔意识，他们在一种被污名、被压迫、被驱赶的弱者境地下，产生了强烈的自我认同和逐渐清晰的彼此界线。这种界线更多的似乎是由阶级的阵线逐渐塑造并转向了民族的界线。

1823 年，丹尼尔·奥康奈尔（Daniel O'Connell）等人发起成立了"爱尔兰天主教协会"，要求给予天主教徒以完全自由，并迅速发展成为广泛的群众性政治运动。1829 年 4 月，迫于形势压力，英国议会通过了"天主教解放法令"，解除了对天主教的全部限制。

1840 年起，爱尔兰民族运动聚集了很大的力量，于 1858 年成立了"爱尔兰共和兄弟党"（Irish Republican Brotherhood），于 1879 年成立了爱尔兰国土联盟（Irish National Land League）。在这一背景下，爱尔兰人在 19 世纪 70 年代提出了"自治"主张。与此针锋相对的是新教徒反对自治、主张联合，这就是后来爱尔兰民族派和联合派产生对立的源头。事实上，直到 19 世纪后期，爱尔兰岛才逐渐掀起了真正意义上的民族独立运动。

从 1880 年起，查尔斯·斯图亚特·帕内尔（Charles Stuart Parnell）领导爱尔兰自治党（Irish Home Rule Party）通过议会进行斗争，以争取爱尔兰独立和土地改革。1886 年，第一批争取爱尔兰独立的 7 个草案被议会拒绝。

1842 年，爱尔兰《民族报》诞生，为这家报纸撰稿和支持这家报纸的青年人被称为"青年爱尔兰党"。他们的领导人多数是深受"爱尔兰人联合会"影响的新教徒，其中最有名的是托马斯·戴维斯（Thomas Davies）。1848 年他们谋划的一次起义被挫败，但他们的思想影响了后来的爱尔兰人。由此可以证明，爱尔兰最初的民族独立运动中，许多积极参与者都是爱尔兰新教教徒。

19 世纪末 20 世纪初盖尔文化又重新兴起，1893 年爱尔兰成立了盖尔语联盟（Gaelic League）。1905—1908 年，新芬党（Sinn Fein）成立，其在爱尔兰独立运动中发挥了巨大作用。这一时期，资本主义发展到了帝国主义阶段，英国这一老牌帝国被新兴强国美、德赶上并超出，力量对比发生了微妙的变化，利益之争不断加剧。在此国际形势之下，英国的实力大大减弱。顽强而英勇的爱尔兰人民没有屈从于英国的统治，他们瞅准这一良好时机，掀起了波澜壮阔的民族独立运动。

1916 年 4 月 24 日，"复活节复活"（Easter Rising）当天，由帕德瑞·皮厄斯（Padraig Pearse）和詹姆斯·康纳利（James Connolly）领导的大约 1800 名志愿者占领了都柏林的邮政总局办公大楼、车站和行政机关，并宣告成立爱尔兰共和国和临时政府。与都柏林毗邻的各省和一些城市也相继爆发起义。4 月 30 日，起义遭英军镇压，几百人被捕，起义领导人几乎全部被杀。1916 年的爱尔兰起义标志着爱尔兰人民争取民族独立的斗争从此进入新阶段。

英国对此次叛乱以及它的支持者进行了残酷的镇压。这反而使天主教徒的爱国主义情绪空前高涨，同时也让联合派势力感到失望。于是同情起义的新芬党在 1918 年的大选中获胜，并以民意为由成立共和政府，组建爱尔兰共和军。

第一次世界大战结束之后，爱尔兰民族独立运动更加高涨。

1918—1923 年，在英国议会选举中，新芬党赢得了爱尔兰 105 张议席中的 73 张。新芬党的议员宣布在都柏林成立一个议会，阿蒙德·瓦勒拉（Eamon de Valera）任议长，随后英国政府派来了部队。在 1919—1921 年的英格兰—爱尔兰的战争中，爱尔兰共和军的军队逐渐在战争中取得了主动权。1921 年，双方达成《英爱条约》并于 1922 年获得各方通过。根据该条约，爱尔兰南部 26 个郡成立自由邦，而主要由新教徒控制的北方六郡则选择留在英国。爱尔兰从此处于南北分裂状态，北爱尔兰问题也由此产生。

1937 年，爱尔兰自治政府制定了自己的宪法。1939 年，爱尔兰宣布在第二次世界大战中保持中立。这使得当时的英国政府极为不满，曾计划重新占领爱尔兰。1948 年 12 月，爱尔兰议会通过法律，宣布脱离英国联邦（British Commonwealth）。1949 年爱尔兰宣布退出英联邦，成立爱尔兰共和国。眼看大势所趋，英国无可奈何，于 1949 年 4 月承认了爱尔兰的完全独立。至此，爱尔兰人民彻底割裂了同大英帝国的瓜葛。

爱尔兰虽然获得了独立，成立了共和国，但并没有实现爱尔兰全岛的完全统一，所以，爱尔兰共和国历届政府都要求统一爱尔兰全岛，建立一个完整的爱尔兰共和国，从而实现爱尔兰民族的真正统一。

从爱尔兰民族发展历史看，我们清晰地看到，爱尔兰民族的早期历史，是在外族的不断入侵中发展的，特别是英国人的长期殖民统治影响深远。虽然爱尔兰漫长的历史发展进程中，爱尔兰岛上也曾建立过大小不一的王国，但都不是真正意义上的国家社会，只有爱尔兰共和国的建立才是真正意义上的现代独立国家。

离散与侨民

在每个族群社会中，都有赖以定义本族群，理解本族群所在世界，并影响族群行为动机的历史，这些历史被族群中的每一个人以记忆的形式呈现，反复演绎，并汇成集体记忆世代流传，这就是通常意义上所说的"历史记忆"。爱尔兰民族的历史中，"大饥荒"以及大饥荒导致的人民离散，成为爱尔兰人如今共同的历史记忆，也成为爱尔兰人认知自我的一个重要因素，由此可见，历史记忆和族群的身份认同有着密切的联系。

早在18世纪，就有成千上万的爱尔兰人穿越大西洋来到美洲的殖民地安家落户。这些最初的移民主要是爱尔兰北部的长老会信徒，但也有一些新教徒和天主教徒。后来由于战争，移民一度中断，1815年移民运动重新开始，人数有所增加，其中更多的是天主教徒。直到大饥荒爆发的1845年，一百多万人离开了爱尔兰，大部分去了加拿大和美国，但也有一些人去了富有而且工作机会较多的英国工业中心城市。还有一些去了澳大利亚和新西兰等地。

19世纪最初的40年中，爱尔兰岛人口数量爆炸性增长。据估计，1800年爱尔兰人口数量约450万人，"1821年第一次全岛（包括北爱尔兰）人口普查所发表的数字为680.2万人。1841年，大饥荒之前不久，爱尔兰全岛的人口数量更高达817.5万人"①。人口数量的急速增长形成巨大的粮食需求压力，而当时的土地被越来越多地分割为更加狭小的地块，人们大多依赖小块土地上生产的马铃薯生活。19世纪最初的30年里，马铃薯已经多次出现了季节性歉收，潜在的社会危机已经初现。1817年的饥荒，就造成了数千人死亡，但这并没有引起当时的英国政府重视。

1845年，天灾造成的马铃薯大面积绝收，导致爱尔兰出现了大量

---

① 新加坡APA出版有限公司编：《爱尔兰》，刘耀宗、余焘译，中国水利水电出版社2007年版，第10页。

饥饿的人群。1846 年，情况继续恶化，爱尔兰当时完全依赖马铃薯生活的 200 多万人，完全陷入了绝境。而当时的英国政府并未积极有效地应对爱尔兰岛出现的大饥荒，以至于很快出现了大批人员死亡的现象。"我很遗憾地说，每天都有数不尽的人饿死；社会纽带几乎荡然无存……那些吃饱喝足的官员……在令人心痛的悲惨场景中销声匿迹，不知所踪，好像此事与他们无关。"①

这里所说的"好像此事与他们无关"，正是马克斯·韦伯（Max Weber）所谓的"新教伦理与资本主义精神"的优越感所至。英国殖民者以其新教的宗教伦理漠视大自然的天灾，甚至归咎于罗马天主教徒的"非天职观"导致，认为只有新教徒具有天职观和勤奋工作的责任感。而英国统治者却有意回避其阶级压迫者、剥削者，以及对于殖民地财富掠夺者的身份，正因为如此，英国统治者以及大批新教地主才未受大饥荒的影响。

正是在如此悲惨的生死关头，当时不想被动饿死的爱尔兰人唯一可以活命的途径，就是移民。于是，大规模的人口离散从爱尔兰各个港口开始了。1847 年共有 25 万爱尔兰人离开爱尔兰岛。"在此后的 4 年里，移民人数一直保持在这个水平，有时还要高一些。这场大规模移民运动不仅永久性地改变了爱尔兰人口结构，而且在爱尔兰和美国都播撒了对英国政府不满的火种。美国是大西洋另一端最为理想的移民目的地，也是一个独立的富强国家。这将会深刻地影响未来爱尔兰民族主义情感的发展。"② 从此，爱尔兰人口原有的孤岛分布格局被彻底打破。

"1841 年时，爱尔兰人口曾有 8175124 人。按照正常的增长率，1851 年的人口应当达到 9018799 人。但 1851 年爱尔兰人口普查的结果是 6552385 人。如果 1845—1849 年对外移民为 150 万人，那么加上1851 年的人口，总数只是刚好超过 800 万人，即比预期人口少了 100万人。因此，1845—1849 年的大饥荒造成的死亡人数约为 100 万人。

---

① ［英］罗伯特－基：《爱尔兰史》，潘兴明译，中国出版集团东方出版中心 2010 年版，第 97 页。

② ［英］罗伯特－基：《爱尔兰史》，潘兴明译，中国出版集团东方出版中心 2010 年版，第 108 页。

现代爱尔兰历史学家的客观精神堪称表率，他们将这个数字定在约 80
万人。"①

"1851 年，出生于爱尔兰的外国移民，美国有 96.2 万人，英国
72.7 万人，加拿大 22.7 万人。到 1861 年，不过相去十年，相应的数
据已经分别跃升为 161.1 万人、80.06 万人和 28.6 万人。大饥荒所带
来的人口损失由此可见一斑。"②

大饥荒导致了原本偏安于爱尔兰岛的人口大量流失，同时，这场巨
大的人间悲剧进一步促生了爱尔兰民族主义意识的形成，现代爱尔兰民
族意识及民族实体逐渐形成。

移民到美国的爱尔兰人，在歧视和贫困的生活中产生了强烈的民族
主义情绪。"在饥荒中来到美国的 150 万爱尔兰人都带有明显的反英情
绪。19 世纪 50 年代被驱逐的爱尔兰党人中，这种情绪尤为强烈，他们
已经具有了一定的政治高度。……对英国根深蒂固的仇恨是爱尔兰裔美
国人的民族主义的特点……他们总是不断地提醒他们的听众不要忘记饥
荒的'罪恶'。"③ 后来，爱尔兰的独立战争得到了美国的爱尔兰侨民的
大力支持，一些精英分子甚至直接返回爱尔兰参与各种活动。这就是本
尼迪克特·安德森（Benedict Richard O'Gorman Anderson）所说的"远
程民族主义"最生动的表现。

人类历史上，因为各种原因，出现过大量去国离乡的人口迁移现
象，但是因为大饥荒而出现的漂洋过海远离故国的现象，爱尔兰当属最
典型的个案。

爱尔兰民族去国离乡的离散，在大饥荒时期规模最大，但此后也有
小规模的移民现象，并且因为大量海外群体的存在，甚至形成了零星移
民的传统和网络。这种肇始于大饥荒灾难的移民现象，最终造成了一个

① ［英］罗伯特－基：《爱尔兰史》，潘兴明译，中国出版集团东方出版中心 2010 年版，第 112 页。
② 新加坡 APA 出版有限公司编：《爱尔兰》，刘耀宗、余泰译，中国水利水电出版社 2007 年版，第 10 页。
③ ［法］皮特·格雷：《爱尔兰大饥荒》，邵明，刘宇宁译，上海人民出版社 2005 年版，第 113 页。

意想不到的客观结果，即爱尔兰民族成了一个世界性的民族。原本生活于爱尔兰岛狭小土地上的有限人口，最终成为一个广泛分布于世界各地的具有一定政治、经济、文化影响力的民族，这在世界民族发展史上是绝无仅有的。

爱尔兰独立之后，采取了非常宽松的侨民政策，从而使得爱尔兰侨民对于爱尔兰国家的历史发展进程，发挥了巨大的作用。

目前，海外爱尔兰人的数目远远超过爱尔兰本国人口。据《爱尔兰史》相关内容：爱尔兰人进入北美地区的时间最早可追溯到欧洲移民拓殖时期。他们于1621年在今天美国的弗吉尼亚州建立了第一个定居点。根据1790年人口普查，美国当时有37180名爱尔兰人，另外约有15万人带有爱尔兰血统。1845—1847年，席卷西欧的灾难性马铃薯青枯病造成了爱尔兰历史上的"大饥荒"，更多的爱尔兰人移居美国。19世纪50年代，移居美国的爱尔兰人达到了91.4万人之多，占同期全美移民总数的一半左右。目前，美国约有4500万人拥有某种程度的爱尔兰血统，大约每6个美国人中就有一个具有爱尔兰血统，而其中25%具有纯正的爱尔兰血统。①

另外，在英国、加拿大、新西兰、澳大利亚等国家，都有数量不等的爱尔兰移民。目前，英国大约有100万在爱尔兰出生的移民，而第二代、第三代爱尔兰人的数量则难以统计，还有成千上万的爱尔兰公民在英国居住和工作，但他们从来未被看作是外国人。

复杂的文化变迁

爱尔兰历史起始于公元前6600年前后，最后一次冰川期结束后人类开始在爱尔兰岛定居。约公元前300年凯尔特人将铁器带到爱尔兰，爱尔兰从此进入铁器时代。"公元前3世纪，凯尔特文化到达了它的顶峰，其势力遍及从爱尔兰到意大利、从伊比利亚半岛到现代乌克兰的广

---

① ［英］罗伯特－基：《爱尔兰史》，潘兴明译，中国出版集团东方出版中心2010年版，第297页。

大地区。"① 与此同时随着凯尔特人向爱尔兰的迁徙，凯尔特语来到爱尔兰，后来凯尔特语与当地人的语言混合后形成了爱尔兰语。凯尔特人是从公元前8世纪到公元前1世纪在多次迁徙中来到爱尔兰的。约公元前150年前后凯尔特文化已经在爱尔兰占支配地位。他们将爱尔兰分为至少五个王国。虽然这些王国之间不断征战，但他们还是达到了相当高的文明。这些王国中最有权势的是德鲁伊教（Druidism）僧侣。这些僧侣集中了教师、医生、诗人、神的代表和法律、历史的记载者。

凯尔特人的宗教起源于德鲁伊教，其中掺杂着更为古老的异教成分。"动物的祭祀，有时是人，在凯尔特人的宗教生活中有重要地位。这些被屠杀的是给神灵的礼物，同时也是对未来的解读方式。"② 凯尔特人在来到爱尔兰岛之前，已经形成了自己的文化。来到爱尔兰之后，他们的文化与当地古老的传统逐渐融合在一起。爱尔兰人早期先民的文化生活，只能通过考古发掘去推断。从爱尔兰岛博因河谷（Boyne Valley）的考古发掘看，那里的大型人类遗址是前基督时期的文化遗迹。爱尔兰古老的民间传说中，有关于仙丘（Sidh）、萨文节（Samhain，11月1日）的故事，还有一组关于"神明"的故事。这组故事被称为"神话故事群"（The Mythological Cycle），故事中的主角后世统称为达南神族（Tribes of the gods of Danu'）。《夺牛长征记》是爱尔兰最古老的史诗之一，其中出现了五个王国，"康族"是爱尔兰第一支最高国王的王系，其统治一直延续到1022年。尼尔是康族最伟大的统治者。在11世纪初以前的600多年里，爱尔兰的大多数国王都是尼尔和他的8个儿子的后裔，因此尼尔和他的8个儿子被称为"九祖王"。

罗马帝国占领英格兰后，爱尔兰的贵族有时袭击英格兰进行抢劫。罗马人称爱尔兰为希伯尼亚（Hibernia）。托勒密（Claudius Ptolemy）于公元100年精确地描写了爱尔兰的地理和部落。爱尔兰从未是罗马帝国的一部分，但罗马的影响往往超出它的疆域。塔西陀（Publius Cornelius

---

① ［美］戴尔·布朗主编：《早期欧洲凝固在巨石中的神秘》，高峰、王洪浩译，华夏出版社、广西人民出版社2002年版，第197页。

② ［美］戴尔·布朗主编：《凯尔特人：铁器时代的欧洲人》，任帅译，华夏出版社、广西人民出版社2002年版，第128页。

Tacitus）曾提及一个爱尔兰部落首领，他在大不列颠与罗马将军阿古可拉（Julius Agricola）相遇后回到爱尔兰去夺权，但最终没有成功。假如罗马或其同盟者入侵过爱尔兰的话，那么他们并没有留下多少痕迹，爱尔兰与罗马的关系到底怎样今天并不很清楚。

关于爱尔兰前基督时期的文化，我们不能不提到"菲利"阶层。"爱尔兰的克尔特人（凯尔特人）有一个特殊的团体，这就是备受人们尊敬和敬畏的博学的知识阶层'菲利'（诗人和先知）。他们是爱尔兰民族的传说、史诗、法律、家谱及历史的保存者。当基督教传入爱尔兰之后，这个威严的阶层表面上信奉新的信仰，其实到 1603 年盖尔制度衰亡为止，他们仍一直是用爱尔兰语表达的古代文学和学问的世袭保存者。"① 由于"菲利"阶层的存在，爱尔兰古老的文化才得以延绵不绝。

传说圣·帕特里克是于 432 年到达爱尔兰的。他是爱尔兰宗教史上第一个伟大的人物，被称为"爱尔兰的布教使徒"。他给爱尔兰岛带来了基督教信仰和教会制度，使爱尔兰迎来了拉丁文明和罗马文化，并使之在罗马帝国消亡后得到了很好的保存。他对爱尔兰的基督化（约 450 年到 500 年）结束了凯尔特文化时期。他保留了爱尔兰特有的部落和社会结构，将原有的法律记录下来，只有当原有的法律与基督教的教义相反的情况下才改变它们。传说他还引入了拉丁字母。爱尔兰的僧侣用拉丁字母保存了部分凯尔特人的口头文学。此后爱尔兰进入有文字书写的历史时期。

爱尔兰基督化后，在爱尔兰形成了由修道院、传道士和王国组成的文化，即以罗马天主教文化为主的文化生活。由此，爱尔兰人的文化轨迹转向了以基督信仰为主的道路。"新的信仰是公元 5 世纪来到爱尔兰的，而同时到来的还有'写作间'，一种安置在简朴边远的修道院中，供大批修道士们整日抄写或注释手稿的地方。这些作品最著名的特点就是其卓越的艺术性，其中最负盛名的就是《凯尔斯书经》②，即对四部

---

① ［爱尔兰］艾德蒙·柯蒂斯：《爱尔兰史》（上、下册），江苏师范学院翻译组译，江苏人民出版社 1974 年版，第 4 页。

② 凯尔斯书经（the Book of Kells）现存于都柏林圣三一学院图书馆，是人类创作的最精致华丽的手稿之一，也是爱尔兰人的骄傲和民族象征之一。

《福音书》的翻译作品，可能是公元 9 世纪在苏格兰外的爱奥那岛修道院中完成的。把它从这里带到米斯郡的爱尔兰凯尔斯修道院的，很有可能是在斯堪的纳维亚人袭击时逃离的修士们。"①但随着维京人的入侵，爱尔兰岛的整个文化体系再次受到冲击。1169 年和 1171 年诺曼人占领爱尔兰，英格兰人及其文化开始在爱尔兰的文化和政治生活中占据支配地位，但爱尔兰仍然是由许多王国组成的，一直到 1609 年英格兰才完全占领爱尔兰。

1801 年以前，爱尔兰由一个受新教徒支配的爱尔兰议会统治，这个议会拥有相当大的自治权，但新教徒在爱尔兰属少数人。1801 年爱尔兰议会被解散，爱尔兰岛成为大不列颠和爱尔兰联合王国的一部分。从此，随着英国第二波殖民潮的出现，在文化格局上，爱尔兰岛出现了天主教、新教长期并存的局面。

爱尔兰的大历史为我们展示的是一幅复杂的族群交往史，其中的斗争有以阶级的分层展开的，也有以族群的文化为阵线的，还有以本土与外来相区分的。但无论哪种斗争，其中都掺杂着文化的因素，因此也使得爱尔兰文化呈现出浓重的多元和混合的色彩。

从目前情况看，爱尔兰很多的迹象表明其历史文化中，大量的传说、信仰及民俗都是从远古时代流传下来的。不可否认的是，史前的爱尔兰人已经拥有他们自己的宗教信仰和教派，但现代的爱尔兰人可能会羡慕他们远古的祖先在祈福时的教规，即在公元元年以前，没有人可以阅读圣经，那时的爱尔兰，是没有天主教徒或者新教徒的。

当然，爱尔兰早期的特别是前基督时期的文化，流传下来的很少，有许多都是在后来的岁月中由文化人搜集整理出来的。相对而言，目前的文化更多的是带有基督文化色彩的教派文化，以及以国家文化建设为主的盖尔人文化建设。而宗教文化其实是世界性的文化，各个国家大同小异，爱尔兰的不同之处在于它的圣·帕特里克信仰，其影响范围超越了爱尔兰本土，在其他地区也影响巨大。当然，爱尔兰人对于基督文明

---

① ［美］戴尔·布朗主编：《凯尔特人：铁器时代的欧洲人》，任帅译，华夏出版社、广西人民出版社 2002 年版，第 178 页。

的保护，特别是在宗教艺术以及宗教知识的保护与传播上曾经发挥了重要作用。

随着新的信仰的普及，传统的德鲁伊教垮台了。爱尔兰的学者在修道院中学习拉丁语和基督教神学，修道院在爱尔兰非常繁华。从爱尔兰到英格兰和欧洲大陆的传道士宣传爱尔兰的学风，吸引了许多学者从欧洲各地到爱尔兰来。这些修道院非常出色，而且它们与世隔绝，为将拉丁语的许多知识保存下来起了很大的作用。并在书画插图艺术、金属加工、雕刻等方面，在爱尔兰获得了巨大发展。

后来由于政治上的不统一和维京人的入侵（从 795 年开始）结束了这个时期。维京人来自挪威，在殖民了奥克尼群岛和设德兰群岛后他们来到爱尔兰，在开始的袭击过后他们在爱尔兰建立固定的居民点。这些居民点后来成为爱尔兰最早的城市的起点。都柏林、韦克斯福德、沃特福德等城市就是这样开始的。

最早企图在爱尔兰建立一个自己王国的维京人叫脱格斯特（Thorgest），他的王国位于今天的奥斯特、康诺特和米斯三个郡。这个王国从 831 年一直维持到 845 年。845 年脱格斯特被米斯国王杀死。848 年米斯国王战胜了一支维京人的军队。852 年，一些维京人在都柏林湾建立了一座堡垒，这是都柏林的开始（都柏林的名字来自古爱尔兰语 Án Dubh Linn，意思是黑水潭）。不过希腊和罗马的学者认为，此前在今天的都柏林已经有一座叫 Deblana 的居民点了。在这些居民点中原来的爱尔兰人和维京人混合。当时许多爱尔兰国王的名字是维京人的名字，一些地名也包含维京名字的因素。今天许多爱尔兰海岸的城市还表现出维京人城市结构的特征。

当时维京人并没有协调他们的进攻，而爱尔兰人的防御也是不一致的。爱尔兰内部不断发生权利斗争，这些内部的派别有时与维京人联盟。最后东北的塔拉（Tara）家族占优势，但也屈服于在爱尔兰定居的维京人。10 世纪末布莱恩·博茹（Brian Boru）基本统一了爱尔兰，1014 年他还击败了维京人。

维京人的威胁、采纳新的武器技术、城市的建立和航海贸易的发展给爱尔兰带来了巨大的变化。维京人并未能够在爱尔兰长时间立足，但他们的文化和语言在爱尔兰留下了印迹。

此后 150 年中爱尔兰虽然依然有内部的斗争，但总体来说比较和平，艺术和文化得到发展，后来内部的矛盾引起和加速了亨利二世领导的诺曼人的入侵。

盎格鲁－诺曼人入侵爱尔兰是爱尔兰内部两个小国王之间因为战争的结果。战败的那个国王逃到英格兰，后来逃到法国向亨利二世（Henry Ⅱ）求救，请求亨利二世入侵爱尔兰。亨利二世写了一封支持他的信，拿着这封信这个小国王跑到威尔士获得了那里的诺曼人的支持。诺曼人凭他们先进的军事技术（他们拥有长弓、骑兵和链甲）和爱尔兰人内部的分歧轻而易举地获得了首胜。这吸引了更多的诺曼人到爱尔兰来。这时亨利也开始对爱尔兰感兴趣了，因为他害怕其他诺曼人在爱尔兰建立一个与他竞争的对抗王国，因此他要进入爱尔兰来建立他自己的威信。1155 年，教皇艾德里安四世（Adrian Ⅳ）（他是第一位英国人教皇）授权亨利入侵爱尔兰去惩罚堕落和贪污。1169 年亨利二世的军队获得了决定性的胜利，1171 年他本人率领一支强大的舰队登上爱尔兰岛。亨利二世是第一个登上爱尔兰岛的英格兰君主。他立他的儿子约翰（King John）为爱尔兰大公，并将爱尔兰的土地分给盎格鲁－诺曼人的伯爵们。1172 年艾德里安四世的继承人亚历山大三世（Alexander Ⅲ）承认亨利在爱尔兰占领的领域。这些封地主要位于岛的东部，这些伯爵们在这里建立了许多城堡来保护他们的封地。今天许多这些城堡依然存留着。然后他们开始向岛的其他地区进发。后来约翰成为英格兰国王后，爱尔兰王国就正式并入英格兰王权之下了。

实际上随亨利二世来到爱尔兰的诺曼人的人数并不多，因为亨利在其他地区（苏格兰、法国）还有争执。因此这些占领者不得不与当地的爱尔兰人合作。盎格鲁－诺曼人只将爱尔兰过去的统治者推翻了，但他们试图取得当地居民的支持。他们加强自己的统治，建立了一个中心制的管理机构，建立了许多城市。今天爱尔兰的许多大教堂都是在那个时代建造的。

当时只有在西北和西南角的偏远地区还由爱尔兰当地的贵族统治，13 世纪末由于岛上的诺曼统治者没有得到英格兰的支持，爱尔兰贵族与维京人便一起开始削弱诺曼人的统治。这是第一场全爱尔兰的运动，而且这个运动还取得了一些军事胜利。随着时间的变化，越来越多的本来是诺曼人的贵族开始使用爱尔兰语言、习俗和衣饰，从政治和军事上他们也越来越站在爱尔兰方面了。后来他们也依然信奉天主教，没有加入宗教改革。再后来，这些人便彻底融入了爱尔兰人之中。

早期英格兰的议会制度在爱尔兰也受到响应。1297 年第一个爱尔兰议会成立。14 世纪里在爱尔兰爆发了多次反对英格兰统治的暴乱。在百年战争中英格兰将它的精力集中在法国而忽略了它对爱尔兰的统治。此后的一系列战争更削弱了爱尔兰在英格兰政治中的重要性。一直到都铎王朝建立后英格兰才有时间来顾及它在爱尔兰的利益。1494 年亨利七世公布了一条法律，下令爱尔兰议会的决定只有在通过英格兰国王批准后才有效，而此时英格兰实际上在爱尔兰只对东部的一个郡有直接的统治。

1534 年，亨利八世通过《最高治权法案》，施行宗教改革，宣布脱离罗马教廷，改信新教并建立英国国教会，自立为教会最高首脑，由此拉开了英国宗教改革的序幕。但爱尔兰人一直坚持信奉天主教，忠诚于罗马教廷，为此长期受到占优势地位的新教徒的歧视。

1542 年亨利八世下令爱尔兰直接由英格兰国王管辖，此外岛上的所有教会财产国有化。这个国有化事件导致英格兰与天主教会断绝关系，圣公会建立后国有化在英格兰也得到执行。但爱尔兰的原住民和后来移居到爱尔兰的大多数诺曼人依然是天主教徒。这些移居的天主教徒主要来自法国和英国。亨利八世怕外国势力如西班牙会在爱尔兰挑唆反英格兰的叛乱，因此高度重视，并极力打压罗马天主教。此外亨利八世将爱尔兰从一个公国提升为一个王国，并将爱尔兰与英格兰关系定位为共主邦联，即爱尔兰的国王和英格兰的国王是同一人。爱尔兰的议会像英格兰的议会一样分上院和下院两个院，但大多数时间里天主教徒进入议会的机会被控制得很小。

亨利的继承人爱德华六世（Edward Ⅵ）是第一个大量向爱尔兰殖民的英格兰国王。

从 16 世纪 60 年代开始英格兰大量在爱尔兰殖民，同时英格兰对偶尔发生的爱尔兰抵抗发动军事行动。此时的爱尔兰是欧洲最落后的地区之一，在这里没有先进的武器和组织结构。虽然如此，爱尔兰人的抵抗越来越强大，他们使用游击战，当时的英格兰军队对这种战术没有准备，而岛上的山地和森林为这个战术提供了良好的条件。1568 年在爱尔兰爆发了一场起义，直到 1573 年英格兰才将这次起义镇压下去。1579年爱尔兰再次起义，英格兰于 1583 年也将这次起义残暴地镇压了。

真正威胁到英格兰的是 1595 年修·奥内尔（Hugh O'Neill）组织的起义。奥内尔组织了一支约一万人的爱尔兰军队，这支军队有不少步枪，买这些步枪的钱是西班牙人出的，步枪是从苏格兰购买的。此外西班牙还派专家帮助爱尔兰人建造要塞。在奥内尔的军队中有爱尔兰的原住民，也有后来移居的诺曼人。由于爱尔兰当时非常穷困，在此以前就有不少爱尔兰人在西班牙的军队中做雇佣兵，他们在那里受到训练，获得了实战经验。奥内尔的起义在奥斯特郡开始，很快就蔓延到整个爱尔兰岛。一支从英格兰来镇压这次起义的军队，在一次奇袭中被消灭。1598 年 8 月 14 日英军再次被重创。

1600 年伊丽莎白一世（Elizabeth Ⅰ）派了一个新的总督，这位新总督下令在爱尔兰北部毁掉所有的粮食，没收所有的牲畜，他的目的是将造反者饿死。1600 年 10 月 2 日英军向奥斯特的进发被起义者阻挡。1601 年 9 月 21 日奥内尔又获得了 3500 名支援他的西班牙士兵。但英军还是达到了包围奥斯特的目的。虽然奥内尔带着他的西班牙士兵赶来解围，但他们没有成功。西班牙人最后投降了。1603 年奥内尔签署了一个停火协议。英格兰完全占领爱尔兰，许多爱尔兰贵族，包括奥内尔于1607 年离开爱尔兰。为了报复，英格兰没收了许多爱尔兰地主的土地。

伊丽莎白一世的继承人詹姆斯一世（James Ⅰ）从 1609 年开始特别对奥斯特郡进行殖民，使这个郡变成英格兰在爱尔兰的桥头堡。这次殖民运动的结果，一直到今天还体现在北爱尔兰问题中。17 世纪爱尔兰的经济获得发展，使得爱尔兰的人口增长，为了巩固他的统治，詹姆斯一世在许多城市里建立了堡垒和碉堡。1613 年北爱尔兰的城市德里被直接交付伦敦管理，许多英格兰人移居那里，就连城市的名称也改为了伦敦德里。

　　尽管在经济上爱尔兰不断发展，在政治上天主教的爱尔兰人对英国的情况感到非常不安。英王查理一世（Charles Ⅰ）本人是圣公派的，但他试图与天主教接近。1632 年他任命托马斯·温特沃斯（Thomas Wentworth）为爱尔兰总督。温特沃斯对天主教徒也很容忍。但查理一世与英国的国会之间发生了矛盾，当时国会内的清教徒占支配地位，清教徒提倡完全与天主教决裂。1641 年在国会的压力下查理一世下令处死温特沃斯。爱尔兰的天主教徒担心这是国会要迫害他们的开始。同年 11 月，奥斯特的天主教徒暴动，并屠杀英国移民，上千人死亡。1642 年 1 月查理下令逮捕多名反对他的国会议员，由此导致了英国内战的爆发。这场内战也波及爱尔兰，一开始爱尔兰的暴动是反对所有英格兰和苏格兰的新教移民的，但不久爱尔兰人就成为查理的支持者了。

　　爱尔兰原住民、诺曼移民和保皇派的英国移民于 1642 年成立了基尔肯尼同盟，其目的是成立一个天主教的、保皇的爱尔兰。这个同盟的军队占领了爱尔兰的大部分地区，只有奥斯特和都柏林还在英国议会的手中。1648 年移民到爱尔兰的苏格兰人也加入了基尔肯尼同盟，同年在英国本土国会军获胜。1649 年 1 月查理被处死，英国成立共和国。在内战中奥利弗·克伦威尔（Oliver Cromwell）成为英国最有权的人，1649 年 8 月他亲自带领一支军队进入造反的爱尔兰。克伦威尔在这次战役中使用了非常残酷的手段。1649 年 9 月 11 日克伦威尔攻克杜希达，城内所有市民不是被杀就是被逐，城市被完全摧毁。韦克斯福德遭到同样的命运。1650 年克伦威尔由于苏格兰告急离开爱尔兰，他留下的军队于 1652 年彻底镇压了当地的暴动。

　　在这场内战中爱尔兰大部分地区被摧毁，许多被俘的造反者被送到加勒比海地区充当奴隶，大多数爱尔兰地主的土地被没收。由于英国共和国无法向它的士兵发放饷金，它就把爱尔兰的土地分给这些士兵，上万英国士兵便这样移居到爱尔兰，他们主要居住在奥斯特附近，这些人大多数是清教徒。克伦威尔下令爱尔兰人只许在香农河以西定居。

　　1660 年斯图亚特王朝复辟。查理二世虽然同情天主教，但他下达了对爱尔兰的经济不利的命令。爱尔兰只许向英国出售羊毛，这对爱尔兰经济的打击非常大。此外爱尔兰不许与英国的殖民地直接进行贸易。

1685 年詹姆斯二世（James Ⅱ）继位，并宣布皈依天主教，这导致了国王与国会之间非常大的矛盾。在 1688 年的"光荣革命"中詹姆斯二世被推翻，他的新教女婿威廉三世（William Ⅲ）上台，詹姆斯逃亡法国。他从那里逃到爱尔兰，希望通过当地的天主教徒的支持重获英国王冠。威廉三世决定对詹姆斯采取军事行动。1690 年在波尼战役中他战胜詹姆斯，后者逃返法国。爱尔兰的天主教徒为此丧失了许多权利。此时爱尔兰四分之三的土地已经在英国人手中。

1750 年在爱尔兰再次爆发了一次大的起义，爱尔兰共和兄弟会、联合爱尔兰人社会等组织成立。1797 年不准参加天主教神事的爱尔兰农民起义。

联合爱尔兰人社会的发起人沃尔夫·托恩（Theobald Wolfe Tone）说服拿破仑（Napoléon Bonaparte）在爱尔兰对英国开战。拿破仑遣送了一支 2000 人的部队到达爱尔兰南部海岸，但他的军队和爱尔兰的农民都很快就被镇压了。农民起义的首领被捕和被处决。

18 世纪末对爱尔兰的议会权利和进入议会的条件的限制大部分被取消了，但 1801 年爱尔兰的自主权也被整个地取消了。从此新教文化不仅在不列颠群岛占据了主导地位，而且在爱尔兰岛也占据了优势地位，但新教信众的人数相对于天主教徒而言始终较少。

今天，我们从爱尔兰国旗所隐含的内容，也可以看到爱尔兰国家的基本文化结构。

爱尔兰国旗呈横长方形，长与宽之比为 2∶1，从左至右由绿、白、橙三个平行相等的竖长方形组成。绿色代表信仰天主教的爱尔兰人，也象征爱尔兰的绿色宝岛；橙色代表新教及其信徒，这一颜色还取意于奥伦治·拿骚宫的色彩，也表示尊贵和财富；白色象征天主教徒和新教派教徒之间永久休战、团结友爱，还象征对光明、自由、民主与和平的追求。事实上，现实的爱尔兰，并不仅仅是天主教和新教两个社会群体，还有其他多元的少数群体存在。显然，绿色和橙色所象征的并不是两个民族，而是两种教派。旗帜上的色彩说明了国家主要的族群结构，而族群结构包含着文化构成，甚至代表了宗教文化构成。

从国家发展史看，北爱尔兰早在 12 世纪就成为英国的领土，是英国国旗上的红色交叉十字，是英国国徽上那只金黄色的竖琴。失去北爱尔兰，联合王国的名字和旗帜都要更改。因此对英国来说，北爱尔兰问题的确是事关英国国家统一的问题，也难怪英国政府在北爱尔兰问题上一直没有放弃。直到现在，北爱尔兰天主教徒仍自称盖尔人，而把英格兰新教徒称为老英格兰人或奥兰治党人。

当今，爱尔兰共和国的主要宗教是天主教，90%以上的人是天主教徒，其他居民则信奉基督教新教等，许多其他宗教传统也得以充分体现并受到尊重。爱尔兰人宗教信仰自由与道德观的选择权已明确写入爱尔兰宪法，而且在最近的几十年来，爱尔兰的宗教、社会及政治兼容性得到普遍的体现与重视，因而在这方面它已成为一个享有国际盛誉的国家。其他宗教和教派有圣公会、新教各派、犹太教等。

总体来说，要想厘清爱尔兰民族的文化历史线索，是一件十分困难的事情，爱尔兰人语言、文字几经变化，宗教文化也是如此，多元混合的人群也非常复杂，但大致的线索还是比较清晰的。罗马帝国统治不列颠时，爱尔兰岛所受的影响较小，但在5—6世纪接受了罗马天主教后，基督文化开始扎根。从8世纪起，爱尔兰及其邻近岛屿常受到来自挪威的诺曼人的侵扰。后来来自法国的诺曼底人征服英格兰后，于1169年侵入爱尔兰。这些后来的民族大多通过与爱尔兰人通婚，逐渐盖尔化。从14世纪起，英国禁止英格兰殖民者与爱尔兰土著居民通婚，并制定了防止盖尔化的种种规定。16—17世纪，在宗教改革过程中，英格兰统治者又强行在爱尔兰推行英国国教和一系列英格兰化政策。17世纪末爱尔兰完全沦为英格兰的殖民地，1801年与英格兰合并为不列颠及爱尔兰联合王国。爱尔兰人民对英国的殖民统治和强迫同化政策进行了激烈的反抗和长期的斗争，终于使爱尔兰岛大部分地区于1921年获得自治权，1937年成为英联邦中的一个共和国，1948年年底脱离英联邦，1949年英国承认其完全独立。其后，爱尔兰共和国走上了自主发展的道路。

特立独行的"凯尔特之虎"

爱尔兰民族是一个性格复杂的民族，在其漫长的历史发展进程中，他们所表现出的与众不同的选择，也许能够代表这个民族的性格。

从漫长的历史发展看，爱尔兰的历史长期遮掩在英国的阴影里，甚至在其获得完全独立之后。但是，当历史前进到 20 世纪 90 年代，爱尔兰经济腾飞，国际影响力不断提升，"凯尔特之虎"受到了国际社会的广泛关注。

纵观爱尔兰经济发展历程，毫无疑问，爱尔兰社会长期处于欧洲落后的农牧业社会地位。甚至在英国殖民时期，爱尔兰也一直是一个农牧业生产区，并未受到重视，只有东北部新教教徒较为集中的贝尔法斯特地区基本实现了工业化。因此爱尔兰岛整体上工业发展滞后，特别是南部地区。爱尔兰独立之后，也被称之为"欧洲农村"。

1801 年英爱合并法案生效后，双方就结成了自由贸易区，到 1824 年，英爱之间的关税全部被取消。从此，爱尔兰的经济严重依赖于英国国内市场。

1922 年"爱尔兰自由邦"政府成立时，只有少量的工厂企业，且大部分是食品、饮料和纺织等传统工业，绝大多数都是为国内市场生产。对外贸易也严重依赖英国，1924 年，爱尔兰对英国的出口占其出口总额的 98.6%，同时有 80% 左右的进口商品来自英国。

1932 年，爱尔兰进一步扩大了对本国工业的保护，试图通过关税、配额、贷款和优惠等手段促进民族工业的发展，但总体变化不大。20 世纪 60 年代，爱尔兰从事农业生产的劳动力人口比例还占 36%，直到 60 年代末，爱尔兰半数以上的出口货物仍为农产品。

1958—1963 年和 1964—1970 年，爱尔兰先后实施了两个经济发展计划，取得了显著的成效。

1965 年英爱自由贸易协定的签订和 1973 年爱尔兰加入欧洲共同体，对促进爱尔兰经济的对外开放与快速发展发挥了重要作用。

20 世纪 70 年代，爱尔兰工业发展局采取积极措施，鼓励以出口为导向的工业部门，诸如电子、工程和制药业在爱尔兰建厂，促进了经济的开放和出口的迅速增长。1973 年，产品和服务的出口占到国内生产总值的 37%；1983 年增至 56%；1993 年高达 65%。

20 世纪 70—90 年代，由于欧洲统一大市场的实施，爱尔兰从欧盟获得了大笔资金转移，促进了爱尔兰经济的高速发展。当时，爱尔兰仅从欧盟农业基金获得的补贴数额就相当于爱尔兰国内生产总值的4%—7%。1994—1999年，爱尔兰从欧盟结构基金与凝聚基金得到的资助，促使爱尔兰的经济实际增长达50%以上，是欧盟平均水平的4倍。

20世纪末至21世纪初，爱尔兰相继实施了4个发展计划，对爱尔兰社会经济的发展产生了巨大而长远的影响。这4个计划是，1991—1993年的"经济和社会进步计划"，1994—1997年的"竞争和工作计划"，1998—2000年的"伙伴2000年纲要"，以及2000—2002年的"繁荣和公平计划"。

1960—1993年，爱尔兰经济年平均增长3.5%。进入20世纪90年代后，爱尔兰的国内生产总值以每年7%的速度飞速增长。据经合组织的统计数字，以购买力平价计算，1987年在欧盟15国中爱尔兰的人均国内生产总值略高于希腊和葡萄牙，仅相当于英国的63%。到1996年，爱尔兰人均国内生产总值已超过英国，接近于欧盟平均水平。1997—2001年4年间，爱尔兰的年均经济增长率曾高达9.2%，成为欧盟和经济合作与发展组织中发展最快的国家。爱尔兰被誉为"欧洲小虎"，成功地实现了由农牧经济向知识经济的过渡。

目前，爱尔兰经济高度对外开放，已经深深融入全球贸易体系。1999年其货物和服务的出口占到了国内生产总值的96.8%。2001—2004年，爱尔兰全球化指数连续3年居世界第一；2004年在国际竞争排名中居世界第10位。凭借其高素质的劳动队伍、一流的基础设施、优惠的政策和良好服务，爱尔兰目前已经成为引进外资最多的欧洲国家之一。

2003年，爱尔兰人均国内生产总值已高达欧盟国家平均水平的136%。2005年，爱尔兰人均国内生产总值为4.69万美元，超过美国（4.21万美元）、英国（3.65万美元）、法国（3.49万美元）和德国（3.39万美元）。"我们比十年前我们中任何人所能想象的都要富足。没有哪个爱尔兰人还非得移居外国，我们中没有谁还要为教育付钱，甚至连我们的大学都是免费的。……我们后兜里装着的钱几乎比欧洲大陆上

任何一个人的都多。我们比百分之九十九的人类都要富足。"① 爱尔兰
人就是这样自豪地表达他们在经济上取得的巨大成就。

随着经济的崛起，爱尔兰人的民族自信心也得到了极大的提高。爱
尔兰被称之为"凯尔特之虎"，主要是因为其取得的卓越的经济成就，
但又不仅仅是因为经济成就。其中包括其政治影响力，文化影响力等。
虽然受到近年来出现的全球性经济不景气大环境的影响，爱尔兰经济也
受到了冲击，但其良好的经济发展总体趋势依然稳固。

爱尔兰独立之后，曾经在很长一段时间内，其外交政策的核心，
就是如何巩固本国作为国际独立行为主体的地位并彻底摆脱英国的影
响。因此，爱尔兰在很多国际问题上都尽可能避免与英国采取相同的
立场。

爱尔兰人坚忍顽强、不屈不挠、富有血性，在历史上的民族融和与
今天的全球化中保持了独特的文化特质和民族特性。英国在海外的移民
型殖民地，除美国在 18 世纪后通过武装斗争道路赢得独立之外，从
1867 年加拿大获得自治领地地位起，均乐于维系与英国的关系，留在
英帝国和后来的英联邦之内，尊英国君主为本国元首。但爱尔兰却在
1922 年获得自治领地之后仍然坚定地竭力摆脱英国的影响。

第二次世界大战中，爱尔兰坚持中立立场，使得美国、英国政府都
非常恼怒，当时的英国首相丘吉尔向爱尔兰施加了极大的压力，甚至公
开讨论过入侵爱尔兰的问题，但爱尔兰仍然没有改变其中立政策。爱尔
兰是第二次世界大战中唯一置身于反法西斯战争之外的英语国家。

第二次世界大战结束后，美国曾于 1949 年邀请爱尔兰加入北约，
被爱尔兰拒绝了，其理由是在北爱尔兰被分裂的情况下它不能与英国加
入同一个联盟。

爱尔兰加入联合国后，在很多问题上并没有完全追随美国，尤其是
在恢复中国在联合国代表地位问题上的态度甚至一度激怒了美国。

在伊拉克战争中，爱尔兰坚决反对美国在不经联合国授权的情况下

① ［爱尔兰］戴维·麦克威廉斯：《教皇的孩子们》，蔡凌志译，人民文学出版社 2009 年
版，第 3 页。

就对伊拉克动武，并且一再强调联合国应在其中发挥核心作用。

在加入欧盟问题上，爱尔兰十分慎重，采取全民公投形式。加入《里斯本条约》经过两次全民公投。

如今，虽然爱尔兰在经济上依靠欧盟，加入了欧元区，但却不愿意完全打开国门，并未签署作为欧洲一体化重要里程碑之一的《申根协定》。

五

边　界

共和军与自由邦

现代爱尔兰历史始于 1921 年 12 月 6 日①。之所以如此划分，是因为英国政府与时任爱尔兰共和军领袖的迈克尔·柯林斯（Michael Collins）等人在当日签署了《英爱条约》，从此爱尔兰岛分为两个统治区域的基础得以奠定：一个是新成立的爱尔兰"自由邦"，包括爱尔兰岛32 个郡中的 26 个；其余的 6 个都构成另一个被称为"北爱尔兰"的区域，拥有一个获得授权的独立议会，但其主权仍然属于威斯敏斯特的英国政府。而这种结果的出现，其背后有一支武装力量发挥了决定性的作用，这支力量就是"爱尔兰共和军"（Irish Republican Army）②。

爱尔兰共和军是 1919 年由旨在建立独立的爱尔兰共和国的民族主义军事组织"爱尔兰志愿军"改编而成，当时是为了与北方的"厄尔斯特志愿军"抗衡而产生的。第一次世界大战爆发后，由于内部分歧，当时的 18 万爱尔兰志愿军中的少数极端派退出志愿军，并且带走了"爱尔兰志愿军"的名字。剩下的主体部分则使用了"民族志愿军"的

---

①　关于爱尔兰现代史的开端，学术界有不同观点，这里采用的是罗伯特 - 基所著《爱尔兰史》中的观点。

②　关于爱尔兰共和军的一些基础性资料和数据，本书参考并引用了百度百科相关词条中的部分内容。

名称。第一次世界大战结束后，柯林斯重组志愿军。当时在与英国当局周旋的过程中，柯林斯在都柏林指挥和协调全国范围内的志愿军行动。此后，志愿军逐渐被人们称之为"爱尔兰共和军"。

当时，爱尔兰议会经过十分痛苦的辩论，最后《英爱条约》以微弱优势获得批准。《英爱条约》签订后，爱尔兰使用了"爱尔兰自由邦"的名称，而不是爱尔兰共和军一直为之奋斗的"爱尔兰共和国"，而且也未能实现爱尔兰全岛的整体性独立。这对于当时的很多共和派成员而言，完全无法接受，甚至他们认为被出卖了。由此，爱尔兰共和军本身陷入了分裂，超过一半的成员认为《英爱条约》是一种背叛之举。

国内民众对《英爱条约》的赞成比例尽管不是压倒性的，但要更高一些，这在 1922 年 6 月自由邦的第一次大选中得到了反映。但爱尔兰共和军最终还是出现了分裂。一方以柯林斯为首，主要由原爱尔兰共和军部分成员组成的自由邦军队；另一方由辞职的总统埃蒙·德瓦莱拉（Eamonn de Valera）领导，拒绝接受条约并开始反叛新自由邦政府，谴责后者背叛了爱尔兰共和国的理想，脱离共和军但仍然保持武装和组织。由于双方立场不同，最终导致内部武装冲突。

爱尔兰内战于 1922 年 6 月爆发。参加这场战争的爱尔兰共和军经常被称作"老共和军"（Old IRA），以区别于之后使用同样名称的其他组织。爱尔兰共和军内部反对把爱尔兰分割成南北两部分的一派，遇到了来自赞成《英爱条约》一派的镇压。此后，被镇压的爱尔兰共和军宣布继续为实现南北统一而斗争，并实行暴力活动，这就是区别于"老共和军"的、后来普遍带有激进色彩的爱尔兰共和军。

1939 年，爱尔兰共和军开始在英国制造爆炸事件，被爱尔兰共和国政府和英国政府取缔。爱尔兰共和军由于使用恐怖袭击手段，后来被许多国家视为恐怖组织。20 世纪 80 年代，爱尔兰共和军曾遭英国撒切尔政府镇压。

后来爱尔兰共和军又分为正统派和临时派，正统派自称信奉马克思主义并放弃所有恐怖主义活动，转向非暴力斗争；临时派思想极右，坚持恐怖活动。另外还包括传承爱尔兰共和军（Continuity IRA）、真爱尔兰共和军（Real IRA）等分支。新芬党曾是爱尔兰共和军的政治组织。

1997 年，对北爱尔兰问题态度温和的英国工党上台后，允诺北爱尔兰可以组建自治政府，共和军随后宣布停火。1998 年 4 月 10 日，《贝尔法斯特协议》签订，爱尔兰和平进程出现重大转机。之后，美国、加拿大和芬兰组织的监督队伍监察爱尔兰共和军的弃械进程。

2005 年 7 月 28 日，爱尔兰共和军正式下令终止武装斗争。它要求所有的爱尔兰共和军单位必须放弃使用武器，只能通过和平的方式，协助发展纯政治和民主计划。2005 年 9 月 26 日，监督组织宣布爱尔兰共和军已经完成所有弃械过程，全部武器被列为"永久不可使用"或"永久无用"。

了解了爱尔兰的历史，我们便清晰地看到，英国与爱尔兰之间数百年来的爱恨情仇。可以说，爱尔兰是英国的第一个海外殖民地，750 多年的殖民统治，并没有泯灭爱尔兰人民的独立意志。当历史进入 20 世纪，在世界性的民族独立运动的浪潮中，爱尔兰人民终于获得了独立，1922 年是一个关键的时间节点。这一年，爱尔兰议会通过了《英爱条约》，并开始实施。

这个时间节点，不仅意味着爱尔兰的独立不可逆转，同时也意味着大英帝国的后院起火，这是其核心本土地带的动荡。至于这是一个统一的英国出现分裂，还是其殖民体系一部分的瓦解，不同立场的学者有各自不同的观点。从世界历史看，虽然英国庞大的"日不落"殖民帝国从来就没有真正统一过，但当时的大不列颠与爱尔兰联合王国的存在是不争的事实。

爱尔兰之所以能够走向独立，除了与历史上英爱之间从上层到底层的长期积怨以及爱尔兰人民的不懈斗争有关，世界发展大势特别是爱尔兰独立战争可谓是对英国的最后一击。

了解了爱尔兰共和军的大致脉络，我们再回头看爱尔兰独立战争致使爱尔兰自由邦建立的过程。

爱尔兰独立战争（Irish War of Independence）又称英爱战争（Anglo-Irish War），是一场由爱尔兰共和军发动的反对英国政府在爱尔兰统治的游击战。关于独立战争的起始时间，爱尔兰人内部存在不同的看法。对纯爱尔兰共和派来说，爱尔兰独立战争由 1916 年复活节起义中宣布爱尔兰共和国宣言即告开始；而共和派认为，1919—1921年的英爱战争只是共和国存废之争。更直接地认为，这场战争源于当时由大多数爱尔兰选民在1918年英属爱尔兰大选选出的国会议员，单方面宣布成立独立爱尔兰国会开始，即第一届爱尔兰国会及爱尔兰内阁宣布爱尔兰独立。当时国会成员要求爱尔兰共和军作为"爱尔兰共和国的军队"，发动对象征英国殖民统治的都柏林城堡的战争。

1919年1月21日，在蒂珀雷里郡的索罗海德拜戈（Soloheadbeg），共和军志愿者在丹·博林（Dan Breen）的带领下，将两名拒绝交出葛里炸药寄存处钥匙的皇家爱尔兰保安团成员杀害。虽然当事人是在自主独立行动，但这被广泛认为是独立战争的开始。同一天，国会在都柏林市政厅召集会议，批准1916年独立宣言，发布了新的独立宣言，要求英国撤军，并呼吁"世界上的自由国家"承认爱尔兰独立。

与此同时，爱尔兰志愿军开始攻击英国政府财产，发动奇袭以获得武器和资金，锁定及杀害英国政府高级官员。爱尔兰共和军一开始进行的暴力活动，特别是暗杀活动，并不为广大爱尔兰民众所接受，许多爱尔兰人依然参加皇家爱尔兰保安团的活动。但在面对英国政府滥杀无辜的报复性镇压活动之后，爱尔兰志愿军的行动逐渐得到了大多数人的支持。

1920年早些时候，都柏林码头工人拒绝装卸任何战争物资，随后立刻得到爱尔兰交通和一般工人工会响应。爱尔兰运输系统的瘫痪，给英国军队及物资的调遣造成了很大的麻烦。同年3月在西利默里克郡，共和军第一次杀死一名为英国人充当间谍的男子。4月上旬，焚毁了400座被遗弃的保安队军营，近百所所得税税务局同时被付之一炬。几天之后，蒙特乔伊监狱的囚犯开始为政治犯问题进行绝食，导致都柏林市出现大规模群众声援示威以及工人罢工。在混乱中监狱里的所有人都被释放。面对获释的囚犯和人群，一支保安队和高地轻步兵组成的联合巡逻队向在米尔唐-马尔贝（Miltown Malbay）庆祝的人群开火，导致3名志愿军死亡，另有9人受伤。

在都柏林之外，科克郡也成为激烈的战场。当时英国部队主要以破坏财物来报复共和军的攻击，同时秘密谋害共和派领导人。1920年3

月，新芬党科克市市长托马斯·麦克柯廷（Tomás Mac Curtain）在家中被几名蒙面男子枪杀。亚瑟·格里菲斯（Arthur Griffith）估计，在冲突的前 18 个月中，英军在 38720 幢民宅进行搜捕，逮捕了 4982 名嫌疑犯，进行了 1604 次武装进攻，洗劫与毁坏了 102 座城镇，杀死了 77 名没有武装的共和派成员与其他平民。

共和军对付英军的手段几乎相同。在整个冲突过程中，共和军的主要目标是大体上由天主教爱尔兰人组成的警察部队——皇家爱尔兰警队。共和军将其视为英国政府在爱尔兰的帮凶和奸细，这些天主教徒同样被看作敌人。共和军对保安队成员以及孤立的营房进行攻击，以获得需要的武器和其他资源。当时保安队有 9700 人，驻扎于全爱尔兰 1500座营房。1919 年，11 名保安队队员和 4 名都柏林大都会警察死亡，另有 20 名保安队队员受伤。1920 年，143 名保安队队员死亡，197 人受伤。1921 年，205 名保安队队员死亡，291 人受伤。在战争中总共有362 名保安队队员死亡，510 人受伤。从以上数字看，共和军袭击的对象绝不单纯指向英国人或新教教徒，那些维护英国统治的爱尔兰天主教徒同样是袭击的目标。

"在爱尔兰历史上那些熠熠生辉的暴动领导人中，真正具有革命性影响的只有一人：迈克尔·柯林斯。"[①] 名义上他是共和国政府内的财政部长与共和军的情报主任，秘密为共和军提供急需的资金和武器。柯林斯建立了被证明为有效的由都柏林大都会警察（DMP）组成的"G处"（G Division），形成了与其他英国政府重要机构内的同情者组成的间谍网。当时共和军总参谋长是理查德·穆尔卡希（Richard Mulcahy），他负责组织与领导全国的共和军活动。理论上柯林斯和穆尔卡希都对国会的国防部长卡哈尔·布鲁阿（Cathal Brugha）负责。但是实际上，布鲁阿只有建议或反对某一行动的监督之责，大部分事项由当地共和军领导自主决定。

当由爱尔兰志愿军转化而来的共和军注册成员超过 10 万人后，表

---

① ［英］罗伯特－基：《爱尔兰史》，潘兴明译，中国出版集团东方出版中心 2010 年版，第 206 页。

面上队伍不断壮大，但实际上真正参与实际活动的成员并不多。迈克尔·柯林斯估算当时大约只有 1.5 万人在战争中积极参与共和军活动，其中约有 3000 名属于骨干成员。另外，还有爱尔兰妇女团以及爱尔兰青年军等支援团体，为共和军运送武器与情报。随着战争的深入，共和军逐渐得到了爱尔兰民众广泛的支持。普通民众拒绝为保安团与英军提供情报，还经常给共和军部队提供食宿等支持。

埃蒙·德瓦莱拉（Eamonn De Valera）从美国返回爱尔兰后，在爱尔兰国会要求共和军中止奇袭与暗杀，而用常规军事手段对付英军，否则英国政府就会将其描述为恐怖主义团体。这个不切实际的提议立即遭到多数人的拒绝。

英国对于在爱尔兰不断升级的暴力活动，予以越来越强硬的武力回应。由于不愿在爱尔兰岛部署更多的英国正规军，英国建立了两个准军事警察组织以辅助保安团。"随着警察人数的增多，原有的深绿色警服不敷使用，于是一些新招募的警察就穿上了咔叽布的裤子和外衣……人们按一种黑棕色相间的猎狗的名字把他们称为'黑棕部队'"。① 7000多人的"黑棕部队"大多是第一次世界大战后复员的英国老兵，他们被派来爱尔兰用于支援萎靡不振的保安团。它首先在 1920 年 3 月部署在爱尔兰，多数人来自英格兰与苏格兰城镇。正式场合他们是保安团的一部分，实际上他们是一支准军事部队。1920 年夏，黑棕部队在爱尔兰全境焚烧和掠夺了一大批小镇。1920 年 7 月，另一支准军事警察部队，由 2214 名前英国陆军军官组成的预备队也到达爱尔兰。

1920 年 11 月 21 日，柯林斯的小队在都柏林的不同地区干掉了 18个英国特工。作为报复，预备队乘卡车开到正在举行足球比赛的科罗克公园（都柏林的 GAA 足球和爱尔兰曲棍球场），胡乱向人群射击。14名手无寸铁的民众被枪杀，65 人受伤。当天晚些时候两名共和派犯人和一名无关但被一同逮捕的友人莫须有地"在越狱时被击毙"在都柏林城堡。这一天成为众所周知的血腥星期天。同年 11 月 28 日，仅仅一

① ［英］罗伯特－基：《爱尔兰史》，潘兴明译，中国出版集团东方出版中心 2010 年版，第 214 页。

周之后，共和军的西科克部队，在科克郡的基尔米克尔伏击了一支预备队的巡逻队，18 人中被打死 17 人。这项行动标志着冲突开始急剧升级。蒙斯特省的科克郡、凯瑞郡、利默里克郡和蒂珀雷里郡在 12 月 10 日全部实行军事管制。不久之后的 1921 年 1 月，"正式报复"行动被英国批准。同年 3 月，爱尔兰国会对英国宣战。

科克的市长，特伦斯·麦克斯温利（Terence MacSwiney）与另两名共和军囚犯于 1920 年 11 月在伦敦伯利克斯顿监狱的绝食抗议中死去。聆讯此次死亡事件的陪审团的裁决称，有针对英国首相大卫·劳合·乔治（David Lloyd George）和地区巡官斯旺奇（District Inspector Swanzy）及其他人的谋杀阴谋。斯旺奇随后在安特里姆郡的利斯本被捕杀。1920 年 12 月 11 日，科克市中心被英军付之一炬。

此后，双方冲突中死亡数字不断上升。仅在 1920 年 1—7 月，就有 1000 人死亡，死者包括保安队警察，英军士兵、共和军志愿者和平民。这一数字占整场冲突的三年当中伤亡人数的七成。另外，4500 名共和军人员（以及被怀疑是同情者）在此期间被拘留。1921 年 2 月 1 日，第一名共和军成员在军事管制法下被处死。科克郡磨坊街镇（Millstreet）的科尼利厄斯·墨菲（Cornelius Murphy）在科克市被枪决。同年 2 月 28 日，另外 6 人也在科克市被处决。在战争过程中总共正式有 14 名共和志愿军被处决。

1921 年 3 月 19 日，汤姆·巴里（Tom Barry）的 100 名善战的西科克共和军对 1200 名英军进行了一场大规模战斗行动——克罗斯巴里伏击战（Crossbarry Ambush），造成英军 10—30 人的死亡。3 月 21 日，凯瑞郡的共和军在海德福德（Headford）道口靠近基尔拉尼（Killarney）处袭击一列火车，估计打死 20 名英军士兵，另有 2 名共和军和 3 名平民死亡。1921 年 5 月 25 日，数百名共和军都柏林旅成员在都柏林市中心占领与焚烧了海关大楼（爱尔兰地方政府中心）。

在 1920 年爱尔兰政府法案中，英国政府尝试在爱尔兰南北分别建立两个自治议会解决冲突。爱尔兰国会置之不理，认为爱尔兰共和国已经存在，但东北部的联合派表示赞同并准备建立自己的政府。由于该地区以新教徒和联合派为主，因此暴力活动的模式与爱尔兰其他地区完全不同。在南部和西部，冲突主要在共和军与英军之间展开；但在东北部，特别是在贝尔法斯特，则主要表现为大多数为民族主义者的天主教徒和几乎全部为联合派的新教徒之间的教派主义暴力循环。这表面上看是两派之间的斗争，而实质上，就是英爱国家主义斗争导致的社会冲突。

在爱尔兰东北地区，由于联合派社区实力较强，而且得到了英军的支持，因此当时共和军在东北部的活动少于其他地区。但在两派的暴力活动中，联合派往往将天主教社区作为一整体进行报复，使许多无辜的民众受害。

1920年7月17日，英国上校杰拉德·史密斯（Gerard Smyth）在科克城的乡村俱乐部被共和军暗杀，从而导致他在北方的家乡班布里奇（Banbridge）以及德罗摩尔（Dromore）新教徒对天主教徒的报复性袭击。1920年7月21日，联合派游行到贝尔法斯特的哈兰德与沃尔夫造船厂，强迫7000名天主教徒和左翼新教徒停止工作。由此，教派主义冲突在贝尔法斯特与德里爆发，导致40人死亡，大量天主教徒与新教徒无家可归。1920年8月22日，保安队探长斯旺奇（Swanzy）被科克郡的共和军枪杀。作为报复，当地的保皇派焚烧了利斯本的天主教居民区。

1921年春双方冲突又趋恶化。北方共和军组织收到来自都柏林领导人的压力，要求他们提升攻击次数以和国内其他地区保持一致。而此举则让东北地区的保皇派放开手脚报复天主教徒。1921年4月，贝尔法斯特的共和军在贝尔法斯特市中心的多尼戈尔广场（Donegal Place）打死了两名预备队队员。当晚，两名天主教徒在福尔斯路（Falls Road）被杀。1921年7月10日，共和军偷袭了贝尔法斯特拉戈兰街（Raglan Street）的英军。接下来的一周，作为报复，16名天主教徒被杀，216户天主教人家被焚烧。保皇派的屠杀主要由阿尔斯特志愿军（UVF）施行，并涉嫌有警察、军队和后备警察部队"阿尔斯特特别保安队"——"B特"（B-Specials）的帮助。同年5月英国派代表到都柏林会见共和军领导人，讨论在北部阿尔斯特地区达成停火与大赦的可能性。英方建议一项基于爱尔兰政府法案的折中方案，在地方自治的基础上实现南部的有限独立和北部的自治。

1921 年 7 月 11 日停火协定签字，南方的冲突大致结束，但是北方的战斗一直持续到 1922 年夏。另外，尽管国会在 1922 年 1 月接受了英爱条约，保证了未来北爱尔兰依然存在，而共和军与英国部队从 1922 年上半年起在新的边界线上仍有零星冲突。当年初，在德里郡一群正在当地旅游的莫纳亨盖尔足球队的共和军分子被逮捕。作为报复，迈克尔·柯林斯在弗马纳（Fermanagh）与蒂隆（Tyrone）将 42 名保皇派成员扣为人质。而前去营救的 B 特在南方的克朗内尔斯（Clones）遭到埋伏，4 人被打死。这就是曾经发生在克朗内尔斯小镇火车站的那次事件，共和军指挥官费茨帕特里克也在战斗中牺牲。

1922 年 4 月至 6 月，柯林斯发动了新一轮对北爱尔兰的秘密游击攻势，希望通过新的武装斗争改变爱尔兰岛的分裂状况。当时，共和军在英爱条约问题上已经分裂，但是支持与反对条约的团体都参加了该行动。但是，这场由共和军在北方从 5 月 17 日至 19 日发起的一系列攻击而开始的攻势，最终以失败收场。1922 年 8 月 22 日柯林斯在内战中意外遭遇伏击身亡，从此新的爱尔兰自由邦悄悄地中止了对北爱尔兰的进攻性政策。

1920 年 7 月至 1922 年 7 月，在爱尔兰北方也就是后来的北爱尔兰地区，共有 557 人在政治暴力活动中死亡。其中有 303 名天主教徒（包括共和军成员），172 名新教徒，以及 82 名警吏团或英军成员。贝尔法斯特成为主要战场，457 人在此死亡（267 名天主教徒，185 名新教徒）。天主教与新教双方的民族主义分子相互指责，但从受害者人数来看，天主教徒（58%）占大多数。

1920—1921 年，共和军与英国部队之间的游击战死亡人数超过 1400 人。其中有 363 名警察，261 名英国正规军，550 名共和军志愿者（包括 14 名被正式处决者）与大约 200 名平民。另外还有 557 人在北爱尔兰死亡，大多数为平民（仅在贝尔法斯特就有 453 人）。南方的死亡数字在伤亡中被分别统计，因为大多数人阵亡在 1921 年 7 月 11 日停火协定签署之后。

独立战争中英国人主导的宣传机器，带有明显的宗教教派色彩。英国人努力将共和军描述为反新教的，以此来鼓励爱尔兰新教徒中的保皇派，以及在英国博取对于英军残酷战术的同情。比如，如果共和军打死的间谍或合作者是新教徒，那么在公报中经常会提到此人的宗教信仰，但如果他们是天主教徒就相反。如此对外宣传的结果是，国内外不知情者认为共和军只是针对新教徒展开屠杀。1921年夏，一家伦敦的杂志刊登一系列以"新恐怖之下的爱尔兰——在军事管制下的生活"为标题的文章。该系列号表面上对爱尔兰局势持中立态度，但实际上是英国安插的试图暗中影响舆论导向的文章。

对于双方的暴力活动，罗马天主教教会都予以谴责，特别是对共和军长期以来的武力共和的传统予以谴责。基尔摩尔主教（The Bishop of Kilmore）芬那根博士（Dr. Finnegan）说："任何战争……若正义与合法则必定建立在成功的希望基础之上。你们反对强大的大英帝国，有何成功的希望？没有……一点都没有。而如果它是非法的，为其每死一人都是谋杀。"蒂尤厄姆大主教（Archbishop of Tuam）吉尔马丁博士（Dr Gilmartin）写的一封信称，共和军人"违反了神的停火协议，犯了谋杀罪"。但是1921年5月，教皇本笃十五世（Benedict XV）对英国政府感到失望，希望"英国和爱尔兰双方冷静考虑……某种形式的协议"，而英方此前一直努力让其发表一项对叛乱的谴责。英国宣称教皇的评论"置英王陛下政府与爱尔兰杀人犯团伙于平等地位"。

战争在1921年7月11日以停火协议结束。从某种意义上看，双方冲突陷入僵局，只能妥协收场。因为，当时从英国政府的观点来看，共和军的游击战似乎会无限进行下去，造成英国人力财力损失不断上升。更重要的是，英国政府因英军在爱尔兰的行为受到来自国内外的严厉谴责。同时，共和军领导人迈克尔·柯林斯认为，当时的共和军组织的行动也无法无限地继续下去，而更多的英国正规军还会继续部署到爱尔兰。正是在这种形势下，双方不得不坐下来谈判，并最终签署《英爱条约》。随后该条约被三方批准：爱尔兰国会于1921年12月批准（给予爱尔兰共和国政治体制中的合法地位）；南爱尔兰下议院于1922年1月批准，同时，条约在英国国会上下两院批准。"英国方面认为该条约最终解决了造成两大岛屿之间长达750年痛苦关系的古老难题。"① 而爱尔兰共和军内部由于看法的不一致，"却陷入分裂，超过一半的成员认为《条约》是一种背叛之举"②。

该条约允许根据1920年爱尔兰政府法案建立的北爱尔兰若同意可脱离自由邦，而南爱尔兰在条约所列程序下适时获得了独立。双方同意，建立一个爱尔兰边界委员会，以决定自由邦和北爱尔兰之间边界的确切走向。双方谈判人员认为委员会会按照当地民族主义和联合派占多数地区重新划分边界。从1920年开始的爱尔兰地方选举已经导致弗马纳郡、蒂龙郡、德里市与许多阿马郡和伦敦德里郡的选区（全部在"临时"边界的西部和北部）完全成为民族主义者的天下，可能使北爱尔兰不能独存。但是委员会最终选择使边界大致如旧；作为交换，英国不要求自由邦偿还所欠的债务。

条约为爱尔兰自由邦建立了一个新的政府体制，虽然最初的两年两个政府并存；一个"内阁"向爱尔兰国会负责，由格利菲斯（Arthur Griffith）总统领导；另有一个临时政府名义上向南爱尔兰下议院负责，由爱尔兰总督任命。

大多数爱尔兰独立运动领导人愿意接受此项妥协，至少暂时如此，虽然许多军事共和派并非如此。当中的少数人参加了由辞职的总统埃蒙·德瓦莱拉领导的内战，拒绝接受条约并开始反叛新自由邦政府，谴责后者背叛了爱尔兰共和国的理想。

随后的爱尔兰内战一直持续到1923年年中，其间许多独立运动领导人去世，其中包括临时政府首脑迈克尔·柯林斯、总统亚瑟·格里菲斯、前部长卡瑟尔·布热法（Cathal Brugha），亦有反条约共和党人哈里·勃兰德（Harry Boland），罗里·欧康纳（Rory O'Connor），廉姆·梅洛斯（Liam Mellows）、廉姆·林奇（Liam Lynch）等。内战期间总伤亡人数超过对英战争前期战事的数倍。在格里菲斯与柯林斯之后，科斯格雷夫（W. T. Cosgrove）成为主要领导人。1922年12月6日，爱尔兰

① ［英］罗伯特－基：《爱尔兰史》，潘兴明译，中国出版集团东方出版中心2010年版，第224页。

② ［英］罗伯特－基：《爱尔兰史》，潘兴明译，中国出版集团东方出版中心2010年版，第226页。

自由邦（The Irish Free State）合法成立后，W. T. 科斯格雷夫成为爱尔兰自由邦行政会议主席，即第一届获得国际承认的独立的爱尔兰政府首脑。

爱尔兰自由邦成立之后，根据《英爱条约》，双方成立了爱尔兰边界委员会，并最终划定了边界。从此这条边界也就成为后来爱尔兰共和国与英国之间的国界线。

边　界

1648 年后，源自西方的威斯特伐利亚体系逐步建立，国家边界即成为人类政治生活的重要内容之一。

爱尔兰独立战争中，共和军最初的目标是要以海洋为界，摆脱英国长期的殖民统治，实现爱尔兰岛的完全独立。但是，事情的发展并不是完全以爱尔兰人的意志为转移的。作为世界上赫赫有名的大英帝国，虽然在风起云涌的世界性反殖民主义的浪潮中，其控制海外殖民地的能力不断弱化，但是要维护其帝国原有的秩序，它首先要极力防止爱尔兰岛独立。因为在英国人的眼里，爱尔兰不是海外殖民地，而是联合王国的一部分。而事物的发展也同样不是完全以英国人的意志为转移的。

爱尔兰独立战争的结果，其实是一个折中的方案。英国保住了北爱尔兰 6 郡，最终实行自治；爱尔兰南部 26 郡完全获得独立，成立自由邦。爱尔兰岛因此从中间划界分治，由此一条界线分明的国家边界产生了。"爱尔兰看来真像一个由自然设计成的政治单位。它在 1921 年成了两个政治单位后，英爱条约还设立了一个边界委员会。"① 1923 年 4 月，自由邦开始在边境沿线以及爱尔兰各港口设立关税制度。从此，一个原本"由自然设计成的政治单位"，却被人为分割成"两个政治单位"。这条边界显然是国家意志的物理空间的标定，并不是社会群体文化的界限。"空间本没有左右、上下、南北之分。很显然，所有这些区别都来

---

① ［英］T. W. 弗里曼:《爱尔兰地理》，上海师范大学《爱尔兰地理》翻译小组译，上海人民出版社 1977 年版，第 151 页。

源于这个事实：即各个地区具有不同的情感价值。"① 正如爱尔兰岛南北社会原本复杂的爱恨交织的情感，最终又被注入了新的异质的国家情感，并且以精确的空间经纬边界相区分。

　　爱尔兰自由邦与英国北爱尔兰的陆地边界，东起爱尔兰海岸的奥米斯，然后向西北，再向南向西向北，最后在北海的福伊尔泻湖岸边终止。现在的爱尔兰与英国之间互为唯一的陆上邻国，穿越爱尔兰岛的陆上边界线全长约 360 公里。

　　在爱尔兰历史上，阿尔斯特（Ulster）是四个古代省份之一，位于爱尔兰岛东北部。4—5 世纪阿尔斯特曾因外敌进攻而解体。14 世纪，阿尔斯特臣服于英国国王。以后有数千名苏格兰人移居此地。其内部分为 9 个郡，包括今爱尔兰共和国的阿尔斯特省和北爱尔兰的 6 个郡。当中六郡目前组成了北爱尔兰，是英国的一部分，其余莫纳亨、卡文、多尼戈尔三郡脱离英国加入爱尔兰共和国。笔者的田野调查点克朗内尔斯镇就属于莫纳亨郡。

　　"直到 1924 年，自由邦政府才要求英国政府按照《英爱条约》的规定，设立一个边界委员会。……在'按照居民的意愿'对边界作出调整的原则是否是指可以超出微调范围的问题上，谈判各方出现了重大分歧。事实上，蒂龙郡和弗马纳郡相当多地区以及德里郡、唐郡南部和阿马郡南部少数地区的居民肯定想要与民族派同胞们的自由邦合并。而多尼戈尔郡东部和莫纳亨郡北部一些地区的居民想要并入北爱尔兰。……经过一年断断续续的争论，自由邦在这个问题上的反应十分迟钝，令人不解。当委员会不可避免地以三分之二多数决定边界只作微调时，麦克尼尔（McNeill）宣布辞职。边界微调的内容包括将多尼戈尔郡的部分地区划给北爱尔兰。"② 这样的结果出乎已经去世的柯林斯和大部分爱尔兰民族主义者的预料，边界委员会最后的方案中，蒂龙郡和弗马纳郡并没有脱离北爱尔兰，而且西北部的边界微调使得那里的边界

---

　　① ［法］爱弥尔·涂尔干：《宗教生活的基本形式》，渠东、汲喆译，商务印书馆（北京）2011 年版，第 13 页。

　　② ［英］罗伯特－基：《爱尔兰史》，潘兴明译，中国出版集团东方出版中心 2010 年版，第 237—239 页。

没有沿着福伊利河（Foyle）这条自然界线划分。1925 年，边界委员会被撤销。以上文字清楚地表明，边界的划分并没有完全考虑当地两个宗教派别的群体意愿，当然也不是按照山川形便的地理要素进行划分。

"爱尔兰的边界虽不如荷兰或德国的边界久远，但是，它却比大多数我们了解到的边界历史要久远得多。人们有着清楚记忆，居住在一个没有边界的爱尔兰差不多是 100 年前的事了。很快人们将会发现爱尔兰不再有一个人是出生在边界出现以前的。1925 年，边界委员会解散之后，边界就一直停留在这儿了。"[1] 的确，没有人质疑克朗内尔斯周围的边界的存在，自 1925 年以来，边界就十分安静地停留在那儿了。但是，不是每个克朗内尔斯人都知道哪里是边界以及边界的意义。

在克朗内尔斯有 5 条街，分别是弗马纳街、卡拉街、麦克·柯廷街、安娜罗尔街和莫纳亨街，从钻石广场中心的不同方向延伸出去。在弗马纳街的末端，有两条路连在一起，一条是纽塘波特勒路，另一条是右转通往罗斯莱的奥马/五里镇路。在这些街道和公路中，卡拉街、纽塘波特勒路、奥马/五里镇路和罗斯莱路通往边界。当笔者待在镇上的时候，走过所有的街道和道路，尤其是通往边界的道路。

九月的天气好转起来，在阳光灿烂的日子，我沿着这四条不同方向的通往边界的道路前行。我想验证一下弗莱德海姆·拉特延（Friedhelm Rathjen）先生的话，"在我的 500 公里旅程结束的时候，我发觉我已经穿越边界 35 次了，而且从来没有离开超过边界线 8 千米的距离。但我还没有遇到一个边防警察、军人或海关人员，更不用说准军事部队了"[2]。

我走的第一条路是通往卡瓦的卡拉路，它是去往边界最近的道路。我看见一条名为芬河（River Finn）的小河，这条小河就是边界。一座名叫考莫的小桥（Comber Bridge）横跨在河上。就像人们说的那样，这里没有任何的标志，也没有士兵和海关，只有安静的草地、湖泊和房屋。几乎每一个人都开车穿越边界，没有一个人像我一样步行走过去。

---

① Edited by Paddy Logue, *The Border*: *Personal Reflections from Ireland*, *North and South*, Oak Tree Press, Dublin, 1999, p. 7.

② Friedhelm Rathjen, German Travel Writer, 1999, www. shortall. Info/Touring/border. Htm [2008 – 08 – 18].

🌿 五 边界 🌿

在接下来的日子里，我步行走过通往北爱尔兰的所有的道路，情况都是相同的。没有关卡，没有检查站，没有任何人阻拦，有些地方甚至连像芬河那样的自然标志都没有。我问了附近的居民，有些人说他们也不知道边界在哪里。我记得小学校长马热拉·贝格（Majella Beggan）女士说过："她的孩子和学生都不知道边界的概念。他们只知道北爱尔兰和南爱尔兰的区别。"中学校长吉姆奥康纳（Jim O'Connor）先生说："边界只存在于人们的心中。"

不过，在奥马/五里镇路和罗斯莱路通往边界的路上，我遇到了一次误会，虚惊一场。那天早晨，我徒步前往这个方向的边界，当走到岔路口附近，隐约听到几声枪响，并伴随着狗吠声。同时，我看到一些通过此路的车辆依次停了下来。我以为前方出了事情，不敢贸然继续前行。等了一会儿，看见已经堵了很长的车队重新开始启动，我便上前询问一位司机。他说，前方有人在打猎，因此停了下来。后来，我继续前行，真的看到了几个持枪的年轻人，带着猎犬在一片长满湖草的浅水区以及周围的树林中寻找什么。我靠近去问个究竟，一个持枪的青年说，打伤了一只鹿逃入湖中水草区，正在寻找。我不知道他们这样打猎在爱尔兰是否允许，但我为他拍照他并没有反对，而且摆了一个非常酷的姿势。2014年我重回小镇时，黛德瑞·麦奎德（Deirdrio McQuaid）拿走了这张照片，她说这个持枪的年轻人是她的一个朋友。

这件事让我印象深刻。这里是边界线附近，居住在附近的人们居然可以持枪打猎，这让我感到十分意外和不可想象。这里并不是无人居住的空旷地区，但开车过往的人们居然没有人感到惊讶，似乎他们已经习惯了。看来就在三四十年前发生在边界地区的流血冲突真的已经逐渐被人们淡忘了。

完成我的边界行之后，我发现边界对于当地人来说并不是一个重要的概念，甚至年轻的一代都不知道哪里是边界，边界是什么。

我待在克朗内尔斯的时候，图书馆的詹姆士（James）先生向我推荐了一本名为《沿边而行》的书，这本书是关于一个意大利人在20世纪70年代步行走完爱尔兰边界的故事。这对我来说非常有趣，因为我在中国也出版了一本与之书名相同的书。我希望有一天我能像他一样走过爱尔兰的边界。当然，为了对爱尔兰整个边界有一个大致的了解，在2008年和2014年的调研期间，我有意识地走过了邓多克、莫纳亨、卡文、斯莱戈、香农巴利等边界地区市镇，也算是大致考察了边界一线。不过，由于担心没有英国签证，我还是放弃了前往德里考察的计划，同时也没有深入边界向北延伸的其他边界一线城镇。

从我个人的真实经验看，以及爱尔兰人对于边界的认识和行为表现看，爱尔兰的边界的确是欧洲国家中最模糊的边界之一，它具有很强的渗透性，不仅成千上万的爱尔兰人每天都越过它，他们甚至都不知道确切的边界在哪儿，而且我这个外国人也可以自由出入。这里没有护照或出入境管制，没有边境检查站，也没有语言的差异和文化的差异。在我听说过的故事中，也许只有当你乘坐火车和飞机往来都柏林和贝尔法斯特之间时，才会有人关注你的护照和国民身份。

在与爱尔兰人交流时，关于边界，他们似乎视若无睹，在普通老百姓的意识中边界似乎是不存在的。深究其原因，这不仅仅是观念问题，而是制度问题，英爱两国从分离之初，就开始制订有关保护爱尔兰人权益的政策和制度。有了政策和制度的保障，如今的爱尔兰岛人民才可以自由跨越横亘在海岛中部的边界。

跨越边界的互动

人类学田野调查是件充满乐趣但又颇具挑战的工作，它需要丰富的知识、当地的语言、专门的技能。而这些于我而言都是有所欠缺的，事实上在爱尔兰的调研对我来说是一次"经验之外的经历"，根本没有可以参考的经验，我本希望通过采访当地居民来获得更多的信息，但由于语言能力有限，不能详细地记录人们向我表达的所有内容，加之当地人似乎并不乐于外人打扰并占用自己的时间。况且，对于过去发生在小镇上的事情，很多人都说不清楚或者不愿提起，因此，倚重当地报纸寻找更多的有用之"材"成为我的主要工作。

《北部标准报》（*The Northern Standard*）是在莫纳亨出版的一份地方性报纸，它从1839年创刊一直发行到现在。这份报纸，有关于克朗内尔斯的专版。一些有关小镇的重要消息，都会有所记载。当然，作为人类学个案研究，对于小镇上老人们讲述的口传历史，更多的是从报纸上无法找到的，而这些却是我的调查必不可少的重要内容。

自从爱尔兰岛出现了一条国家边界之后，这条人为的政治屏障就在每时每刻影响着爱尔兰岛南北人民的生活。过去边界两侧的人原本是一家人，后来被中间的一道国家界线分开。边界两侧人们相互之间的往来，受到了限制。特别是在早期的动乱时期，人们不敢轻易越界。后来，由于经济发展差异，以及物产供需差异，边界线附近最先出现了走私行为。正如前面我们在人口部分提到的那样，20世纪50—60年代，小镇人口数量的增长问题，或许就与边境地区边贸活动增加有关。

在克朗内尔斯小镇老黄油小院的前方，考米斯基超市对面有一个小广场，阳光明媚的日子里经常会有一些年长的男女坐在那里聊天。如果我加入，他们并不介意，他们甚至喜欢和我聊天。

作为一个边境小镇，它有许多自己的故事，我一直认为小镇的边界历史是由一些重要的事件组成。因此，我想要知道一些有趣的故事，以及独立战争或困难时期在小镇上发生的一些事情，但很多人告诉我，他们能记住的事情只有走私和爆炸袭击活动。

研究跨国族群互动现象，我们知道在任何封闭或有严格限制的边境地区，走私是一个非常普遍的现象。这在中国如此，在爱尔兰也是如此。"只要还存在着不同的关税，或者货物价格在共和国和北爱尔兰还存有差异，这儿确实是走私者的一个天堂。"[1] 走私不可避免地对边境地区的大多数边民的生产生活产生重要影响。"由于稀缺性商品和南北价格的差异构成了南北走私强有力的追求。尤其是1939—1945年的战争期间，茶叶流向南方，黄油流向北方——这只是日常商品非法贸易中的两个例子。……战争结束后，各式各样的走私形式继续发展。"[2]

一天下午，我去玛丽太太的酒吧，碰到了两个当地人，一个是丹尼

---

① ［英］T. W. 弗里曼：《爱尔兰地理》，上海师范大学《爱尔兰地理》翻译小组译，上海人民出版社1977年版，第152页。

② Edited by Paddy Logue, *The Border*: *Personal Reflections from Ireland*, *North and South*, Oak Tree Press, Dublin, 1999, p. 73.

尔·麦克·亚当（Daniel McAdam），另一个是尤金·麦克·戈奈尔（Eugene McGonnell）。当听说我为什么来并想了解些什么后，他们很热情。丹尼尔先生非常强壮，曾作为一名士兵去过伊拉克战场。他告诉我，"1959—1961 年很多当地人走私香烟、黄油、饮料和其他很多东西。我父亲是一个猪贩子，也参与走私活动。当时，他们走私至少能赚五倍以上的利润。因此，走私对于边境小镇的人们具有巨大的利益诱惑。"① 北爱尔兰的居民也记得这一切，"我们通常从自由邦走私小猪入境。我们不能从陆路运进来，那时我们有一只小船做运输"②。

丹尼尔所说的情况，正如帕迪先生所说的一样，"克朗内尔斯是一个走私镇，也是一个走私者的镇。有两种类型的走私者，很厉害的人和其他一些人。小镇周围的边界线上有许多关口，但你可以从罗斯兰路出去，左转，接着从克朗提文（Clontivern）出来，然后就可以来到一个有海关的地方。海关人员都挺随和，其中一些非常和蔼，但也有一些不是很好。这里从事走私活动的大部分是小伙子或者中年男人，他们在北方做的事情是很少见的。我认为这是火花塞和黄油的紧缺造成的。因为他们常常买一些火花塞下来卖到恩尼斯基林郡，然后再买一些黄油再带回来，然后再次买黄油，再次离开，并很少有不顺畅的。接下来的日子里，他们总是做同样的事情"③。

"你居住在边界附近，有些东西可以走私，有些东西没法走私。他们试图走私南方没有的东西，而你想走私你这儿没有的东西。你最好过去购买糖和黄油，这些他们没有严格的限量供应。我知道他们对茶有严格的限量，因为全靠进口，但对糖没有。我想那时南方有自己的糖厂，而我们的糖必须进口。我们通常需要糖来做果酱用。"④

---

① 根据丹尼尔（Daniel McAdam）先生口述整理。

② William O'kane, *The Derrykerrib Story*: *Island Memories from Derrykerrib*, *Upper Lough Erne*, *County Fermanagh*, Published by Derrykerrib Community Association, in conjunction with Irish World, Dungannon, 1996, pp. 70 – 71.

③ 根据帕迪先生口述整理。

④ William O'kane, *The Derrykerrib Story*: *Island Memories from Derrykerrib*, *Upper Lough Erne*, *County Fermanagh*, Published by Derrykerrib Community Association, in conjunction with Irish World, Dungannon, 1996, p. 56.

很明显，在边境地区的一系列经济活动，从走私到购物有自己特有的动态过程。"这条长达二百里的边界，弯弯曲曲地穿过田地和农庄，无数的乡村公路和它交叉，一些铁路线，甚至从邓多克到卡斯尔布莱尼的那条主要公路，和它一再交叉。要保卫这条边界是完全不可能的。"[①]也许，克朗内尔斯镇的人更容易做到这一点，因为它是该地区的中心。有人告诉我，天主教徒、新教徒和牧师都会参与走私。牲畜、鸡蛋、香烟这些商品不断地在边境线上移动。走私表面上是"物"的移动和消费，实质上是人的移动和沟通。幸运的是，后来边界再次开放，走私的现象逐渐消失。

就目前情况看，边界两侧的商品物价仍有差价，但走私现象基本消失了。在我查阅的大量资料中，自从边界重新开放后，只找到一则消息，是关于边界线附近走私犯通过地下输油管道走私汽油的个案，而且是发生在其他边界地区的。

在爱尔兰做田野，我非常关注边界两侧当地人的互动，为此我尽力收集这方面的信息，且问了更多与此相关的问题。爱尔兰的边界和中国的不同，很少有人沿边界居住，且人们很少会聚居在同一个地方。顺着边界，我只看到一些基础设施很好的小镇，在小镇旁边并没有村落。由于传统农牧业生产的特点，爱尔兰人的民居都散布于广阔的田野之间，在英爱边界沿线，虽然南北双方都有亲戚朋友关系存在，但他们彼此很少往来。在如今完全现代化的爱尔兰，人们的往来不再局限于"附近"，由于爱尔兰岛面积狭小，只要愿意，人们可以借助现代化的交通工具，随时前往自己想去的地方。因此，我原来以中国人的地域观念想象的边民互动现象，在爱尔兰实际上没有太多的意义。我在小镇上见到的人们跨越边界的行为，大部分是去北部购买东西，或者去更远的地方走亲访友，但并不是在边界"附近"。当地只有少数的人口是因为上学、工作而每日跨越边界的。

安迪·波拉克（Andy Pollak）先生在他的文章里这样描述："来自

---

① ［英］T. W. 弗里曼：《爱尔兰地理》，上海师范大学《爱尔兰地理》翻译小组译，上海人民出版社 1977 年版，第 152 页。

欧洲大陆的旅客早已说过，爱尔兰边界是欧盟众多无形边界的一条。当我每个星期一由都柏林至贝尔法斯特的主干道过关去阿马郡上班时，我是每年那时候过关的 14 万驾车者中的一员。至少 18000 人每日过关工作，每天有 1.7 万人坐公交车或火车过关买东西或做其他短期旅行。"①

住在克朗内尔斯的人们当然也被包括在这个数据里面，但他们中的大部分人跨越边界往来是为了购买东西。小镇上的居民说北爱尔兰的商品，尤其是食物比南方便宜 25% 到 30%，所以很多人会开车过边界另一侧去买东西。从克朗内尔斯去北爱尔兰，最近的镇子应该是纽塘波特勒，大概十多分钟的车程。我曾经专门去那里考察，虽然镇子比克朗内尔斯还小，但小超市里的日用商品的确便宜不少。

在小镇上，我还了解到，一些宗教活动会吸引一些人跨越边界两边走动。一名在佛特威（Fortview）国立学校工作的年轻女士告诉我，小镇附近有 98 名新教徒去克朗内尔斯的新教教堂礼拜，他们中的 30 人来自北部，45 人来自克朗内尔斯地区，其余的来自其他地方。

除了买东西、参加宗教活动外，当地还有人每日跨过边界去旅行、学习和工作，但并不是很多人这样做，而且他们将要去的地方并不在边界附近地区，他们可能要去贝尔法斯特和都柏林，如果他们想出门，蓬勃发展的交通系统令他们的出行非常方便。

可以说爱尔兰岛边界两侧，人们的互动往来非常普遍。但与笔者过去接触的中越、中老、中缅边境地区的现象不同，它并不局限于边界"附近"，交通基础设施完善以及交通工具先进，加之爱尔兰岛面积狭小，因此人在物理空间中的移动非常便捷，边民在小范围内互动的预设几乎属于个人主观的空想。这里的社区、市场、婚姻圈等概念，几乎只能在整个岛内进行讨论，地方性的差异并不明显。这让我看到在小国与大国中生活的人们，在经济发达与欠发达地区生活的人们，对于空间、时间以及交通手段的认识是有所不同的。显然，现代科学技术的发展，使得人们对距离的认识在过去和现在已经完全不同。

在有关爱尔兰的研究中，我始终只使用"边界"或"边境"的概

---

① 引自安迪·波拉克先生发给作者的邮件。

念，从不使用"边疆"的概念，因为我个人认为，对于小国、岛国一般并不存在"边疆"。只有那些历史悠久的大国，才可能存在遥远的"边疆"。

国民身份的"观念边界"

自从英爱边界划分之后，在欧洲人的意识中，特别是在爱尔兰人和英国人的意识中，"边界"具有两层含义。一层含义是基于爱尔兰共和国与北爱尔兰之间的陆路边界，它代表着爱尔兰人与英国人之间的现代国家领土界线；另一层含义是基于英国大不列颠岛与爱尔兰岛之间的海上边界。这是一个传统的爱尔兰人与英国人的文化的边界或族群认同的边界。关于两个"边界"的认识，交织着两国人民数百年来相互之间的爱恨情仇。显然，自从爱尔兰自由邦诞生之后，便使得两条空间边界之间同时产生了新的身份边界问题，其交点就在国籍和公民权利的关怀上，这就是笔者所说的"观念边界"。

1922年至1929年，英爱两国从安全考虑制定了一项应对普遍问题的移民政策，即两国禁止限制去往另一国的公民入境，因此产生了无需护照的旅游。尽管有可能被指控为新殖民主义，但爱尔兰政府仍将这一合作视为对其核心利益的自主追求。作为英联邦的成员国，爱尔兰自由邦认为，自己不应仅与大英帝国相联系，而应作为他的一个成员与国际社会中的其他成员相联系，同时还应该是《英爱条约》明确提出的具有普遍公民权利的国家。

1921年签订的《英爱条约》，为1922年爱尔兰自由邦宪法定义爱尔兰公民权及其获得方式的法规提供了依据。宪法第三章（自1922年12月6日生效）讨论了一些人的爱尔兰公民权，这些人包括在爱尔兰（北爱尔兰和爱尔兰共和国）出生的人，父母在爱尔兰出生，或即将成为父母的人和在宪法即将生效时住在自由邦地区的所有人。

因此，宪法反映了协定的双重意图：一方面，规定爱尔兰公民权的特权和义务要"在爱尔兰自由邦的司法权内"（这体现了北爱尔兰的存在和国家的分裂）；另一方面，将爱尔兰与额外的权利联系，通过忠诚宣誓将其与英国皇室和英联邦的普通公民权利相连。尽管当时爱尔兰自由邦在英联邦内是唯一的,但爱尔兰的公民权利和义务却不是拥有自主权的身份。因为,自由邦名义上享有自治自决的全权。但其对外政策和一部分内政仍置于英国监督之下。自由邦必须效忠英王,议会通过的法律,需经英国总督批准方能生效。

直到 20 世纪 30 年代,爱尔兰公民权逐渐被国际社会所关注。受 1922 年宪法第三章中考虑的权利的影响,1935 年的国籍和公民权法案废除了英国国籍和 1914 年的国籍和外国人身份法案(1918 年修订)。1935 年的法案说明,在爱尔兰的法律下,爱尔兰公民是指出生在爱尔兰领土范围内的人和选择履行与身份相符的固有权利的人,这种身份源于他们的父母、常住人口或那些不在岛上出生的人。1930 年的英联邦会议做出决议:每位成员在定义自身国籍时还可保持共同身份的认知。英国皇室于 1933 年 11 月讨论这一决议,并在 1935 年 4 月由国王签署通过。在这一决议的规定下,伴随着其产生的互惠关系,爱尔兰制订了侨民法:外侨是指那些非爱尔兰自由邦的公民。英国人和其他人一样是外侨,因此允许这些人继续自由进入爱尔兰。

北爱尔兰议会于 20 世纪 30 年代和 40 年代颁布了自己的禁令,表明爱尔兰公民在大不列颠比在北爱尔兰享有更充分的机会。

鉴于英联邦的共同的公民权,英国没有修订它的国籍法规,这项法规规定出生于英国和北爱尔兰的人和英联邦的人都是英国(大不列颠的 British)国民(与英联邦国民不同,英国国民的迁移和就业受 1700 年的王位继承法,1905 年的侨民法,1919 年的侨民限制法和 1955 年的侨民雇佣法的限制)。直到 1948 年联合王国的国籍法内容才有所改变:不列颠的司法解释能够维持 1922 年的决议,除了在更广泛的英国国籍范围内赋予一名爱尔兰公民国民身份之外,其他与 1942 年的法律一样。从英国的角度看,这些土地上的人都拥有英国国民身份,通常出生于英联邦范围内的英国国民在联合王国中享有公民权时,不存在歧视现象,但这在爱尔兰仍存在争议。

1948 年,迫于爱尔兰政府的压力,英国国籍法出现了改变。修订的法案从国籍角度提供了一项满意的条例。它具体说明了四种类型的人：不列颠公民，英国及其殖民地的公民，外侨和首次提及的爱尔兰公民。最后一项分类获得对外关系部长的赞赏，尽管他对北爱尔兰的居民有所保留。他注明："强加在我们六个郡同胞身上的非爱尔兰的身份"，同时他也关心允许爱尔兰公民保留英国国籍，并声明爱尔兰公民权将不阻止他们获得新的公民权的条款。假如爱尔兰人和爱尔兰裔英国人拥有选择权，也许这项法令会是英国及其殖民地公民权条款的开端。正如一些学者认为的那样，英国和英联邦公民权的分离是"一个楔形的细端"，它最终导致了1962年的移民限制。

从那时起至1949年，爱尔兰仍属于英联邦的成员国，拥有进入及居住并享有英国法律、社会和政治权利。爱尔兰脱离英联邦后，这一点并未改变。早前将爱尔兰国籍作为独立项认知与1949年英国的爱尔兰法案是同时存在的，但爱尔兰籍也不是外侨。它将爱尔兰定位在既不是外国也不是英联邦国家而是有属于自己的分类。非常有趣的是，1949年爱尔兰主动退出了英联邦，不想再与英国拉扯在一起，而英国似乎依然放不下爱尔兰，仍然保留爱尔兰公民在英联邦享有的权利。1962年，当英国法律介绍英联邦公民权方面的不平等表现时，意指爱尔兰公民在联合王国中求得职位的权力，但这些限制再一次在爱尔兰政府的压力下没有发挥作用。

爱尔兰是欧洲唯一可以根据出生地获得国籍的国家，即凡在爱尔兰岛（包括北爱尔兰）出生的婴儿均可以获得爱尔兰国籍，而无须其他任何条件。根据欧盟的"自由流动"条款，任何一个成员国公民的父母、子女或配偶都可以在整个欧洲范围内自由流动和居住。因此大量非欧盟成员国的公民前往爱尔兰生孩子，以便凭借其子女的爱尔兰国籍获得在欧盟成员国的居住权。"据报道，2003年在都柏林出生的婴儿中有1/4的母亲是非爱尔兰籍，80%是非欧盟成员国的公民。为了控制移民数量过快增长，爱尔兰政府决定修改过于宽松的公民法，提出只有父母一方在婴儿出生前至少在爱尔兰合法居住3年以上者，其在爱尔兰出生的孩子才能获得爱尔兰国籍。该法案已于2004年经公决通过。2005年4月爱尔兰政府又公布了新的'移民与居住法'草案，以解决大量移民所带来的问题。"①

综上所述，我们可以看到"观念边界"既是抽象的，也是具体的，边界不仅表现在具体空间的方位中，同时也存在于制度和政策之中。自从爱尔兰独立之后，英爱两国就爱尔兰人特别是北爱尔兰人的身份问题，制定了一系列的政策法规，最大限度使得双方人民得到互惠。目前，北爱尔兰出生的居民可以自由选择爱尔兰或英国国籍，英爱两国均承认双重国籍。爱尔兰共和国的公民，只要在加入他国国籍时不放弃爱尔兰国籍，依然是爱尔兰公民。爱尔兰与英国还结成了"共同旅行区"（Common Travel Area），爱尔兰公民若在英国居留即会被视为已在英国定居，方便了两国人民自由交往。此外，两国公民在欧盟范围内也享有很多共同待遇。

笔者在爱尔兰调研时，发现许多马来西亚人可以轻易出入爱尔兰打工。开始的时候，我不能理解，为什么这些人可以自由出入爱尔兰。后来，当我阅读了爱尔兰的有关法律条文，才知道英国与爱尔兰分割的时候，制定了一系列世界上独一无二的身份识别系统，以及对应身份的权利和义务。这使得英联邦国家的其他成员国公民，在出入爱尔兰时同样享受一些优惠政策。

跨界就业

边界产生之后，爱尔兰自由邦制定了一系列的法律，试图与英国分割利益，去英国化行动普遍实施，但同时又与英国保持着一种特殊的关系，例如在就业方面就有一些特殊的待遇。

1935 年的爱尔兰国籍公民法中的第 23 款为下列行为提供便利：其他国家让其公民享受在任何国家的所有或任何权利和特权，爱尔兰自由邦绝对或有条件地服从，其公民享受同等互惠。因此，英国给予其他国家的任何优惠政策，爱尔兰国民都完全享有。

---

① 新加坡 APA 出版有限公司编：《爱尔兰》，刘耀宗、余焘译，中国水利水电出版社 2007 年版，第 12 页。

❧ 五 边界 ❧

1923 年，爱尔兰自由邦通过一项法案，决定免除英格兰和苏格兰初级律师参加爱尔兰自由邦规定的初级律师参加政府"服务与考试"的权力，这项法案源于爱尔兰通过的一项个人法。英国政府已经暗示这项法案也许带来互惠，但也许因为它在英国法律社会的地位，作为爱尔兰国家议会的一项法案，它不得不接受 1900 年的殖民地律师法。爱尔兰的法律建议在原则上同意，但 1900 年的法案包括令人反感的条文，例如"不列颠私人财产"等，因此对类似的条文不予考虑。

英爱两国普通大学和其他资格是相互承认的，但是英国雇员或其他对英国大学毕业生的限制招聘在少数的场合例外。比如，伴随分裂，爱尔兰逐步认可北爱尔兰和英国的教师资格，但认证的措施仍然存在。爱尔兰驻英大使馆认为，英国 20 世纪 50 年代强制实行的偶然性限制与英国 1948 年国籍法对在英爱尔兰人的权利并不构成负面影响，因为他们并未阻止爱尔兰人在英受教育的机会，反之亦然。通常情况下，爱尔兰大学的毕业生在英国似乎能获得一些争取就业的公平机会。

20 世纪 60 年代早期，在英的爱尔兰籍妇女在专业职位中较男人占有相当高的比例，尽管这是在薪水较低的职业中。到 20 世纪 60 年代后期，爱尔兰驻英大使馆认为，所有爱尔兰专业人士在英国是非常成功的，这体现在城市、公共和军队服务的初级范围内，以及当地政府部门和艺术领域。爱尔兰学者也认为，由于成功就业，中产阶级子女的住房环境和教育并未受到影响；这样的氛围让他们能够全身心地投入英国的生活并保持爱尔兰的特征。

20 世纪 60 年代的体力工作中，存在所谓的"英国雇主和工作伙伴对爱尔兰人典型的矛盾态度"。一方面，不存在将爱尔兰人排除在外的职业，且他们的劳动在某些方面几乎是必需的。另一方面，对他们的质疑主要与其报酬的比例相关。有人认为"爱尔兰劳动力"已将"社会阶梯上推一至二个等级"，这是"有色人种移民持续大量涌入"的结果，这类移民使爱尔兰成为"公认的"劳动力原产国。一些中产阶级认为，假如爱尔兰人需要，他们能在不放弃个人民族认同的情况下要求自己在英国社会的平等地位。但是在体力工作其他职业中，由于对爱尔兰工人负面影响和误解的存在，足以促使两个国家的官员对其采取措施。

1968 年，爱尔兰劳动部部长提出，有人认为迁移出境应该禁止，但这又是不得不面对的现实，即爱尔兰无法为那些出国务工人员提供足够的就业机会。他说高学历人才是"为移居国外做准备"。除努力在爱尔兰创造新的就业机会以外，劳动部还想方设法保证"教育程度较低的男孩女孩"能够获得较好的工作机会，但恰恰是这群人被迫外出去英国务工。

1969 年，爱尔兰劳动部的大臣和英国就业与生产部门的常设政务次官及其他官员举行了一次会议。会议注意到"两个国家教育资格证之间缺乏同步"导致了一些混乱，使爱尔兰出境至英国的移民难以知道他们所获的资格证在这里究竟适合什么工作。会议同意考虑"一份简便对照表"的可行性，通过这个方式，两国相似的资格证能够被互相认可。会议还提出了因下列现象而导致的其他问题：爱尔兰政府阻碍移居的想法——1980 年达到 5000 人的目标——同时也确定那些移民确实能够得到支持。讨论包括英国为流动的和季节性劳工提供的住房，英国私人就业机构的规则，爱尔兰职业介绍所没有完全恢复 1935 年以前的广告宣传系统中缺少的英国部分，在爱尔兰提供英国工作信息和在英国提供爱尔兰的工作信息等内容。

20 世纪 90 年代，爱尔兰和英国政府对电工、建筑工人和电影电视工作的普通培训资格证的认证进行商讨。1991 年，针对由英爱议会联盟主体就在英爱尔兰人发布的一份报告，成立就业与培训国外委员会。实现了英国和爱尔兰的就业与培训服务机构一起促进两国工人流动的目的。南北和东西之间的教育交流将促进两国对培训与资格证的熟悉，以及与较少使用证件的城市服务部门的交流计划。为了避免在英国法律允许的范围内存在公开的就业歧视，如今种族平等委员会的职责就是处理爱尔兰人的这类问题。

男性和女性在北爱尔兰的情况不同，自治政府在 20 世纪 30 年代和 40 年代试图控制（而非禁止）对"天生的英国公民"的招聘。有一个例子，一家北爱尔兰的医院为一位爱尔兰籍医生准备好的合同申请被取消了。但在其他案例中，北爱尔兰或英国优秀候选人的缺失意味着良好的有资格的爱尔兰求职者能应聘到公共职位，如兽医检验、设计师、工程师、牛奶经营者和检验者及房屋普查员等。但为了控制来自爱尔兰共和国和英国的移民，具体的门槛条件依然存在。

第二次世界大战开始，在南方工资封顶环境下的相关工业（包括机场建筑）和北爱尔兰参加英国军队志愿者的离开，使得一些因素导致北爱尔兰劳动力市场要求增加，对其需求亦在增加，如建筑业中增加的工作等。北爱尔兰内政大臣要求更严格的控制力，但这些都被拒绝了。1942 年后期，人们接受了这样一种说法：南方"渗透"的程度已经高到足以引起安全危机，应该制定更严格的章程，包括驱逐出境，以控制所有除 1940 年 1 月 1 日前入境的爱尔兰人。1944 年，北爱尔兰劳动部长也注意到，"阿尔斯特服务员和工人，通过服务国家事业为自己赢得了使其在劳动市场免受联合王国外部竞争的权利"。

1945 年，"阿尔斯特感觉到爱尔兰的中立"并未引起任何麻烦。但是这存在着适合大众的大量职位——尽管如今有大量的失业现象和退伍人员即将回来。战争结束后，北爱尔兰政府重申早前的观点：战争时期的支配权也许得再延长一段较长的时期。这一法令规定英国对出境移民负责。修订法令将引起极大的争议，因为它允许"北爱尔兰政府驱逐国内的英国常住居民"，允许"北爱尔兰政府驱逐爱尔兰人（在英国法律中仍是英国公民）"。人们建议以一项与保护法规相似且暂时性的议案取而代之。

1946 年 11 月，为居留和就业目的而向英国政府谋求多种进入北爱尔兰方式中的一种授权得到同意。1947 年相关就业安全保障法案在北爱尔兰的议会被通过。直到 1996 年，联邦公民才能够在英国内政机关和北爱尔兰的内政机构谋求职位。在较高程度上，爱尔兰公民能够在前者而非后者谋求职位。1991 年后，北爱尔兰未被豁免的工作机会对爱尔兰国民重新开放，与此同时仍保持他们在英国享有的各种类型工作的权利。但联邦公民和爱尔兰国民在英国享有的工作机会（联邦公民在北爱尔兰内政部）仍然被否认，而这些机会对欧盟和欧洲经济地区的公民开放。1996 年，在修订的文职管理条例中取消了特殊职位限制。

虽然英爱两国在持续的有关两国公民相互享受工作权利的问题上有

所分歧，甚至多次有议员提议修改国籍法等，但问题并没有得到完全解决。有人认为，国籍条例已经跟不上时代发展步伐，目前的规定依然不公正地对待特别是爱尔兰共和国和联邦地区的人民，这意味着 9% 的伦敦人，或 35 万人没有资格应聘行政工作。例如，北爱尔兰的一个法院在针对都柏林出生但在北爱尔兰居住了 26 年的女士的诉讼案件中，坚持遵守目前的法律条文。该女士目前在公平雇用委员会和人权委员会工作，她已经接到了北爱尔兰警务部检察官的用人通知，但却因她已面试了公共监控局的另一个职位而延误。财政人事部撤销了这一选择，因为北爱尔兰政府部门已经对这一职位做出要求，必须是英国国籍。2005年 2 月 24 日，她的司法审查的要求被推迟。

欧盟和爱尔兰、英国在"谁获准入境"的移民政策上有相似的地方，但是，英爱两国在某些方面还是有所不同。英国因长期就业而移居的"普通"移民比爱尔兰的要特殊，移民和寻求庇护者在英国通常被视为一个特定的群体，在爱尔兰则没有。英国的移民，是那些因就业或家庭团聚的原因而申请居住在当地的人。这样的人可能要求永久居住的权利并可能选择归化。在爱尔兰，从欧洲经济发达地区以外通过正常方式入境的移民非常少。按照规定个人申请者无权获得工作许可证，但每年实际申请的求职者却可以得到。进入爱尔兰寻求庇护及非法的移民数量在 20 世纪 90 年代剧增。在 1999 年年底，爱尔兰估计有 2000 名非法移民。庇护申请从 1992 年的 32 人增至 1998 年的 4626 人。

爱尔兰政府非常关注劳工短缺问题，有人认为，这一问题只有通过改变移民政策和对寻求庇护者采取积极的方式才能解决。主要的工人社团和工会也呼吁寻求庇护者能够有偿就业。1999 年 7 月，爱尔兰政府宣布，符合条件的寻求庇护者可以获得工作机会，将工作签证在有限的基础上发放给欠发达国家和其他非欧盟国家的人。此后，爱尔兰政府将政策逐步落实，希望到 2010 年引进高级人才的数量达到 6800 人。

目前，在爱尔兰共和国"岛外出生的人口"占当地劳动人口数量的8%。迁往北爱尔兰和在北爱尔兰定居的人包括来自巴西和葡萄牙说葡萄牙语的人，以及东欧、南亚、菲律宾、加勒比海和非洲等地的人。在南爱尔兰，移民多来自亚洲、非洲、美国和其他欧盟国家，尤其是波

兰、立陶宛、拉脱维亚和斯洛伐克。尽管存在高风险，但人们预测到
2030 年民族多样性在爱尔兰人口中占 5%，在爱尔兰共和国占 18%。

《贝尔法斯特协议》签订后，南北爱尔兰的相关机构加强了合作，
试图确保移民和"新公民"享受到权利与就业机会平等的保护。因此，
在 2002 年 10 月，由公平署、爱尔兰工会大会及其北爱尔兰委员会、国
家种族主义和文化交互协商委员会、爱尔兰商务就业联盟、建筑工业联
盟和北爱尔兰平等委员会等组织的南北论坛在都柏林召开，目的是给移
民创造一个良好的工作环境而制定南北发展战略。

2004 年 2 月，北爱尔兰平等委员会、北爱尔兰人权委员会、爱尔
兰国家种族和文化交互协商委员会和公平署在贝尔法斯特举行了一次圆
桌会议，目的是向英国和爱尔兰政府提倡推行他们的国家反种族歧视行
动计划——两国在 2001 年世界种族主义大会的德班宣言做出了承诺，
为实现双方计划的北爱尔兰共同章程而努力。

跨界就业是一个十分复杂的现象，涉及国籍、公民权利、法律法
规、国家关系、历史传统、学历资格、市场供求等一系列的问题，绝不
简单是一个经济问题。由于爱尔兰与英国长期形成的复杂历史关系，在
政治、经济、文化、教育、法律等各个方面都有所表现，因此两国之间
也制定各种复杂的法律政策，试图更好地解决两国之间的跨界就业问
题。在克朗内尔斯田野调查期间，笔者已经感受到了两国之间良好的跨
界就业环境，因为小镇边界两侧的居民完全可以跨越边界自由就业。在
当下全球化移民浪潮中，跨界就业已经成为几乎所有发达国家都面临的
问题，爱尔兰经验值得重视。

边界的意义

"在某种程度上，我们关注的国际边界人类学，是对自 1989 年以来
这个世界经历的许多惊人变化的回应。"[1] 20 世纪 80 年代末 90 年代初，

---

[1] Hastings Donnan & Thomas M. Wilson, *Borders: Frontiers of Identity, Nation and State*, first published in 1999 by Berg, Oxford/ New York, p. 2.

伴随着苏联的解体以及巴尔干地区出现的民族冲突，一些新的民族国家在苏联和前南斯拉夫的地理范围内进行了现代民族国家再构建。这种构建由于是在原本独立的主权国家内部进行，因此导致了两种结果：一是毁坏了原本存在的独立国家的传统边界，创造出了新的国家边界，并引起了所谓新的民族国家与原有国家以及新的民族国家之间一连串的地区或族群冲突；二是原有的多民族社会，出现了民族社会分裂现象，一些人口较多的民族试图以民族为界线，分割传统社会以及地域范围。而分割的结果是原有的问题并没有得到根本解决，反而出现了大量新的跨国民族现象及其问题，并埋下了新的冲突的种子。在这种所谓的民族国家重构的大背景下，不同的并不纯粹的所谓民族集团把过去一个国家内部的一些地理界线，界定为新的国家边界，而新的边界依然不能沿着真实的民族文化界线划分，因此，现代国家的"边界"研究在人类学研究领域开始再次受到了普遍的重视。事实上，人类国家边界的划分经历了两次大的变革，第一次是威斯特伐利亚和约签订之后的民族国家体系构建形成的边界，第二次就是对于第一次构建的破坏和再构建。显然，边界不仅仅是现代国家领土的政治的界线，它在跨国民族文化空间、社会空间等方面都具有特殊意义，需要我们给予足够的关注和研究。

面对以上现象，我们不禁要问，边界究竟是什么？谁在设定边界？边界意味着什么？边界将永远存在吗？

显然，边界有多种多样，边界并不是人类独有的专利，动物会设定边界，植物也会有自己的边界。边界是随着时代变化而变化的一个十分宽泛而复杂的概念，但是在这里我们只讨论现代国家边界。

古代的人群与人群之间，由于人地关系的宽松，彼此的边界模糊不清，弹性较大；而进入近代以来，尤其是以西方人主导的威斯特伐利亚体系构建之后，整个世界进入现代国家之后，世界上的每一寸土地都被国家瓜分完毕，而随着人口数量的增长，资源的消耗，使得现代国家边界的划分日益精细。如此说来，这里要讨论的现代国家边界，应该是一个常识性的问题。当然，最合理的解释就是现代国家边界代表着利益的分割，越来越"寸土必争"的国家争端，其背后也是越来越精细的利益分割，附带着还有土地之上的人们的尊严问题。那么现代国家边界究

🌺 五 边界 🌺

竟是怎样的？

　　边界是铜墙铁壁吗？边界是大山、河流等自然屏障吗？是隔离墙、铁丝网等人为界线吗？但无论自然屏障还是人为界线，它都阻断不了飞鸟、动物、风、浮云、疾病的自然流动，尤其是人心的所向。显然，国家边界是一种权力的界线，它可以赋予空间、社会、文化以新的意义，它阻挡的是有特定国民身份的人，与文化民族无关，与政治民族有关。边界是一个特定的地理界限，对内来说它是边缘，对外来说它是前沿，它可以是天然屏障，也可以是人为界线。

　　边界是一个分割器，它可以分割土地、海洋、天空，也可以分割社会、民族、甚至文化，更重要的是它可以分割人心、人的精神。边界将自然界连续的自然空间分割为异质的国家政治空间和社会文化空间。边界不仅有分割的功能，同时也有联结的功能，它一方面阻隔边界两侧的联通，同时又是联系边界两侧人们的纽带和桥梁。

　　边界出现的初衷，其实意味着分隔与阻断，意味着独占与支配，但从人的热爱自由的本性来说，边界必然会受到来自各种追求自由力量的挑战。边界也意味着规则、治理，没有边界的社会存在是难以想象的，而冲破边界、破坏边界的力量几乎在每一个人类发展时期都或强或弱地存在着，这似乎就是人类社会普遍发展中处处存在的不可或缺的矛盾规律。

　　曾经与有关学者讨论边界问题，有人说曾看到自由奔跑的黄羊被边界铁丝网阻断而撞死，他不禁自问"为什么要有边界？为什么要设隔离的铁丝网？因为动物和人的天性都是追求自由的，而动物更加不知道人类的游戏规则，只能按照自然的天性自由往来"。实际上，这个问题也一直在我心中萦绕。"对我来说，边界已经不仅仅是一个物理空间或地图上的一条线。它也是一种精神状态。作为英国人、爱尔兰人和北爱尔兰人所有的模糊、矛盾和困境都聚集在这里。因此，对我来说，这是一个既有机会又有乐趣又有恐惧的地方。"[1]

---

① Edited by Paddy Logue, *The Border: Personal Reflections from Ireland, North and South*, Oak Tree Press, Dublin, 1999, p. 36.

古代社会，边界地区模糊不清，人民自由往来。但到了近代社会特别是现代国家社会出现后，国家社会的边界得到严格规定，边界线两侧的人民是否能够自由往来，完全受制于国家。这一点从爱尔兰个案可以得到很好的解释：20 世纪 20 年代，英爱划分边界，爱尔兰南北两边的人民自由往来受到了限制。20 世纪 70 年代，边界两侧更是戒备森严，边界即刻成为屏障，两国的边民很少往来，边界一线设置了各种关卡，任何跨越边界的行为都十分危险。而 1998 年后，随着《贝尔法斯特协议》的签订，英爱两国关系改善，英爱边界又成为一条纽带和沟通的桥梁。显然，国家边界是屏障还是纽带，完全由国家意志掌控，边民只能是被动的接受者或者是主动的破坏者。边界是开放还是关闭，是由国家利益的需求而发生变化的。

笔者在多年的跨国民族研究中，一直把国家边界及其附近的民族社会空间作为自己的关注区域。我们在东方国家大多实行的单一国民身份，与一些西方国家实行的双重国籍制度不同。单一国籍使得国民不能随意跨越国界，而双重或多重国籍却使得国民能够无限制跨越相关国家的边界。爱尔兰的情况就是如此。那么双重国籍是否会影响到国民的忠诚度，是否会带来国家社会的不稳定等，这些都有待于我们进行更加深入的研究。但是，爱尔兰经验已经为我们展示了它的存在的优势以及为国民带来的福利。"我们爱尔兰人之所以认为自己的国家比其实际领土面积更大的原因之一是'爱尔兰人'这个概念早已不再局限于地缘政治学所界定的单一民族国家的范畴。……既然民族国家的领土边界已不足以界定'爱尔兰'，那么'爱尔兰人'这个词又包含了怎样的丰富含义呢？……目前，12% 的美国人、14% 的加拿大人、9% 的澳大利亚人声称自己拥有爱尔兰血统。10% 以上的英国人至少父母一方是爱尔兰人。……爱尔兰宪法规定，任何人只要能证明他/她的父母或祖父母有一方出生于爱尔兰就有权申请爱尔兰国籍。由于这个规定，尽管爱尔兰共和国目前的人口只有 400 万，却可以号称其实际人口是这个数字的 20 倍。"①

---

① ［爱尔兰］杰鲁莎·麦科马克：《以中国眼光审视爱尔兰》，王展鹏主编：《中爱关系：跨文化视角》，世界知识出版社 2011 年版，第 149—150 页。

五 边 界

爱尔兰边界的产生，最先是从试图摆脱英国的殖民统治开始的，并不是要将爱尔兰岛从中间分割，更不是进行文化或族群分界。然而，事与愿违，最终的结果却是爱尔兰岛被人为地一分为二。

荷兰学者赫斯林格（Dr. M. W. Heslinga）从 1959—1961 年多次到访爱尔兰，实地徒步考察了南北地区，最后完成了《作为文化界限的爱尔兰边界》（*The Irish Border as a Cultural Divide*）这部著作。如果仅从书名看，以为作者只是从文化的角度论述了边界的分割，其实，作者还从社会经济、精神、历史等多方面进行了论述。作者并没有简单地下结论，而是认为"无论如何，明显的土地边界可能是精神的分界，但并不是在各个方面表现出文化的分界"[1]。应当说荷兰学者著作中的许多观点，即使现在看来也没有过时，但经过近半个世纪的时空变化，爱尔兰已经发生了巨大的变化，尤其是在政治领域。

从欧洲的文艺复兴一直到美苏争霸的冷战结束，人们总是依据 1648 年《威斯特伐利亚条约》体系来描述和构思一个领土世界。国家在其国境内保障属民的安全。而这一切，在今天的世界已经悄悄发生了变化，主权国家边界已经受到诸多因素的侵蚀，国界不再完全处于有效的主权控制之下。当我们严格遵循西方制定的规则构筑边界时，西方世界却在努力实现一个统一的欧盟，正在悄悄构建一个开放国家边界的后威斯特法利亚体系时代。西方的一些学者已经开始深入讨论边界文化和民族国家危机了。[2]

自从《申根协定》签署后，欧洲人似乎都感觉到了大欧洲的好处，取消边界检查制度，相互开放边界，人民自由流动。显然，大欧洲实践给了老百姓实实在在的好处，至少人们能够自由旅行，在没有边界检查的条件下遍享欧洲风光。"边界应该是一个没有威胁的限制。它不应该用巨大的防御工事来加固，也不应该被看作是地图上的一道难看的伤疤。它应该是两个邻国之间符合逻辑的划分，也应该是两国人民改善关

---

[1] Dr. M. W. Heslinga, *The Irish Border as a Cultural Divide*, Van Gorcum Assen, The Netherlands 1979, p. 81.

[2] Hastings Donnan & Thomas M. Wilson, *Borders：Frontiers of Identity*, *Nation and State*, first published in 1999 by Berg, Oxford/ New York, p. 151.

系增进互利的连接线。"①

边界存在的意义是什么？我们是努力维护现有的边界，还是努力冲破现有的边界？这是一个事关现有的世界性国家体系未来走向的问题，也是一个事关人类社会未来发展的大问题，需要全人类共同关注。毫无疑问，现有的边界是一种国家权力象征的符号，它的意义是由制造边界的国家来定义的，它的功能也是由制造边界的国家来限定的。边界的刚性和弹性，以及国民穿越边界的自由度，都是由国家政策的灵活度所决定的。爱尔兰与英国的边界现状，似乎给了我们一些值得参考和借鉴的东西。

---

① Edited by Paddy Logue, *The Border: Personal Reflections from Ireland, North and South*, Oak Tree Press, Dublin, 1999, p. 25.

六

多数派与少数派

　　"爱尔兰的三大宗教组织分别是罗马天主教会、圣公会和爱尔兰长老会。罗马天主教会拥有爱尔兰 77% 的教徒。圣公会实际上是英国政府设立的基督教组织，其教民占爱尔兰 530 万人的 12%，爱尔兰长老会占 9%。爱尔兰长老会成立于 17 世纪，是基督教的一个重要分支，发端于马丁·路德（Martin Luther）的宗教改革运动。"① 这段文字虽然描述的是 20 世纪早期的情况，但我们可以看出，罗马天主教会代表着多数派，圣公会和爱尔兰长老会只是爱尔兰社会新教团体中很小的宗教组织。

　　"爱尔兰是不列颠诸岛中唯一的一个不时地把它的居民信奉宗教的情况登记造册的地方，除了极少数人外，所有的人都提供了所要求的情况。第一次的宗教徒统计在 1861 年，自该年以来，天主教徒与新教徒的相对比例一直是三比一。"② 关于爱尔兰社会为什么会分裂为多数派和少数派，这跟英国的新教改革直接相关，后来造成了罗马天主教与新教两个不同信仰集团之间形成了多数人和少数人之分。然而，对于罗马天主教和新教，我们究竟了解多少，他们彼此之间的隔阂究竟怎样？除了罗马天主教和新教，我们更多地还了解什么？这些都需要我们对相关

---

　　① ［爱尔兰］马克·奥尼尔：《闯关东的爱尔兰人：一位传教士在乱世中国的生涯（1897—1942）》，牟京良译，生活·读书·新知三联书店 2013 年版，第 27 页。
　　② ［英］T. W. 弗里曼：《爱尔兰地理》，上海师范大学《爱尔兰地理》翻译小组译，上海人民出版社 1977 年版，第 135 页。

的宗教派别有更多的了解。

基督教作为一个世界性的宗教，其产生发展的历史背景相当复杂，其在传播过程中的社会影响力也不尽相同。对于爱尔兰的宗教问题分析，我们常常以为在做自我判断，实际上，我们正在被巨大的外力所控制。

罗马天主教

在爱尔兰社会，多数派指人口数量占绝对优势的信仰罗马天主教的信众。从现实的爱尔兰共和国看，其绝大多数人口信仰罗马天主教；从整个爱尔兰岛看，其人口结构中绝大多数也是信仰罗马天主教。因此，在爱尔兰岛罗马天主教徒被称为多数派。

众所周知，天主教（Catholicism）又称大公教会（Catholic Church），语源为"天下为公"的公，是主张大公主义的基督教三大教派分支之一，也是强调普世性的宗徒继承教会。

公元 1 世纪圣伯多禄（St. Peter）（彼得）建会，后与其弟安德肋（St. Andrew）（圣安德鲁）分治罗马教会与东方教会，担任共同的名誉领袖。公元 4 世纪教会合法化，继而成为罗马帝国国教会，改用现名。其主体是初代教会中心圣座（梵蒂冈）教宗指导的拉丁派与东仪派教会；还有一些独立或小众的泛宗座缺出论的老派、宗徒派、开明派，以及自治的本土化教会。广义的天主教还包括正统大公教会（东正教）、神圣大公教会（英国国教）等衣带教会。事实上，罗马天主教与英国新教同属一个宗教渊源。

公元 30 年，圣伯多禄（彼得）建立了最早的教会，相传是基督宗教创始人拿撒勒的耶稣（Jesus）将基督在世代表的权利神授予了这位最年长的宗徒（使徒），又叫他将教会建在磐石上。

公元 33 年 4 月 1 日，耶稣被钉死于十字架。相传三天后，伯多禄等人见证了耶稣的复活和升天。在这之后，伯多禄成了实际上的继任者，带领着其他门徒继续完成耶稣的事业。

公元 313 年，罗马帝国西部皇帝君士坦丁一世（Flavius Valerius Aurelius Constantine）在米兰发布"米兰敕令"，宣布基督信仰可与所有其他宗教同享自由，不受歧视。从此基督信仰成为官方认可的合法宗教。

公元 380 年，罗马帝国皇帝狄奥多西一世（Theodosius Ⅰ）颁布《全民宪法》，将首任罗马主教兼教宗伯多禄以及后续历任罗马主教传承的理念，定义为国家宗教信仰及基督教义。

公元 381 年，君士坦丁堡大公会议颁布《尼西亚及君士坦丁堡信经（尼西亚信经）》，其中包括"我信唯一、至圣、至公、从宗徒传下来的教会"信条；帝国官方确认罗马教会为最高教会，拥有神圣性、宗徒继承的正统性，以及普世性的"大公"地位。自此以后，罗马教会以"唯一真正的教会"的定位，以及《宗徒信经》提到的圣而公教会，正式冠名为"大公教会"。

公元 395 年，由于罗马帝国分裂为东西两个帝国，彼此政治上各自为政，文化上存在差异，最终导致东罗马帝国教会另立门户成立东正教会。1054 年，东西方教会正式分裂，以希腊文化为主流文化的东方教会，以拜占庭（君士坦丁堡）为中心，称其信仰是正统的，于是自称为东正派。以拉丁文化为主流的西方教会，以罗马城为中心，称是普天下的大公教会而成为天主教。

16 世纪，宗教改革运动兴起。在公元 1517 年，天主教奥斯定会的马丁·路德神父"另立门户"，由天主教分离出去成立新教。天主教一方面发动了与之对立的反宗教改革，加强教廷权力，整肃教会纪律，同时成立耶稣会等组织，深入社会各阶层加强天主教的活动。宗教改革可谓是欧洲人世界观的一大革命，原来统一的精神世界分裂成两个势不两立的教派，甚至彼此兵戎相见，直到 1648 年威斯特伐利亚和约确立"信仰自由"原则，欧洲的宗教战争才得以结束。

18 世纪，在启蒙运动和理性主义的影响下，欧洲一些国家如法国、葡萄牙、西班牙等，对罗马教廷的离心倾向日益增强，1809 年拿破仑将教皇国并入法国版图。直到 1929 年，庇护十一世和墨索里尼（Benito Amilcare Andrea Mussolini）签订拉托兰条约，教宗拥有独立的梵蒂冈城国的主权方被正式承认。

在 20 世纪，面对世界发生的重大变化，天主教一方面在其内部反对现代主义神学，另一方面也逐步改变僵硬立场，提出了革新和对话的方针，谋求与基督宗教各派及社会各方面进行合作。

1962 年 10 月 11 日由教宗若望二十三世（Saint John XXIII）召开，1965 年 9 月 14 日由次任教宗保禄六世（Paul VI）结束的第二次梵蒂冈大公会议指出："如果天主教会应该为过去教会的分裂承担责任，那么天主教会将会谦逊地呼求天主的宽恕。如果天主教会曾经开罪过其他非天主教的弟兄，那么天主教会也会求他们宽恕。另一方面，天主教会也会诚心地宽恕所有开罪过天主教的人。"会议也强调天主教要跟上时代，随后在教内进行了一系列改革，并对外采取开放政策，主张与天主教以外的基督教各派以及其他宗教和不信宗教的人们对话。会议之后，天主教在神学上打破了以往权威主义和教条主义的禁锢，使神学出现了多元化和世俗化的现象。

1965 年 12 月 7 日，天主教和东正教彼此废除了加给对方的绝罚，在罗马和东方的法纳耳（Phanar），双方同时宣读了相互宽恕书，取消了 1054 年两教会对对方判处的绝罚，使基督教东西两教会合一的希望成为可能。大会草案指出："天主教本身也需要认错和悔改，并重视分离弟兄所拥有的真理、成圣方式和福音价值。"会议的目标是："革新教会和渴望与分离弟兄们的合一。"第二次梵蒂冈大公会议《教会草案》中清楚说明："基督是天主与人类间唯一的中保，圣母中保的角色完全隶属于基督。"

从以上内容我们可以看出天主教产生发展的基本线索。实际上，天主教是一个体系庞大的宗教团体，但是，如果只就爱尔兰情况而言，爱尔兰的多数派只是天主教中的一个支系——罗马天主教会。

早期的天主教特指罗马天主教会（罗马大公教会），或第一次尼西亚公会议以后至宗教改革以前的基督宗教；实际包括所有大公教会（天主教会）名义的宗教团体。所谓"大公"，可以理解为普世价值的、普遍接受的、属于大众的，该词源自早期基督宗教安条克教会第二任大主教伊格纳丢（Ignatius）提出的"耶稣基督所到之地，是为大公教会"的主张，也就是一个整体的教会，信仰与学说完全的统一，且完整地传承。不过，各支派最重视的还是教会的"正统性"，而不是"普世性"。

天主教教宗（教皇），为天主教会最高领袖。首任教宗为耶稣十二门徒之首圣伯多禄。当选后终身任职，不可罢免。教宗领导的天主教会是世界上信众最庞大的宗教教派，从罗马帝国开始以致影响欧洲及世界文明发展至今，又因其驻地在罗马，所以又称罗马教宗。教宗其完整头衔为："罗马主教、耶稣基督代表、宗徒长之继承人、普世教会最高教长、意大利首席主教、罗马教省总主教及都主教、梵蒂冈城邦元首及天主众仆之仆"。

天主教会的组织形式严格集中。它重视教阶制，教阶制分为神职教阶和治权教阶。天主教严格规定神职人员不得结婚，与俗人有明显界限。修会由信徒组成，会士须发神贫、贞洁、服从三愿，并过集体生活。除教宗之外，公会议也具有至高权威。公会议由教宗主持召开，代表为世界各地区的主教。重要修会、修院领导人及著名神学家、教会法专家也常应邀参加。天主教第一部完整的教会法令是 12 世纪中叶的《格拉蒂安教令集》。16 世纪时，《教会法大全》问世，20 世纪初又修改简编为《天主教会法典》，1983 年，又颁布了更为简明的新《天主教会法典》。

天主教信奉天主和耶稣基督，并尊玛丽亚为圣母。教义统一，基本教义信条有天主存在；天主永恒、无限、全知、全能、全善，他创造世界和人类，并赏善罚恶；圣父、圣子、圣神三位一体、道成肉身、圣子受难，复活升天，末日审判等。天主教认为教会为基督所创，乃基督之身，人只有通过教会才能获得拯救。早期天主教主要根据亚历山大派神学及奥古斯丁神学解释教义，13 世纪后，托马斯·阿奎那（Thomas Aquinas）的神学体系逐步成为官方神学。20 世纪后，新托马斯主义、超性托马斯主义也被用来论证天主教的信仰和教义。天主教把耶稣的诞生、死亡、复活、升天、圣母的升天都定为节日，记于专门的教历之上，每逢这些节日要举行以弥撒为主的仪式。又设有圣洗、坚振、圣体、终傅、告解、神品、婚配七项圣事。

截至 2010 年，世界各国的罗马天主教信徒十一亿六千六百万人，是直接接受罗马指导的信众；因为同时使用罗马礼仪（拉丁礼仪），所以又称拉丁教会。也是基督宗教世界里最大和最统一的宗派，占基督徒总人口的二分之一。

新　教

新教（Protestantism），学术名更正教，新教即基督教新教，汉语意为"基督教的新教会（churches）或新教派（denominations）"；或根据德、英、法等欧洲宗教改革中心地区主要语言中对应单词的原意译为抗议宗、抗罗宗、反罗宗、反对教、誓反教、更正教、改新教等，也经常被直接称作"基督教"。是基督教继天主教、东正教后的第三个教派分支，也是16世纪宗教改革运动脱离罗马天主教的一系列教会与18世纪大觉醒运动之后一系列教会的统称。语源为异见者（Protestant）。原指1529年神圣罗马帝国举行的帝国议会中的少数反对派，该派诸侯对于会议通过支持天主教压制宗教改革运动各派的决议提出了强烈的抗议，后即以其泛称宗教改革各新教派。它的三个主线宗派是马丁·路德（Martin Luther）领导的路德宗（信义会）、慈运理（Zwingli, Huldrych）及约翰·加尔文（John Calvin）领导的加尔文宗（归正会）、亨利八世（Henry Ⅷ）及伊丽莎白一世（Elizabeth Ⅰ）领导的安立甘宗（圣公会）。

这些教派比较一致的观点是反对罗马教皇对各国教会的控制，宣称《圣经》为信仰的最高原则，不承认教会享有解释教义的绝对权威，强调教徒个人直接与上帝相通，不必由神父做中介，由于新教徒对公教的抗议态度，因此被称为protestants。

根据2010年统计，新教所有四万个大小宗派的基督徒超过八亿八千万人。主要包括普世信义宗（Lutheran World Federation）七千万人、普世圣公宗（Anglican Communion）八千万人，普世归正宗（World Communion of Reformed Churches）、普世浸信宗（Baptist World Alliance）、普世循道宗（World Methodist Council）等改革派三亿七千万人；还有一些独立和小众的路德宗、安立甘宗，以及广义的加尔文宗（改革派）教会。

具体来说：路德宗（Lutherans）是经德国宗教改革家马丁·路德

（Martin Luther）改革而形成的教派。在信仰问题上，路德宗主张自主自治，反对教会的思想和行政控制，强调"因信称义"（justification by faith）的教义，即人在上帝面前得到救赎，不被定罪，得称为"义"，全凭内心的真正信仰，而不在于遵行教会规条，故又称"信义宗"。

加尔文宗（Calvinists）是由法国宗教改革家加尔文（Jean Calvin）在瑞士进行的改革而形成的教派。该教派主张由教徒推选长老（Elder）管理教会，因此又称为长老会（Presbyterians）。加尔文认为，谁被上帝救赎，谁被弃绝，全由上帝预定，只有上帝的"选民"（chosen people）才能得救，并产生信心而称义，只有自律、节俭、辛勤工作才能赢得上帝的恩宠和挑选。这种观点为最初资本主义精神的形成奠定了基础。加尔文宗在荷兰、德国被称为"归正会"（Reformed Churches，意即经过改革而复归正确），在法国被称为"胡格诺派"（Huguenot），在苏格兰被称为"长老会"，在英格兰被称为"清教徒"（Puritans，该词源于拉丁文 purus，指"清洁""纯净"）。

圣公会（Anglicans）在宗教改革时期形成于英格兰，在英格兰被称为 the Church of England，传入美国后被称为 Episcopal Church。16 世纪早期，英王亨利八世（Henry Ⅷ）以教皇不准他离婚为理由，实行摆脱教皇控制，夺取教会财产的改革。后又通过法案将英格兰教会立为国教，以英王为最高首领，并以坎特伯雷大主教（Archbishop of Canterbury）为名义上的领袖。圣公会只是不再服从教皇管辖，在教义和礼仪上与公教区别不大。

此外新教还有下列一些教派：福音会、清教会、卫斯理宗、卫理公会、循道公会、浸信会、公理会、福音派、布道会、宣道会、灵恩派、五旬节会、神召会、基要派、再洗礼派、门诺会、贵格会等。

基督教自罗马时代由中东传到欧洲，而在罗马帝国衰亡后，成为欧洲中古时期"神权政治"的基础，当时的教皇拥有绝对的权威，教堂通常矗立在城镇或村落的最中心，教会的神职人员掌管着所有居民有关出生、受洗、结婚、死亡和灵魂得救的"大事"，而人民则以税捐供养他们。教会的组织有如金字塔，教士僧侣们以拉丁文阅读经书，一般人温驯地听道、做弥撒，等待天国降临。教会享有的种种特权导致腐化堕落，并成为宗教改革的导火索。

公元 1517 年 10 月 31 日，马丁·路德不满当时教会的行径，在维腾堡（Wittenberg）大教堂门口张贴《九十五条论纲》，抨击教会出售赎罪券的措施，大胆向教皇挑战，波澜壮阔的宗教改革运动由此拉开了序幕。

1520 年，路德当众焚烧教皇革除他教籍的谕令，而在诸侯贵族与市民阶层的支持下，运动迅速扩展。他的改革主张包括：反对罗马教皇对各国教会的控制；反对教会拥有地产；尊《圣经》为信仰的最高准则；不承认教会有解释教义的绝对权威，强调教徒个人直接与上帝相通，不必经由教会或神父中介等。拥护路德的人，由于是"抗议"天主教会的不公道而另起炉灶，因此便被称作"Protestantism"，中文译为"基督新教"或"新教"，以与尊奉罗马教皇的"旧教"相区别。新教强调因信称义、信徒人人都可为祭司和《圣经》具有最高权威这三大原则。

18 世纪，资产阶级在欧洲取得全面胜利。在思想和文化上的表现是崇尚理性、自由，对一切旧体系采取批判的态度，故称启蒙时期。这时期新教出现了一批哲学家，如德国的莱布尼兹（Gottfried Wilhelm Leibniz）、康德（Immanuel Kant），英国的洛克（John Locke）、休谟（David Hume）等。他们运用唯理主义哲学对基督教信仰和神学作了新的论证和解释。他们提倡自由思想和宽容原则，企图在信仰和理性之间做出某些调和。洛克的《论宗教宽容——致友人的一封信》，就是其中的代表作之一。同时，英国的自然神论和广涵主义，德国的唯理主义神学，以及荷兰的阿明尼乌主义（Arminianism），都对 19 世纪新教神学的发展具有重大的影响。这一时期，还出现了一些新的宗派，如英国卫斯理（John Wesley）兄弟创立的卫斯理宗。这些教派重视信徒的灵修生活，在组织和仪礼上较自由灵活，后传到北美，有较大的发展。

19 世纪欧洲的新教，在启蒙时期唯理主义的冲击下，把宗教看作一种感情的产物，强调个人宗教经验的重要性。稍后，在黑格尔（Georg Wilhelm Friedrich Hegel）历史哲学的哺育下，出现了一批神学家，对传统信仰和早期基督教发展史做出新的解释。自由主义神学强调人的价值和自由，在保存道德价值的前提下，主张调和宗教和科学，信仰和理性，提倡社会改革，用改良代替革命。还有一部分人，在社会革命的浪潮中，企图把基督教的信仰和伦理思想同社会改革结合起来，提出了"社会福音"的主张。

20世纪西方世界出现各种危机，特别是两次世界大战，使自由主义神学面临绝境。代之而起的是新正统神学。它强调人的堕落和罪性，宣告历史决非人力所能扭转，人类只有通过否定自己，完全顺从上帝的旨意，用"上帝的话"作为审判的依据，才能得救。它声称这是回到路德和加尔文的正统教义，上溯到奥古斯丁和保罗的福音真谛。第二次世界大战后自由主义神学的统治地位为新正统神学所取代。此外，20世纪初，美国新教还出现了一股反理性主义思潮，称为基要主义，与调和信仰与理性的现代主义相抗衡。基要主义主张必须接受耶稣为童贞女所生、肉身复活、十字架代赎、基督复临和《圣经》每字每句绝对无讹等传统教义为信仰的基本要道。基要主义派的兴起使美国新教陷入长期激烈的争论，并导致一些宗派的分裂。此外，还有一些属于基要主义的派别和鼓动宗教狂热的灵恩派或奋兴派结合，曾在欧美出现"宗教复兴"，推动了传教运动的发展。第二次世界大战后，新教的传统教义和社会伦理思想，受到世俗主义、怀疑主义以及各种社会思潮和社会问题的冲击，主流派日益衰落，信徒人数逐渐减少，同时又出现许多形形色色新的小派别。20世纪初，新教的一部分教会曾发起普世教会运动，企图在基督教世界中协调关系，加强合作。东正教也表示支持。这个以世界基督教教会联合会为主要代表的运动，半个世纪来未能形成一个强大的核心。天主教和拥有大量信徒的一些新教非主流派教会，至今还没有参加。在21世纪新教正在向多元化和世俗化发展，已显示出重新分化组合的倾向。

爱尔兰新教中的少数派

爱尔兰新教教会表面上是一个狭隘的体系，但实际上，它的内部丰富而多样化，也是国际主义群体。例如，美以美会教徒、胡格诺教徒、贵族领主、摩拉维亚教徒，以及贵格会教徒等，都曾在博大的爱尔兰文化里留下过自己的痕迹。

宗教改革后的欧洲，对宗教少数群体、新教徒或天主教徒而言都不是个平安的地方。新教的宗教改革和天主教的反宗教改革，使中世纪晚期欧洲的王朝对抗和不安全变得更加激烈。由于信仰自由在当时是不可想象的，大多数国家对被视为是社会不良和政治不安的宗教反叛者，有着十分激烈的反应。宗教迫害的严重性首先取决于他们能感知到的威胁的重要性，但它往往会因为国外战争和国内动荡而加剧。在 16、17 世纪的欧洲，上述这种情况是常态，而不是例外。在当时和现在，国家压迫和国际战争最为显著的后果就是产生了大量被迫远离故土的人。的确，"难民"这个词第一次是被用于形容那些在 17 世纪因为无法忍受各代法国国王，尤其是路易十四（Louis XIV）而逃走的法国加尔文教徒或是胡格诺教徒的。

现代社会早期，以胡格诺教徒和贵族两个群体为代表的无数新教难民，在穿过欧洲，甚至进入了新大陆后，找到了通往爱尔兰的路。胡格诺教徒并不是在 17 世纪晚期时第一次到达爱尔兰，但是最为集中的移民潮是随着 1685 年由南特诏书（Édit de Nantes）所宣告的宽容被撤销后到来的约 10000 人。法国的损失是爱尔兰的增益，因为胡格诺教徒从法国带来了军事专业知识、流动资本、贸易圈，以及从亚麻到制帆的一系列技术。尤其是他们对威廉的橙色爱尔兰运动和亚麻业发展的贡献。而且，胡格诺教徒的后代在爱尔兰的商贸和银行、文学和建筑、地图绘制和测量的发展中扮演着重要的角色；然而，在众所周知的贡献者和所做贡献的名单中，胡格诺教徒为了获得信仰自由这一迁移的真正原因有时候会被历史遗忘。在这里他们是成功的，但也付出了很高的代价。

因为他们的产业和新教信仰，胡格诺教徒在 18 世纪初爱尔兰的新教崛起中受到欢迎。服从爱尔兰的教会能够带来利益，不服从也没有太大问题，而且和社会精英的接触是保持开放的。因此，胡格诺教徒尽管与爱尔兰人分享着共同的语言、文化和宗教，但融入更广阔的爱尔兰新教中的步伐仍是缓慢的。他们广泛实行的族际通婚限制和控制学徒仅仅是放缓同化的步伐，并不能影响最后的结果。

也许具有讽刺意味的是，胡格诺后裔进入爱尔兰教会的人，比以往其他那些加入阿尔斯特苏格兰长老会行列的加尔文教移民还多。不是所有的胡格诺会众都会服从爱尔兰教会，然而，那些人被允许保留他们过去的法国长老会的某些部分。尽管如此，爱尔兰的胡格诺教徒仍和西欧其他的胡格诺教徒一样，都不希望或不可能支持处在独特法国文化之外的第三或第四代。最后的法国教会在 19 世纪初落幕，只有那些坟墓仍保持着未被同化的最后姿态。现在生活在爱尔兰的胡格诺教徒仍不能就其建筑珍品或其法国姓氏的沿袭做出恰当的评价。然而在有限的程度上，它真正的贡献是增加了一定的爱尔兰社会活力，并由此丰富其主流文化。

另一个更小的少数族群——同样是太阳王暴政的受害者——德国贵族集团在 1709 年到达爱尔兰。在经历了由战争和经济危机引起的连续性惨祸后，821 个家庭经由伦敦到达都柏林，并在麦科立克、克立和提派累立的社区定居。这些不起眼的德国农民将这些土地置于决定性的有利条件下，这令他们的爱尔兰原住邻居感到极度懊恼。在更大程度上，相比其他在爱尔兰的宗教和少数族裔，这些贵族由于语言、文化、宗教、民间记忆、耕作方式和相对的成功而作为一个独特的人群区别于土著人口。对他们普遍在乡村闲居和热切的新教信仰的援助，后来由约翰·卫斯理（John Wesley）和美以美教徒重新点燃，贵族们通过严格实施族际通婚和任命镇长管理自己的事物抗拒同化。甚至当他们的母语在 1800 年前后消失，以及当他们经历了更大的后饥荒时代的经济一体化时，贵族们仍然保留着他们 19 世纪晚期日耳曼起源的神秘成分，直到很好地进入 20 世纪。

有一个关于这些贵族在爱尔兰的居留地的重要补遗，即大多数定居者在 1760 年有利的租赁结束后离开了他们的居留地。一些贵族在爱尔兰加入了美以美会，然后移居到北美在美国的殖民地建立了第一个美以美会教会，之后作为对帝国的忠诚，他们在加拿大也做了同样的事情。

爱尔兰作为欧洲最后的离岸岛屿和一个欧洲人前往美洲新大陆的中间"跳板"，在这样的迁移中，扮演着一个战略性的角色。

即使来自爱尔兰的贵族移民为北美的宗教生活做出了重要的贡献，

约翰·卫斯理和其他德国虔诚的团体、摩拉维亚教徒在去往美国的航船上的相遇，却给爱尔兰宗教生活带来了严重后果。卫斯理于 1738 年皈依摩拉维亚启示后，将世界——包括爱尔兰——视为他的教区，且他在 1747—1789 年对爱尔兰做了 21 次布道访问。卫斯理声称他真挚地爱着爱尔兰人，但爱尔兰人并不是总爱着他或是他巡回传道的旅行团体，蔑称他们为黑帽以及"骑士传教队"。在 1749—1751 年，当一个古怪的民谣歌手嘲弄传道者和暴民煽动者时，许可证在科克变得混乱，这导致了城市暴民反美以美会并反复对其进行袭击。这是 18 世纪英国或爱尔兰爆发的最不妥协的反美以美会暴动。幸运的是对美以美教徒的强烈反对被证明是短暂的，且在 18 世纪末美以美会在普遍的敌意中毫无阻碍地发展壮大。

当 1791 年卫斯理去世时，有约 15000 名爱尔兰男人和妇女在美以美会布道影响下再次加入美以美会。在 1770 年前，这样的增长主要出现在爱尔兰南部的城市和集镇。但自 18 世纪 80 年代渐增以来，美以美教徒在弗马纳湖区和南阿尔斯特传统的圣公会人口中极为迅速地增长。这种增长达到了 1798 年美籍爱尔兰人叛乱之后的复兴主义者的比例。在这段黑暗的岁月里，盖尔语族的美以美传教士使用他们自己的语言，"来谴责天堂对一个有罪的民族罪行的审判"。美以美会成功地在世纪之交的动荡年代里在阿尔斯特各省中招募到新会员，以至到 1815 年时，有三分之二的爱尔兰美以美教徒生活在从斯莱戈划到邓多克的界线以北，而半个世纪以前却有二分之三的人生活在此线以南。最近的人口调查所显示的新教徒集中于爱尔兰北部。

美以美会，作为爱尔兰当时最大的宗教少数群体，在 1750—1900 年的发展对社会是有贡献的。首先，它把一种新的联想的、唯意志论的和信经的宗教——源于 17 世纪大陆的虔敬主义引进爱尔兰。卫斯理的"心灵的宗教"和对神圣慈善事业的承诺，被描述成在后宗教改革时期，作为一个福音派天主教神学家，试图远离让欧洲社会陷入悲惨境地的教会分化。他的宗教社会圈——为巡回传教士服务，并对其自省、礼拜、团体和教育的精神修炼做出承诺——给爱尔兰的宗教景观带来新的一面，到这时为止，一直为预先指定社区的教会所支配。虽然相较于干扰其他教会，早期美以美会更为关注"保留遗失的"，但他们劝人信教的神谕必然被作为一个新的竞争力被引入爱尔兰宗教。然而，这是爱尔兰历史中一个悖论，即早期在爱尔兰传教的美以美传教士，是比更为欧洲化的天主教神职人员更好的盖尔族文化的保护者。

或许美以美教会对爱尔兰社会最重要的贡献是19世纪时它带给更广泛的福音派的刺激，这种刺激最初出现在都柏林地区，随后扩展到阿尔斯特等地。许多美以美会的特点，尤其是巡回布道和非体制的、自发的宗教社区的设想，被个人、传教士团体，并最终为他们教会本身所占有。至少在开始时，这些特点在"严肃宗教"里的彰显胜于在旧教会的范围和那些来自沉睡的克伦威尔时代的遗族、再洗礼派教徒和独立者，或者是他们后来所知道的浸信会教友和公理教会教徒的复兴。

1790—1820年在阿尔斯特乡村的信仰培养，使所有教派的福音传道之后，都为救赎贝尔法斯特急速增长的工业人口服务。虽然主日学校的活动，圣典和册子会，城市任务，守安息日和禁酒运动，家庭使命和内部社区探访，以及对道德败坏改过自新和提升德行的无限制组织，逐渐使成千上万的贝尔法斯特人致力于这样或那样的有组织的宗教善行。这是一种纯粹的亚文化行动主义，它使这种由其主导的新教特点流行于维多利亚时代的贝尔法斯特和阿尔斯特。不得不承认在劳动阶级里有大部分人由于自我掌控力弱，以及某些狭隘、粗糙和偏袒的善行，而对此仍无动于衷，这既削弱了这种文化的力量，也不是它的内在价值，因为许多卑微的人的生活都由每周规律的宗教活动所决定。对爱尔兰北部历史的书写没有一处能绕开对其习俗的应有重视。

1760年，初中级教育在爱尔兰作为一个整体并明显参与世界使命。至1900年时，世界上已经没有多少地方是一位爱尔兰美以美教徒未拜访过的。

即使卫斯理是18世纪爱尔兰狂热福音派贡献者外的领袖，但他并不是唯一的。一个威尔特郡的波西米亚后裔巡回传教士，在1746年到达都柏林，并很快在斯金纳巷中一个旧浸信会会议楼里建立起一个大型的宗教社会。他的目标是建立一个拥有教堂、学校、供游客住宿的小旅馆，以及供单身男女居住和工作的自我调控型的基督教社区。在早期摩拉维亚社区的确实施过两性隔离的禁令——至少持续到结婚时。摩拉维亚另一个独特面是无论最后的结果多不方便，所有的社区在做决定时都使用抽签的方式。

摩拉维亚教派通过设想出许多准寺院定居点接近福音信仰，这些定居点不仅在内在意义上，让居民能寻求实践一种规律的和仁慈的基督教信仰，同时在外在意义上可以为改变世界服务。作为这样一个小小的宗教少数群体，摩拉维亚教徒作为国际传教运动的先锋，带着他们的职责远行到诸如格兰林、南美、拉布拉多半岛和南美这些地方。在爱尔兰，格莱斯·黑尔（Gracehill）所有的乌托邦式的理想主义从未吸引到超过500人到它的社区，1850年时，非摩拉维亚教徒也被允许在这些社区附近的一些地方居住。

格莱斯·黑尔的摩拉维亚教徒虽然在教育界、精细做工和慈善中获得了很多其他的东西，却从来没有在爱尔兰实现过他们高度传播福音的愿望。但美国兄弟会的教堂仍作为一个现存的宗教传统在爱尔兰残存着。

应该已经明确的是，爱尔兰的许多族群和宗教少数群体都有自己的宗教渊源，并经历过由宗教改革和长时间的欧洲战争所引起的社会和朝代变动。其中一个最为明显的个案是，依据它的寿命、适应性和社会重要性，公谊会即贵格会继英国内战之后，在英国清教徒团体蓬勃发展之时拥有了他们的发源地。其创始人乔治·福克斯（George Fox），基本上是位先知和神秘人，他拒绝对人的层次和社会阶级的划分，因"上帝的后裔在人间"而反对宣誓、"什一税"等。这些是17世纪50代初，通过前克伦威尔时代一名士兵的努力在爱尔兰建立的。

大部分爱尔兰早期贵格会教友因为贫穷而从英国北部移民过来，但1850年时，他们则以上流中产阶级商业团体的面貌出现。相比显而易见的消费而言，作为再投资的倡导者，爱尔兰贵格会教友对现代爱尔兰商业命脉的各方面都做出了影响深远的贡献，这包括亚麻制造业、轮船业、铁路业和对外贸易。然而并不是所有的事情都是成功的；即使没有频繁的迫害，贵格会教友仍因为在18世纪时拒绝交纳"什一税"，在大联盟战争（爱尔兰称"Williamite战争"）和美籍爱尔兰人叛乱期间滥用宣布中立而常常被禁锢。他们特殊的习惯往往使他们成为被嘲笑的对象，却极少是憎恨的对象，且在 19 世纪中期，他们的社区在整个不列颠群岛都是令人十分羡慕的。

对他们英国身份的强烈意识，使得早期贵格会教友实行严格的族内通婚政策，并拒绝遵从主流人群的文化。但不可思议的是，他们的非常完整的记录显示，尽管爱尔兰贵格会和他们的英国兄弟分享相同的遗传血统和社会经济特征，却比那些英国贵格会更加符合爱尔兰饥荒前的人口统计数据。这个事实不仅暗示了复杂的力量以及爱尔兰最终出现的快速的、悲剧式的人口爆炸，而且还显示了主流文化不可避免地在那些未经同化的宗教和少数族裔中留下痕迹。

爱尔兰贵格会将很大程度上因它的慈善事业和对社会正义的关注被铭记。通过索求美国朋友的资源，他们为救济饥荒做出了与自身总数极不相符的，仍未被记录在册的贡献，而且他们还走在反奴役、禁酒运动、牢狱改造、自由贸易与和平运动的最前线。的确，20 世纪世界历史上真正残忍的行为使得和平主义曾经一度被边缘化，而和平主义正是贵格会核心信仰以及一些最必要的因素的一部分。

进一步而言，如果爱尔兰在过去的时间里，将它的宗教输出到世界各个角落，那自 1850 年之后，它通过摩门教、耶和华见证会，甚至克里斯纳教派吸收了新一代源自北美和东方的宗教少数群体。这样的宗教交流，使得爱尔兰岛具有了更多的宗教选择的可能。

爱尔兰宗教少数群体，以及与弱势人群相关的小群体为宗教或族群认同所团结。他们只占爱尔兰总人口数的极小的百分比，也并非全部都在这个岛屿的东部和海港定居。他们对爱尔兰社会和经济的影响力，超过了他们所占数字的比例却是清晰可见的。而且，在谈到更强大的爱尔兰罗马天主教文化优势时，介绍在爱尔兰的宗教少数群体在数量上的弱势也非常必要。事实证明，进入爱尔兰的少数群体发展得并不比他们在西欧其他地方同教派的人差，只是数量较其他地方少而已。

正如所有的移民，与当地人同质化的步伐和模式都取决于包括社会和地域流动、语言、族际通婚、繁衍、宗教、本土抵抗力量和社会变革速度在内的一系列因素。比如说贵族，由于他们在家族、宗教和文化上的特色，以及对小型社会和地域流动的经验，使他们同化得十分缓慢。胡格诺派通过服从已建立的教会和获得商业财富，把存在于他们传统中的强烈自尊心与主流文化相对简单的渗透相结合。一些教会，如美以美会和贵格会，虽然因为认同自己的血统而置身于影响之外，但不久也生成了他们自己的能力并创建出自己的社区。因此，立足于皈依宗教的少数族群，比那些仅立足于族群自尊心的群体展现出更强的生存能力。

必须说明，宗教改革时代许多宗教少数群体对罗马天主教信仰和国家强迫信仰带有强烈的反感。事实上，他们中的一些人都曾慎重地支持过新教的崛起，进而被爱尔兰天主教孤立。毫不奇怪的是，许多胡格诺教徒和贵族对卫斯理那源自于中欧流离失所的新教群体中的福音主义十分敏感。在 19 世纪，这种处于反对天主教解放运动的人并不罕见。过去的迫害和不公正待遇长久地徘徊在移民群体的民间记忆中。

这些少数群体对更广泛的爱尔兰文化的确切影响是不确定的。余留在阿尔斯特西北部的波塔林顿胡格诺派、格莱斯·黑尔（Gracehill）摩拉维亚教会、贝丝布鲁克（Bessbrook）贵格会、考特梅特瑞克斯（Courtmatrix）贵族和美以美会社区至少在物质上保存着和全球相连的现存宗教传统。当然，这些少数群体在他们最落魄的时候会对受到限制和那些分离主义者有所抱怨，但在他们最得志的时候又能证明人类的忍耐力和不利环境下宗教动机的力量。可能最可悲的并不是这些少数群体来到爱尔兰，而是他们并非大量到来且处在不同的环境之下。用更少的既定利益保护更广的宗教多元主义，可能使爱尔兰人能更好地容忍彼此。

小镇上的多数派和少数派

克朗内尔斯图书馆每天开放的时间都不同，我每天在不同的时间去图书馆。在此期间，通过大量阅读，进一步加深了对爱尔兰社会以及对小镇的了解。有了阅读的基础，我便可以边查资料边开始我的调查访谈。

在来到克朗内尔斯之前，我读了《少数派报告：在爱尔兰共和国的新教徒群体》这本书，知道一些有关小镇少数派的情况。

后来，我问当地人有谁读过这本书，得到的答案都是否定的。接着我问谁知道作者杰克·怀特（Jack White），也是没有一个人记得关于他的任何事情。我想，也许他没有在小镇停留太长时间，访谈的人也非常有限，而且多是新教教徒，这些新教徒或许早已离开了小镇。我甚至忽然会想到，几十年后，有人再来小镇，问是否有一个中国人在 21 世纪初多次来小镇调查过，或许得到的同样是否定的答案。但不管怎样，杰克·怀特的著作还是为我们留下了宝贵的记录，真实地描述了小镇 20 世纪 70 年代的人际关系。他写的这些内容对我做跟踪性研究非常重要。

杰克·怀特在书中描述，克朗内尔斯小镇"年长的新教徒在这里感觉自己像流浪了 50 年的'北方流浪者'。在讲话、性格、生活方式上，他们是被公认的来自阿尔斯特苏格兰的种植园血统。许多家庭与北方有联系，尤其在教会事务中不断地接触：长老会的牧师为弗马纳和莫纳亨郡的教会服务，爱尔兰的主教区卡拉可（Clogher）也横跨了边界。

当分裂协议签署阿尔斯特省的莫纳亨、卡文、多尼戈尔 3 个郡属于自由邦时，剩下的 6 个郡成为自治的北爱尔兰。对于莫纳亨义愤填膺的保皇派来说这个协议出卖了他们。'我们认为'其中一个人告诉我，'我们被扔进了狼窝'。他们成立了新教徒协会'来保护我们的利益，让我们看到了公平'。但目前为止，没有人确切地知道，该协会到底保护了新教徒什么特别的利益；但它仍然为当地的选举提名候选人，并在 1974 年以足够的投票权使得两个候选人当选。

在边境这样的地区，可以轻易预料到北方社会动乱的紧张局势。至少，年长的新教徒还是比较赞成阿尔斯特保皇派为了国家权力而献身的英勇行为。'他们中的很多'，一个年轻人苦笑着说，'似乎认为女王是新教信仰的一部分'。跨境家庭使边界线两侧的联系更加紧密。这种联系在现实中就是北爱尔兰五英里镇一个炸弹爆炸时，爱尔兰克朗内尔斯镇的窗户也会发出咔嗒咔嗒的声音。

天主教徒们也同情跨越边境的人们，但是他们却习惯说'我们的人在北部'，这往往是少数天主教徒的宗教和民族主义情绪表达。这种不变的差异必然会导致一些限制，就像从不说话直到你知道你在跟谁说话只是一种习惯，睦邻友好的关系似乎要遵循传统的农村模式。

一个在边境几公里处拥有较大农场的长老会农民说，他和他的邻居关系很好，甚至他们都知道他的立场。几年前，他发生过一次非常严重的事故，他不得不被紧急送往都柏林医院——他不在的时候，他的十三个邻居过来自发地帮他工作。他们为他收了玉米，并做了农场的所有农活。虽然那段时间他的妻子也在都柏林，家里没有任何人。他们几乎所有人都是天主教徒，其中一个是区内最杰出的爱尔兰共和军人。

一个天主教徒说到，'他们与邻居的关系远没有那么好，只是表面现象而已。他们知道其他群体的人，因为他们去参加牲畜集市和农民协会的会议，但他们的妻子却很难了解到其他人的妻子们。相比较社会生活的差异，他们更重视宗教生活。如果我拜访一位天主教的小姐，我知道她会立刻让我走进厨房。如果我拜访新教徒的家，他们十分友好，但我们可能只在门外谈论。'

天主教徒看见新教徒形式上有点冷漠，新教徒认为天主教徒基本上不可靠，不仅在政治上而且在其品质上。

可能上了年纪的老人不会忘记，1922 年他们被阻拦在避难所的门外并且最终离开的那种感觉。"①

1922 年的避难所，当时就设在小镇的钻石广场处。关于这一点，我反复听镇上的人谈起，但是当时的情形究竟怎样，已经没有人能够描述了，因为历史的亲历者大多已经过世。在我调查时，只有 Deirdrio McQuaid 主动给我谈起过避难所。她来自弗马纳，她说她的父辈是从北

---

① Jack White, *Minority Report: the Protestant Community in the Irish Republic*, first published in 1975, Gill and Macmillan Ltd., Dublin, pp. 23 – 25.

方逃来的，当时进入了小镇的避难所。显然，当时的避难所只收容罗马天主教教徒，而拒绝新教教徒。她现在参与小镇上的和平计划，是一个非常热心的志愿者。

"这里的同胞有多少和北方同胞有相同的情景——我们对罗马天主教会有怀疑，我们认为它对这个国家有太多的影响。"①

作为 20 世纪 70 年代生活在克朗内尔斯小镇的少数群体，老年的新教徒会认为他们像"北方的流亡者""被扔进了狼窝"。很显然，他们不满意周围的环境。它还表明，天主教和新教徒的关系并不好，尽管作者给出了一些正面的例子。

以上段落是迄今为止我发现的有关小镇新教教徒最好的调查。我想按照他的线索继续做一些田野调查，但我没有得到任何关于记者杰克·怀特曾经采访过的人的信息。我想那些当时被访问过的人已经搬出了小镇，或者已经不在人世。我不得不问自己，有多少新教徒还住在克朗内尔斯镇？事后，沃尔特·普林格尔先生（Walter Pringle）和一位女士告诉我镇上只有几个新教徒居住，准确地来说是 7 个人；丹尼尔先生和其他一些人告诉我不超过 10 个人。而我在小镇上真正接触过的新教徒，只有沃尔特和佛特威国立小学的 3 位老师。

在整个田野调查期间，我了解到，在克朗内尔斯周边，只有纽布利斯方向的一个小镇是新教徒比较集中的地方。除此之外，小镇及周边绝大多数人都是罗马天主教徒。

帕迪的故事

帕迪·奥弗莱厄提（Paddy O'Flaherty）先生是一名退休工人，一个非常和蔼的老人。2008 年我第一次到访克朗内尔斯时，他为我提供的素材最多，那时他 83 岁，还能独自外出散步。2014 年当我再次到访时，他已经坐在轮椅上不能独自外出了，他 89 岁了。但他依然头脑清

① Jack White, *Minority Report: the Protestant Community in the Irish Republic*, first published in 1975, Gill and Macmillan Ltd., Dublin, p. 25.

楚，甚至记得我第一次到访他家时的情景，当然，这一次依然是在他的家中访谈。

他是克朗内尔斯镇唯一一个主动让我参观过他房子的人，而且他给我讲了很多有关小镇的故事并提供了部分材料。他是个善良而慈祥的老人。我一直不能忘记，我第一次到他家访谈结束后，在他送我出门握手告别时，他手中有一个纸质的东西传递到我的手中。我马上意识到那是一张纸币，因为爱尔兰人在感谢别人或支付小费时一般会这样做。那的确是一张 10 欧元的纸币，我马上推辞，但他平静地说，谢谢你的到访，去买杯咖啡喝吧！欢迎你随时来访！这是我这么多年来，游走在中外民间社会，第一次有人因为我的到访而支付"小费"。最后，我接受了他的好意。我知道，我的到来让这位孤寂老人的故事，有了诉说的对象，而这些故事正是我所需要的。

帕迪·奥弗莱厄不是克朗内尔斯本地人，但他从 20 世纪 50 年代就在这里工作，亲历过许多关于小镇的事情。老人退休后，一个人独居在宽大的三层楼房里，儿女都去外地工作了。白天有一个中年妇女上门为其准备一日三餐，那是他请的保姆。

帕迪告诉我，他来自戈尔韦郡，所以当时不知道边陲小镇任何以前的事情。但他注意到了小镇上天主教徒与新教徒之间的微妙关系。

"我去新教徒聚会的舞厅，因为当时不知道还有什么更好的地方，我已经完全忘乎所以。那里的人看着我，好像我是某种来自外太空的东西一样。我真的不知道关于小镇过去的任何事情。"① 显然，帕迪先生是一个来自戈尔韦的罗马天主教徒，在当时的社会环境下，一个罗马天主教徒进入新教徒聚会的舞厅，制造出的气氛可想而知。

"所以，我到任何地方都是我一个人跳舞。但我记得她——一个不知道名字的女性。我记得她没有对我另眼相待——从那以后，不管何时遇到她我都会非常愉快地和她打招呼，因为她和我跳过舞，而且我认为其他的人整个晚上休息的时候可能都没有和她聊天。我不知道更多——

---

① 根据帕迪先生讲述整理。

但她算是我在克朗内尔斯小镇最好的一个新教徒朋友。"①

这个故事告诉我边境附近的罗马天主教徒和新教徒的关系并不很好。帕迪所说的新教徒大多都已经移居他处，他甚至已经不记得他们的姓名了。帕迪先生曾经听到有人说："你们的群体待在你们的地方，我们的群体待在我们的地方。"但是他从不介意，他总是和当地所有人友好交往，不论他是一个罗马天主教徒还是新教徒。他自认为，自己始终是一个的性格开朗、乐观的人。

如果从宗教教派的角度看，当时的帕迪在小镇上算是多数派的一员，但从陌生人的角度看，当时的帕迪先生才是真正的少数派，他一个外来人，既不了解小镇上的罗马天主教徒，也不认识那里的新教徒。好在他不是一个宗教民族主义者，他似乎没有任何对于宗教的个人偏见。

帕迪还告诉我一个非常有趣的"兼职志愿警察"的故事，作为一个中国人我几乎不敢相信它是真的，而且还发生在边境地区。

"在20世纪50年代和60年代初期，边境地区有一些兼职志愿警察，他们不是很严厉，但他们为获得报酬每晚睡在边界附近的灌木丛里。他们来自纽布利斯方向，作为北方的兼职边境志愿警察。他们得到报酬但他们从不做任何事情。可是，我必须说他们没有做过任何伤害别人的事情。好吧，我可以坦率地说，他们在这里待了很长一段时间。我认为在边境半年没有发生任何意外情况的时候，他们被遣散并结束了这种兼职志愿警察的工作。但我可以诚实地告诉你，他们没有对任何人做过任何事情。这在克朗内尔斯镇是非常典型的事情。但每个人都在嘲笑事实。"② 显然，这些人是新教徒，但帕迪认为这些人并不是坏人。

这个故事的确是非常有趣的，因为没有人会相信当时北方从南部边境地区雇用了兼职志愿警察，而且他们对当地人也不是很严格。当然，按照帕迪的说法，这些志愿警察显然来自南部边境地区的新教社区，这也是一个有选择的雇用，应该是北方警察雇用了南方新教徒做兼职志愿警察。至于帕迪先生所说的"每个人都在嘲笑事实"，应该解读为，本

---

① 根据帕迪先生讲述整理。
② 根据帕迪先生讲述整理。

地的新教徒并没有伤害过当地的任何人，而人们依然对他们带有偏见。

在阅读爱尔兰著名诗人叶芝的著作《凯尔特的薄暮》时，书中有一段话，值得玩味。叶芝说："人类的一个大麻烦，在于我们无法拥有说一不二的情感。敌人身上总有点让我们喜欢的地方，我们的爱人则总会有让我们讨厌之处。正是这种纠结不清的情感催我们变老，让我们皱起眉头，把眼睛周围的纹路日益加深。"①

爱尔兰社会，虽然有多数派和少数派之分，但真实的社会，是一个多元的社会，自由气氛浓厚的社会，另外，从立场上看，人群也不是分为两大块。像帕迪一样的人大有人在，他们是多数还是少数？抑或有中间派、逍遥派？

显然，在每一个由人组成的社会之中，"纺锤结构"的中间派才是稳定社会的基础。关于宗教信仰，爱尔兰人在态度层面，在观念层面，在行动层面每个人的表现是不一样的。

2014 年再访小镇时，我又两次去看望帕迪老人。空荡荡的屋子里，只有他一个人孤独地坐在轮椅上，不时将目光扫向窗外路过的行人。访谈中，他时不时地咳嗽。他说他的病有传染性，让我尽可能离他远一些坐着说话。这是一个多么善良的老人！在我离开他家时，保姆不在眼前，他坐在轮椅上不能起身，挥动着右手说，不要忘记我们。

天主教徒与新教徒通婚

根据罗马天主教教义，教徒不准离婚、不准堕胎、不准避孕、不准有婚外男女关系。因此，禁止离婚，在爱尔兰历史上是存在的，在英国未改信新教之前也是同样如此。关于英国为什么进行宗教改革而信仰新教，有人认为就是亨利八世要求离婚不被罗马教皇批准，因此他一怒之下，另起炉灶改信了新教。事情当然没有那么简单，但它也说明了罗马天主教当时确实是禁止离婚的。在 1937 年爱尔兰共和国成立之初的宪

---

① ［爱尔兰］W. B. 叶芝：《凯尔特的薄暮》，殷杲译，凤凰出版传媒集团，江苏人民出版社 2007 年版，第 136 页。

法中，就明确规定了"任何法律都不得允许婚姻关系的解除"，也就是我们所说的禁止离婚。但在1996年，经过爱尔兰共和国全民投票颁布的宪法第15次修正案中，删除了禁止离婚的条款，并补充规定了法定解除婚姻关系的条件。1997年爱尔兰《离婚法》正式生效，离婚和再婚在爱尔兰实现了合法化。

以上关于爱尔兰罗马天主教徒禁止离婚的知识，我们似乎并不陌生，但是关于罗马天主教徒与新教徒是否可以通婚的知识却了解甚少。一般来说，罗马天主教徒与新教教徒也是不可以相互通婚的，因为彼此日常的宗教生活是不一致的，甚至是相互冲突的。但真实的世界中，男女之间的爱情却是可以超越任何宗教阻隔的，因此，在罗马天主教徒与新教徒之间的真实婚姻也是存在的。

在民族社会学层面，如果讨论两个族群之间关系的好与坏，有一个指标是非常重要的，那就是两者之间的族际通婚数量。族际通婚数量多，说明两者之间关系密切，反之说明两者之间相互疏离或排斥。由于罗马天主教徒一般是不能与新教徒通婚的，所以我对克朗内尔斯的调查并不抱太大希望。

由于小镇已经没有多少新教家庭，我的调查很难从这个角度发现更多的问题，但是我还是想通过调查，了解当地实际的情况和人们的看法。

谈到天主教徒与新教教徒的通婚，丹尼尔先生说小镇上近年有个别天主教和新教的家庭通婚，可能有3家。但是一名在佛特威国立学校工作的年轻女士则告诉我只有2家。没有人能说出这些家庭具体的名字，或者出于保护个人隐私的原因他们不愿说出，而是建议我去教堂收集信息。我到过教堂很多次，但都没有得到任何资料。也许是为了保护信众的个人隐私，教堂没有给我提供相关的信息，因为在克朗内尔斯只有几个新教家庭，我相信这里将不会再有更多的通婚家庭。

在爱尔兰由于新教属于少数派，一般而言，"信奉新教的父母不希望他们的孩子与天主教徒交往，因为他们可能与天主教徒结婚。如果他们和天主教徒结婚，那么，教会将坚持一项承诺，即婚后的孩子将以天主教徒的方式长大"①。后来我和沃尔特先生交谈，他说整个国家的混合家庭里的孩子们通常都是天主教徒，这对新教徒而言是非常遗憾的。这也让我感到意外，因为同样的事情如果发生在中国，根据我的个人经验，几乎所有族际通婚家庭都会为他们的孩子选择少数民族的身份，故而少数民族人口数量在过去 50 年里大幅增长。这样的结果是基于中国政府给予少数民族的各方面的优惠政策。

一般而言，在爱尔兰，过去新教家庭是抗拒通婚的。正如一名新教家庭的少女所说："我父母宁愿看到我带回家一个私生子，也不愿意见到一名天主教丈夫。"② 这意味着，至少新教家庭是不支持通婚的。很明显，年轻男女与不同宗教派别的人结婚是非常困难的。但这并不意味着没有出现过通婚。

"新教徒和天主教徒的通婚常有发生，当然，是在不顾刑法的可怕的处罚规定的情况下。在一些个案里，父母通过商议使用'帕拉丁协议'（Palatine Pact）——即通婚家庭中所生育的女孩们获得母亲的宗教身份，男孩们获得父亲的。"③

克朗内尔斯的几个通婚家庭个案证明了当地存在通婚家庭，但我未能获得更多的材料，更不知道，这些家庭是否使用了"帕拉丁协议"。

笔者原本还要从居住格局、社会角色等角度对小镇上的多数派和少数派进行调查，但由于少数派人口数量实在太少，已经失去了统计学层面定量分析甚至人类学层面定性分析的意义。

彼此关系的态度

在中国，对爱尔兰略有了解的人，一般都认为爱尔兰民族冲突是基

---

① Jack White, *Minority Report: the Protestant Community in the Irish Republic*, first published in 1975, Gill and Macmillan Ltd., Dublin, p. 129.

② Jack White, *Minority Report: the Protestant Community in the Irish Republic*, first published in 1975, Gill and Macmillan Ltd., Dublin, p. 130.

③ Jack White, *Minority Report: the Protestant Community in the Irish Republic*, first published in 1975, Gill and Macmillan Ltd., Dublin, p. 130.

于不同宗教信仰的原因。但当我在爱尔兰特别是在小镇采访后，无论是罗马天主教徒还是新教徒，他们给出的答案却都是否认的。

从调查资料看，20 世纪 20 年代后，克朗内尔斯的罗马天主教徒和新教徒关系不好是显而易见的，至少是往来不密切。虽然两个群体间没有发生过群体性冲突，但我们看到的结果是新教徒的人口数量不断减少。这个结果，本身就是两者关系不正常的表现，至少在心理上对新教教徒产生了压力，这正是克朗内尔斯现在只有少量新教徒人口的关键所在。以至于小镇从原来的两派人口基本平衡，逐渐发展到今天两者完全失衡的数量对比。

大部分老人都记得汽车炸弹爆炸之后，克朗内尔斯的许多新教徒都迁往了北爱尔兰。但是，究竟是什么原因造成了两者之间的冲突，小镇上的人们有着自己的看法，正如尤金·麦克·戈奈尔（Eugene McGon-nell）先生所说，宗教不是冲突的原因，许多人认为政治才是最基本的原因。

天主教徒和新教徒曾有过很长一段关系良好的时期，现在他们的关系更好了。当我询问原因时，除了边界两边新的政策外，他们还认为良好的教育也是其中一个关键的因素。教育使得人们的文化水平和个人素质不断提高，每个人都会更加理性地看待任何事情。

当我待在克朗内尔斯的时候，我每天都出去找不同的人进行访谈，但我从未主动问过任何一个人是天主教徒还是新教徒，我想在当地谈论宗教信仰是个敏感的话题，可能当地人都不愿谈及它。谁是天主教徒，谁是新教徒，一般都是他们自己主动向我亮出自己的宗教身份。

一天，我和沃尔特先生在卡桑德拉·汉德中心的办公室见面。他主动告诉我说，他是爱尔兰教堂的世俗牧师，他说这是个天主教的小镇，他是克朗内尔斯唯一的新教徒。当时，他正在和其他几位工作人员有说有笑，显然他们的关系非常融洽。

在我结束访谈准备离开时，沃尔特先生把自己的文章《信仰之旅》给我复印了一份。当我提及小镇上与新教徒人口相关的一些问题时，一位女士告诉我一个爱尔兰网站的统计数字，这对我而言非常有用。后来，我通过这个网站，查找到 2006 年克朗内尔斯的人口普查数据，但是没有具体的新教人口数字。

沃尔特先生和那位女士都表示：97%的克朗内尔斯人口都是天主教徒，只有3%的新教徒（7人），包括了爱尔兰教堂。当我询问两者关系时，他们都说彼此关系很好，就像我们现在一样。当时他们一起工作的气氛的确很好，大家轻松自如，有说有笑。后来，沃尔特先生很认真地告诉我，他认为政治因素才是造成冲突的主要原因。

读过沃尔特先生的文章后，我非常感慨，因为他父亲在动乱中过世，而他依然如此理性地看待曾经发生的一切。他写道："一些小农场曾经的确比较独立，但在我父亲过世时已经荡然无存了，从那时开始，我们在农事上总需要依靠我们邻居的帮助。我们的邻居几乎都是传统的天主教徒。即使只是个孩子，我也明白跨宗教团体支援的珍贵，并认识到'基督精神'这一特征并不是某个教派的专属。"[1] 在那时，罗马天主教徒对沃尔特先生的确不存在任何偏见，而沃尔特先生也从未忘记这些天主教家庭给他家的帮助。这的确是个证明良好关系的例子，但我认为这是个特例，因为我们最终看到的结果是新教徒逐渐离开了小镇。

事实上，我曾询问过许多人同样的问题：你如何看待克朗内尔斯的天主教徒和新教徒之间的关系？答案总是一致的，他们都认为两者的关系良好。我想这可能是由于他们承认宗教信仰间的差异，却不认为这些差异是导致冲突的主因。因此大部分人都说政策是造成冲突的主因，且他们大都认为目前边界两侧的关系已经大大改善了。

为了说明彼此关系的良好，小镇上的人们甚至告诉我，当年新教徒离开小镇时，他们都会恋恋不舍地去火车站相送。但是无论如何，今天的小镇上已经没有几个新教徒了，因此，过去那种群体之间的关系，事实上已经不存在了，因为新教群体的数量已经可以忽略不计了。尽管如此，过去的一些不愉快可能依然潜藏在小镇个别人的内心之中。

某天下午，在玛丽的酒吧里，我正和几个客人聊天，其中一人听到我的问题后显得十分不愉快，他继而反问我为什么要询问关于动乱的事情。他是我在爱尔兰遇见的，唯一对我的研究目的表示担忧疑惑的人。

---

① Walter Pringle, *A Journey in Faith*, p. 54.

我不知道他的身份背景，但我想可能是我的问题触动了他的一些不愉快的记忆。与此同时，当我不知道如何回答他时，我看到另一个男人在他背后做鬼脸。后来，这个做鬼脸的男人鼓励我说，你做你的调查，不要介意这件小事。我对这件小事从未介意，但专业的判断力使我看到这两个人都已经60多岁，他们同样是20世纪克朗内尔斯衰落的见证人，而且两人对我所问的问题持有不同的看法。很明显，至少在当下的克朗内尔斯，对20世纪的动乱仍有不同的观点。但我相信在大部分人的心中，历史的那一页已经翻过。

区隔的教育

　　爱尔兰悠久的历史和优秀的教育水平被世界所公认。早在中世纪，爱尔兰就是西方世界中教育界的佼佼者。爱尔兰独立之后，各届政府都把教育作为重要的发展方向并加大投资和支持力度。据有关资料显示，早在20世纪初，爱尔兰就实现了初等教育在公立学校的免费传授，目前爱尔兰是世界上国民受教育程度最高的国家之一。教育极大地促进了爱尔兰经济的繁荣发展以及人的创造力，甚至在培养国民理性看待北爱尔兰冲突问题上都有积极作用。

　　爱尔兰的义务免费教育阶段是从6岁到15岁。大部分的爱尔兰人受过高等教育。爱尔兰的教育体系传统上分三个阶段：初等教育8年；中等教育5—6年；高等教育提供包括职业教育、技术培训、本科和研究生等广泛的课程。爱尔兰人逐渐形成了"终身学习"的理念，学习的机会无处不在。

　　爱尔兰各大学的学位世界公认，所有学位由爱尔兰国家资格管理局（National Qualification Authority of Ireland）监控。因此，爱尔兰近年来吸引了世界各地的许多留学生前来学习。我在梅努斯大学访学期间，看到许多来自中国各地的学生。

　　由于爱尔兰有着非常完善和普及的教育体系，在克朗内尔斯调研期间，我看到小镇的学校的确都有着非常良好的基础设施、高水平的教师及管理人员。

克朗内尔斯有 3 所学校，它们分别是：圣·提纳奇小学（St. Tiarnach's），佛特威国立小学（Fortview）和拉吉学院（Largy College）。

2008 年 9 月，我在小镇访问的第一个学校是圣·提纳奇小学。镇上的人习惯叫它 St. Tiarnach's 小学，但它还有一个正式的名字叫 Scoil Mhuire 小学，现在坐落在罗斯利路（Roslea Road）通往外界的路旁。学校是一个很大的单体一字型建筑，全封闭，分上下两层。建筑外面是一个大操场，地面跑道全部用塑胶铺就，跑道一侧附设有儿童游乐设施，甚至在最边缘处还有一个种植花草的暖房。

学校设有电子门禁系统，一般任何人在未得到允许的情况下，是无法进入学校的。经过前一天的预约，我顺利见到了小学的校长马热拉·贝格（Majella Beggan）太太。据她介绍，当时学校里有 2 名女教师和 5 名小学生来自北爱尔兰。许多小学生都来自外国，其中 2 名来自中国，一些来自俄罗斯、印度、波兰等国。但她没提到英国，我明白在她的头脑里，北爱尔兰从来都不是外国。当时，该小学有 270 名学生，8 名教师。

穿过教学楼的走廊，我看到墙上贴着 1 名小学生的作文，这是一篇关于去贝尔法斯特旅游的作文——《贝尔法斯特之行》。它描绘了学生们在贝尔法斯特国王大厅里看到的绿色生活方式。一名教师告诉我，他们经常组织学生们到北部旅行，一名小女孩说她已经去过贝尔法斯特两次。后来，玛丽太太说在这里毕业的学生大多倾向去贝尔法斯特继续他们的学业，他们似乎更喜欢北爱尔兰那边的教育环境。

2014 年 10 月 1 日上午，当我再次来到这个学校时，接待我的还是校长莫吉拉·比甘女士。

学校现在有 4—13 岁的学生 250 名，课堂教师 9 名，教学辅导老师 6 名，校长 1 名，其中有两位教师来自北爱尔兰，师资数量有明显的增加，而且所有的老师都是女性。这里学生的来源非常复杂，分别来自爱尔兰、立陶宛、波兰、拉脱维亚、罗马尼亚、巴西、俄罗斯、印度、乌克兰、埃及等国家，其中有 3 位学生来自北爱尔兰。和上次一样，校长没有提到英国教师和学生，也没有提到北爱尔兰学生和教师，在我的主动问询下，她才把来自北爱尔兰的老师和学生区分出来。在她为我亲笔写下的学生国别中，也没有出现英国的字样。

2008 年 9 月，我访问的第二所学校是拉吉学院，它在小镇通往纽布里斯方向的道路左侧的安娜劳路（Annalore St.）。说是学院，其实相当于中国的中学或中等职业学校，是 2003 年建成的。这所中学规模较大，有一个院墙围起的校区，其中有教学楼、实验楼、大操场等。主体教学楼与办公室、餐厅是一个整体，上下两层，呈口字型。当时，它拥有至少来自 10 个国家的 500 多名学生，38—39 名教师。

在拉吉学院（Largy College），校长吉姆·奥康纳先生（Mr. Jim O'Connor）告诉我学校里有 2 名教师和 4 名学生来自北爱尔兰。他们每天往来都要穿越边界线，来往于住所和学校之间。

2014 年 10 月 1 日下午，我预约了校长莎伦·莫根尼斯（Sharon Magennis）女士，她十分热情地接待了我。经过六年的时间，学校已经有了一些变化，校长也已经换人。学校现在有 12—19 岁的学生 440 名，有初级一、二、三年级，高级四、五、六年级；有教师 36 名，教辅 4 名，校长 1 名（不带课），执行校长 1 名（承担 8 小时教学工作）。全校实际担任教学工作的共 41 人，其中女性 24 人、男性 17 人。与第一次调查时比较，学生数量有所减少，但教师数量略有增加。

中学的学生同样来自世界各国，校长为我列出的有爱尔兰、北爱尔兰、波兰、拉脱维亚、巴西、印度、意大利、西班牙、德国、比利时等国家，这次她写的有北爱尔兰，但依然没有英国。

这次校长与我谈了很久，她主要讲了自己的经历以及一些想法。她希望整合边界两侧的资源，把学校办好。她甚至拜访了北爱尔兰的教育部部长，阐述如何整合资源办学的想法，她主要是想把边界两侧分散的学校集中起来，让学生少费周折。但是她也谈到了问题，就是边界两侧课程设置的不同，特别是历史课程部分，由于两侧对于历史的表述和观点不同，无法达成统一的认识，因此也就无法开展统一的教学活动。

2008 年 9 月，我拜访的第三所学校是佛特威（Fortview）国立小学，这是一所新教徒学校，艾德娜·史密斯（Edna Smith）太太是这里的校长，她介绍说这里有 9 名小学生，2 名来自北爱尔兰，其余的来自莫纳亨和其他地方，但却没有来自克朗内尔斯小镇内的学生。从这里新教家庭的学生数量看，我们便可得知，新教徒在小镇里真的是少之又少。

学校坐落在通往纽塘波特勒的公路的左侧，是一个像教堂一样的灰色青石建筑，面积不大，外面有一圈低矮的石头围墙。这所新教徒学校历史悠久，他们为我提供了纪念办学 90 周年的报纸。其中有一些回忆文章："我也在克朗内尔斯高中任教，这是所小型的新教徒语法学校，只有大约 60 名学生，为边界两边农村社区的孩子提供教学。"[①] "大约有 65 名孩子就读于新教徒国立学校。他们可以乘坐政府提供的巴士到莫纳亨的大专学校接受中学教育。但有些家庭把他们的孩子送到边界那边的纽塘波特勒镇的学校就读。普遍的理由是他们认为'孩子们学爱尔兰语没有用，他们在这里将不能获得任何东西'。"[②] 从这些回忆文章所说的在校学生数量看，那时镇上的新教徒家庭一定不在少数，应该至少是现在的十倍。

关于学习语言问题，实际上爱尔兰的学校都是使用英语开展教学活动的，但是稍有不同的是，爱尔兰共和国的小学教育中一般都开设有爱尔兰语言课程。

2014 年到访时，我多次前往佛特威小学都是大门紧锁。镇上的人告诉我，学校已经关闭了。显然小镇及其周边地区的新教徒子弟人数实在太少，已经无法支撑一个专门为新教徒子弟开设的学校正常运转。

自 1922 年以来，爱尔兰语已成为爱尔兰国家资助的学校课程，并且希望在可行的情况下必须用爱尔兰语进行课堂教学。据说小镇上还另外有一所私人教授盖尔语的小学，但我并没有找到。虽然戴德瑞·麦奎德女士告诉了我大致的地点，但那里是一片居民小区，没有单独的学校建筑，因此我没有获得任何相关信息。也许那只是一个在普通居民家中开设的私人学校。

---

① Edited by Paddy Logue, *The Border: Personal Reflections from Ireland, North and South*, Oak Tree Press, Dublin, 1999, p. 179.

② Walter Pringle, A Journey in Faith, p. 54.

六　多数派与少数派

　　尽管相关调查表明，近年来，在都柏林等中心城市，一些以全爱尔兰语课程进行教学的学校数量增长迅速。那些过去原本生于天主教徒中产阶级家庭，小时候被送到新教学校上课的人，现在又把孩子送到全爱尔兰语学校上课。戴维·麦克威廉斯解释为，"当时，对新教的偏好是品味时髦高雅的象征，现在轮到全爱尔兰语学校充当这一象征了"[①]。但我并不这样认为。在许多人心目中，民族语言是一个真正的爱尔兰人必不可少的一部分，可是到现在为止，真正通过实际行动支持民族语言的爱尔兰人并不是很多，尤其是在接近北爱尔兰的边境地区。

　　从小镇设立的三所学校看，这里的确有针对不同学生的学校，正如沃尔特先生和其他人所说："学校对我们的家庭而言是'就在附近'，但天主教学校只愿接收我们天主教徒邻居的孩子。我们是唯一的新教徒。当然，这使我们在生命的早期，就已经认识到自己与天主教徒的不同。神父会来学校拜访，而通常他第一句话是'带走新教徒'。这意味着我们不得不在他向其他孩子检查宗教知识时离开房间。"[②]

　　"宗教课不是国家设定的毕业考试的内容之一，但是它在普遍信仰天主教的爱尔兰的社会意义十分重要……不经受这些课程的熏陶，你就是这个社会的局外人。对于非天主教徒而言，这种课程设置当然会造成困扰：新教徒的孩子不得不到更远的地方上新教教会开设的学校，因为这些学校数目很少；其他宗教及背景的孩子或者同样接受天主教浸润，或者申请豁免宗教课。如果选择后者，家长往往会担心孩子被孤立；选择前者的话又担心有信仰冲突。"[③]

　　关于宗教课程，这一点我有切身感受，因为我的儿子在爱尔兰小学上学时，当学生们在教堂吃圣餐时，他被点名让离开队伍。后来他对我描述说，那么小气，不就是不给吃饼干嘛！他不懂得宗教知识，但显然感受到了歧视。我只能跟他解释说，那是尊重你，因为你不是信徒，就不能参加仪式活动，不是一块饼干的问题。

---

　　① ［爱尔兰］戴维·麦克威廉斯：《教皇的孩子们》，蔡凌志译，人民文学出版社2009年版，第275页。

　　② Walter Pringle, *A Journey in Faith*, p. 54.

　　③ 邱方哲：《亲爱的老爱尔兰》，上海三联书店2015年版，第150页。

从以上学校的情况，我们可以看到新教徒人口数量的变化。小镇上曾经有专门为新教徒子弟开设的学校，这充分证明了小镇上的确曾有很多新教徒住在镇上，因为有许多学生就读于新教徒学校。今天在克朗内尔斯，没有学生去北部就读，而有一些来自北部的学生过来读书，只要你愿意就读，所有的学校都是对各国学生开放的，无论是天主教徒还是新教徒，但事实上，新教徒很少进入这些学校就读。

我之所以说是隔离的教育，主要是三种隔离：一是指南北之间的教育体系隔离：边界线两侧的孩子上学，不能很好地有效整合边界两侧的资源，使得孩子们能够就近上学，明显有些资源浪费；二是两个宗教派别学生的隔离，因为其中涉及的宗教课程无法统一。当然，小镇上的新教学校已经彻底关闭了，如今只有那个孤零零的旧建筑依然伫立在那里。但是其他教室里的学生还在一起，他们无法共享宗教课程；三是英爱两国历史教学内容的不同，使得学生无法使用相同的课本。尽管如此，中学校长还是告诉我，她已经做了提案，希望整合英爱边界地区的教育资源，合校上课。

以上实地调查内容，与我后来在《莫纳亨郡发展规划 2007—2013》看到的内容基本一致。这本规划书虽然没有注明何时撰写，不过从规划书中的内容判断，应该是 2005 年。因为规划书中说，当时新的斯考依缪尔（Scoil Mhuire）小学正在建设中，在校生 220 人，2005 年招生 29 人；佛特威（Fortview）小学在校生 13 人，2005 年招生 0 人；拉吉学院（Largy College）在校生 471 人，2005 年招生 97 人。[①]

不同的教堂和墓园

在研究爱尔兰历史文化的过程中，以及在后来的多次田野调查中，我发现，在爱尔兰社会，如果你想严格地把现实生活中的罗马天主教徒和新教徒区分开来，那是不大可能的。因为在绝大多数的公共空间里，他们都能同时出现，而我们从他们外在的衣着、相貌是无法区分彼此

---

① Monaghan County Development Plan 2007 – 2013，pp. 287 – 288.

的。当然，除此之外，他们在两个地方是容易区分的：一是教堂，二是墓园。关于教堂，我们不必解释，不同的信徒自然走进不同的教堂。但是，如果你去墓园，却能发现罗马天主教徒和新教徒一般都被严格地区分埋葬在不同的墓地，尽管历史上他们曾经同源于一个宗教。

小镇的居住格局似乎并无严格区分的宗教社区。当然，由于小镇上现在已经没有多少新教徒了，因此更无法看到新教徒的社区生活。不过，根据当地人的介绍，以及自己实地的观察，发现通往纽塘波特勒镇的街道两侧有大量长期空置的房屋，有些已经年久失修。佛特威国立小学就在这条街上，它原来是专门接收新教徒子弟读书的地方。帕迪老人也曾告诉我，这条街上曾经居住有很多新教徒家庭。显然，现在已经是人去楼空了。

说到教堂，谁都无法忽视小镇上最显眼的一南一北两座高高矗立的教堂。如果以小镇图书馆为中心，一座在其偏东南方向，另一座在其偏西北方向，两者直线距离大概2000米。

南面的教堂是新教教堂，紧邻钻石广场，称之为圣·提纳奇教堂（St Tighernach's Church）。通往该教堂的通道有一扇黑色铁栅栏门拦着，门上有锁，基本上处于关闭状态。门前的钻石广场上，那个著名的凯尔特十字架古迹也被用铁栅栏围挡起来。这个十字架属于9世纪或10世纪时期阿尔斯特类的圣经十字架，它的正面描绘的是以撒的牺牲以及亚当与树和蛇的场面。显然，这个十字架是在这个教堂改为新教教堂之前就存在了，如今两者竟然和谐地彼此相邻。

北面的名叫圣心罗马天主教堂（Sacred Heart Catholic Church），整日开放，教堂右侧有一个玛利亚雕像。由于小镇上多是罗马天主教徒，从日常的开放状态，我们就可以判断出这个是罗马天主教教堂。

我走访了克朗内尔斯的三个教堂，一个是罗马天主教堂，一个是新教教堂，第三个是长老会教堂。我认为，不同的教徒除了去不同的教堂，他们在世时可以去相同的工作场所、酒吧、电影院、银行以及所有营业场所，但是，他们不能安葬在一个墓地里。我想这就是罗马天主教徒和新教徒之间最大的不同。

当人们死去的时候，我们却能够轻易地把爱尔兰人分为罗马天主教徒和新教徒，因为他们死后埋葬在不同的墓地。在克朗内尔斯，小镇上的人们告诉我，罗马天主教徒和新教徒的墓园是严格区分的。小镇上一共有 7 个墓园，其中 5 处为罗马天主教徒墓园，2 处为新教徒墓园。

在小镇中心地带圆塔周围有一个古老的墓园，叫作圣·提纳奇墓园（St Tighernach's Graveyard）。这一处墓地，应该是小镇上最早的墓地。据当地人说，圆塔周围的坟茔都是罗马天主教徒的，但在此墓地背后是另一个新教会的新教徒墓地。

在贝特城堡附近有一个很小的墓园，也是天主教徒的墓园。

在通往圣提纳奇小学方向的罗斯利路（Roslea Road），有一个较大的墓园，叫作圣心墓园（Sacred Heart Cemetery）。这个墓园在坡地上，正面向南，采光非常好。经常会有人在墓园里摆放鲜花，缅怀先人。顺着罗斯利路继续再往前走，左侧的岔路上还有两个墓园，都是天主教徒的墓园。

以上几处墓园，都非常接近居民区，生者与死者几乎毗邻而居。显然，他们没有刻意把墓园放在很远的地方，而是刻意选择在教堂附近或者居民区旁边。

在通往饥荒墓的路上，有一个名为克朗内尔斯教区墓园（Clones Parish Graveyard）的墓地，规模较大。这是一处远离居民区的公墓。根据墓园正门旁展示的爱尔兰教堂信息（Church of Ireland，Diocese of Clogher）判断，这是一处爱尔兰圣公会教徒的墓园，也就是属于新教徒的墓园。

从以上墓园的数量和规模，可以判断出小镇上两个群体人数的多少，显然，长期以来，小镇上原本就是罗马天主教徒多，新教徒少。

笔者曾在提交给爱尔兰国立梅努斯大学的田野调查报告中说，新教徒和罗马天主教徒他们活着时进入不同的教堂，死了后进入不同的墓地，除此之外他们彼此之间没有什么不同。

政治因素主导下的多数派与少数派

当我们看到，爱尔兰社会整体性分裂为多数派和少数派两个群体之后，我们不禁要问，这究竟是怎样的一种分裂？是民族的分裂、阶级的分裂、社会的分裂或者真的是宗教的分裂？

从表面上看，爱尔兰社会的每一个成员，因为个人信仰的不同，分别各自站队，把整个社会分裂为多数派和少数派两个阵营。当然，为了论述的方便，这里我们其实忽略了爱尔兰多元社会中其他的社会成员，虽然他们真实地存在着，但由于人口数量非常有限，以及他们一般不参与南北问题的行动，因此，笔者在这里只讨论罗马天主教徒和新教徒这两大群体。

根据前文所述的大量史实，我们知道，当英格兰人从英国进入爱尔兰岛之后，的确曾经作为统治者高高在上，早期的移民一般也都是地主阶级。相对于爱尔兰岛居民，英格兰人是入侵者、压迫者、剥削者，而本岛居民是世居者、被压迫者、被剥削者，两者之间的矛盾源自曾经长期的压迫者和被压迫者的关系。因此，从当时的历史条件分析，我们可以说是一种阶级阵营、民族阵营的划分，而不是宗教阵营，因为他们当时都属于一个宗教阵营。然而，我们今天论述的并不是最初的外来者、统治者和地主阶级，而是经过了八百年相互交往的已经难于从整体性社会分拣出来的混血群体。无论从语言、体质特征，还是社会生活，群体之间的差异性都在不断缩小，因此民族的、阶级的分类显然是一种站不住脚的分析。

那么，究竟是不是宗教的分裂？罗马天主教与新教是否水火不容？这是一个必须回答的问题，如果我们不能回答这种结构性的社会分裂问题，我们就无法理解和解释爱尔兰社会今天的一切。因此，我们不妨从爱尔兰的现象，扩展到从世界的范围来讨论这个问题。

从爱尔兰早期的历史看，英国人上岛之初也是正宗的罗马天主教徒，虽然他们与本土爱尔兰人存在着阶层差异，但族群差异不大，而且早期上岛的老苏格兰人很快都本土化了，即使在英国新教强势到来时，也没有改变他们的罗马天主教信仰，甚至最后逐渐融入了爱尔兰本土的民族阵线。但是1801年后，第二波的英国新教徒殖民潮真正开启了彼此的群体性区隔意识，并伴随着激烈的王党斗争。从此，这种反压迫反殖民的斗争，逐渐催生了爱尔兰人整体性的民族意识，并在独立战争及

20 世纪中叶以武装斗争的形式表现出来，始终挥之不去。

众所周知，在爱尔兰岛 600 多万人中，有 88.4% 的爱尔兰共和国公民和 43.8% 的北爱尔兰公民是受洗的罗马天主教徒。爱尔兰罗马天主教会成立了 4 个教省：阿马教省、卡舍尔教省、都柏林教省和蒂厄姆教省，对应于现代省份的划分，包括 4 位总主教和 23 位主教；本堂区共有 1087 个，天主教徒显然是多数派。

另外，在爱尔兰还有许多修会：奥斯定会、嘉布遣小兄弟会、加尔默罗会、圣神会、多明我会、方济各会、耶稣会、圣母兄弟会、仁爱修会、献主会、苦难会、赎主会和遣使会。修会神父共有 700 人，从事教育或传教，但是不负责本堂区的管理。

爱尔兰人创立的圣·帕特里克（St. Patrick）外方传教会，总部设在威克洛郡；圣高隆庞外方传教会，总部设在米斯郡。

在爱尔兰共和国，由于罗马天主教会至迟从 19 世纪 30 年代起管理 90% 人口的公共教育，对于公众舆论产生了巨大的影响。1922 年独立以后，由于国家财政窘迫，罗马天主教各修会继续控制医疗和教育事务，负责筹款和运作。宗教教育仍是教育中的重要成分。

教会在 1970 年以后略受影响，部分是受到媒体和女权运动的冲击。

1920 年北爱尔兰宪法规定所有北爱尔兰公民宗教信仰自由。当时罗马天主教徒占总人口数量的 35%，主要由爱尔兰民族主义者支持，因此反对北爱尔兰的存在。

爱尔兰立国之后，不得不面对和自己有着宿怨的英国。但事实上，英国也不是从来就信仰新教。早期，英国在罗马天主教统治期间，许多新教徒为了获得信仰自由而被迫来到大洋彼岸的美国，成为最早来到美洲的英国人，但后来英国又变成了新教国家，与罗马天主教的法国、西班牙还爆发了战争，国内罗马天主教徒的境遇可想而知，于是他们也漂洋过海到了美国。在美国，新教群体是主流，但又有非常多的爱尔兰血统的人是罗马天主教徒，这场本来在英国与爱尔兰之间的矛盾，也就一起漂洋过海来到了美国。

可见，信仰并不是一种恒久不变的东西，在同一群体的代与代之间，出现信仰改变的事情经常发生，英国就是如此。这一点，我们单从英国坎特伯雷教堂的历史变迁，就可见一斑。坎特伯雷位于英国东南部，公元597 年，传教士奥古斯汀（St. Augustine）受教皇的委派，从罗马赴英国传教。他在四十名修士的伴随下，来到作为撒克逊人的肯特王国都城的坎特伯雷，后来在这里站稳了脚跟，成为第一位坎特伯雷大主教，并把基督教传播到整个英格兰。因此，在英格兰，坎特伯雷被人们形象地比喻为基督教信仰的摇篮。12 世纪时，英王亨利二世（Henry II）任命他的臣僚和好友托马斯·贝克特（Saint Thomas à Becket）为坎特伯雷大主教。但后者宣称，从此他不再是国王的奴仆，而只听命于罗马教皇。后来亨利二世的四名骑士将贝克特杀死于教堂。事隔三年，贝克特被信徒尊奉为"殉教者"圣托马斯。在此后的几个世纪里，难以计数的"香客"络绎不绝地涌入坎特伯雷，朝拜这位"殉教者"，坎特伯雷也就因此成为英国的"圣城"。而这座最初由罗马天主教徒建立的教堂，如今成为英国新教徒朝拜的"圣地"，其中的历史值得回味。

那么，是不是罗马天主教徒天生就与新教徒无法友好相处？我们从世界其他国家看到的情况又完全不同。

在欧洲宗教发展的历史过程中，曾经的确在罗马天主教徒和新教徒之间发生过长期的战争，但这种斗争在三十年宗教战争后，逐渐弱化，并没有像爱尔兰岛那样长期延续。

众所周知，13 世纪以后，哈布斯堡王朝统治下的神圣罗马帝国皇权日益衰微，各邦诸侯割据称雄。信奉新教（路德教、加尔文教）的诸侯和信奉旧教（罗马天主教）的诸侯在宗教纠纷掩饰下争夺地盘和反对皇帝专权，并分别组成"新教联盟"（1608）和"天主教联盟"（1609）。哈布斯堡王朝极力限制新教活动，争取旧教诸侯重振帝国皇权，并得到罗马教皇、西班牙和波兰贵族的支持。法国为称霸欧洲，力图使德意志保持分裂状态，支持新教诸侯反抗皇权；丹麦、瑞典早已觊觎北海和波罗的海的德意志领土和港湾；荷兰和英国则不愿帝国势力在北欧扩张，英国还企图削弱西班牙的势力。这些国家都支持新教联盟。1618 年捷克反对哈布斯堡王朝的起义，成为三十年战争的导火线。神圣罗马帝国皇帝马蒂亚斯（Matthias）（1612—1619 在位）企图在捷克（波希米亚）恢复天主教，指定斐迪南二世（Ferdinand II）为捷克国王。斐迪南二世下令禁止布拉格新教徒的宗教活动，拆毁其教堂，并宣布参加新教集会者为暴民。1618 年 5 月 23 日，武装群众冲进王宫，把皇帝的钦差从窗口抛入壕沟，史称"掷出窗外事件"，它成为三十年战争的开端。

17 世纪上半叶，以德意志为主要战场的席卷欧洲的三十年宗教战争，对世界国家体系的建构曾经发生过深刻的影响，并一直延续至今。当时的战争是欧洲国家间争夺领土、王位、霸权以及各种政治矛盾和宗教纠纷尖锐化的产物。战争基本上是以德意志新教诸侯和丹麦、瑞典、法国为一方，并得到荷兰、英国、俄国的支持；神圣罗马帝国皇帝、德意志天主教诸侯和西班牙为另一方，并得到教皇和波兰的支持。

"三十年战争"是欧洲历史上第一次大规模国际战争，以反哈布斯堡集团的胜利告终。根据和约，欧洲领土被重新分割。法国夺得欧洲霸权；瑞典巩固了在波罗的海的地位；德意志的经济遭到严重削弱；葡萄牙脱离西班牙独立；荷兰和瑞士的独立得到确认。它结束了自中世纪以来"一个教皇，一个皇帝"统治欧洲的局面，神圣罗马帝国在事实上已不复存在。

欧洲三十年宗教战争结束后，罗马天主教和新教之间逐渐趋于相安无事的状态，各自的版图趋于稳定，大致上，北欧国家、英国、荷兰、瑞士和德国是基督新教为主地区，南欧诸国、法国、爱尔兰和东欧等地仍是罗马天主教的势力范围。随着威斯特伐利亚体系的逐渐形成，罗马天主教和新教之间逐渐和解，相关国家间并没有再次发生类似爱尔兰的问题。

目前，世界上基督教新教占主导的国家有英国、美国、澳大利亚、新西兰、丹麦、挪威、瑞典、冰岛、芬兰、爱沙尼亚、拉脱维亚。其中，对美国和澳大利亚两国国内的天主教的影响也很大，美国的天主教徒人口比例为 35% 左右，澳大利亚为 28% 左右，新西兰为 18% 左右，甚至英国也还有约 10% 的比例。

世界上天主教占主导的国家有意大利、法国、比利时、卢森堡、奥地利、爱尔兰、波兰、捷克、匈牙利、斯洛伐克、立陶宛、克罗地亚、斯洛文尼亚、西班牙、葡萄牙、列支敦士登、摩纳哥、圣马力诺、马耳他、安道尔、南美各国。其中，捷克和匈牙利两国国内新教的影响也很大，捷克的新教徒人口比例为30%左右，匈牙利为25%左右。

世界上还有天主教和新教信徒相当的国家：德国、荷兰、瑞士、加拿大。

以上资料表明，欧美各个国家，事实上都存在着天主教与新教的群体，宗教文化的差异是一样的，但没有像爱尔兰岛一样出现社会分裂和暴力冲突。显然，爱尔兰问题是国家历史的恩怨、民族记忆遗留等复杂的问题，人们之所以无法与历史妥协、无法与现实和解，其中英爱国家矛盾是关键。

由此可见，宗教集团的斗争，其背后往往是政治集团的斗争。爱尔兰民族主义思潮带来的是一种政治性社会分裂，甚至是一种政党主导下的文化分裂和社会分裂。当然，国际社会在其中也发挥了各自不同的影响力。

七

分裂的后果

　　人类自从建立了国家之后，国家社会始终是有分有合，有聚有散。

　　纵观人类历史，人类社会总是在无休止的争斗中前行。自从国家社会产生以来，彼此之间的征伐、掠夺就从未停止过。这些争斗的结果，经常伴随着一些旧有国家的分裂和消亡，以及一些新生国家的诞生。这些现象在人类古代社会频繁上演，不断更替，但到了近代社会以来，随着帝国主义殖民扩张和民族主义思想在世界的传播，以及后来民族解放运动的兴起，20 世纪后一大批新生的所谓民族国家陆续建立，整个地球上适合人类生存的土地资源都被"国家"分割殆尽。

　　20 世纪早期至第二次世界大战结束，亚非拉地区出现的民族独立解放运动，普遍带有反抗帝国主义殖民侵略和压迫的性质，主要是赶走帝国主义的势力，目标是凝聚人民建立独立自主的主权国家，其民族主义运动指向具有积极进步的意义。但 20 世纪末，随着冷战的结束，民族主义运动有了新的趋势，苏联解体后陆续出现了一些国家内部的民族集团或宗教集团斗争，并导致原有国家的内部分裂，而这些分裂大多伴随着民族间的流血冲突。

　　毫无疑问，世界上任何一个国家的分裂都是一个痛苦的过程，其间大多伴随着战争、混乱、动荡、适应、妥协、接受现实、适应改变等。而每一次的分裂都必然带来一系列的后果，爱尔兰也不能例外。

　　"有人认为探讨爱尔兰历史是一件危险之事，因为考察历史上的纷争，有可能加重现实中的纷争。不过，爱尔兰历史学家 A. G. 里奇早在

100 多年以前就对持有此类看法的人做出了答复：……知晓真相绝不是危险的，无知才是。政治阴谋家总是以断章取义的历史去影响人们的情感，用肆意歪曲的历史来误导公众。"①

对于爱尔兰岛发生的分裂，应当如何理解。英国人站在英国的立场看，所谓爱尔兰的分裂首先是英国国家统一出现的分裂，然后才是爱尔兰岛在地理、民族和社会上出现的分裂；爱尔兰人站在爱尔兰的立场看，这是英国殖民统治的遗留问题，由此造成了爱尔兰岛地理、民族和社会无法实现统一。从真实的客观历史看，当时的爱尔兰岛的确是在英国的统治之下。因此，爱尔兰岛出现的其实是一种领土和社会双重性质的分裂。

爱尔兰岛的分裂自然加剧了英爱矛盾，英国政府在爱尔兰人民的反抗之下，无可奈何地签署了《英爱条约》（Anglo-Irish Treaty），而爱尔兰民族主义者因为未能实现爱尔兰岛的完全独立，从而激起了更加激进的斗争，这一切也在边界两侧开始重塑着全岛人民新的民族和国家认同。这一点我们从小镇的变化可见一斑。

小镇政治地理的改变

克朗内尔斯是一个历史悠久的人类早期聚落点。在爱尔兰漫长的历史中，地主、国王和帝国的权力在不同时期控制着爱尔兰岛的一切，克朗内尔斯在各种势力的统治下，自然地演变成了一个小镇。早期的小镇的样貌，我们了解得很少，从整个岛屿的空间地理方位看，克朗内尔斯处于爱尔兰岛的中间地带，是一个较为中心的位置，但自 1922 年的爱尔兰国家构建运动改变了这种地理中心的空间优势。原本中心的地位，在一夜之间消失了，边界划分使之成为政治地理的边缘地带。

纵观爱尔兰的历史，在 1921 年之前爱尔兰岛上是没有边界的，只是由 4 个省份和 32 个郡构成。当时的阿尔斯特省辖 9 个郡，但是，国

---

① ［英］罗伯特－基：《爱尔兰史》，潘兴明译，中国出版集团东方出版中心 2010 年版，第 1 页。

家构建运动使得 3 个郡从阿尔斯特省分离出来，这三个郡分别是：莫纳亨，卡文和多尼戈尔。那时期的克朗内尔斯是阿尔斯特省莫纳亨郡下的一个繁荣的小镇，边界确定以前它是英国治下爱尔兰岛的一个内陆城镇，坐享南北交通要道以及商业中心的经济地理优势。但是，当它归属于爱尔兰自由邦和爱尔兰共和国时，它却成了一个边境城镇。克朗内尔斯镇原本的自然地理位置并没有变化，但它的政治地理位置却发生了变化，克朗内尔斯变成了一个前沿之地，从而结束了它在岛内以及在原有国家内部自然发展的过程。新的国家及其结构性力量改变了小镇的命运，克朗内尔斯就此与过去"挥别"，并开启了它在新的国家里的新的历程。

边界——宣示着权力和控制，将原本自然一体的空间分割并定义成不同性质的国家社会。所以，当英国统治结束而爱尔兰统治开始的时候，这种边界宣示也就发生了，发生在那些曾是英国公民而现在是爱尔兰公民的人们身上，当然这包括克朗内尔斯镇的人们。

约翰·阿格纽（John Agnew）认为："政治地理学的一般含义是研究地理如何影响政治的，在很长一段时间里，这个含义只意味着地球的自然特征——大陆、山脉和河流的分布——人们受这种方式影响把世界划分成诸如州和帝国等的一些政治单元，以及研究这些政治单元又是如何彼此竞争全球实力和影响力的。"[1]

我想我不能说边界是完全任意而为的，尤其在古代社会。正如约翰·安格纽所说，"地理影响政治"，在这个世界上，我们能发现很多古老国家的旧边界都是由自然地理屏障构成的，这显然是地理影响政治的结果。中国人在古代划分边界，讲究"山川形便"，取大自然的自然屏障走向来划界，就是很好的说明。

同时，谁都知道没有一个边界完全是客观因素造成的，即使它可能是"天然"的。其实，没有纯粹"天然"的边界，它们都是被创造出来去维护政权的。边界绝不会天生就带有特定国籍。但是由于深深嵌入

---

① John Agnew, *Making Political Geography*, first published in Great Britain in 2002, by Arnold, a member of the Hodder Headline Group, 338 Euston Road, London NW1 3BH, p. 1.

历史记忆的原因，没有人怀疑那些与高山、河流和其他地理屏障明显重合的旧边界，或者相对独立的地理单元，甚至被冠以神圣领土之说。所以，我们不能否认在人类古代社会，自然地理对划分边界的重要影响。但这并不是完全的地理环境决定论，而是与当时人们掌控自然环境的能力有限相关。

对于爱尔兰边界，我们看不到任何大的自然地理屏障，即使在西北方向，那里有一条贯穿德里市的大河，但它也没有成为天然的国家界线，而当时西北方向的边界也是在国家边界构建运动后，由英爱政府创建的，因为在 1921 年前多尼戈尔是阿尔斯特的一部分。如果按照自然地理的山川走向，当时的边界以河流为界再合适不过，但是由于英爱实力的较量，以及土地之上人民的意愿等，地理屏障并不是决定的条件。所以，笔者认为地理本身并没有对爱尔兰过去的政治地理产生重要影响。显然，现实的爱尔兰边界主要是由当时的政治力量、族群认同等因素来确定的。

在现代社会，地理本身的影响因素对国家边界的形成，其影响力明显减弱了，而政治本身的影响力却大大增加了。"今天，（政治地理学的）主导含义已经发生了显著的变化。一方面，目前，地理学有了新的理解，即它包含不同地区之间的社会和经济差异，但这种差异不能归类为自然差异；另一方面，政治学已经拓展到包括政治认同的问题（社会群体如何定义他们自己和他们的政治目标）和政治运动（为什么这项运动或这个政党从这里开始，它为什么要支持这样或那样的地理格局？）——在这样的理解下，认知不能轻易地脱离政权。从这个角度来说，政治地理学的意义完全颠倒过来了，现在，它变成了研究地理是如何受到政治影响的。"① 正如约翰·阿格纽所说，笔者认为爱尔兰边界划分是一个地理主要受政治影响的很好的例子。如果依据地理位置来看，克朗内尔斯是一块中心腹地，但是政治边界而不是地理边界迫使它成为一个边境小镇。

---

① John Agnew, *Making Political Geography*, first published in Great Britain in 2002, by Arnold, a member of the Hodder Headline Group, 338 Euston Road, London NW1 3BH, p. 1.

边界确定后，克朗内尔斯已经从内陆小镇变成了边境前沿上的小镇。对于克朗内尔斯来说，导致了四个主要结果：第一，政治地理改变了；第二，当地原有的经济网络被破坏了；第三，人口结构发生了显著的变化；第四，对于当地民众来说，国家的认知（国家认同）改变了。我想如果我是一个当地人，我会更深刻地感受到这些巨大的变化。

边界可能对居住在其附近的人们有一种特殊的影响。凭借笔者在中国做田野调查多年的经验，如果你生活在边境地区的话，你会受一些边界政策的影响，虽然在爱尔兰没有太多特殊政策和措施，但政治边界对当地人的影响也还是存在，克朗内尔斯的现象就可以证明这一点。

在边界确认之后，克朗内尔斯改变了它的政治地理区位，遭受了经济下降的打击，流失了一些当地居民，而这些都和边界有关。边界对于克朗内尔斯人生活水平的影响非常明显，边界的划分剥夺了一些位于边界线两侧的城镇的天然贸易腹地地位，不幸的是，克朗内尔斯就是其中之一。

边界划分之后，边界两侧的居民互动受到限制。边境地区出现了社会恐慌，北爱尔兰的罗马天主教徒纷纷越过边界进入爱尔兰共和国，而南爱尔兰的新教徒也承受着巨大的心理压力，小镇当地的新教徒感到没有安全感，也纷纷逃往北方。

《爱尔兰边境事件》调查了自 1922 年以来，边界确立后的南北生活水平进展、贸易模式、移民、公路和铁路交通的情况，但是，没有典型个案是以对边界附近城镇的影响这一视角去研究的。事实上，边界效应对克朗内尔斯来说是非常明显的，特别是对于当地的经济、人口和小镇居民的意识的影响。

1921 年后，英爱国家边界清晰的划分确立了爱尔兰岛边界区分的开端，这种区分有一些阻隔效果，但不足以完全阻止人们继续和克朗内尔斯及其周边地区的相互交流。然而，在 20 世纪 60 年代后期，大规模的政治动荡使得边界的存在呈现出更大的意义，1971 年以后，由于在许多"未经批准"的边境通道处的桥梁和道路被摧毁，几乎切断了克朗内尔斯与边界另一边的所有联系。

七　分裂的后果

　　一方面，这条边界线对克朗内尔斯造成了巨大且消极的影响。另一方面，边界附近的人们和地区有时候会因为他们所处的地理位置而受益。从这个角度看，边界确立后，的确也曾给边境小镇带来一些利益，比如，走私往往发生在边境地区或附近。但这与过去的繁荣已经不可同日而语了。

　　"克朗内尔斯镇在 1922 年或 1923 年之前或者是一直以来都是个非常不错的并且很神奇的地方，那里有集市，而每逢此，人们从各地赶过来，你可以想象那样的热闹，它的商业是如此繁荣……"①

　　边界线大大改变了这个镇和镇上的居民，如果克朗内尔斯镇附近没有国界线，它可能依然是个繁华的内陆小城镇。换句话说，如果边界线两边的政客们不想增进彼此间的感情时，如果政客们不管当地人的想法和利益而认为可以建立一个"偏见之墙"时，这时候的边界就成为一种障碍。这种"偏见之墙"把当地的土地一分为二，并且会把当地的人们以及他们的思想也一分为二。

　　"但成为边境城镇后的克朗内尔斯镇被遥远的都柏林新政权遗忘，而变成了一个荒凉的和被忽视的边境小镇，也切断了其在弗马纳的天然腹地，大部分的人们越境进入北爱尔兰去工作和购物。最大的打击是于20 世纪 70 年代初发生的'北方动乱'：这个城镇里延伸到北爱尔兰的三四条主路被英国军队打成了弹坑；在冲突过程中 45 家企业被关闭，该镇从而被称为所谓的'共和镇'而且被汽车炸弹袭击了两次。"②

　　"我得承认那里如果不是因为边界的存在，事情将会完全不同，我确信克朗内尔斯镇将会比现在更大，并且会有更多的企业和工厂等。而且那里的人们不会离开，他们会在那里工作、定居，但是正如我所说的，那是个'如果'，那只是个人意念。"③

　　历史事实告诉我们，边界的确立还直接引发了克朗内尔斯镇铁路的停运，进而导致两侧商业和社会联系不断下降，甚至社会动乱的发生、

---

①　根据帕迪先生讲述整理。
②　参见 http：//borderireland. info/discuss/？ p = 5，2009 年 1 月 10 日。
③　根据帕迪先生讲述整理。

人口数量的降低等，这都是因为新的政治地理改变了原来的一切。

经济交往阻断

"政治边界无须影响经济活动的水平和结构，但通常它们影响了。"①

詹姆士·谢林（James Sheerin）负责小镇上的电影节，他居住在勒纳德·阿姆斯酒店（Lennard Arms Hotel），当我拜访他时，他画了个地图来解释为什么克朗内尔斯拒绝边界的存在。"克朗内尔斯位于六个镇的中心，这六个镇中有三个在北爱尔兰境内［罗斯利（Rosslea），马哈里（Maghly），纽塘波特勒（Newtownbutler）］，三个在爱尔兰共和国境内［石桥（Stone Bridge），纽布利斯（Newbliss），斯高兹豪斯（Scotshouse）］，但是边界确定后，和北部的联系中断了，从那时起，克朗内尔斯镇的经济就开始衰落。"②

施坚雅（G. William Skinner）在研究中国农村市场时，引入了"中心地"的概念。他认为"一个特定的中心地可以根据它在连锁性空间体系内的地位来分类，而在这个空间体系内，经济职能是与等级层次相联系的"③。爱尔兰的情况显然不同于中国，但克朗内尔斯过去所处的地理位置，似乎属于施坚雅所说的"中心市场"（central market）。所谓"中心市场通常在流通网络中处于战略性地位，有重要的批发职能"④。关于这一点，笔者从一百年前钻石广场繁忙的交易市场照片，已经看得十分清楚。而国家边界的出现，使得克朗内尔斯"中心市场"的地位一夜之间沦落为无市场的"村庄"层级，对于小镇的经济影响可谓巨大而深远。

---

① Cormac O'Grada and Brendan M. Walsh, *Did（and does）the Irish Border Matter?* p. 1.
② 根据詹姆士·谢林先生口述整理。
③ ［美］施坚雅：《中国农村的市场和社会结构》，史建云、徐秀丽译，虞和平校，中国社会科学出版社1998年版，第5页。
④ ［美］施坚雅：《中国农村的市场和社会结构》，史建云、徐秀丽译，虞和平校，中国社会科学出版社1998年版，第7页。

克朗内尔斯原本有高失业率和高抚养率，另外边界的划分还被剥夺了一些权利。当时克朗内尔斯是以 −16 分的相对指数成为爱尔兰的第二差选区。在战争期间，克朗内尔斯附近有 17 条被封锁的道路和 3 个永久的军事关卡。这就使得边境两侧所有被封锁的社区产生了隔离，而且边界两侧人们的关系不断弱化或对立，且直接影响到小镇的商业活动。边界两侧的社会生活已经基本被阻断，使得小镇上的许多新教徒关闭商店并离开了那里。

帕迪先生说，在边界线划定之前，克朗内尔斯有许多内地贸易区，"这些贸易区对克朗内尔斯来说就是从事所有商业的场所，而纽塘布特勒和里斯纳斯卡（Lisnaskea）这两个地方只是个村庄，甚至比斯密斯波阿夫（Smithborough）或者说类似的地方还要小。但边界一旦确立，一切都改变了。克朗内尔斯失去了所有的商业业务，边界的确摧毁了克朗内尔斯。非常巧合的是，弗里曼在他的著作中提到了小镇的名字，并且注意到了边界的划分对于当地经济的影响。"在客观的实际中，事情很清楚，伦敦德里和克朗斯（即克朗内尔斯，在共和国境内）的市场地区实际上被分成了两半，特别是在克朗斯，边界线穿过了那条大街的末端。"① 这里所说的"那条大街"应该是克朗内尔斯小镇的弗马纳大街。

铁路和公路是克朗内尔斯与北部联系的通道。边界确立后，对两边来说边界成了双方交流的障碍，不过他们仍然在运营。"在 20 世纪 50 年代后期发生的最严重的事情就是：1959 年北段的铁路停止运营，克朗内尔斯也就中断了跟北部及其北部贸易区的联系，边界线上的莱克桥也被切断了，整个克朗内尔斯镇陷入休眠期。"②

随着公路的中断，动乱时期的克朗内尔斯镇的经济滑坡更加严重。"卡西迪（Cassidy）先生说除了商业旅游、牛市交易和那些使用公路的商人受到影响外，农业社区里的 16 家也受到了影响。商业和交易不得不通过输入和输出来完成，这对那些需要通过那条中断的路才能完成交

---

① ［英］T. W. 弗里曼：《爱尔兰地理》，上海师范大学《爱尔兰地理》翻译小组译，上海人民出版社 1977 年版，第 151—152 页。

② Colm Toibin, *Walking Along the Border*, Queen Anne Press, 1987, p. 104.

易的商人们，以及克朗内尔斯镇的人们来说，确实有很大麻烦。对克朗内尔斯来说，这时候需要跟受到威胁而关闭的铁路联合起来。在卡西迪先生看来，就北部政府完全封锁位于卡文和克朗内尔斯，卡文和莫纳亨之间的公路而言，这是非常专横的做法。大约16个城镇受到了影响，影响的群体要比牛市交易或者是商业旅游的群体还要大。生活在封锁圈中的人们无论是输入还是输出他们的农产品都非常困难，这对克朗内尔斯镇来说是非常严重的。"① 小镇上的人们经常提到的16个城镇，其实并不是都在周围，有些距离相对较远，但过去都有较好的公路联通。

"克朗内尔斯镇在经济上遭到了重创，有五六条从克朗内尔斯镇延伸出来的公路在这场动乱中被毁了。这对克朗内尔斯镇的经济有什么样的影响？影响又是怎么样发生的？说实话，影响是非常糟糕的，没有任何东西可以进入这个地区。我的意思是边界和现在的坑坑洼洼的公路都使商业失去了往日的活力，我们断绝了和其他地区的一切联系，这真的是一个可怕的时期。"

"20世纪80年代早期边境公路的封闭导致了克朗内尔斯的'休克'。在短短的一周的时间里，我们失去了位于弗马纳郡的2/3的腹地和边界区75%的商业业务。商业社区的生存成为一种永无止境的挣扎。——'可怜的克朗内尔斯'，当别的城镇欣欣向荣时，它却在萧条。"②

很明显，边界对克朗内尔斯商业的消极影响非常之大。有一条铁路过去会定期地用火车运送人们和货物到克朗内尔斯，然后分发到克朗内尔斯小镇的南部边界地区。但随着边界的确立，这一交易逐渐消失了。然后动乱接二连三，这加快了边界地区的衰落和对边界地区的隔绝。

从表面上看，当时是出于安全的考虑从而关闭了铁路和跨越边界的公路，一些基础设施被毁坏，然后经济迅速下滑。但笔者认为边界对双方来说不是一块铁板，人口数量下降也是经济下降的重要原因之一，因

---

① The Northern Standard, Friday, August 23, 1957, p. 5.

② Edited by Paddy Logue, *The Border: Personal Reflections from Ireland, North and South*, Oak Tree Press, Dublin, 1999, p. 97.

为人口是双方互动消费和生产的主要载体。

人口结构改变

一个社区人口结构的改变，如果只是依靠当地人口的自然增长，一般需要较长的时期。而短期内外地人口的大量流入，或者当地人口的大量流出，都可以轻易改变当地的人口结构。当国家边界在小镇旁的出现，使得克朗内尔斯小镇新教人口大量流出，彻底改变了当地信教人口结构原有的平衡。

鉴于笔者所调查的资料，已经清晰地表明，英爱国家边界的划定最终导致了克朗内尔斯小镇新教人口的大量流失。

在《发生在莫纳亨的独立战争》一书中，有这样几句话："北莫纳亨选举区，包括莫纳亨（Monaghan）、苏格兰镇（Scotstown）、克朗内尔斯镇、格拉斯拉夫（Glasslough）、柯龙提布雷特（Clontibret）和洛可可里（Rockcorry）地区，举行了一场选举，选民中新教选民占了很高的比率，正如我们所看到的那样，他们组织有序并且强烈地反对地方自治。"[1] 这里的"新教选民占了很大的比例"意味着那时的克朗内尔斯镇及其周边地区中有不少新教徒。

杰克·怀特先生是这么描述克朗内尔斯小镇的新教人口的，"一百年来这个苛刻而又冷酷无情的城镇有着很高的移民率。1881年这里的人口超过了10万，而今天却下降到了5万人以下。农场从未富裕，过去的50年里边界的划分扼杀了当地的商业活动。正因为如此，新教徒比罗马天主教徒流散得更为严重。1911年，新教徒占总人口的25%，今天下降到了14%。克朗内尔斯镇的牧师中，爱尔兰教会的牧师大约有130人。新教牧师大约有100人，他们又属于三个宗教团体，其中一个宗教团体跨越了边界。在克朗内尔斯镇新教徒仅占总人口数量的10%，克朗内尔斯镇当地的大部分人都能回忆起主要的商业从新教徒转

---

[1] *The War of Independence in Monaghan*, Prepared by Members of Cumann Seanchais Chlochair, p. 7.

移到天主教徒手里的事。然而在周围的农村，新教徒高达 30%，而且从数字上看，长老会的优势胜过爱尔兰教会。这里，长老会精神即北爱尔兰苏格兰精神主导着社区"①。

虽然并不知道杰克·怀特先生是怎样得到克朗镇的统计数据的，但是笔者访问的大部分人都说在动乱前克朗内尔斯镇里大约有 50% 的新教徒。"我相信，在 1946 年或者是 1947 年战争结束后，很多的人离开了。离开的这些人大部分不是住在镇里的人……人们在一起生活得很好，我唯一注意的事情是在 20 世纪 70 年代新教徒开始离开。当我第一次来这里时，这个镇里有一半的人是新教徒，并且他们拥有镇里一半的商店。"②

笔者没有查到自由邦成立初期有关新教人口流散的更多的信息。笔者认为边界确立后的很长一段时期里，爱尔兰人并没有被明晰地一分为二，许多人被大环境的改变弄得晕头转向。但是随着南北界限的逐渐明朗，特别是在动乱时期，镇上的人口结构发生了很大的变化，许多新教徒离开了，主要的原因就是国家界线的强化和一些相关的政治活动。

"我在'教区备忘录'上读到 1973 年 4 月 26 日写给 W. 特罗特（W. Trotter）夫人的一封慰问信，她的丈夫威廉因为一颗炸弹的爆炸而突然离世。这颗炸弹本是爱尔兰共和军恐怖分子为英国士兵和巡逻边界的北爱尔兰防卫团成员准备的。这一冲突持续数年地威胁到这一地区的许多人的生命，威廉是其中的一个无辜的受害者。从卡文到克朗内尔斯小镇的公路，以及在居汝木林（Drummully）教区辖区里的围绕边界输入输出的许多其他公路，成为爱尔兰共和军活动的中心地区。汽车常常被劫持和偷窃，人们的生命在风口浪尖上。这些被有策略地放置的炸弹既破坏了日常生活，也给许多的新教徒家庭带来了威胁。——这些事件造成的巨大压力，迫使这一地区的新教徒不得不到弗马纳或莫纳亨边界附近没有人烟的土地上生活。这一地区新教徒的目标就是生活有保障，

① Jack White, *Minority Report: the Protestant Community in the Irish Republic*, first published in 1975, Gill and Macmillan Ltd., Dublin, p. 22.
② 根据帕迪先生讲述整理。

以及跟邻居们和睦共处，这是他们的希望并在将来会成为可能。"①

通过前面的描述，我们知道克朗内尔斯镇附近的边界地区各种事件频繁发生，特别是新教徒因此而没有安全感。当然，政治运动不能作为把新教徒驱逐出去的唯一的解释，这一地区因为商业的骤缩而不能提供足够的就业机会，当年轻人结婚后，他们搬迁到人口更为稠密的北部地区，这都会造成人口流失。农村人口减少意味着克朗内尔斯小镇里的教区居民数量在过去的几年里逐年下降。

新教徒感觉自己在围城里。1981 年 5 月，他们中的一个对《爱尔兰时报》的相关工作人员说："他们想让我们离开这片土地，停业，让我们离开这里。我们都靠种植为业，这是我们的感受，种植会让我们感觉很好。我们就像罗得西亚人和以色列人，但是我们在这里已经几百年了。我们不会被吓倒。我们要去战斗。在弗马纳，有太多荒废的新教农场，在这里，这样的事情不会发生。但是这里没有战斗，只是谋杀事件每年都在上演和增加。"② 这意味着在克朗内尔斯镇没有严重的群体冲突事件发生，但有零星的个体谋杀事件发生，显然潜藏在少数人心中的不满是不可否认的。

除了政治运动外，第二个影响克朗内尔斯镇人口结构的因素是经济，尤其是铁路的关闭。众所周知，几乎所有的国民警卫队都来自北爱尔兰，并且大部分都是新教徒。北部大型线路的关闭对依赖铁路养家的家庭来说，就意味着移民和其他的选择。自从边界划定后，克朗内尔斯小镇曾经的繁荣日渐消失；关闭铁路是一个严重的打击。坦率地说，铁路关闭不单纯是一个经济事件，正相反，它只是政治手段的经济结果而已。

帕迪的看法告诉我们，罗马天主教徒与新教徒两者之间的关系并没有太大改变，但作为新教徒，他们没有安全感，他们害怕出现暴力下的驱赶。其实许多天主教徒同情他们的老邻居。"我记得有一家人要去新西兰，我们都去车站和他们挥手告别。你知道这是很糟糕的。像我一样

---

① Nigel P. Baylor, *Drummully: The Story of A Cross Border Parish*, pp. 58 – 60.

② Colm Toibin, *Walking Along the Border*, Queen Anne Press, 1987, p. 109.

的小伙子们不得不去贝尔法斯特和格拉斯哥上班，他们中的许多人去了格拉斯哥上班。正如你知道的，他们是被迫分散开来的。"①

帕迪为我画了一幅带有文字说明的图片，以便说明现在的克朗内尔斯与他第一次来这里时对比是怎样的。"尽管这有可能是错的，但我还是认为克朗内尔斯镇有更多的人口。我将举例说明这一情况。当我来到这个镇上的时候，在纽塘波特勒公路上有28位教师，我花了一个晚上的时间来数清他们。所以，你明白我的意思的，过去所有的人都在这里，但是现在他们没有人生活在这里，专业人群从这个地区消失了。"②帕迪提到的街道，现在已经冷冷清清，成排的门面房有些已经破败失修，早已无人居住。

综上所述，表面上看小镇上新教徒是因为各种复杂的原因而离开，但是国家政治边界的划分才是人口流失的根源所在。当时的政治氛围，对新教徒产生了无形而巨大的心理压力，人们没有安全感，虽然没有出现群体性暴力驱赶事件，但动荡的边境地区局势，已经足以让他们无法承受。

社交网络断裂

边界确立以前，克朗内尔斯与其周边地区在许多方向和不同层次上，包括在社会、文化、地理和经济上，都是有着密切的内在联系的。他们志同道合：这一地区不同城镇间的人们存在着一种自然的联系和联通。但是英爱边界确立后，过去人们自由移动的空间内，突然人为地设置了一道有形的政治界线，人们传统的交往受到了限制，彼此的联系便逐渐减少，甚至最终断裂。

一天，我沿着通向阿马（离镇上有5公里）的公路徒步去边界，当我经过一排高大的树木时，我想自己已经走过了边界线，因为有人告诉我边界线就在这排树的另一边。我向坐落在这排树另一边的第一个房子

---

① 根据帕迪先生讲述整理。
② 根据帕迪先生讲述整理。

走去，这是越过边界后看到的第一家民舍，严格意义上说，应该是一户英国人家。一个年轻人打开了玻璃房门，我向他解释来意并询问他边界线在哪里。让我惊讶的是，他走出门外茫然四顾地说："就在附近，但不确定。"显然，他并不知道边界线大致的方位。

在克朗内尔斯镇，我曾经跨越过边界线许多次，只有一次当我走近边界线时，一个当地人指着不远处一家民舍告诉我"他们是英国人"。我见过的大部分人一般不这样说，他们会说"另一边是北爱尔兰"。当然，没有人关心我的疑惑，他们也不知道这个中国人心里想着什么，他们经常以为我在担心"有没有走过了边界"，甚至对我说："不用担心，你可以去任何你想去的地方。"我知道在《贝尔法斯特协议》签订后来到这里，可以不需要为自己的安全担心。和平已经降临到爱尔兰边境地区。和平，对每一个人，甚至于对一个外国人来说都是件好事。

在小镇调研期间，我不仅徒步多次穿越边界，而且还专门乘车到访了纽塘波特勒、卡文等边境地区。考察完边界后，我感觉现在的当地人已经不太关心国界一事，他们许多人甚至不知道彼此跨越了边界。我认为这里存在着一个影响互动的重要的因素，这个因素就是新教人口数量的减少。很明显，新教徒在北部有很多亲戚，他们也大多移居到了北部，因为小镇里新教徒人口数量的减少，和北部的联系自然也就下降了。在边界线附近原有的许多社交圈被缩减了或者是被破坏了，比如跨界市场、婚姻、宗教活动等，这不仅仅是罗马天主教徒与新教徒之间的社会联系，也包括新教徒内部之间的社会联系。这就是我在克朗内尔斯镇不能获得更多有关跨界社会互动信息的基本原因。

"我刚来这里时，这个城镇的商业是由罗马天主教徒和新教徒平等地划分的，现在明显地偏向一边。新教徒搬去了北部或者是跟随他们移民去加拿大的孩子开始新的生活。"[1]

"你看到的发生在所有新教徒商店的事情，就是曾经与内地贸易区联系的中断。尽管它花了 20 年或是 30 年去恢复，因为没有人进来，他

---

[1]　Edited by Paddy Logue, *The Border: Personal Reflections from Ireland, North and South*, Oak Tree Press, Dublin, 1999.

们的商业还是如此糟糕。他们自己的群体，如果你这样叫的话，不来这里买东西，所以在这里，没有任何客源。"

"我不说罗马天主教徒不会光顾他们（指新教徒）的商店，但你明白我的意思。还有你看，虽然有相当于罗马天主教徒的新教徒商店，但他们会一直走到天主教徒的商店（而不会进入新教徒的商店）。他们失去了去新教徒商店的习惯。这就是人们日常生活联系的中断，也是因为与内地商业区联系的中断。"[1] 显然，小镇上的人们在进入商店时都是有选择的。如果小镇上只有天主教徒，而他们只会进天主教徒的商店购物，那么，即使新教徒开设再好的商店，也不会有顾客上门。

"所以从某种意义上说，克朗内尔斯镇的新教徒因为边界的中断遭受了更多的损失，然后正如我前面讲过的那样他们开始搬迁。当然，所有的银行经理都是新教徒，当他们退休后，他们都去了北方。"[2]

虽然帕迪讲述的是新教徒商店与罗马天主教徒消费者之间联系的中断，但它同时也反映出了两个群体之间整体性的互动状况。边界的出现，使得北部的罗马天主教徒南下寻找庇护之所，而南部的新教徒又惶恐北上以求靠近"自己的群体"。边界线似乎一夜之间成了一把锋利的剪刀，剪断了原本有着密切联系的传统社会网络。克朗内尔斯小镇的新教徒就这样越来越少，剩下的也不得不搬出去，两个教派原本存在的传统的社会互动网络逐渐弱化，同一教派之间跨界的社交圈也逐渐彼此收缩乃至消失。

认同分化

爱尔兰共和国与北爱尔兰之间的边界是一条既有形又无形的界线，它严重影响了边界双边的人际互动及经济发展。在克朗内尔斯，人们把很多负面的事情都归咎于边界的出现，例如小镇人口数量的减少，经济的萧条，个人与家族的分离，甚至于社区与村落划分等。但是，没有人

---

[1] 根据帕迪先生讲述整理。
[2] 根据帕迪先生讲述整理。

可以选择他们出生的环境，克朗内尔斯的居民也不例外。在 1921 年以前，克朗内尔斯的居民还属于英国的公民，但是从那以后，国家接连发生革命性政治运动，克朗内尔斯的居民逐渐地成为一个新生国家——爱尔兰共和国的公民。这种转变不是一个简单的过程，更不是爱尔兰人将过去红色的英国邮筒刷成绿色那么简单。① 笔者认为，在 1921 年以前，天主教徒和新教徒之间的认同是不同宗教信仰之间的认同，以及社会阶级的认同，与族群认同或国家认同并没有直接的联系。但在此之后，情况正好相反，人们开始更多地关注彼此的族群身份和国家认同。正如小镇人对新教徒所说的，"女王似乎是他们信仰的一部分"，这明显指向的是一种英国人身份的国家认同，而不单纯是指其新教徒身份。

爱尔兰的独立战争就是要彻底摆脱英国的统治，建立一个完全自主独立的爱尔兰共和国，无疑这是最好的民族主义的大动员。这个理想和目标鼓舞了成千上万的爱尔兰人为之奋斗，如爱尔兰共和军发动的战役，北部动乱，这所有的一切都与建立爱尔兰共和国这一目标相关。

而非常有趣的是，反对英国压迫以及追求爱尔兰岛自治和独立的最初发动者中，很多都是新教徒。"托恩出身于爱尔兰基尔代尔郡一英国国教教徒家庭……托恩以极大的革命热情关注着法国大革命，因为他从中看到了爱尔兰人民独立与解放的希望。他试图将所有的爱尔兰爱国志士组织起来，并在法兰西共和国的帮助下推翻英国的殖民统治，建立独立的爱尔兰共和国……（他）是爱尔兰无可争议的共和主义的奠基人。他的言论被奉为经典。"② "帕内尔（Stewart Parnell）是英格兰人后裔，有一份很好的地产，又是新教徒。但他仇恨英国的统治，于是投身于爱尔兰解放运动。"③ 他曾经在爱尔兰议会下院公开声明："我本人生下来就是个新教徒；我始终过着新教徒的生活；而且我希望我至死仍然是个新教徒；而且，如果将来，在承认了爱尔兰人的要求以后，要是有什么

① 英国人使用的邮筒均为红色，爱尔兰人使用的邮筒均为绿色。这已经成为区分两个国家的标志性象征，并且经常出现在一些涉及英爱关系书籍的封面上。
② 柯春桥、梁晓秋、牛伟宏：《炸弹杀手：爱尔兰共和军》，当代世界出版社 2000 年版，第 6 页。
③ 钱乘旦、许洁明：《英国通史》，上海社会科学出版社 2002 年版，第 301 页。

危险出现在我的新教徒同胞面前的话，我会第一个起来要求言论自由，良心自由，以及社会各阶层生活与繁荣昌盛的自由，不论他们是新教徒还是天主教徒。"[1] 正是因为这样历史事实的广泛存在，许多学者都能做出客观的评判。"北爱尔兰的新教团体就包括下面一些人，在 1914 年以前，他们宁可准备和不列颠作战，而不愿接受地方自治，在都柏林设立一个议会。"[2] "在斗争中，多数派往往在新教少数派中找到领袖和英雄人物，并且获得源源不绝的同情与支持。爱尔兰人尽管在政治上和宗教上存在分歧，但是他们之间却有着超过分歧的天然纽带。"[3] 显然，当时的精英阶层，无论是天主教徒还是新教徒，他们是在国家主义思想的鼓舞下在努力追求爱尔兰的国家独立，并不是在狭隘的宗教民族主义的思想指导下相互排斥。他们当时追求的是建立爱尔兰岛各族群共享的国家，就像美利坚合众国那样脱离大英帝国。只是后来，随着时局的不断变化，最后由于北爱尔兰新教徒反对脱离英国，因此在南部主张爱尔兰独立的新教人士便逐渐被排挤出去，才出现了两个群体。政治演变的过程确实使爱尔兰出现了新的分野。倘若北爱尔兰新教徒也支持爱尔兰岛完全独立，那么，罗马天主教徒与新教徒的冲突或许就可以避免，两个宗教派别或许也根本不会出现对立，那样，爱尔兰岛只需建立新的国家认同即可。作为爱尔兰裔的享誉世界的大学者，本尼迪克特·安德森（Benedict Richard O'Gorman Anderson）在其著作《想象的共同体》中，虽然提出了源自美国的远程民族主义观点，但却没有对于爱尔兰的民族主义给予适当的判断，这不能不说有一点缺憾。而笔者认为，爱尔兰的民族主义表现似乎要早于美国，而且就产生于爱尔兰岛。

然而，克朗内尔斯过去曾是隶属于阿尔斯特省的一个小镇，原本与北爱尔兰关系密切，后来它开始归属于爱尔兰自由邦，归属于爱尔兰共和国，而这种改变主要是由于当地人口占多数的罗马天主教徒民族主义

---

① 刘克华选译：《1870—1914 年的英国》，商务印书馆 1987 年版，第 96 页。

② ［英］T. W. 弗里曼：《爱尔兰地理》，上海师范大学《爱尔兰地理》翻译小组译，上海人民出版社 1977 年版，第 152 页。

③ ［爱尔兰］艾德蒙·柯蒂斯：《爱尔兰史》（上、下册），江苏师范学院翻译组译，江苏人民出版社 1974 年版，前言第 8 页。

思想行为的影响。笔者无法了解当地居民在 1921 年时对政治的态度，但是，谁都知道当边界确立之后，他们就从英国人变为了爱尔兰人。显然，他们希望站在盖尔人罗马天主教徒一边，而这一边建立的是爱尔兰共和国。克朗内尔斯小镇居民的国家意识，就是在这种原本一体的政治空间被异质性分割之后，在差异性社会生活中逐渐形成并不断得到强化。这种因果逻辑，在世界近现代国家构建过程中大同小异，但在边境地区人们的感受更加强烈一些。

英爱分治，爱尔兰岛东北部出现的边界线，不仅分割了土地，也分割了社会和人民。从那一刻起，被分割的社会和人民开始重塑岛内人民不同的国家认同意识，"因为各个集团的信徒都想站在他们'自己人'的中间"①。

当边界划分的事实强加于克朗内尔斯镇当地的居民时，使得边境两侧的边民建立起了新的邻里关系。我们不得不承认，群体和群体之间的人为分离将会在彼此之间筑起一道巨大的偏见之墙。在两个群体之间，因此存在着大量的意识偏见壁垒，例如误解和无知、社会偏见、畏惧、污名，以及经济贫困所导致的边境地区的社会动乱等。随着 20 世纪 70年代"社会动乱"的发生，爱尔兰北部的人们在城市街道和郡县的道路上相互厮杀和防备，这也对克朗内尔斯这座边境小镇造成了影响，有些还波及周边其他小镇。

边界通常是广阔的实体空间的方位界线，或者只是地图上的一条分界标识线，同时也可以是一种意识界线。地图上的界线对于人们的归属感而言，似乎显得虚无而不是那么的重要。人们若要表明他们的立场，他们就必须选择归属于他们自己认同的政府。所以，在边界划分之初，边境地区甚至非边境地区出现了选择性的人口移动现象，他们不是在迁移，不是在用脚投票（voting by foot），他们是在认同，他们必须改变他们过去对于族群模糊的意识，并且要用行动表达自己对于国家认同的选择。

---

① ［英］T. W. 弗里曼：《爱尔兰地理》，上海师范大学《爱尔兰地理》翻译小组译，上海人民出版社 1977 年版，第 152 页。

"上个世纪初，爱尔兰出现了两个试图分裂国家的群体，他们以民族主义之名发生矛盾冲突，要求其在文化和历史方面得到认可。在南部，一个坚守盖尔种族的民族将成为这个新生民族国家想象的主体。然而在北部，仍保留着英国认同的爱尔兰人似乎要求抵制有关爱尔兰的一切事物。"① 笔者深刻地意识到，在那时的物理边界尚未形成之前，当时的社会边界构建已经在人们身边逐渐清晰，因为每一个公民都希望表达其族群认同和国家认同的立场。

继 20 世纪的矛盾冲突之后，21 世纪爱尔兰人的边界认同意识与过去相比却逐渐弱化。边界两侧的爱尔兰人民都受到和平进程的影响。虽然南部政府力图建立完全统一的爱尔兰共和国的目标始终没有改变，但是其斗争的方式已经发生了变化。他们放弃了以武力来达成目标的方式。越来越多的人改变了他们的看法。他们希望通过会谈、合作以及调解来解决社会动乱中的问题。爱尔兰老一辈的人们已经改变了他们的观念，年轻一代则对过去发生的事情没有过多的了解。他们只是认为爱尔兰南部和北部的人民亲如兄弟，并不是敌人。国家教育的发展也逐渐改变了年轻一代的观念。"年轻人开始接受了作为一名爱尔兰共和国公民的国家认同。随着这种认同意识的逐渐增长和普及，他们放弃了其原先对当地绝望的认同意识，即将希望仅寄托于移民，而不是待在家乡。"②

"如果有足够多的爱尔兰人能改变他们的态度，那政治家们的态度也将不得不为之发生改变。在北爱尔兰，当地人们改变其态度将是一件不易的事情。"③ 1985 年，英国广播公司的电视节目主持人梅里德·科里根（Mairead Corrigan Maguire），用具有说服力的言辞说明了北爱尔兰居民转变态度的困难所在。她与贝蒂·威廉（Betty Williams）合作创办的人类和平运动栏目于 1976 年荣获诺贝尔和平奖。正如她在 1985 年所言："为了争取和平，每一个公民都必须下定决心改变他们自己的意识

① Edited by Patrick Loughrey, *The People of Ireland*, first Published and printed by the Appletree Press Ltd. in Belfast in 1988, p. 7.

② Jack White, *Minority Report: the Protestant Community in the Irish Republic*, first published in 1975, Gill and Macmillan Ltd., Dublin, p. 25.

③ James Hewitt, *The Irish Question*, first published in 1986 by Wayland Ltd., England, p. 64.

态度。除了北爱尔兰地区的部分盲从的公民和宗族组织较难形成这种观念以外。和谐意味着彼此融入对方的日常生活中。但在北爱尔兰，很少人准备尝试想他者所想：正如一个联合主义者、民族主义者、新教徒、天主教徒所想。我们深陷于社会结构之中，这使得我们发动人类和平运动几乎成了不可能。"① 她指出了问题的根源所在。

自始至终，我始终认为认同意识不是一件不可改变的事实。因为历史在不断演变，时代也随之发生改变，任何事务都不可能永恒。所以，我认为克朗内尔斯镇居民的认同意识自然也随着时代的不同而发生相应的改变。

在 1921 年之前，克朗内尔斯镇的居民还属于英国公民，而后，他们成为爱尔兰自由邦和爱尔兰共和国的公民，现在他们又成为和平主义者，并普遍积极参与爱尔兰和平进程活动，对新教徒表现出了极大的宽容和理解。显然，随着社会的发展进步，同一块土地上代与代之间的人们，有着变化的认同意识。

北爱尔兰问题复杂化

爱尔兰南北分治后，以边界线为界，出现了人口的迁移、交通的阻断、经济联系的弱化、社会网络的断裂等现象，其背后进一步出现的就是天主教徒与新教徒之间的宗教歧视，英爱之间关于北爱尔兰领土归属的冲突，以及英国政府解决问题的粗暴做法等，这一切都使得北爱尔兰问题变得更加复杂。此外，随着爱尔兰自由邦的建立、爱尔兰共和国的独立以及美国爱尔兰裔侨民的参与，国际社会的调解，北爱尔兰问题又增添了新的国际影响因素。

南北分治之后，北爱尔兰境内的天主教徒和新教徒彼此更加对立。在北爱尔兰内部，历史上新教徒对天主教徒的歧视和打压一直存在，并且在爱尔兰独立战争特别是南北分治之后越发严重。除新教徒一直独揽

---

① James Hewitt, *The Irish Question*, first published in 1986 by Wayland Ltd., England, pp. 64 - 65.

政权外，在社会福利和教育方面，天主教徒也一直受到多种限制，例如，因大多数学校采用新教仪式而使得天主教徒的孩子无法接受公平的教育等。这些分歧使得北爱尔兰天主教徒和新教徒之间的界限非常分明，如同存在两个社会。《贝尔法斯特协议》签订之前，在选举问题上两个阵营几乎不存在交叉投票现象。当然，随着和平进程的推进，这种现象在今天已经有所改变。

南北分治后，英国政府允许北爱尔兰高度自治，同时有些无所作为。

英国政府在北爱尔兰问题上的保守政策也是导致问题不断升级和激化的主要原因之一。爱尔兰南北分治以来，英国政府对北爱尔兰寻求自治权的行为一直采取强硬态度和"以暴制暴"的做法。为消弭民族主义和联合主义之间的冲突，英国政府采取了"隔离"战略。首先，根据《英爱条约》安排新教徒获得议会多数席位，并通过不公正地划分选区的做法，使得新教徒能够长期保持这一优势。这一做法直接导致1921年新选举出来的12名天主教议员拒绝向北爱尔兰议会宣誓，转而向爱尔兰议会宣誓。其次，收回了地方议会加入自由邦的权力。"隔离"战略使得对天主教徒的歧视进一步恶化。

1968年的民权运动即是上述偏袒行为的结果。受20世纪60年代美国民权运动的影响，一些北爱尔兰青年组成北爱尔兰民权协会，走上街头要求废除对天主教徒的歧视做法，给予天主教徒以平等权利。该运动最终由于民族派和联合派的冲突，演化成一场大规模的社会骚乱。英国政府于1969年派军队进驻北爱尔兰，但是由于军方采取了偏袒联合派的做法，不仅没有消除骚乱，反而导致骚乱的进一步升级。1972年1月30日，英军向数千名抗议平民开枪，导致13人死亡，数十人受伤，该事件也被称作"血色星期天"。

正是在这一背景下，爱尔兰共和军的激进力量即临时派共和军成立，成为后来数十年一系列暴力袭击事件的主力。1972年，英国收回了北爱尔兰的自治权，对其进行"直接统治"，并解决了一些民权运动的要求。但是，持续发生的暴力冲突证明英国政府的保守做法对北爱尔兰问题已经难有作为。

七 分裂的后果

1979 年 8 月 27 日，英国海军元帅，前英国武装力量最高统帅，英国王室成员路易斯·蒙巴顿（L. Louis Mountbatten）勋爵在爱尔兰斯莱戈郡的边境地区被暗杀。由此导致英国政府对爱尔兰共和军的强力打压，同时爱尔兰共和军也开展了一系列的暴力和绝食活动，美国等西方国家逐渐卷入其中。

爱尔兰独立后，北爱尔兰问题实际上已经成为一个国际问题。围绕北爱尔兰问题，英国和爱尔兰之间一直存在主权争端。直到 1998 年签署《贝尔法斯特协议》之后，爱尔兰才同意修改宪法，愿意在尊重人民选择的前提下，可以放弃对北爱尔兰的领土要求。长期以来，新芬党和爱尔兰共和军等民族派的目标也是致力于爱尔兰南北统一，所以他们并不把自己视为分裂主义，而是领土收复主义。

北爱尔兰问题复杂化的另一个表现出现在社会层面，由于英国和爱尔兰国籍法的相互开放性，使得两边的人民绝大多数具有双重国籍，因此在就业、求学、各种资格认定等各个方面都出现了一系列的政策应对问题。而要公平、合理、无歧视地对待这些问题，需要投入大量的人力物力并出台相应的政策法规。

北爱尔兰问题复杂化的另一个原因，就是一些海外爱尔兰人对爱尔兰共和军的支持，而其中主要是美国境内的爱尔兰侨民。因此北爱尔兰问题的走向和最终解决方案与美国一直有莫大关系。美国的爱尔兰后裔是北爱尔兰民族派的主要支持力量。没有他们的支持，北爱尔兰民族主义运动不可能坚持长久。这些人对美国政治也有巨大的影响，如美国前总统克林顿即凭借其爱尔兰裔的特殊身份，对爱尔兰和平进程、特别是对《贝尔法斯特协议》的签订起到了关键性作用。

八

小镇里的"和平进程"

从 20 世纪初到 20 世纪末，爱尔兰岛一直处在社会动荡之中。从 1916 年最初的独立战争，到 1922—1923 年的爱尔兰内战，再到 20 世纪 70 年代的北爱尔兰教派冲突，暴力活动甚至从岛内外溢到英国本土，这无一不对爱尔兰岛整体社会造成动荡和不安。直到 20 世纪末，经过近一个世纪的社会动荡和族群冲突，人们厌倦了暴力，国际社会也逐渐介入调停。经过艰难曲折的谈判历程，爱尔兰岛人民渴望和平，英爱两国政府也致力于和平解决问题，加之国际社会积极调停并促成和解，正是在这样的国内外大背景下，爱尔兰和平进程应运而生。

爱尔兰和平进程与《贝尔法斯特协议》

自 1921 年 12 月英国被迫与爱尔兰临时政府签订和约，承认爱尔兰南部 26 郡为自由邦，北方 6 郡仍留在英国；英国国名由"大不列颠及爱尔兰联合王国"改为"大不列颠及北爱尔兰联合王国"始，南北冲突便持续不断，并将这一棘手的问题带入了 21 世纪。

众所周知，爱尔兰南北分离之后遗留下来的问题，其中混合着历史、文化、政治、民族和宗教矛盾，极其错综复杂。爱尔兰独立后，留在英国统治范围内的爱尔兰北部 6 郡居民中亲英的新教徒占多数，民族主义的罗马天主教徒占少数，前者主张留在英国，后者则坚持统一爱尔兰岛。前者的代表是新教联合党等各联合党派，后者则是罗马天主教各党派，两者意见严重对立，而包括爱尔兰共和军在内的组织实施的军事活动火上浇油，流血冲突不断，使问题更加复杂化。

两大宗教群体因对北爱尔兰归属问题的相反立场而导致的对抗和冲突，并不局限于北爱尔兰，也影响到整个爱尔兰岛，以及英爱国家关系。实际上是一个远远超出北爱尔兰地理范围的整体性问题，如果把目光仅仅局限于北爱尔兰地区是根本无法理解也无法解决问题的。

20世纪60年代末，北爱尔兰当地民族主义者的不满情绪演变成暴力行动，其主要标志就是爱尔兰共和军的成立，该组织主张以暴力方式建立爱尔兰共和国，并在北爱尔兰以及爱尔兰南部和英国制造袭击、爆炸事件。与此同时，相对应的新教徒准军事组织也纷纷出现，加入武力冲突行列，北爱尔兰两大势力间流血冲突不断，甚至波及爱尔兰岛之外的英国等地。爱尔兰民族解放军1979年在英国伦敦参与策划炸弹袭击，炸死英国政客艾雷·尼夫（Airey Neave），他当时担任后来成为英国首相的撒切尔夫人（Margaret Hilda Thatcher）的顾问。1982年，爱尔兰民族解放军在英国伦敦德里郡一家酒馆放置炸弹，炸死17人。驻扎在附近军事基地的英国军事人员当时正在这家酒馆喝酒。1996年6月15日，爱尔兰共和军在英国曼彻斯特市中心制造了震惊世界的汽车炸弹大爆炸事件，导致该市中心地带严重被破坏。

由于英爱两国政府在此问题上的无所作为，北爱尔兰的混乱局面持续了20年之久。1968年以来，北爱尔兰敌对双方不断发生武装冲突，导致三千多人丧生、三万余人受伤，并造成巨大经济损失。

20世纪90年代初，英爱两国政府逐渐意识到政治解决爱尔兰问题是越来越多当地民众的愿望，人们已经厌倦了暴力，渴望和平。正是在这样的背景下，爱尔兰和平进程被提上了议事日程。

爱尔兰和平进程，在更多的时候被称之为"北爱尔兰和平进程"，也是学术界已经习惯的表述。对于这个表述，笔者持有不同观点，特别是在对爱尔兰边界地区考察之后。显然，这不是一个常识或约定俗成的问题，而是一个如何更加准确表述的问题。"北爱尔兰和平进程"的表述显然是不准确的，因为爱尔兰的民族问题并不局限于北爱尔兰地区，而是事关南北以及整个爱尔兰岛的和平与发展问题。甚至我们单从"爱尔兰共和军"这个名称判断，他们的奋斗目标绝不是仅仅为了"北爱尔兰"。因此，笔者认为使用"爱尔兰和平进程"更加全面到位，而使用"北爱尔兰和平进程"使人觉得"和平进程"与爱尔兰共和国无关。事实上，这个"和平进程"与爱尔兰共和国和英国都密切相关，正因为如此，笔者在全书的相关表述中一般都使用"爱尔兰和平进程"，只在个别引述原文时保留"北爱尔兰和平进程"的提法。另一方面，之所以如此使用概念的重要原因，就在于"爱尔兰和平进程"更加符合人类学方法论所强调的全貌论和整体观，它让我们看到的是一个整体的爱尔兰，一个与世界有着广泛联系的爱尔兰。

为了顺应民意，英爱两国政府于 1993 年 12 月签署《和平联合声明》，即"唐宁街声明"。这个声明可以看作是爱尔兰和平进程的启动。声明表达了英爱两国政府政治解决北爱尔兰问题的共同立场，呼吁各派停止暴力活动，促成英、爱和北爱尔兰各政治势力和平协商，并最终通过谈判和平解决北爱问题。声明还阐述了将来北爱尔兰同英国和爱尔兰的关系问题。在英爱政府的积极运作下，1994 年 8 月，爱尔兰共和军的政治组织新芬党促成爱尔兰共和军停火，和谈的曙光显现。但由于当时英国的梅杰（Sir John Major）政府需要依靠议会中的北爱统一党维持执政地位，被新芬党指责偏袒该党，因此新芬党在如何处理爱尔兰共和军武器问题上同英国政府发生尖锐分歧，一直不愿参加谈判。

1996 年硝烟再起，爱尔兰共和军再次制造爆炸事件，结束了 18 个月的停火，两大派相互射击以及双方惩罚性互殴事件继续发生，爱尔兰和平进程陷入僵局，多党和谈迟迟不能举行。

1997 年布莱尔（Anthony Charles Lynton Blair）领导的英国工党击败保守党上台执政，积极推动多党和谈。年轻的布莱尔带给英国政坛一种新的气象，也给北爱尔兰问题带来转折。早在上任之初，布莱尔就提出了"第三条道路"的政纲，即"超越左与右、兼顾发展与正义、均衡权利与义务"。英国学者吉登斯（Anthony Giddens）曾自豪地宣称：第三条道路不但没有放弃社会正义和团结，而正是今天追求以上理想的唯一手段，它决非不能处理不平等和企业权力问题，而正是当代世界达此目标的唯一有效途径。

具体到北爱尔兰问题上，"第三条道路"主张以分权为核心，采取更为灵活和务实的政策，通过和平谈判的方式解决双方存在的分歧。首先，在谈判问题上采取不设前提条件的做法。之前在保守党执政的 18 年里，"不和恐怖分子坐在一起"是其对北爱尔兰民族派的主要态度。尽管在 20 世纪 80 年代中后期形成了以《英爱协议》为基础的谈判框架，但保守党一直以爱尔兰共和军交出武器为前提，导致和谈始终处于停滞状态。布莱尔改变了这一立场，采取在谈判的同时共和军平行解除武器的折中做法。1997 年，他更是力排众议，邀请民族派政党新芬党参加多党谈判，并在官邸与新芬党领袖亚当斯会晤。经多方努力，同年 9 月，包括新芬党在内的 8 个北爱政党参加了多党和谈，两大长期对立的政治派别首次坐在了同一个谈判桌上。其次，赋予北爱尔兰政府以更多自主权，建立一种"联邦式分权"和"分权式联邦"的双层政府与地方的关系。在这一结构中，北爱尔兰政府享有特殊地位，其行政和立法权力将大于苏格兰和威尔士议会。关于北爱尔兰高度自治，笔者深有体会。2006 年，笔者在贝尔法斯特用英镑购买商品时，找回的钱币居然是贝尔法斯特地方政府发行的。当笔者用这些贝尔法斯特发行的钱币在伦敦消费时，售货员居然不认识这些纸币，后来找来商场经理辨认后，才得以使用。由此可见北爱尔兰高度自治的程度。最后，建立更为平等的北爱尔兰族群关系。由民族派和联合派组成跨族群和党派的联合政府，规定第一大党担任北爱尔兰首席部长，第二大族群的第一大党担任副首席部长，其他部长则根据各党在议会中的实力大小分配。采用"单一可转移投票"制，即依据各党比例分配议会议席，在给予选民更多选择的同时实现党派平等。

爱尔兰独立后，爱尔兰共和国历届政府均把实现南北爱尔兰统一作为既定政策；同时，英国政府也从未在北爱尔兰的归属问题上产生动摇。但是在爱尔兰和平进程推进中，英国布莱尔政府同爱尔兰就领土主权问题进行了谈判，并促使爱尔兰修改宪法放弃对北爱尔兰的主权要求，这为北爱尔兰问题消除了最大的外部障碍。同时英爱两国利用美国爱尔兰裔对北爱尔兰党派施加影响，不断推动和谈进程。正是克林顿（William Jefferson Clinton）在 1998 年谈判最后时刻的斡旋，才促成了

《贝尔法斯特协议》的达成。谈判最后达成了组建包括各方政治力量的地方分权政府、削减军队、释放狱犯和解除武装等协议，该协议在爱尔兰共和国和北爱尔兰的全民公决中获得通过。但是由于统一党人不满爱尔兰共和军拒绝彻底解除武装，新成立的北爱地方议会受挫。

《贝尔法斯特协议》，亦称《耶稣受难节协议》（*Good Friday Agreement*），偶尔也称为《斯托蒙特协议》《北爱尔兰和平协议》，是爱尔兰和平进程具有划时代意义的标志性里程碑。

1998 年 4 月 10 日，历时近两年的北爱尔兰和平谈判取得重大突破。北爱尔兰八个主要党派领导人、英国首相布莱尔和爱尔兰总理埃亨（Bertie Ahern），在北爱首府贝尔法斯特达成一项旨在结束长达 30 年流血冲突的历史性协议，就结束冲突及决定北爱尔兰未来前途等原则问题做了说明。在美国参议院乔治·米歇尔（George Mitchell）的斡旋下，英爱两国政府与参加北爱尔兰多党谈判的各党派之间达成此和平协议。

本协议在北爱尔兰首府贝尔法斯特由英国和爱尔兰政府签字，并得到多数北爱尔兰政党支持（包括统一党和社会民主工党）。主张留在英国的北爱尔兰民主统一党是唯一反对协议的主要政党，但他们主要反对新芬党拥有权利。

协议承认大多数北爱尔兰人希望北爱尔兰留在英国，但同时也承认爱尔兰岛大多数人希望爱尔兰最终实现统一。该协议规定，只有在北爱尔兰大多数人赞同的情况下才能改变北爱尔兰目前的政治地位。

《贝尔法斯特协议》的主要内容为：爱尔兰共和国将修改宪法，放弃对北爱尔兰的领土要求；英国则将废除 1920 年制定的爱尔兰法案，并在北爱尔兰大多数人表示赞同的前提下，承认南北爱尔兰统一的可能性。协议还为北爱尔兰问题的政治解决提供了一个基本框架——建立一个按各党派比例选举产生的 108 人北爱尔兰地方议会。该议会拥有立法权，并将接管北爱尔兰地方政府所行使的旅游、运输、农业等方面的职能；由北爱尔兰议会负责建立一个为协调北爱尔兰与爱尔兰关系的部长级"南北委员会"；建立英爱不列颠群岛理事会，就群岛内部的合作事宜进行磋商，其成员将包括英爱两国政府、议会以及苏格兰、威尔士、北爱尔兰议会的代表。此外，英国政府还将减少驻扎在北爱尔兰的警察和武装部队。

英国首相布莱尔在协议达成后表示："希望历史的重负今天开始从我们肩上卸下。"他同时说，只有当人们将友谊之手伸向自己昔日的宿敌时，和平才会真正到来。爱尔兰总理埃亨说，协议是对一个更加光明的未来的保证。北爱尔兰和平协议的达成为结束30年的北爱尔兰教派冲突和暴力事件提供了保证，是爱尔兰和平进程的重要里程碑。

由于英爱两国法律都允许双重国籍，因此北爱尔兰人有权决定自己拿英国国籍、爱尔兰共和国国籍或者双重国籍。任何一方政府不能因为一个人拥有另一方国籍而歧视他。缔约双方只准用民主而和平的手段解决政治纷争。"作为爱尔兰公民，我们拥有一个独特而复杂的命运。不同于世界上许多国家的公民，我们可以同时拥有其他国家的公民身份，使用该国的护照，在该国定居。这是由于爱尔兰宪法的规定，也因为爱尔兰是欧盟的成员国。另外一个独特之处是根据1998年《贝尔法斯特和平协议》，所有北爱尔兰人可以有权选择自己的国籍——自称爱尔兰人、英国人或同时身兼两国国籍。这个决定弥补了1922年爱尔兰南北分裂带来的创伤。"①

协议达成后，联合国、欧盟和美、法、德等国际组织和国家的领导人纷纷表示欢迎。1998年5月22日，英国北爱尔兰地区和爱尔兰共和国同时举行全民公决。计票结果表明，北爱尔兰有71.12%的投票者对北爱和平协议投赞成票；在爱尔兰共和国，对和平协议表示支持的比例高达94.4%。

协议于1999年12月2日开始实施。其后，正式组建了北爱尔兰自治政府。

2005年7月28日，北爱尔兰的准军事组织爱尔兰共和军发表声明，宣布从当日起，所有爱尔兰共和军的组织都放弃武装，各成员将通过和平的方式追求目标。这是北爱尔兰规模最大的准军事组织首次表示全面解除武装，表明了该组织同以往的行为决裂的意愿和以和平方式解决两

---

① ［爱尔兰］杰鲁莎·麦科马克：《以中国眼光审视爱尔兰》，载王展鹏主编《中爱关系：跨文化视角》，世界知识出版社2011年版，第161页。

派冲突的立场和决心，为爱尔兰和平进程注入了新的动力，为实现《贝尔法斯特协议》，最终组成北爱各政治力量联合政府开启了大门。当日，爱尔兰共和军新芬党领袖格里·亚当斯（Gerry Adams）抵达爱尔兰首都都柏林，并明确表示，结束武力有助于恢复北爱尔兰和平进程。2005年7月29日爱尔兰共和军弃武议和，随后，国际独立委员会宣布，爱尔兰共和军已完全解除武装，加入和平进程。

和平是人心所向的大趋势

尽管近年来北爱尔兰地区暴力事件有所减弱，但爱尔兰和平进程需要新的推动力量以摆脱现有的停滞状态。2005年，爱尔兰共和军宣布解除武装，虽然为爱尔兰和平进程再向前迈进一步创造了条件，但要真正实现和平，只有爱尔兰南北人民共同心向和平，才能实现爱尔兰岛的长治久安。

维护北爱尔兰多党合作的成果，促进爱尔兰和平进程持续发展，实现爱尔兰南北的长治久安，这不仅是当地人民也是英、爱两国政府和人民的共同愿望。停止暴力，实现安宁是大势所趋、人心所向。20世纪60年代末以来，北爱尔兰激进的民族主义天主教徒准军事组织和统一派新教徒准军事组织间的流血冲突，严重影响了当地居民的正常生活。英国政府为维护当地治安派驻的武装部队多达5万余人，这在面积只有5400平方公里，人口数量160万人的北爱尔兰地区已属极不寻常。因此，无论是新教徒还是天主教徒都渴望永久停止相互仇杀，实现和平共处。况且经过30年不懈的努力，和平进程不断取得进展，社会治安不断得到改善，让该地区经济获得了喘息的机会和显著发展，首府贝尔法斯特的面貌也一改旧颜，人们更加坚定了走和平发展之路的决心和信心。1998年5月22日，英国北爱尔兰地区和爱尔兰共和国同时举行全民公决，通过了《贝尔法斯特协议》，这显然是一次民心民意对和平向往的公开表达。2006年，笔者在贝尔法斯特考察期间，也感受到了北爱尔兰地区平静的气氛。

与此同时，国际反恐形势逼人，内外舆论迫使爱尔兰共和军的激进分子也不得不下决心解除武装，从而彻底摘掉恐怖主义帽子。爱尔兰共和军因其从事臭名昭著的恐怖主义爆炸袭击活动在爱尔兰和英国的相关法律中被列入非法组织。爱尔兰共和军以恐怖主义爆炸袭击案制造的各种事件，越来越激起了人们对恐怖主义等犯罪活动的憎恨。爱尔兰共和军逐渐失去了国内外各种支持和同情的力量。2004 年年底和 2005 年年初，北方银行抢劫案和一件谋杀案被证实系爱尔兰共和军所为，使其形象降到低点。同时国际舆论，特别是来自美国的压力，也是促使爱尔兰共和军宣布解除武装的原因之一。过去，爱尔兰共和军和新芬党得到爱裔美国人和部分美国国会议员的财力支持，但 20 世纪 90 年代初，特别是"9.11"事件后，共和军的暴力行为逐渐失去这部分美国民众的同情。由于来自英国国内以及爱尔兰共和国和国际舆论对暴力活动的谴责，促使爱尔兰共和军采取必要的行动，防止被内外舆论孤立。实际上，早在 2005 年 4 月，新芬党领导人亚当斯就开始劝说爱尔兰共和军放下武器，而伦敦爆炸案加速了这一决定，最终宣布解除武装也可谓水到渠成。

英爱两国政府积极促和，在北爱尔兰两大派之间发挥积极斡旋作用，合力推进爱尔兰和平进程。在爱尔兰共和军宣布解除武装的当天，英爱两国首相就发表了联合声明，对此举措给予积极回应，并高度评价共和军此次声明表达意思之清晰同以往完全不同，它开启了重建包括北爱尔兰各方力量在内的分权政府的可能性。并表示将启动独立的国际观察团，尽快出台相关报告，及时跟进有关进展情况，以便采取响应的行动和措施。

就在爱尔兰和平进程不断推进之时，欧洲一体化进程也在同步加快，这种来自外部的"大欧洲"的构想似乎也弱化了爱尔兰民族问题，并对爱尔兰和平进程带来积极影响。笔者曾经于 2008 年亲历爱尔兰加入欧盟《里斯本条约》公投，当时的气氛平静而有序，只见宣传，未见斗争。2014 年，笔者碰巧又亲历了英国的苏格兰公投，看到每天举办的电视辩论，并没有十分激烈的言辞或行动。显然，在爱尔兰加入欧洲一体化进程后，爱尔兰与欧洲大陆的联系更加紧密，并且得到许多实惠。欧洲一体化的进程，不仅使爱尔兰人，同时也使英国人看到了大欧洲的未来，加之英爱两国国民普遍受到高水平教育的培养，人们越来越理性地看待爱尔兰民族问题，希望在和平的氛围中逐步消解爱尔兰民族问题。

经济发展与民间和解

从 20 世纪 80 年代开始，爱尔兰共和国经济飞速发展，北爱尔兰地区经济也有较好表现。爱尔兰共和国以软件、生物工程等高科技产业带动国民经济发展，并以良好的投资环境吸引了大量海外投资，完成了由农牧经济向知识经济的跨越。自 1995 年起，爱尔兰国民经济持续高速增长，成为经济合作与发展组织中经济发展最快的国家，被誉为"欧洲小虎"。爱尔兰服务业比较发达，人均收入在世界上名列前茅。总体来看，爱尔兰经济发展势头平稳，可持续发展形势良好。

爱尔兰过去是一个以农牧业为主、经济发展相对滞后的欧洲国家，被称为"欧洲的农村"。但在 1995—2004 年，爱尔兰每年以 7% 的平均增长速度发展起来，形成了小而现代的，依赖贸易的经济体系。其经济总量虽然较小，但非常发达，主要依赖出口贸易。1995—2000 年，爱尔兰取得了 10% 的经济增长率，在欧洲名列前茅，2003 年已成为世界上人均 GDP（国内生产总值）排名第二的国家（仅次于卢森堡），因而赢得了"凯尔特之虎"的美誉。农业的主导地位已被工业所取代，工业占 GDP 的 38%，总出口量的 80%，以及劳动力资源的 28%。虽然出口贸易依然是爱尔兰经济的主要支柱，但国内消费额的提高以及建筑业和投资方面的复苏也带动了经济的持续发展。

近十年来，爱尔兰政府以控制通货膨胀、减少租税负担、减少政府开支、提高劳动力素质、鼓励外国投资为目的，采取了一系列的经济措施。1999 年 1 月，爱尔兰与其他 11 国参加了欧元区。在出现了世界性的经济危机后，2013 年 5 月欧盟委员会的经济预测，爱尔兰经济增长利率 2013 年将返回到 1.1%，在 2014 年达到 2.2%。尽管出口是确保爱尔兰经济增长的首要动力，经济还同样受益于消费、建筑和经济投资。

经济发展使得爱尔兰社会各个阶层迅速富裕起来，甚至出现了所谓"模糊化"的进程。"阶级在模糊，老年人和中年人之间的差别在消失，这种消失还体现在城乡之间、本土居民和外国人之间、左派人士和右派人士之间、富人和穷人之间、受教育者和未受教育者之间的这些传统差别上。……我们现在已经是一个中产阶级国家。"① 这种模糊化的进程，当然也影响着罗马天主教徒与新教徒之间的界限。

从爱尔兰经济发展的角度看，深究其传统的财富观念与善恶道德，戴维·麦克威廉斯（David McWilliams）有一个非常独特的分析视角，对笔者深有启发。在传统的爱尔兰社会，罗马天主教徒认为，"让骆驼穿过针眼也比让富人进入天堂容易"。罗马天主教认为，物质财富不能表明你的精神状况。你在这个世界上拥有的越多，你的来生就越艰难。一个富人和他在世上的道德状况存在明显的反比关系，而这些富人往往指的是英国新教的殖民者。"富有的新移民是强盗这一看法一直以来就是爱尔兰民族主义存在的潜在原因。至今，我们头脑中固有的观念认为大多数传统意义上的富人通过骗土地聚敛非法财产，这种观念和富人的寓言故事相结合，使大多数爱尔兰人从精神的优越状态和历史合理性的立场看不起富人。"② 因此，贫穷的爱尔兰人既有世俗的也有宗教的叙事小说和神话，在其中他们不仅找到了社会地位低下的慰藉，也找到了对自己优越感的一种肯定。但是，当爱尔兰经济腾飞的今天，人人都开始狂热地追求财富，甚至把财富、物质成功和个人品质、能力联系起来，这一切却与英国新教伦理与资本主义精神结合了起来。因此，戴维·麦克威廉斯不无嘲讽地将现在的天主教徒称之为"信仰新教的天主教徒"。当然，这的确也是当下爱尔兰社会因经济繁荣，而带来的传统观念的改变。"爱尔兰人的价值观变得更像清教徒而不是天主教徒……爱尔兰现在是一个信清教的天主教徒们的国家，在这里你就代表你的财产，现在好的公民就是那些开着最快的车，住着最大的房子，穿

---

① ［爱尔兰］戴维·麦克威廉斯：《教皇的孩子们》，蔡凌志译，人民文学出版社2009年版，第17页。

② ［爱尔兰］戴维·麦克威廉斯：《教皇的孩子们》，蔡凌志译，人民文学出版社2009年版，第144页。

着最时尚的衣服或拥有最大银行户头的人。"①

爱尔兰和平进程虽然历经坎坷，但就像其经济发展一样同样取得了长足进展，迄今北爱尔兰大规模流血冲突和爆炸袭击事件已被较小规模的惩罚性互殴和贩毒等暴力犯罪事件取代。北爱尔兰共和军宣布无条件解除武装无疑是和平进程的巨大推动力。但如何彻底消除仇恨，达成北爱尔兰各派内部的和解，仍需要不懈的努力。亲英派，特别是其中的激进组织和准军事组织如北爱防卫协会，北爱尔兰志愿军等对共和军的声明表示了不信任，声称将听其言，观其行。而且，与新芬党不同，上述组织没有政治代表进入协商中的地方议会和英、爱政府，这决定了他们在和平协商中获得相对较少好处，因此处理稍有不当，就可能再次激发两派的冲突，成为和平进程的阻碍力量。另外，多年的暴力行为，使一些亲英准军事组织演变为纯粹的黑社会集团，他们内讧不断，并从事毒品等犯罪活动，常因此发生命案，可见，如何解决社会犯罪等遗留问题，消除社会治安隐患，最终达到永久的和平，也是爱尔兰和平进程需要考虑解决的难题之一。

2009 年 11 月 21 日，至少 3 名武装人员在北爱尔兰北部一处村庄与警察发生交火。同日，位于北爱尔兰首府贝尔法斯特的警务委员会遭受汽车炸弹袭击。据北爱尔兰官员认为，参与两起袭击的武装人员均来自爱尔兰共和军。他们发动暴力袭击意在破坏爱尔兰和平进程。该事件也被怀疑是致力于通过暴力方式实现北爱尔兰独立的爱尔兰共和军激进分子所为。尽管袭击事件不会阻碍爱尔兰和平进程的努力，和平进程将不会也永远不会动摇，但是，不断发生的暴力袭击再次表明，爱尔兰和平进程依然曲折。

除了官方政治议程以外，"民间和解"也是推动爱尔兰和平进程的重要因素。1916 年，致力于爱尔兰独立的新芬党在一封信中提出这样一个问题："我们要强迫安特里姆郡和英国的奥兰治人爱我们吗？"意思是说，即使在政治层面上达成和解，但存在于广大城乡社区的族群界

---

① ［爱尔兰］戴维·麦克威廉斯：《教皇的孩子们》，蔡凌志译，人民文学出版社 2009 年版，第 145 页。

限和冲突仍然存在。没有民间的真正和解，和谈只会变成空谈。在信奉精英政治的保守党执政时期，政治家们对"民间和解"一直不屑一顾。直到20世纪80年代后期，英国政府才开始重视民间和解。1987年成立的"北爱尔兰社群活动组织中心"，向政府提供改善社群关系的意见和建议，推动两大教派之间的接触和联系。

进入20世纪90年代后，教育部门和非政府组织也积极参与到爱尔兰和平进程中来。一些父母把孩子送到"非隔离学校"接受教育，促进不同族群之间的交流。尽管数量非常少，但它表明民间的和解已经开始。1998年《贝尔法斯特协议》投票中出现的跨族群投票现象，即是民间和解努力的结果。

1999年，经过选举组建了北爱尔兰历史上第一个联合自治政府。尽管签订和平协议以来，爱尔兰和平进程一波三折，甚至在2002年因新芬党间谍事件导致英国终止北爱尔兰政府，恢复直接统治。但各种刺杀、炸弹袭击等恐怖事件仍然时常见诸各种媒体，并没有因为和平协议的签署而有显著减少。《新政治家》杂志曾在2002年撰文认为，武器仍然是北爱尔兰政治问题中的一个要素，组建联合政府也会面临再次解散的威胁。但爱尔兰和平进程毕竟为和平解决北爱尔兰问题提供了框架和平台。2007年重新组建的北爱尔兰联合政府恢复行使自治权力，意味着爱尔兰和平进程重新走向正轨。

爱尔兰和平进程表明，暴力不是解决教派分歧的正确方式，只有通过协商谈判的和平途径，才能够减少分歧、达成共识。推动民族和解、实现族群团结，既需要政府宽容和灵活的政策，也需要通过民间组织打破族群界限，增强族群间的接触和交流，这大概是布莱尔执政10年留给英国意义最为深远的遗产。2007年，即将卸任的布莱尔在北爱尔兰新政府成立仪式上讲："回顾过去，我们看到几个世纪以来，居住在爱尔兰岛上的人们之间充满仇恨，这段历史满是痛苦的疮疤；今天终于摆脱了历史的羁绊，展望未来，我们看到了机遇。"

在《贝尔法斯特协议》签订之后，由于国内外形势发生了较大变化，在此大背景下，从国家层面的政治和解，到民众层面的民间和解同时展开。"在爱尔兰，跨境合作是一项相对较近期的活动，而和平与和解计划目前正在极大地推动这种合作。"① 爱尔兰和平进程已经深入边境一线，克朗内尔斯小镇也悄悄开始了民间和解工作。

笔者在小镇调研期间了解到，爱尔兰政府、英国政府和国际社会，特别是欧盟为爱尔兰和平进程中的民间和解活动提供大笔资金支持，开展了许多项目，为爱尔兰边境地区人民交往交流提供了实实在在的支持。克朗内尔斯小镇参与了欧盟支持的"和平"第一、二、三期项目，开展的工作主要有"和平链接"项目和"社区论坛"项目等。

小镇里的社区论坛

克朗内尔斯小镇所开展的民间和解工作，主要由小镇上的"社区论坛"开展工作，具体内容可以分为两大类，即软件建设和硬件建设。软件建设主要在促进边界两侧人们交往互动上下功夫，并做了大量实实在在的工作；硬件建设主要在基础设施建设方面，通过建设有益于促进边界两侧人们交往的基础设施来发挥作用。

在我第一次到访小镇时，就听说了"社区论坛"这个工作平台，但对其具体从事的工作了解甚少。

克朗内尔斯"社区论坛"是成立于1998年的一个伞式组织，属于民间组织性质。他们的工作主要是在和平与和解计划实施中，分析识别出克朗内尔斯及周边地区的社会需求。"社区论坛"现在的办公地点设在卡桑德拉·汉德中心。

多年来，论坛的工作包括来自青年、妇女、社区设施、遗产、通讯和信息等范围。它已经成功交付了第一、二、三期"和平计划"下的和平建设项目，为来自不同文化背景的人们聚集在一起提供了互动空间，推动了相互间的多样性和差异性的欣赏。

迄今，克朗内尔斯"社区论坛"已成功完成了许多项目，从认证培训、儿童艺术工作坊、兴趣班、青年中心设施、卡桑德拉·汉德中心复

---

① Edited by Paddy Logue, *The Border: Personal Reflections from Ireland, North and South*, Oak Tree Press, Dublin, 1999, p. 6.

原，到递交一份为厄恩东部地区提供资金建立跨境标志性体育中心的申请。

从卡桑德拉·汉德中心成立开始，他们已在修复社区及恢复周边地区的社会活力上取得了大量有文字记载的成功经历。多年来，中心已在和平建构工作上投入了大量时间和许下了承诺。他们刚完成了爱尔兰国际基金会资助的一个"回顾历史，走向未来"的两年计划，在多年来实施的和平建构工作上继续发展。前进中的克朗内尔斯"社区论坛"继续致力于传扬小镇丰富的历史和文化遗产。克朗内尔斯"社区论坛"确信，跨社区合作的推进在中心的所有活动中居于核心地位。论坛承诺继续扮演它的社区发展的重要角色。

"社区论坛"的主要工作如下：

——向克朗内尔斯的团体和个人提供咨询，努力解决这个小镇社会的、经济的和文化的需求。

——支持克朗内尔斯及周边地区社团和组织的工作。

——制定策略加强社区内部交流。

——确定公司和社团的未来培训需求，提供合适的计划。

——开发跨境链接项目。

——鼓励和促进社区与跨境地区之间的和解。

克朗内尔斯"社区论坛"这个工作平台，集中了小镇上的三个重要人物，他们是项目协调人凯瑟琳·卡西迪（Kathleen Cassidy），议长尤金·哈米尔（Eugene Hamill）以及历史学家兼导游乔治·奈特（George Knight），有了他们的直接参与，就能够把不同宗教群体的人集合起来进行面对面的交流。

克朗内尔斯社区论坛最初创立时，主要服务于和平解决行动计划，用来回应解释社会的需要。这个论坛代表着50个当地社区团体以及志愿者组织，起初论坛有一个社会关注区域点，主要关注青年、妇女、社区设施、遗产、交流信息，第二期和第三期"和平计划"创建了一些新的项目，论坛现在还关注增进跨边境和跨社区项目建设。

阿马郡的马赫里村庄和莫纳亨郡的克朗内尔斯镇通过阿尔斯特运河的筹建工作而建立了伙伴关系，这两个社区都把这个共同的目标看成是把不同宗教背景的人们与跨境基地建立良好关系的一种方式。这两个社区相互之间交换他们的传统工艺以及造船技术（马赫里）和烈酒的制造（克朗内尔斯）技术。凯瑟琳·卡西迪说："通过这样的交流，人们即使没有跨越边境去克朗内尔斯，他们也很乐意这样做。"

2008 年，来自第二期"和平计划"的可用资金暂时未能拨付，"社区论坛"的员工与管理者的工作也都停顿了下来，"社区论坛"的办公室转到了重新修缮的卡桑德拉·汉德中心。幸运的是，论坛的精神主旨保存到了小镇的社区。由于 4 个兼职员工的努力，志愿管理委员会继续致力于第一、二期"和平计划"基础上的更进一步的工作，一切都在继续推进。

2009 年，社区论坛的莫纳亨郡第三期和平合作关系组织呈递了一份成功的申请，是为他们的"一年补救四百年"计划实施"同当地构建积极关系"的措施。这个计划包括的事项有，使用音乐文化和历史遗产作为一种构建常年冲突影响下的南北群体关系的机制，依托项目促进彼此的联系和了解。

克朗内尔斯"社区论坛"已经完成的"回顾历史，走向未来"的项目，是爱尔兰国际基金会提供了友好的资金援助。他们借助设备、培训和视觉媒体，旨在继续建立友好的伙伴关系以及承认和正视过去的历史。

第三期"和平计划"继续将来自不同宗教团体和边境地区的人们聚集在一起。大量独特的项目在着手展示不同的音乐传统，分享文化和技艺。通过学习相互间的文化和传统，鼓励尊重多样性，正如凯瑟琳所说，"它帮助参与者走上以前从未走过的路途"。

"一年补救四百年"的项目把人们聚集在一起，这使得跨社区的友谊和联系产生，并继续跟随着项目延续。这个项目的一些具体活动包括：参观历史遗迹，是当地专门的以历史文化为背景的旅游活动，是为跨境社区的博因河战役遗产中心（the Battle of the Boyne Heritage Centre）和梅利丰特修道院（Mellifont Abbey）而组织的，"我们听说了关于博因河战役的历史事实，会发现当我们互相分享历史时，我们对事件有不同的理解"，尤金·哈米尔（Eugene Hamill）解释说。

克朗内尔斯及其周边的旅游景点很多，这些都是当地的历史文化遗址，因为不同的宗教信仰，不是每个人都会来参观这些地方。爱尔兰圣提纳奇教堂（St. Tighernach's Church），坐落于钻石广场，每天都有人经过，但是许多有天主教信仰的人不会参观。同样地，许多新教社区的人也从来不去圣提纳奇教堂里，甚至包括圣提纳奇体育场。这个旅行开始走的景点包括圣心教堂（the Church of Sacred Heart）、焦尼和露西·玛登（Johnny and Lucy Madden）在希尔顿的房子和花园、斯高兹豪斯的圣安德鲁斯教堂（the Church of St. Andrews），以及最后是克朗内尔斯饥荒济贫院的墓地（the Clones Workhouse Famine Graveyard）。

当地的历史学家兼导游乔治·奈特（George Knight）说："人们有点惊讶，居然有那么多他们未曾知道的共有的历史在他们的土地上。人们察觉到的是，我们的共同点远远比那些将我们区分开来的不同点还要多。"那些驱逐运动的神话故事，促进那些来自不同传统的人们对各自宗教信仰和事物看法的疑惑，以至于他们都没有机会一个个提问。来自不同宗教背景的人对其他人的信仰方面很好奇。

"一个短剧被当作一种幽默的令人感到轻松的方式用来减少人们之间的隔阂。人们想知道一些关于这部短剧的事情的答案，比如，圣水能持续多久；为什么新教徒不使用'愿灵安眠'这样的措辞；没有接受洗礼的孩子们会怎么样，等等。短剧中的活动有：一幕关于姓氏起源的历史场景；一场阿尔斯特苏格兰民间音乐的表演；一段关于阿尔斯特大农场的演说；一次到锣鼓村庄游行的邀请；为孩子和成人而设的'不一样的爱尔兰锣鼓'工场以及各种交易文化活动，就像喧闹的夜市。"

尤金说："我们吃了他们苏格兰的肉馅羊肚，而他们吃了我们爱尔兰的炖汤。"凯瑟琳认为，因为那些年的冲突，我们当中有许多人没办法知道或者讲述那些忍在心里的痛，然而现在这个短剧带给了我们勇气。"伤口仍然刺痛着我们"，乔治说，"尤其是对于那些失去朋友和家人的人们"。

民间和解的确还有许多问题需要得到解决，但是行动需要掌握在正确的方向上。有学者认为，在爱尔兰和平进程背景下，"公民社会的概念已变得更加突出，人们认为公民社会有可能抵消或改善政治领域的

'非公民'冲突"①。社区论坛正是朝着这个方向不断努力。

凯瑟琳说："那个论坛工作使得我们边界两侧之间的关系建立起来了，并且这在我们最近的年度综合会议上更为显著。在这个年度综合会议上，新教公社和先前囚禁共和派人员的代表们被邀请为当晚的演说嘉宾。"这项工作真正让不同教派的人们坐在了一起。

克朗内尔斯"社区论坛"继续进行跨境和平关系建设工作，并且计划在过去十年的基础上进一步深入发展对话关系。最后，这成为当前正在施行的用于提高对彼此不同文化的意识、增加对不同传统的了解和相互尊重的一项爱尔兰国际基金工程。

关于那个"一年补救四百年"的工程，乔治说："当我们待在我们自己的文化环境外面的时候，可能会觉得有点不好受，但这是一场值得进行的旅行，并且，欢迎它的人会比那些缺乏勇气而观望的人获得更多的收获。"

克朗内尔斯"社区论坛"最初主要由来自"和平与和解"项目的资金支持，管理委员会协调员约瑟芬·特雷纳（Josephine Treanor）和发展干事安格拉·格雷姆（Angela Graham）和一些其他的人一样，都是依靠项目的支持才使得论坛的发展成为可能。他们的焦点集中于来自青年、妇女、社区设施、遗产、通信的整个范围。因为第二期未来"和平计划"资金的保障，这使论坛继续它的"建筑桥梁项目"成为可能。这个项目为人们聚集在一起提供了空间，通过推动相互间多样性和差异性的欣赏对当地的和平构建做出了贡献。2006年，克朗内尔斯"社区论坛"获得了来自 SEUPB 的大奖，表彰了"建筑桥梁项目"取得的成功。

其后，社区论坛获得来自第三期"和平计划"的780万欧元的成功申请，去建设一项代表克朗内尔斯厄恩东部体育合作关系的标志性体育项目。

克朗内尔斯厄恩东部体育项目，是欧盟特别项目组管理的欧盟第三

---

① John Coakley and Liam O'Dowd, *Crossing the Border: New Relationships between Northern Ireland and the Republic of Ireland*, first published in 2007 by Irish Academic Press, p. 21.

期"和平计划"支持的。事实上，这个项目由爱尔兰莫纳亨郡议会，克朗内尔斯小镇议会，与欧盟特别项目、欧洲区域发展基金等联合建设。

克朗内尔斯厄恩东部体育设施位于莫纳亨郡克朗内尔斯地区的里斯哥通村，这个地点坐落于克朗内尔斯镇的西北。这个项目将为边境地区提供一项旗舰运动和娱乐设施，并且努力让爱尔兰南北所有社区居民都参与进来。设施的目的在于无争议性和无宗派性。它将为社区和各种组织创造一个平台，在一个天然的运动环境中去参与真正的合作和和平的建构，这将推动和发展边境地区民众参与体育运动，这既有竞争性也有娱乐性。这个项目目前是小镇具有标志性的体育和娱乐设施，这个项目花费了700多万欧元，已经交付给莫纳亨郡议会领导的克朗内尔斯厄恩东部体育合作委员会正式使用。

欧盟特别项目组联合技术秘书处主任洛林·麦考特（Lorraine Mc-Court）说："这是一个在欧盟第三期和平计划支持下的意义十分重大的投资建设项目。完成后，它将在跨境地区运用体育手段，鼓励当地人民以更多的信任、宽容和尊重来帮助他们克服宗派主义。"

这个体育和娱乐综合体由一些硬件设施组成，包括一个3G的全天候的多功能体育场，GAA草地球场，400米田径运动设施和1600平方米的体育建筑。这个项目就是笔者在2014年9月重回克朗内尔斯时看到的"和平链接"中心。

承包商是来自弗马纳郡恩尼斯基伦的特雷西兄弟有限公司（Tracey Brothers Ltd.）。施工按照工作计划在2012年8月中旬开始，持续了一年半时间。设施在2014年6月已经完成装修，并在笔者到达小镇的当天剪彩对外开放。

为了保护全方位的所有与体育和娱乐相一致的设施，莫纳亨郡议会还投入该项目40万欧元的额外资金。

项目合作者包括莫纳亨郡议会（领头合伙人），弗马纳区议会，克朗内尔斯厄恩东部合作项目，克朗内尔斯"社区论坛"，克朗内尔斯体育俱乐部，克朗内尔斯镇议会和克朗内尔斯GAA俱乐部。

2014年10月4日（星期六）下午1点，小镇举办了5千米趣味跨界长跑和健步活动（Clones AC Crossborder 5K Fun，Run and Walk）。这正是"和平链接"项目日常生活化的重要活动之一。

小镇人对未来的憧憬

莫纳亨郡的边境地区对北爱尔兰的影响是巨大的，在战争期间，这里的大约 50 个边境通道被关闭，导致了它与周边地区的关系破裂，同时对商业活动产生了消极的影响。道路阻断的实际困难阻碍了当地人日常的生活，本来只需花几分钟的旅途可能变得更久。紧邻边界的一些农场被分割了，因此许多人为了从一个地方到另一个地方，必须绕道走更长的路途。

由于经济和社会的限制，与边境通道连接的村镇很难得以发展与繁荣。20 世纪 70 年代，很多人为了逃避可能发生的战争而移民到了北爱尔兰，特别是曾经在莫纳亨郡以及一些在卡色布来尼镇（Castleblayney）居住过的人。

随着越来越多的新教徒迁到北部以及罗马天主教徒迁到南部，这些新到来者很少做出努力想办法尽快与当地人整合在一起。当然，这些人往往也受到怀疑，或者不被充分信任。这些人时常自我孤立，生活在比较沉闷或单调的氛围中。而小镇上开展的三期"和平计划"以及和平和解行动计划，就是试图为人们提供机会来和另一方聚集在一起，这在某种程度上促进了双方的了解，增进了彼此的友谊以及接受多样化的生活。

小镇已经或正在开展的和平计划项目内容主要有：

莫纳亨郡发展规划：第三期"和平计划"，"和平与和解伙伴计划"，"2008—2010 年和平与和解行动计划"（Monaghan County Development Board Peace Ⅲ，Peace and Reconcilliation Partnership，Peace and Reconcilliation Action Plan 2008 – 2010）。

莫纳亨郡 CDB 规划：第三期"和平伙伴计划"，"2011—2013 年第三期和平计划第二阶段行动计划"（Monaghan CDB Peace Ⅲ Partnership，Peace Ⅲ Phase Ⅱ Action Plan 2011 to 2013）。以上规划包含在第三期

"和平计划"之中，即"2007—2013 年欧洲区域合作计划"，"北爱尔兰及其边境地区计划"（Peace Ⅲ Programme, European Territorial Cooperation 2007 – 2013, Northern Ireland and the Border Region）。

优先项目——社区和解，主题——在当地建设正面的相互关系（Priority-Reconcilling Communities, Theme-Building Positive Relations at the Local Level）。

当地的"和平计划"主要在克朗内尔斯、杜姆（Drum）和特汝格（Truag）三个地方开展，主要内容包括各种群体为增进友谊而组织的一系列多样性活动。的确，由于"和平计划"和群体自身的力量，这些努力在跨社区和跨边境地区已经看到了一些成果，特别是形成了牢固而持续的联系。

现在的边界已经完全开放，两边的人们交往自由。由于小镇上的古迹众多，成为重要的旅游资源，每年可以吸引不同群体的海内外游客前来观光。

随着小镇的发展，外来人口日益增加，使得当地出现了社会文化多元化的趋势。虽然克朗斯大部分的人口是天主教徒，但这个地方确实已经拥有多样的人口构成成分。除了重要的新教徒群体，还有来自新社区的有一定规模的少数族群，当然，有些是非永久居民，例如，开设中餐馆的华人，打工的东欧工人等。目前，这些人大约占小镇总人口的17%，其中有10%的是立陶宛人。

除了当地人能自由往来边界外，小镇委员会和一些组织还为刺激边界两侧互动做了大量工作。克朗内尔斯"社区论坛"作为边界两侧社会互动的重要平台，他们经常邀请一些学者到论坛演讲，讨论不同的话题，例如和平进程、政府政策、合作计划等。

自从边界划定后，这个小镇经历了从缓慢发展到持续三十年的经济和社会破坏，现在当地人希望能见到一个逐渐恢复过去荣耀的小镇，每个人都希望有个美好的未来。

过去克朗内尔斯是整个莫纳亨和弗马纳地区的主要市场。遗憾的是，由于边界的出现，克朗内尔斯丧失了它原有的地位。近年来，随着运河重建计划提上议事日程，克朗内尔斯人看到了新的机遇。他们利用每年的克朗内尔斯电影节和"平湖水节"，推动当地的旅游事业。如果阿尔斯特运河将重新开通，必将给小镇带来巨大的变化，届时，旅游业将会带动大批的人口跨境流动，研究机构和跨边境健康服务机构必然也会增加，这都会对这个地区产生积极的影响。

他们还希望英式橄榄球能重回小镇，正如一些回忆所描述的："以修道院声望为后盾，凭借它的兴旺繁华小镇的地位，克朗内尔斯作为有名的足球场得以举办每年的爱尔兰足球决赛和猎犬竞赛，这些决赛之夜意味着我们的衣饰店将迎来大批赌徒购买北部边界稀缺的货物。"①

尽管当地过去几年的发展主要依靠小镇的主街道弗马纳街，但居民却对该街道缺乏显著发展的现状表示不满。弗马纳街的商业无疑曾受过打击，但对如何找回该街道的商机，有些当地人充满自信，有些却不以为然。

调查期间，镇议会工作人员给了笔者一本装帧精美的《克朗内尔斯厄恩湖东部合作项目》计划书，该书是由克朗内尔斯东方地区战略组编写的。这本书给我们展示了克朗内尔斯小镇未来的蓝图。"克朗内尔斯腹地或克朗内尔斯农村位于厄恩湖东部，厄恩湖东部腹地位于克朗内尔斯或克朗内尔斯农村。加上铁路和爱尔兰运河形成的活动焦点，使克朗内尔斯形成了一个经济活动的中心。"②

1999 年，新克朗内尔斯合资企业成立，2001 年 11 月推出了他们的首个行动计划。秉承该计划的设想，新克朗内尔斯合资企业将为一个新的统筹扩展目标寻求资金。

他们相信小镇为北爱尔兰和爱尔兰共和国间的贸易所做的工作，已经有了很大的进展。在此社会背景下，他们认为仍有大量工作需要做，并且期望未来能进一步增进两者的关系。他们相信克朗内尔斯厄恩湖东部合作关系有能力整合边界两侧社区，并在未来几年里取得巨大进展。

新克朗内尔斯合资企业主席布莱恩·摩根（Brian Morgan）为克朗

---

① Edited by Paddy Logue, *The Border: Personal Reflections from Ireland, North and South*, Oak Tree Press, Dublin, 1999, p. 94.

② Clones Erne East Partnership, by Clones East Strategy, p. 12.

内尔斯预言了一个光明的未来，"克朗内尔斯可以期盼一个兴旺繁荣和新生的时代，这将远远超过合作项目所提出的首次计划的预想"。

该项目设定的初步目标——重开爱尔兰运河。"运河的设计将为克朗内尔斯人创造一个新的生活方式。它将恢复克朗内尔斯经济过去的繁荣，为当地人带来荣耀，并推动小镇未来几年的强势发展。"

"克朗内尔斯将成为莫纳亨郡最荣耀的小镇，拥有一个在本国或周边国家都无与伦比的社区运动设施，并以此为荣。它将吸引许多家庭来克朗内尔斯定居，并赞赏我们当前出色的学校设施。"

"如果新合作项目能为它可见的希望和设想要求给予任何信贷，那这些大量的计划将成为现实。这个希望和设想来自克朗内尔斯社区内部。"①

《莫纳亨郡发展规划2007—2013》中也有许多关于小镇发展的设想，其中涉及小镇的文物保护、旅游、交通、污水处理、停车场、公共空间等②，但总体看来当时的规划仅有一部分已经实现。其中最主要的就是阿尔斯特运河没有重新开通。

我想象不出小镇过去拥有铁路和运河时的繁荣景象，但却经常听到当地人谈论阿尔斯特运河和当地铁路的过去与未来。在我第一次到访小镇时，有人告诉我说："如果你5年后回来，将能看到运河上的航船。"一个在旧火车站工作的男士告诉我说："火车将会再次出发。希望10年内火车站能重新开张。"可是当我6年后重回小镇，并没有看到运河上的航船，也没有看到火车站有什么改变。当然，我真心希望在下一个5年，克朗内尔斯人对于航船和火车的愿望都能成真，更希望航船和火车把爱尔兰南北人民紧密联系在一起，并由此带动小镇重新繁荣起来。

带着对和平与和谐的美好期望，克朗内尔斯人期待着小镇美好的未来。

---

① 根据克朗内尔斯卡桑德拉·汉德中心提供的零散资料整理。
② Monaghan County Development Plan 2007 – 2013, pp. 283 – 290.

九

爱尔兰经验

2006—2014 年，笔者曾四次往返爱尔兰岛，总共在爱尔兰岛停留一年多时间。我不敢说自己已经对爱尔兰这个国家以及生活在这片土地上的人民有了多么深刻的了解，但我十分肯定，对于爱尔兰国家和人民，我已经有了一些自己的认识。也许这些认识还没有接近最真实的一切，甚至还带有浓重的主观色彩，但我愿意把自己真实的看法与大家分享。

岛国图式

人类学学科的建立与发展，有赖于田野调查方法的存在，即自我"放逐"进入调查区域创造"经验"。可以说，没有"经验"的人类学研究，不能算是真正的人类学研究。而创造自我"经验"的范围，对研究者非常重要。如何选定"经验"区域？是选择一个村落，一个城市，还是一个国家。选定的区域就是参与观察的"田野"，而区域研究已经在学界形成了一些相对固定的"范式"。例如，西方学者归纳创立的宗族、市场、国家—社会史等研究范式，以及一些西方学者认为"村落"是中国人类学社区研究的范式，"中国乡村是这个帝国的缩影""我们必须把村庄看作是这个社会生活的一个基本单位"；如今，一些中国学者把"民族走廊""流域"甚至"道路"，都作为探索中国人类学区域研究的新方向。① 这些研究关注的区域大小不同，特征各异，但至今并未出现从"岛国"的视角开展的范式研究。

人类学研究中，很早就有选定岛屿作为简单社会调查区域的传统。岛屿研究在人类学的学科发展史上占有重要的地位。人类学的经典理论流派的诞生及人类学知识体系的构建都和岛屿研究有着密切的关系。早期的岛屿研究与殖民主义有着密切的关系。在西方国家早期的殖民扩张过程中，占领了亚洲、非洲、拉美等许多岛屿国家和地区。

从 19 世纪中后期开始，人类学家便开始对岛屿展开民族志调查。里弗斯（W. H. R. Rivers）、马凌诺夫斯基（Bronislaw Malinowski）、拉德克里夫 - 布朗（Alfred Radcliffe-Brown）、玛格丽特·米德（Margaret Mead）、鸟居龙藏、冈田谦、雷蒙德·弗斯（Raymond Firth）、格尔茨（Clifford Geertz）等许多著名的人类学家都进行过岛屿研究。特别是马凌诺夫斯基和拉德克里夫 - 布朗凭借对西太平洋特洛布里恩德岛及印度洋安达曼岛的研究一举成名，不但获得了功能学派创始人的殊荣，还开创了科学的民族志工作方法，从此改变了人类学家坐在家中的摇椅上依靠传教士的笔记及冒险家的游记进行创作的局面。因此，岛屿研究对于人类学学科的发展有着重大的影响和意义。

时至今日，在《西太平洋的航海者》和《安达曼岛人》问世近一个世纪以后，人类学对于人类与海洋、海岛的关系认识逐渐步入一个崭新的时代。人类学家已经不再把海岛作为文明与蛮荒的一种区隔象征，而是将海岛看作一种社会文化类型的孕育之所。人类学家虽然把海岛已经看作海洋文化的重要部分，海上交通的驿站，文明传播的跳板，但研究者主要关注岛屿上的特殊群体及其文化演进，对于单一群体、小群体线性演进过程研究较多，对于"无国家社会"的海岛研究较多。所谓"海洋人类学"研究出现后，也主要关注岛民的生产方式、渔村社会特点等，仍然没有扩大到岛国社会的整体性研究和思考。似乎一直没有将"海岛文明"与"大陆文明"同等看待，时至今日，专门选定一个岛屿

---

① 田阡：《村落·民族走廊·流域——中国人类学区域研究范式转换的脉络与反思》，《社会科学战线》2017 年第 2 期。

国家，有意进行整体性研究的人类学个案并未出现。

笔者所说的海岛研究与岛国研究完全不同。《安达曼岛人》《西太平洋的航海者》《萨摩亚人的成年》《菊与刀》等，都不是岛国研究，而是岛屿社会文化研究。虽然这些研究都是针对大小不同的岛屿，有些的确是岛国社会，但更多与国家社会整体关怀相去甚远。如果我们一定要找出一个可以称之为"岛国"研究的个案，《菊与刀》可以勉强担当，但由于作者没有真实的岛国经验，最多算是文献中得来的民族志，作者既不"在场"也无"经验"，因此算不得是真正的民族志研究，也不是岛国范式研究。

目前，世界上的岛国约有 49 个，如菲律宾、古巴、马尔代夫、印度尼西亚等，不算多也不算少，但真正称得上岛国并具有人类学区域范式研究价值的，正有待我们去"发现"。而爱尔兰正是笔者"发现"的一个样板。"爱尔兰"的英文 Ireland，其中那个"兰"指的是土地（land）。类似的中文翻译有许多，例如英格兰、苏格兰、芬兰、格陵兰、新西兰等，这些名称的背后，其实都是对土地区域及其承载人群文化特征的区分。这个"兰"就是"国土"。爱尔兰是一个标准的岛国。

关于"岛国"的称谓，魏源在其《海国图志》中早有分类，其在"叙东南洋"中归类出"岛国与岸国"①，即岛屿国家和大陆国家分类。目前，世界上对于"岛国"的划分，并没有统一的标准，通常将一个国家的整个国土都坐落在一个或数个岛屿之上的，都被称之为岛屿国家，简称"岛国"。其实，关于岛国，可以大致分类为三种：一是一个国家整体占有一个完整的主岛及其附属小岛屿，四面环海，可称之为"孤岛国家"。例如斯里兰卡、马达加斯加等；二是一个国家占有数个大小不等的岛屿，四面环海，称之为群岛或列岛国家。这类"岛国"较多，例如日本、古巴等；三是一个国家只占有一个主岛的一部分及其附属小岛，不能够完全四面环海，只能与其他国家分割主岛及其附属的周边小岛划界而治，可以称之为"拼岛国家"。例如，爱尔兰、塞浦路斯、东帝汶、文莱等。

---

① （清）魏源：《海国图志》，李巨澜评注，中州古籍出版社 1999 年版，第 119 页。

九 爱尔兰经验

人类社会至今还没有出现过在江河、湖泊中岛屿上产生国家的先例，因此，历史和现实的国家体系结构中，只有在海洋上的岛屿中产生过国家社会。这里所说的岛国，主要指近现代民族国家建构形成的岛国。

从自然地理的角度看，没有比岛屿更加界限清晰的地理边界了；如果从人文地理的角度看，没有比岛屿更加封闭的社会环境了。由于以上两个特点，笔者认为，仅从物理空间角度看，对于岛屿国家的研究，其方法论的意义就不同于其他地理和人文环境之下的区域。

爱尔兰位于西半球，它的西面、北面、西南面都是浩瀚的大西洋，海路茫茫，而其东南面隔海紧邻英国。"爱伦四面皆海，在英吉利之西少北"①，属于典型的海岛地理。爱尔兰岛虽然属于孤岛地理，但它并不是"孤岛国家"，而是"拼岛国家"。由于它紧邻英国，不可避免地长期受到近邻大国英国的影响，我们甚至可以毫不夸张地说，地理位置决定了爱尔兰受制于英国的早期历史命运。

爱尔兰岛整体上四面环海，四周地势较高，内陆地势相对较低，西北面海拔最高。爱尔兰岛整个环岛边缘地区港湾众多，内陆地区河流纵横，水道广泛，因此其历史上以水路交通为主。沿着海岸行走，整个海岸线上像珍珠链一样分布着大大小小的城镇，且沿海经济相对发达。如果深入内陆地区，我们发现其内陆远不如沿海地区发达，而且城市稀少，整体发展相对落后。这种发展格局的形成，不能不说是与历史上的海路交通关系密切，也不能不说是岛国的基本特征之一。

爱尔兰岛北半部6郡属于英国的北爱尔兰地区，南半部是爱尔兰共和国，中部偏北有一条国家边界线。这条政治界限的最终形成，与英国殖民统治、宗教信众区隔密不可分，也造成了经济地理的界限。这条边界的存在，导致了爱尔兰共和国是一个"拼岛国家"，但与世界上其他"拼岛国家"不同的是，在爱尔兰和平进程开始后，这条边界形同虚设。因此，从某种程度看，爱尔兰同时兼有"孤岛国家"的特征。

爱尔兰岛的西面虽然是茫茫大海，但却是爱尔兰与美国隔海相望相

---

① （清）魏源：《海国图志》，李巨澜评注，中州古籍出版社1999年版，第323页。

互联系的通道。威廉·配第早在 1672 年就写成了《爱尔兰的政治解剖》① 一书，他把爱尔兰作为一个完整的"政治动物"来看待，虽然书中充满着重商主义、殖民主义的色彩，以及理所当然的同化策略甚至强制合并的建议，但总体而言，书中已经隐约出现了一种对早期岛国发展进程的基本认识和判断。

爱尔兰这个岛国大小适中，这与其说是便于观察，不如说是适合观察。爱尔兰国家社会演进复杂，而且在海岛中间地带形成了现代国家边界，却未能以海为界。这些特点都具有典型的意义，远远不是早期人类学家聚焦的简单社会的场域。

走遍爱尔兰，笔者发现环岛沿海分布着几乎所有的大城市，内地只有少数城市。东部的都柏林、贝尔法斯特最为发达。都柏林是爱尔兰共和国的首都，形成了大都柏林地区；贝尔法斯特是英国殖民遗产，曾经是爱尔兰岛的经济中心，现在是英国北爱尔兰自治地方的首府。这两个中心的象征意义不同，历史发展过程复杂，甚至代表着两个时代、两个国家、两种制度、两个社会。

在历史发展过程中，从地理空间方位看，贝尔法斯特距离英国本土最近，跨越海峡距离最短，因此移民最多，在历史上自然形成了早期的城市中心。都柏林也是距离英国较近的地方，都柏林城市中心的形成，是后来爱尔兰独立之后才超越贝尔法斯特的。显然，两个中心的物理空间的变动，意味着爱尔兰内部的区隔、分裂以及南部的独立发展。显然，城市的发展与国家政治战略紧密相关，自然发展规律只能在早期的人类生活中发挥作用。

爱尔兰的政治、经济、文化中心，从地理角度看，并不处于海岛的中心地带，而是处于沿海边缘地带。贝尔法斯特如此，都柏林依然如此，爱尔兰政治、经济、文化的中心在边缘地带，内陆地区反而是相对不发达地区。这与一般的大陆国家，其政治、经济、文化中心往往在交通便利的相对中心地区大相径庭。

至于为什么主要城市都出现在爱尔兰岛屿的东海岸，这主要与温暖

---

① ［英］威廉·配第：《爱尔兰的政治解剖》，周锦如译，商务印书馆 1964 年版。

的大西洋洋流经过有关，这与本土人民的岛国经验即地方性知识有关。因为爱尔兰西海岸经常是狂风拍岸，既不利于海上航行，也不利于人们避寒生存。相对于东部而言，西部总体发展不如东部。我们当下在爱尔兰西部看到的城市，其地理位置也都是深入港湾之中，例如香浓等。

关于文化是自主的、自我生成的观点，许多人持认同的态度。但事实上，所有的所谓的自主的文化，都处于由文化他者组成的范围更大的历史场域之中，而且很大程度上是在彼此参照的过程中形成的。爱尔兰虽然是孤岛独立，但它绝不是与外界隔绝。超越爱尔兰本岛的更大的文化势力，以各种不同的方式，一波又一波地入侵并影响着爱尔兰的整体文化。

人类历史经验告诉我们，在民族国家建构中，有一种汲取资源的取向，就是向历史汲取资源，爱尔兰也没有例外，因此凯尔特人的发现，极大地促进了爱尔兰人的民族意识。这就是从历史中汲取资源，建构当代民族社会的典型个案。

追溯历史，早期的爱尔兰岛并无边界，无论是地理的还是社会的。在一个相对封闭的海岛上，人与人之间、群体与群体之间，更多的是阶级的差异，生存策略和手段的高下。但是当爱尔兰成为英国殖民地，两家人成为一家人。原本有可能向一体融合发展，但被英国殖民者的恶政所败坏。后来爱尔兰人追求海洋边界，力图形成自然屏障。但由于复杂的历史原因，英爱之间最终不得不划岛而治，妥协收场。爱尔兰共和国追求以海洋为界的"独岛国家"地理边界并没有形成，反而在北爱尔兰坚持留在英国的选择中，成为一个非常特殊的"拼岛国家"。目前，在爱尔兰和平进程的发展中，爱尔兰岛似乎成为一个英爱两国妥协共进的典范。虽然，"明显的土地边界可能是精神的分界，但并不是在各个方面表现出文化的分界"[①]。事实上，英爱两国之间现实的文化联系远远大于彼此的差异。

魏源的《海国图志》是描述海外各国风俗的文献，虽然他用了

---

① Dr. M. W. Heslinga, *The Irish Border as a Cultural Divide*, Van Gorcum Assen, The Netherlands 1979, p. 81.

"海国"这个词,但并不是专指海洋上的国家,而是指除中国之外的所有国家。本书所说的"岛国图式"主要是通过民族志的研究,从爱尔兰岛国个案,推及全球系统内的岛国进行整体性观察,探究他们整体上存在的一般性规律。这里的"图式"可以理解为规律和范式。

首先,从岛国的地理特点以及空间方位看,岛国的发展具有"中心在边缘"的空间区位特点,这一点主要在较大的孤岛国家、群岛国家甚至较大的拼岛国家地理上显现。对于地理幅员较小的岛国不具有观察的意义。岛屿国家的中心更多的是一种政治、文化、经济的地位,是一种社会人群心理上的优越感,并不是地理方位的中心,岛国一般没有四至的概念,尤其是在新大陆发现之前。岛屿地理限制了人们的视野。

岛国的中心与边缘的问题,与大陆国家发展正好相反。大陆的中心在地理空间上一般处于相对中心的位置;岛屿的中心却往往处于沿岸的地理位置,并不是物理空间上土地的相对中心地带。这与海岛发展的原初聚落、生产方式、交通便利条件息息相关,更多是对外交流的需要,海洋即是道路,至今没有多少改变。目前,由于陆路交通和航空事业的发展,现代化的交通虽然带动了中心地区的发展,但岛国毕竟主要以海洋为生。爱尔兰的都柏林、英国的伦敦、新西兰的惠灵顿、斯里兰卡的科隆坡、澳大利亚的悉尼等。中心在边缘,几乎是所有岛屿国家的共性。它所呈现出来的不是简单的物理空间布局,而是人类生存的智慧、人类认知自然和顺应自然、改造自然的能力。作为岛国,控制海洋比控制内陆更重要,因为只有首先控制了海洋,才能保证控制内陆。综观世界范围的岛屿国家,相同或相似的城市格局分布一目了然,这是具有高度共性的地方。

其次,研究岛国一定要有超越海岛的视野。把爱尔兰放入整个不列颠群岛,放入整个欧洲甚至整个世界的大背景中,爱尔兰就是很小的一个部分。当我们把爱尔兰拉近放大,爱尔兰就是整个世界,孤岛即整体,岛国社会的人类生活即是人类整体社会生活的微缩映射。孤岛效应造成了部分即整体,部分即世界的结构。孤岛上的人们,经常只能在有限地理范围内相互联系接触,可供人们迁移的土地范围非常有限。没有可供人们逃离统治者的纵深土地空间,在族群斗争中,几乎都是"背水而战"。海洋成为通往外部世界的障碍，也迫使岛内狭小空间内的人们相互连通。

英国与爱尔兰两个岛屿国家之间的边界是在长期的互动中产生的。这种岛国与岛国的关系非常独特。从地理的角度看，当大国在身边时，临近小岛屿难于摆脱大国的影响。地理方位对于国家历史、国家建构、国家政治进程的影响，不能简单地用环境决定论，也不能用地缘政治的概念简单地加以解释。爱尔兰原本是英国的"地方"，后来成为独立的国家，从"地方"成为"国家"，后来再次从国家成为欧盟的"地方"。这里有一个绝对和相对、微观和宏观的辩证认识问题。

人类学过去的小的海岛研究无法映射出国家社会发展的路径，主要是映射出一般小型简单社会的发展历程。但岛国研究完全不同，它既可以展现国家社会在相对孤立的地理环境下的演进，也完全摆脱了对于岛国"简单社会"的偏见。当然，岛国与岛国又有许多不同，早期岛国与后期岛国不同，小岛屿国家与大岛屿国家又有差异。但是把岛国社会作为简单社会来看待的认识，至少在爱尔兰的研究中是错误的，因为爱尔兰社会的复杂性类同于世界上所有复杂社会。我们完全可以透过爱尔兰岛现象看所有岛国，也可以透过爱尔兰岛看整个世界。

自从科恩（Thomas Samuel Kuhn）提出"范式"研究以来，"岛国"研究在人类学领域算是鲜有研究的。但是，综观全球现存的国家社会，岛国的确是一类特殊的现实存在。过去的研究中，缺乏专门的从岛国视角开展的国家社会研究，也许是缘于"一览岛国小"的原因，或者认为那里只适合初民社会的研究。笔者之所以从这个角度研究，完全归功于本人的爱尔兰"经验"。

一个多元融合的民族

通过前面章节的梳理和分析，我们清楚地看到，爱尔兰民族是一个多元融合的民族。

从民族历史进程看，爱尔兰岛的居民，其来源并不是单一的，虽然有早期的土著居民，但在不同时期都有不同的人群登上海岛，并定居下来。那些早期登岛没有离开的人们最终到哪儿去了？他们当然归于尘土，但他们的生物基因却在活着的人们之间继续传递。显然，今天的爱尔兰民族是由不同群体融合而成的，其岛上居民在地域狭小相对封闭的环境中已经通过长期的融合而成为一个民族整体。爱尔兰岛现实的国家界线，只是从国家政治层面，并非从生命遗传特征以及民族文化层面，把爱尔兰民族分割成一个跨越国界的跨国民族。

来到爱尔兰之前，笔者阅读了许多有关爱尔兰民族的文章。一些文章中提及，爱尔兰民族是由两个群体及两种传统构成的。这两个群体为罗马天主教和新教信众集团。但是在阅读过有关爱尔兰民族的许多书籍后，从爱尔兰民族整体发展的历程看，笔者个人认为，这些文章中的叙述并非事实。实际上，爱尔兰的各个历史时期都有多元群体存在，无论是历史文献还是田野调查都充分地证明了这一点。当然，对于"民族"概念的不准确理解，以及翻译的不准确，也造成了学术界和大众层面关于爱尔兰岛存在两个民族的错觉，这在《爱尔兰史》中就有明显的表述，例如，该书第四章的标题就是"两个民族？"虽然这里加了问号，但整个文字表述中都使用了"民族"一词。①

"爱尔兰是一个欧洲岛屿。其经历了带有西方国家色彩的悠久战争史和迁徙史。难以名状的史前人民，那时的凯尔特人、北欧人、诺曼底人、英格兰人、苏格兰人：这些群体的混合共居表明了爱尔兰和其他西方国家一样。"②

事实上，即使被爱尔兰人认为属于自己早期先民的凯尔特人，其来源也是复杂多元的。"从某种意义上说，凯尔特人可以被看作是今天的爱尔兰人、威尔士人、英格兰人、法国人、西班牙人、瑞士人、奥地利人、北部意大利人以及其他西欧和中欧人的祖先。但是，他们的共同遗传特征也仅限于文化……（一些人体测量学家）认为凯尔特人并不是由单一的宗族群体发展而来的，而是一个具有共同语言体系，但操着不

---

① ［英］罗伯特－基：《爱尔兰史》，潘兴明译，中国出版集团东方出版中心2010年版，第51页。

② Edited by Patrick Loughrey, *The People of Ireland*, first published and printed by the Appletree Press Ltd. in Belfast in 1988, p. 185.

同方言的各种宗族的集合体。"①

历史事实清楚地表明，爱尔兰民族的确是一个经过多元群体融合走向现代的民族。为什么一些文章的作者会认为爱尔兰岛上仅聚居有"两个群体"？我想历史上的大多数群体都已整合为一个民族，即爱尔兰民族，我们不能分割他们其中的任何部分。如果要进一步严格划分，那我们也只能寻根溯源进行人为重构，而这种重构既无意义也十分危险。除了各种书籍中记录有关这些群体的部分族源传说不同以外，其余特征都相似。很明显，在新教徒的记忆中，有关英格兰人和英国人的故事留存得较多，以及他们在宗教信仰和社会阶层方面与当地居民存有差异。最重要的是北爱尔兰是属于英国的一部分，英国人和大部分新教徒都聚居在此。所以，爱尔兰民族的构成通常被大多数外国人划分为两大部分，但这两大部分还称不上是两个民族。至于"两种传统"，其所指的是新教社区的传统和罗马天主教社区的传统，尤其是指宗教信仰方面的传统，而不是指种族和民族传统。宗教文化差异只是两个群体之间很小的一部分而已，事实上，他们彼此之间共享的历史和文化远远大于这些差异。

爱尔兰国家的部分公民有时表现出像苏格兰裔爱尔兰人和英裔爱尔兰人，但他们只是表明其爱尔兰族性的不同程度，并不会否认其爱尔兰人的民族属性。笔者认为，象征本土居民和移民的标志对于如今的爱尔兰人而言没有太多的实际意义。不同的象征标志仅仅用于特定场景中的大致区分，而我们不可能将已在爱尔兰居住几个世纪的新教教会家族继续视为外来居住民，虽然他们最早来到爱尔兰的祖先并不是爱尔兰人。如今的爱尔兰人认为，盖尔人是他们的祖先，事实也并非完全如此，因为纯粹的血统是根本不存在的。至于人们为什么要选择性地承认某个族群代表自己的祖先，而排除其他，这是一个非常值得深入研究的问题。人们究竟是为了区别和排斥其他族群？还是寻找一种虚幻的自豪感和身份荣光？或者是一种文化惯性的继承？

---

① ［美］戴尔·布朗主编：《凯尔特人：铁器时代的欧洲人》，任帅译，华夏出版社、广西人民出版社 2002 年版，第 12 页。

"正如爱尔兰民族所证实的那样，在这个国家没有单一种族结合的群体，没有隔离不同民族群体的高墙。然而，爱尔兰人的个人特征和文化传统是在此所描述的多种影响因素结合的结果。这对于任何一个想了解爱尔兰的过去和现在的人来说，这些因素都必须考虑在内。"①

经过数千年的发展，时间已经模糊了种族部落之间的界线，更多的罗马天主教家族和新教贵族的社会交往得以维持，族际通婚日渐普遍。此外，其他群体之间的相互通婚也非常普遍。一般普遍认为，历史的发展将不完全是如此有条不紊的，不是所有的罗马天主教徒都拥有纯正的盖尔人血统，也不是所有的新教徒都是苏格兰人与英国殖民者的纯正后裔。他们所属的民族既不完全为盖尔人，但也不完全为英国人，他们就是现实世界里真实的爱尔兰人。

"爱尔兰的民族构成单一，几乎全是爱尔兰人，属凯尔特人、北欧人、诺曼人、英格兰人和苏格兰人各民族融和的后裔。据 1971 年按出生地统计，爱尔兰共和国境内，爱尔兰人占 95.4%，英格兰和威尔士人占 2.5%，北爱尔兰人占 0.9%，美国人占 0.4%，苏格兰人占 0.3%，其他地区占 0.5%。"② 事实上，这样的划分毫无根据，后面分出的那些非爱尔兰人口，主要是指进入爱尔兰岛较晚的以及新近的移民群体。

笔者认为，爱尔兰民族仅仅是一种符号象征，它虽然选择性地强调盖尔人的族源，但从未否认多元群体的融合，因此要辨别爱尔兰人纯正的民族血统是不可能的。由此，笔者不禁想起了本尼迪克特·安德森（Benedict Richard O'Gorman Anderson）引用的那首诗《纯正出身的英格兰人》（*The True-Born Englishman*）

> 如是从所有人种之混合中起始
> 那异质之物，英格兰人：

---

① Edited by Patrick Loughrey, *The People of Ireland*, first published and printed by the Appletree Press Ltd. in Belfast in 1988, pp. 7 - 8.

② 新加坡 APA 出版有限公司编：《爱尔兰》，刘耀宗、余焘译，中国水利水电出版社 2007 年版，第 12 页。

在饥渴的强奸之中，愤怒的欲望孕生，
在浓妆的不列颠人和苏格兰人之间：
他们繁衍的后裔迅速学会弯弓射箭
把他们的小牝牛套上罗马人的犁：
一个杂种混血的种族于焉出现
没有名字没有民族，没有语言与声名。
在他热烈血管中如今奔流着混合的体液
萨克孙人和丹麦人的交融。
当他们枝叶繁茂的女儿，不辱父母之风
以杂交之欲望接待所有民族。
这令人作呕的一族体内的确包含了嫡传的
精粹的英格兰人之血……

　　丹尼尔·笛福（Daniel Defoe）[1]

　　这首诗读起来虽然有些粗俗，针对的也只是英格兰人，但其中带有普遍性的道理却是简单的，也是任何人难以否定的，因此，它嘲讽质疑的绝不仅是英格兰人。可以断言，在人类社会普遍的所谓民族过程中，不同群体之间相互融入现象十分普遍，只是个体融入的概率较高，群体融入的概率相对较低而已。但无论哪种融入，都意味着彼此之间绝对区隔的纯洁性的丧失。这就是我们如今面对的真实的所谓的民族世界。

政治因素博弈下的社群关系

　　社群主义是20世纪80年代后产生的当代最有影响的西方政治思潮之一，它的哲学基础是新集体主义。过去西方新自由主义把自我和个人当作理解和分析社会政治现象和政治制度的基本变量，而社群主义认为

---

　　[1]　参见［美］本尼迪克特·安德森《想象的共同体》，吴叡人译，上海人民出版社2016年版。

个人及其自我最终是他或她所在的社群决定的，因此，社群才是政治分析的基本变量。社群主义强调国家、家庭和社区的价值，事实上更加看重群体的力量，更加强调集体权利优先的原则。社群主义的根基是共同体，而传统的共同体往往是以地理边界为界限逐渐形成的。

"一般地说，社群主义者把社群看作是一个拥有某种共同的价值、规范和目标的实体，其中每个成员都把共同的目标当作其自己的目标。因此，在社群主义的眼中，社群不仅仅是指一群人；它是一个整体，个人都是这个整体的成员，都拥有一种成员资格。"① 这里笔者之所以引入"社群"概念作为分析单位，主要是想在罗马天主教徒和新教徒之间尽可能避免使用"民族"概念，因为在笔者的观点中，爱尔兰岛是一个整体，爱尔兰民族也是一个整体，因此不能把爱尔兰岛的两个不同教派称之为不同的民族，而使用"社群"概念将避免产生歧义，同时"社群"的内涵也更加符合爱尔兰两个教派的真实情况。因为，"社群表现在一定程度上的以'群'价值为指引的向心力和凝聚力，而且这种向心力和凝聚力可以带给群内个体成员以更多的家园感和安全感，从而有助于个人依靠'群生活'找到自身精神家园和价值皈依"②。

虽然，任何矛盾冲突都是基于综合的原因，但是造成爱尔兰内部冲突的最主要的原因值得探讨。包括大多数中国人在内，大家对有关爱尔兰的暴力和内战几乎一致认为，其矛盾冲突主要基于罗马天主教徒与新教徒之间的宗教信仰差异，但事实并非如此。

我们通过资料阅读已经得知，有许多宗教信仰在爱尔兰已有悠久的历史，当然主要的宗教信仰为罗马天主教与基督新教，以及新教内存在的较多不同的分支。杰克·怀特先生认为，在爱尔兰共和国，爱尔兰教堂（Church of Ireland）的成员与长老会教徒的人数比值为 6∶1，与卫理公会教派教徒的人数比值远超过于 18∶1。这个简单的数字告诉我们，在爱尔兰本土信仰新教的民众数量比来自英国的更多，说明爱尔兰

---

① 俞可平：《社群主义》，中国社会科学出版社 1998 年版，第 55 页。
② 王洪波：《社会发展中个人与社群关系研究》，中国社会科学出版社 2015 年版，第 28 页。

岛在新教影响下有部分人信仰了新教。从表面看边境两侧居民矛盾冲突的主要原因为宗教信仰，但是笔者并不认为这是其深层的原因或者真实的原因。笔者认为，世界上现存的三大宗教，其基本的教义都是倡导和平的，他们所承载的文化不会轻易引发彼此的矛盾冲突。况且，罗马天主教与新教本是同源宗教，那么为什么只有爱尔兰的罗马天主教徒与新教徒这么势不两立？世界上其他地方他们却彼此相安无事。洛克（John Locke）曾经说："说句老实话，我们必须承认，教会在大多数场合下更易于受王室的左右而不是相反……我们英国近代史上可以提供更新鲜的例证。如在亨利八世、爱德华六世、玛丽女王和伊丽莎白女王当政时期，教士们如何投国王们和女王们之所好，轻易而驯服地改变他们的教会法规、信条、礼拜仪节以及其他一切。"① 由此可见信仰是如何受到"王室的左右"。"直至我被上帝拯救，我才聆听到了信条。新教徒被告知他们的敌人是天主教教徒。天主教教徒被告知他们的敌人是新教徒。他们视彼此的敌人为魔鬼。"② 的确，魔鬼就是他们的敌人，而这些魔鬼就是不同政治集团操弄的族群分隔意识，就是国家主义、民族主义的利益斗争。这种意识被大众接受后，便成为社群主义集体意识，并进一步塑造人们的区隔意识。"两个社群之间的差异对爱尔兰的政治生态产生了深远的影响。"③

当笔者研读爱尔兰的历史以及开展田野调查，尤其是与爱尔兰普通民众接触时，都坚信不同的宗教信仰并不是当地矛盾冲突的最重要原因，但一种无形的社群阵线又确实存在。由于"宗教明显是社会性的。宗教表现是表达集体实在的集体表现"④。因此这种社群的界线，就是宗教的界线，它似乎跟教派的教义无关。那么，这种宗教社群界线究竟是怎样产生的？

---

① ［英］洛克：《论宗教宽容》，吴云贵译，商务印书馆（北京）1996 年版，第 22 页。

② Colm Toibin, *Walking Along the Border*, Queen Anne Press, 1987, p. 140.

③ ［爱尔兰］马克·奥尼尔：《闯关东的爱尔兰人：一位传教士在乱世中国的生涯（1897—1942）》，牟京良译，生活·读书·新知三联书店 2013 年版，第 26 页。

④ ［法］爱弥尔·涂尔干：《宗教生活的基本形式》，渠东、汲喆译，商务印书馆（北京）2011 年版，第 11 页。

现代国家的边境地区通常都面临着边界另一侧不同国家管理体制的影响。国家边界的划分将边界两侧的社会体制一分为二。这两个部分通常在一些方面存在差异，如历史发展，文化传统，民族特征，社会制度等，特别是现行政策。在人类早期社会里，边境地区不完全是国家力量严密掌控的地区，生活在那里的人们与所谓国家的关系是相对松散的，他们经常是"两属的墙头草"，但在现代国家，其主要受到来自严格划定的国家边界范围内的本国政治活动的影响。那么，爱尔兰共和国是以罗马天主教信众为主的国家，英国是以新教信众为主的国家，显而易见，随着爱尔兰在反英斗争中获得国家独立之后，本着集体优先的原则，爱尔兰社会中的每一个个体，在国家主义意识的影响下，逐渐划清了英爱之间的国家界线。同时，由于英国人多为新教徒，爱尔兰人多为罗马天主教徒，由此，爱尔兰人又在全岛内部划分了彼此的社群界线。而这种界线在彼此斗争中进一步得到强化，正如巴特（Thomas Fredrik Weybye Barth）所说的那样，族群边界是在彼此的互动中间逐渐清晰的。"长期以来，爱尔兰的民族认同和英国对爱尔兰人的偏见都是建立在存在一个独立的'凯尔特'种族的观念之上的……爱尔兰人和英国人在外貌上非常相似。今天，他们甚至使用同样的语言……爱尔兰民族认同并不是通过强调种族差异而是强调观念差异实现的，即爱尔兰人与英国人在认知上存在差异。"[①] 这里显然特别强调了"爱尔兰人"与"英国人"的国民身份差异。容易让人产生错觉的主要原因是，"爱尔兰人"与"英国人"恰巧出现了宗教信仰人口数量与国家主体人口数量相一致的现象，因此人们就把彼此的国家认同冲突解读为宗教认同冲突。当然，宗教信念与政治信念相一致的情况下，显然对于国家主义意识的强化更加有利。费迪南德·滕尼斯（Ferdinand Tönnies）认为，社群可以分为血缘性社群、地域性社群和精神性社群三类，而爱尔兰岛的社群发展似乎是这三种类型的混合演进，并最终实现"构成意义上的社群"，即爱尔兰历史学家艾德蒙·柯蒂斯所说的"1922年条约的签订和名副

---

① ［爱尔兰］杰鲁莎·麦科马克主编：《爱尔兰人与中国》，王展鹏、吴文安等译，人民出版社2010年版，第8页。

其实的自治政府的建立，使本书花大量篇幅叙述的长期斗争终于获得了意义和理由"①。这种"意义"显然是国家政治社群地位的确立，而这种"意义"的获得就使得原本以岛屿界限形成的"爱尔兰人"与"英国人"之间，出现了新的以宗教文化为界的精神差异，进而出现了以新的国家边界划分的国家政治社群的区别。

根据历史资料和当地居民的口述，克朗内尔斯小镇过去大多数的新教徒是比较富裕的，他们通常被视作压迫和剥削阶级。所以，笔者认为过去罗马天主教与新教徒的矛盾冲突，其主要原因是基于社会阶层的差异，即两个不同社会阶层之间的冲突。那种界线隐藏在整个社会的各个领域和不同地区，根本无法界定或严格区分。"英裔爱尔兰人始终认为自己是一个贵族的、开朗的，而且在好多方面已经是非常爱尔兰化的种族。他们在具有天主教徒和克尔特人天性的种族中间生活了好几个世纪，因而他们从这个种族那里学到了许多东西。他们之所以反对地方自治，倒不是因为宗教和种族偏见，而主要是出于政治方面的原因。"②以上文字表明，艾德蒙·柯蒂斯不仅早就认识的了阶层问题，而且也意识到了政治对于族群和宗教的巨大影响。但是，在确立国家边界之后，越来越多的社会精英，如政治家、学者都参与到边境冲突之中，这种冲突逐渐转变为社会精英引导下的社群之间的斗争。当然，国家政府作为想象的同质性社群也牵涉其中。如今，政治活动成为政客们掌控权力的一种工具，斗争冲突与和平进程均源于政治活动。所以，在当地受访的大多数人都认为矛盾冲突是基于政治运动及其政策方针，这才是影响两派矛盾冲突的最主要因素。"分裂爱尔兰的形式是政治斗争的典型结果。"③

抛开国家理性问题，以及如何超越自由主义和社群主义的问题，我

---

① ［爱尔兰］艾德蒙·柯蒂斯：《爱尔兰史》（上、下册），江苏师范学院翻译组译，江苏人民出版社1974年版，前言第4页。

② ［爱尔兰］艾德蒙·柯蒂斯：《爱尔兰史》（上、下册），江苏师范学院翻译组译，江苏人民出版社1974年版，第754—755页。

③ John Coakley and Liam O'Dowd, *Crossing the Border: New Relationships between Northern Ireland and the Republic of Ireland*, first published in 2007 by Irish Academic Press, p. 5.

们只看爱尔兰民族问题的事实。如果不是人为政治的影响，那么我们就无法解释，为什么边界两侧的人们相互敌视时，边界一线就紧张；而相互和解时，大家期盼的和平就能够到来，而组织、动员人们相互敌视或推动彼此友好往来的除了人为政治，别无他物。爱尔兰经验就是最好的证明，克朗内尔斯的故事就是最生动的事实。

现今，有意区隔人群的政治因素对爱尔兰边境地区的影响力逐渐衰落，而国家掌控的和平进程不断推进。如今的边境一线平静安详，如同过去没有边界一样，边界沿线既没有设置检查站，也没有修建铁丝网。边民可能不知道具体的边界地理界线究竟在哪里，但是，边界已经在边民心中形成，这种存在比其实质性的存在更具效力，其影响不可能在短时期内消失。因此，未来很长一段时期内，克朗内尔斯边境地区的社会发展仍将继续受制于英爱两国国家政治的发展变化。

毋庸置疑，新教徒与罗马天主教徒，爱尔兰北部和南部的边境地区的民众均有推动其所处环境发展的义务。随着他们的友善、胆识以及能够正确看待其共同利益之间的联合和划分，笔者坚信，他们之间的心理壁垒必然会逐渐瓦解。

民间主流爱好和平

爱尔兰罗马天主教徒和新教徒的特殊关系长达数百年，这种关系在早期只是岛内早期居民与后期移民的族群关系，并不存在不同的宗教关系，但是后来由于同一宗教内部的变革，他们从同一信仰的内部族群关系，分化为不同宗派的族群关系。

历史上，虽然有各色人群入侵爱尔兰岛，但最终的结果是，来自英国的殖民者真正征服了爱尔兰岛的各方势力，并将其纳入大英帝国版图，这一事实毋庸置疑。而正是这一事实，让更多的人忘记了，曾经还有许多其他的族群曾经涉足过爱尔兰岛，并在历史的长河中逐渐融入爱尔兰社会。我们甚至可以这样说，英国人的入侵，把其之前登岛的所有人都推到了一个阵营之中，使过去的多元社会逐渐整合成为一体，使爱尔兰人的集体意识逐渐形成。这就是为什么过去关于多元人群的记忆逐渐被淡忘，而"我们"（爱尔兰人）与"他们"（英国人）的界线却日益清晰的原因。但我们也决不能否定，"我们"之中原本就有大量的英国人早已融入其中，特别是那些早期的"老英国人"。事实上，我们今天所区分的完全不是一个生物学意义上的英国人，而是国家政治层面上的关于英国殖民者的记忆和1800年英爱合并后的"新英国人"。

　　追溯历史，从12世纪英国人开始征服爱尔兰至今，时代和社会发展已经历经几个世纪的变迁。笔者认为，最初入侵爱尔兰岛的北欧人和那些英国人已经被爱尔兰人本土化了，"他们"就在后来直至今天的罗马天主教徒和所谓的盖尔人中间，即使后来很长一段时期内断断续续登岛的英国人也不例外。后来登岛的"新英国人"除了宗教信仰与爱尔兰当地居民不同以外，其他方面几乎一样。如果没有英国新教的变革，以及北爱尔兰英国后裔的跟随，我们又去哪里寻找两者之间的宗教界线呢？所以，笔者认为罗马天主教徒和新教徒之间的矛盾冲突不完全是种族或族群冲突，早期更多的是阶级和社会文化（非族群文化）的冲突，而阶级和社会文化差异逐渐扩大了彼此之间的隔阂。而到了近现代之后，爱尔兰岛内更多的是国家主义影响下的社群冲突，这一点我们已经从很多方面都得到了证实。

　　我们不能把爱尔兰共和军使用武力去攻打另一个组织或群体，看作是整个爱尔兰社会的分裂。其实那只是一些激进分子使用武力互相残杀，是因为其试图推进或巩固国家边界。通过田野调查，笔者发现，历史上克朗内尔斯镇当地仅有少部分的居住民参与了武装暴力的斗争，绝大多数当地人都视新教徒为他们的手足。当地的居民都谴责武装暴力事件的发生，他们都期望生活在一个平常、平静的居住环境中。

　　"迈克尔·迪瓦恩（Michael Devine）、大卫·迪瓦恩（David Devine）和查尔斯·布莱斯林（Charles Breslin）这三个当地的年轻人，在某个清晨，当他们穿过田地时不幸被英国特种空勤团的士兵击中。这三个年轻人也是当地的武装分子，迪瓦恩两兄弟的父母并不知道他们的儿子加入了爱尔兰共和军。同时，他们也不希望为他们的儿子举行一场爱尔兰共和军军人式葬礼，因此，迪瓦恩两兄弟在教堂举行葬礼就并非是难事了。然而，查尔斯·布莱斯林将举行一场准军事化的葬礼；他的灵枢上覆盖着爱尔兰共和国国旗以及他生前的帽子和手套，灵枢缓缓地在街道上行进。"① 这件事发生在 20 世纪 70 年代的斯特拉班（Strabane）。笔者可以理解逝者父母的想法，可能他们的想法在一定程度上代表着爱尔兰民间群众的意见。这三个年轻人的父母都是非常悲痛的，但他们对于各自儿子葬礼的做法却并不相同，从中我们可以看到民间社会对于暴力活动的认识分歧。

以上两位母亲对于葬礼的不同选择，可以从一个侧面说明一些问题。失去儿子的两个家庭是不幸的，但他们为儿子葬礼选择的不同形式却耐人寻味。前者不希望为他们的儿子举办一场爱尔兰共和军军人式葬礼。显然，迪瓦恩两兄弟的父母并不以自己的儿子参加共和军为荣。笔者以为，那时爱尔兰的年轻一代并不是完全在炮火连天的环境下成长起来的，战争对于他们非常陌生，但他们为什么要拿起武器去战斗，显然是受到了极端民族主义思想的鼓舞。但对于绝大多数人而言，他们毕竟是少数，他们甚至是在背着父母不敢公开身份的情况下去参与共和军的活动，这说明民间的主流是爱好和平的，绝大多数人不希望卷入暴力冲突。当然，我们也不能漠视另一面的存在，那就是的确有少数人，对于历史记忆毫不妥协，不能与现实和解，甚至坚守着斗争的思维。正如后一位母亲为儿子举办准军事化的葬礼，这也说明一些问题，至少他们是同情或者支持爱尔兰共和军的。因此，即使是少数人的存在，我们也并不能漠视。民族主义一旦走向极端，尽管他们是少数，但其非理性的表现往往具有很大的破坏力。

"艾伦（Alan）开始告诫我要对我所写的东西小心谨慎，并指出我在写作时应该注意，只有极少的人（罗马天主教徒和新教徒）参与了北爱尔兰的社会动乱，其余的人们都继续着他们日常的生活。"② 艾伦的话的确没错，"极少"的人被卷入冲突和暴力之中，而绝大多数的人都是希望过平静的日子的。

"天主教徒与新教徒之间没有冲突和纠纷，关系如同邻里。战争冲

---

① Colm Toibin, *Walking Along the Border*, Queen Anne Press, 1987, p. 18.

② Colm Toibin, *Walking Along the Border*, Queen Anne Press, 1987, p. 95.

突只存在于爱尔兰本土武装组织与英国武装部队之间。"① 在爱尔兰的一些地区，当地的居住民之间和谐相处，无论是罗马天主教徒还是新教徒，他们之间的相处都不会像其与英国部队的军人那样相处。从较多的新教徒来看，笔者可以清晰地了解到他们的国家意识，他们和天主教徒一样都热爱他们的祖国——爱尔兰，他们可以客观、理性和公平地看待过去的矛盾冲突。

"正如我所说，我出生于一个爱尔兰新教徒的家庭，在某种意义上，我选择做一名爱尔兰公民，我的父母碰巧均为英国人，但是，我一直都认为自己从十四岁起就已经成为爱尔兰人。假若其他人提及相关问题，我通常都会这么回答，因为我发现与其掩盖客观事实，不如去解释主观臆断。"② 大多数新教徒都以其为爱尔兰公民而倍感自豪。"我没有遗忘过去在社会动乱期我们群体所遭受的痛苦，我们无法使时光逆转，我们无法抚平当时身处其中居民的伤痛。我们只能在同一个空间里共处一段短暂的时光；我们仅希望做得更好，以使我们的下一代远离过去动乱造成的伤痛阴影。"③ 大多数新教徒都可以理性地看待他们的群体所遭受的痛苦，他们希望未来的生活可以更加美好。

"教堂对于我们来说十分重要，但其中，大部分教堂又如同加油站。一件产品的获得必须去询问其成本和金额。我认为，这件产品的成本（不一定是商品金额），没有任何地方有特权对其作出规定，除了我们都需要的东西以外，即与造物者的和谐共处（以及人类）。由于这个国家、这片土地或这座城镇不仅居住着新教徒和罗马天主教徒，还聚居了非基督教传统的人们，而我们与造物者（我正带着我那牧师的帽子进行陈述）和谐相处的关键在于我们都享有生活在我们美丽家园的权利。"④ 沃尔特先生所言恰到好处。他并不认为边境地区的矛盾冲突是基于宗教信仰的差异。正如大多数当地人所说的，政治活动才是矛盾的根源，正

---

① Colm Toibin, *Walking Along the Border*, Queen Anne Press, 1987, p. 143.

② Jack White, *Minority Report: the Protestant Community in the Irish Republic*, first published in 1975, Gill and Macmillan Ltd., Dublin, pp. 7 – 8.

③ Walter Pringle, A Journey in Faith, p. 57.

④ Walter Pringle, A Journey in Faith, p. 57.

是政治宣传鼓动了人们民族主义情绪高涨。如今，天主教徒和新教徒的教堂仍然是分开的，但是他们可以和谐地坐在一起谈天说地，因为，在矛盾冲突之后的很长一段时间里，越来越多的人意识到罗马天主教徒与新教徒的关系亲如兄弟，而不是敌人。边境地区矛盾冲突的根源不是宗教信仰的差异，而是政治观念的不同。

"冲突远不止是肉眼所见被看作是'麻烦'的直接暴力，它同样也是被凝固为结构的暴力，以及使暴力合法化的文化。要消解派别间的冲突，所需的就不仅仅是将它们间的关系进行一种新的构造，而是要对冲突的派别自身进行改造，以确保冲突不会一再地出现。对大多数派别间的冲突来说，总是有派别内部的因素在起作用。"[1]

随着和平进程的出现，爱尔兰民间社会出现了普遍的民间和解，和平进程已经不可逆转，和平已经成为爱尔兰社会的主流。1998 年 5 月 22 日，英国北爱尔兰地区和爱尔兰共和国同时举行全民公决，双方均能顺利通过公投，就是爱尔兰南北人民爱好和平的最好的注释。

国际大环境有利于爱尔兰和平进程

"和平是所有形式的暴力的缺失或减少。和平是非暴力的和创造性的冲突转化。"[2]

20 世纪 20 年代之后，爱尔兰北部和南部之间的政治边界不断强化，边境地区的军事检查站、凹凸不平的道路以及被炸毁的桥梁致使国家边界清晰可见。边界两侧的罗马天主教民族主义者试图将边界抹去，实现爱尔兰岛的统一；而边界另一侧的联合主义者则试图巩固已勘定的界线，虽然自治是他们不得已的选择，但他们愿意留在英国的愿望始终未变。在边界两侧的斗争中，主要是在北爱尔兰的斗争中，罗马天主教徒和新教徒彼此难分胜负，而斗争中的受害者通常都是无辜的百姓。

尽管如此，1998 年《贝尔法斯特协议》签订后，三十多年的经济

---

① ［挪威］约翰·加尔通：《和平论》，陈祖洲等译，南京出版社 2006 年版，第 2 页。
② ［挪威］约翰·加尔通：《和平论》，陈祖洲等译，南京出版社 2006 年版，第 13 页。

萧条和社会危机逐渐得到缓解，原来被彻底割断的边界两侧的人们又重新建立了彼此的联系，今天人们把促进边界两侧的相互理解，视为未来社会和谐、稳定之根本。即使在动荡的年代，绝大多数人民依然在坚定地维护着彼此的关系。

随着爱尔兰经济在 20 世纪 90 年代的腾飞，爱尔兰人民更加自信，他们认为随着经济的繁荣、教育的发展，以及全民素质的提高等，爱尔兰再也不会回到过去那个动荡的社会，和平进程将为爱尔兰人民带来更加美好的未来。

与此同时，国际大环境的变化，特别是"9·11"事件之后，国际反恐形势越来越有利于爱尔兰的和平追求。不仅国际社会普遍支持和平进程，而且欧盟的一体化进程，对爱尔兰也产生了重大而深远的影响。

1991 年 12 月，欧洲共同体马斯特里赫特首脑会议通过《欧洲联盟条约》，即《马斯特里赫特条约》。1993 年 11 月 1 日，条约正式生效，欧盟正式诞生。

欧洲联盟的成立，《申根协定》（Schengen Agreement）的签署，使得整个欧洲人民出现了自由流动的新格局。随后货币的统一，经济的一体化，甚至政治上的协调一致等，都使得整个欧洲朝着一体化的方向发展。但是，爱尔兰共和国在加入欧洲一体化的过程中，可谓步步谨慎，好事多磨。

2001 年，爱尔兰选民否决旨在改革欧盟机构和为欧盟扩大做准备的《尼斯条约》。2002 年，在爱尔兰的农业和商业等利益得到保证后，选民才在第 2 次全民公决中批准了该条约。

2008 年 6 月 12 日，爱尔兰在全民公决中否决了欧盟《里斯本条约》。当时，笔者在爱尔兰亲历了这次全民公投。不过，那天的都柏林显得平静而秩序井然，唯一醒目的是街道两旁路灯杆上标有"Yes"和"No"的宣传海报。

2009 年 10 月 2 日，爱尔兰再次就旨在改革欧盟的《里斯本条约》举行全民公投，并最终获得通过，使欧洲一体化进程躲过了一次分裂的可能。《里斯本条约》从本质上看，就是欧洲一体化的"宪法"。爱尔兰全民公投通过条约，意味着爱尔兰人民对于"小我"和"大我"关系认识进一步提高，并开始认真考虑作为欧洲一部分的自我定位。

爱尔兰经过两次公投，在加入欧洲一体化的进程中又向前迈出了一步，可以说这也是一个艰难的选择。众所周知，国家的观念，是现今人类社会普遍的、基本的观念。然而一旦这些基本观念被打破，人们马上就会有些无所适从，因为这些基本观念是人类维持其社会关系的基础，是人参与社交、政治的灵魂。这一点对于经过长期斗争获得国家独立的爱尔兰似乎更加珍贵。似乎他们刚刚得到了"国家"，怎么又要放弃一样。所以欧洲一体化无论在观念，还是行为方式上对爱尔兰国家和人民的影响都是巨大的，这也是很多爱尔兰民众始终不愿承认欧洲一体化的原因。在他们的内心深处依然保持着人类传统的国家观念，在面对欧洲一体化时，他们找不到寄托，找不到归宿，找不到认同感。

但是随着时间的推移，爱尔兰社会主要以全民公投的方式，辩论的方式，分析利弊，不断向民众灌输大欧洲的"国家"的观念。同时向爱尔兰人民承诺，在欧洲一体化中保持爱尔兰民族的文化特色，坚持"在文化多样性中发展"，极力保护爱尔兰民族的语言和文化。最终，爱尔兰加入了欧盟，但未签署《申根协定》。

如今的爱尔兰社会，人们似乎已经慢慢习惯了欧洲一体化带来的种种好处和便利，人们更加希望抓住机遇，创造爱尔兰更加美好的未来。在欧盟的大力支持下，爱尔兰和平进程不断推进，爱尔兰政府的政策方针和南北人民的思想观念也都发生了较大的改变。和平进程继续稳步前行，越来越多的人认为和平高于一切。尽管大多数人认可边界应该存在的事实。甚至有人仍认为还不是干预和平进程这条曲折道路的时候，北爱尔兰新教徒对他们的英国公民身份仍然感到自豪。但是，笔者坚信，随着时代和社会的变迁，爱尔兰南北之间的界线、罗马天主教与新教之间的社群界线终将会逐渐趋于模糊。

目前，尽管边界两侧的居民在观念上存在差异，但他们都意识到是时候摆脱暴力冲突留下的阴影了。《贝尔法斯特协议》已经受到包括爱尔兰北部和南部在内的绝大多数爱尔兰人的认可，笔者已经深切地感受到，边境地区的边民对未来美好生活的热忱。而欧洲一体化的进程，确实弱化了英爱之间的矛盾。爱尔兰在融入欧洲的进程中，尽管谨慎，但也在前行。

特殊的爱尔兰跨国民族现象

作为一个欧洲岛国，爱尔兰无论是幅员还是经济总量在整个欧洲都显得无足轻重，更不用说在世界的影响。但是，就是这样一个小小的岛国，却因为其民族问题而在世界大家庭中并不显得陌生。如今，因为其"和平进程"同样受到世界的关注。

在阅读有关爱尔兰历史文化书籍的同时，笔者特别关注有关爱尔兰民族问题研究的著作。其中《作为文化界限的爱尔兰边界》（*The Irish Border as a Cultural Divide*）① 一书，让我非常感兴趣。一看书名，便有一种特殊的感觉，因为"border"这个字眼，正是我在研究跨国民族现象时所特别关注的。"border"作为现代国家构建的领土和政治边界，是具体真实的，甚至完全就是界碑、铁丝网、隔离墙等的代名词。但是，当我们从族群文化层面进行观察和讨论时，"border"即刻成了难以把握的十分抽象的东西。因此，我们不得不讨论国际边界中的跨国文化与跨国族群问题。

众所周知，在人类发展历史过程中，民族过程与所谓民族国家构建过程不相一致。"到了近现代，地球上近3000个族体基本上已稳定地定位在约200个国家和地区之中，这种数字悬殊的结合，产生了两种结果，一是世界上绝大多数国家为多民族结构，二是相当一部分民族被国家政治疆界所分隔，成为特殊的族体，即跨界民族。这是不争的客观存在，是无法也不应回避的事实。"② 因此，无论是多民族结构的现代国家还是相对单一民族结构的现代国家，其绝大多数都不是也不可能是以族群文化边界作为国家领土边界的。

英裔的爱尔兰人，爱裔的英国人，在边界两侧如何区分？爱尔兰边

---

① Dr. M. W. Heslinga, *The Irish Border as a Cultural Divide*, Van Gorcum Assen, The Netherlands 1979.

② 葛公尚：《试析跨界民族的相关理论问题》，《民族研究》1999 年第 6 期。

界两侧从民族身份看都是爱尔兰人，从语言特征看都是说着英语，只是相同的人群走进不同的教堂而已。"从历史维度看，由于爱尔兰民族独特的历史、文化经历，爱尔兰人的民族、国家认同极为复杂。自1169年诺曼人入侵爱尔兰岛，到16世纪40年代爱尔兰沦为英国殖民地，在此后的大多数时间里，并不存在法理意义上独立的爱尔兰民族国家。既是爱尔兰人又是英国人的身份困惑成为一代又一代爱尔兰人难以摆脱的历史宿命。"①

以上现象说明，现代的爱尔兰国家边界完全是国家政治的边界，根本不是所谓的族群文化的边界。但同时，国家政治文化的建构，对族群文化具有重塑和选择性整合作用。倘若我们还足以客观理性，不带有任何偏见或情结，谁都会承认，跨越现代国家政治界线的文化民族即跨国民族是普遍存在的。现代国家条件下，一般而言，边界两侧的人们可以共享他们曾经的历史和文化，但无法共享现实的相同的国民身份。"在特殊的边境地域内，国界两侧的跨国文化族群可以共享语言、历史、文化等，甚至道德和观念，但不能共享制度、法律、公民权利、福利等等。"② 不过，爱尔兰经验是个例外：这里边界两侧的人们，不仅可以拥有相同的国籍，还可以享受很多平等的待遇。从跨国民族的角度看，这是非常特殊的，甚至挑战了笔者过去坚持的只能在"文化民族"基础上讨论跨国民族问题的观点，爱尔兰现象也是用一般的"国家主义"或"跨国主义"理论难以解释的，值得学术界进一步深入研究。

对于跨国民族来说，分布在不同国家的部分，彼此间在文化上存在的差异，主要是政治归属的不同而造成的。如果说彼此间尚有文化边界的话，那实际上就是现代国家政治文化的边界，即卡尔·多伊奇（Karl Wolfgone Deutsch）所谓的"国家就是控制了一个政权的民族"③。而这里的所谓民族，就是政治民族，是国家政权整合的人群。跨国民族内部

---

① 王展鹏：《跨文化研究视野下的中爱关系：一项研究议程》，王展鹏主编：《中爱关系：跨文化视角》，世界知识出版社2011年版，第4页。

② 参见周建新、覃美娟《边界、跨国民族与爱尔兰现象》，《思想战线》2009年第5期。

③ ［美］卡尔·多伊奇：《国际关系分析》，周启朋等译，世界知识出版社1992年版，第102页。

族群之间如果从认同的角度看，现实条件下，主要是存在着现代国家构建形成的精神界线。从爱尔兰现象看，边界就是一条精神界线，绝不是文化界线。

没有纯粹文化边界的存在，并不意味着现代民族国家政治边界的消失。无论从高大的国门看，还是从庄严的界碑看；无论从纸质的版图看，还是从真实的护照签证等行为看，我们都会感觉到国家政治界限的存在。据此而言，可以说现代国家之间的文化界限，尤其是在许多跨国民族地区是模糊的难以把握的，而政治界限却是真实而可见的。不过，当笔者在爱尔兰对国家政治边界完成考察研究时，却发现过去对于政治边界的认识具有很大的局限性。在我们生活的亚洲地区，不可能出现爱尔兰那样可以自由穿越边界的现象，因此，爱尔兰的事实告诉我们，这个世界上还有一种可以自由穿越的国家边界。

2008 年 6 月 12—13 日，在爱尔兰的海滨城市 Dundalk 召开了一次非常特殊的国际会议。会议的主题是"作为北爱尔兰和平进程一部分的跨境合作：欧洲的教训"（Cross-border Cooperation as part of the Northern Irish Peace Process：Some Lessons for Europe）。这次会议邀请了爱尔兰南北双方和主要来自欧洲大陆的学者，就爱尔兰和平进程中跨国合作相关内容进行研讨，希望宣传爱尔兰南北合作中好的经验，供欧盟各国之间的跨国合作学习借鉴。

作为亚洲国家唯一参加会议的代表，笔者在会议上看到和听到的是：所有的学者，对于利用所谓的民族文化界线，试图构建新的所谓民族国家的跨国民族运动都持否定态度，提倡跨越国家政治边界的友好合作。正如黑斯廷斯·多纳（Hastings Donnan）和托马斯·威尔逊（Thomas M. Wilson）两位学者在《边界：身份、民族与国家》（*Border*：*Frontiers of Identity，Nation and State*）一书中所提出的"民族国家的危机"（the Crisis of the Nation-State），欧洲社会科学领域的许多学者已经开始讨论未来的国家形式，甚至认为欧盟的诞生既是一种未来国家形式变化的象征也是一种发展动因。尽管对于这种观点，仍有一大批学者持反对意见，但它终究向我们展示了一种联合未来国家发展的可能性。

从欧洲的文艺复兴一直到美苏争霸的冷战结束，人们总是依据

1648 年《威斯特伐利亚条约》体系来描述和构思一个领土世界。国家在其国境内保障其国民的安全。而这一切，在今天的世界已经发生了悄然改变，主权国家边界已经受到诸多因素的侵蚀，例如，欧盟国家通过内部协商，签订申根协定，彼此开放边界。英爱两国虽然没有参加申根协定的签署，但两国彼此之间同样开放了边界。

当今世界，在全球化背景下，每一个共同体或国家在经济资源、生态环境和领土安全等方面必须以其他共同体或国家的安全为自己存在的前提。他们之间的关系必须建立在一种具有内在紧密关联、彼此具有相互构成性因素的文化之上。这种相互依存的以及"共生"的文化，倘若针对世界上广泛存在的跨国民族现象而言，应当是一种"和平跨居"互惠互利的双赢现象，爱尔兰跨国民族现象同样如此。

爱尔兰民族"和平跨居"的政治模式

在考察了中国南方与大陆东南亚地区跨国民族互动现象后，笔者提出了"和平跨居"文化模式的观点①；在考察了爱尔兰边界之后，笔者认为，那里的情况更加适合用"政治模式"来表述。因为，爱尔兰的"和平进程"完全是一种由国家主导进行构建的政治文化模式，处处彰显出英爱两国政治力量的引导作用，甚至还有国际社会的外部力量参与。

通过对世界各地民族和边界现象的研究，我们清楚地看到，人类不同种族与民族之间在追求民族独立自由的过程中，已经为构建现代国家边界付出了巨大的牺牲。而如今，殖民压迫与反抗的时代已经远去，现代民族国家已经进入"低生育低死亡"的历史发展阶段。任何追求新的族群文化边界的国家构建都是十分危险的，其结果必然带来新的族群冲突和人道灾难。近来发生的乌克兰危机，让世人再次看到了这种灾难的出现。因此在努力维护既有的现代国家边界的同时，随着人类社会的

---

① 参见周建新《和平跨居论》，第八章"跨国民族问题与'和平跨居'文化模式"，民族出版社 2008 年版。

不断进步，在未来的世界里，人们将会对他们曾经努力构建的所谓民族国家的边界，采用和平的手段，进行不断地弱化，并以自愿联合的和平方式，构建新的多民族区域性的大型国际社会，以适应各民族跨国交流日益频繁和全球一体化的需要。笔者认为"国家主权正在丧失其领土形式"的断言尚为时过早，但我们也看到，越来越多的各类跨国行为体活跃于世界空间，"相互依赖性使得距离和边界原本所具有的阻碍和隔离之关键功能不断弱化……国家利益正按着妥协交易和管理共同财富的复杂逻辑在重新界定和组合"①。从爱尔兰现象看，"北爱尔兰已经给全世界人民展示了希望"②，其以"和平进程"为标志的政治模式，对世界范围的跨国民族问题的解决具有启发意义。

笔者所说的"和平跨居"模式是指跨国民族平稳互动的一种状态。这种状态的保持，或者是靠外部政治力量的规范，或者是靠内部文化机制的制衡，即"和平跨居"的两种跨居模式：一种是政治机制规约的"和平跨居"，一种是文化机制调适的"和平跨居"。爱尔兰岛应当是政治机制规约的"和平跨居"模式的典型。

所谓政治模式，是一种建立在国家关系友好，政治互信，以国家主导并提倡进行建设的政治文化模式，是一种主要由国家主导外部控制的成长机制。这种模式往往以国家关系为转移，若国家关系友好互信，彼此严格遵守相关国际关系原则，共同打击任何分离主义势力，那么彼此跨国民族地区就保持稳定平安；而一旦国家关系不睦，就容易产生跨国民族相关问题。从英爱关系看，历史上出现的波折以及 20 世纪末迎来的和平进程，的确符合政治模式的一般规律。

从理论上讲，"和平跨居"政治模式一般是不稳定的机制，它会随着国家政治形势的变化而发生变化，是一种短期的机制。因为政治模式一般是一种无法完全考虑社会历史文化环境因素的国际社会契约建构。但政治模式经过长期的培育发展，可以转化为比较稳定的文化模式，爱

---

① ［法］玛丽·弗朗索瓦·杜兰等：《全球化地图：认知当代世界空间》，许铁兵译，社会科学文献出版社 2007 年版，第 6 页。

② Hastings Donnan & Thomas M. Wilson, *Borders: Frontiers of Identity, Nation and State*, first published in 1999 by Berg, UK. p. 3.

尔兰和平进程正是朝着这个方向努力。

我们现存的以国家为单位的世界体系中，众多的跨国民族"和平跨居"的实现，都是依靠"和平跨居"政治模式而长久存在的，并广泛地发挥作用。显然，国际社会契约是一种有效预防危机，平衡国家关系和跨国民族族群关系的机制。纵观全球，跨国民族"和平跨居"政治模式是一种普遍性存在。

在世界迅速进入经济一体化的今天，一些学者认为，全球化以及地方与全球的直接联系，已经造成民族国家的疆界毁坏，以及以民族国家为分析单位的"世界体系"架构的逐渐瓦解。但笔者认为情况并不完全如此，西方学者应当更多地关注"世界体系"架构中广泛存在的跨国民族问题。笔者以为，跨国民族问题之所以层出不穷，甚至愈演愈烈，其实质是一方面民族国家仍在进一步强化构建，另一方面一些跨国文化民族试图构建新的民族国家的努力仍在继续。民族国家进一步强化疆界与跨国文化民族企图分裂现存国家或构建新的民族国家的行为，是当前世界范围内跨国民族问题不断出现的根源所在，而要解决敏感多发的跨国民族问题，国家政治主导下的和平跨居模式尤为重要。而爱尔兰经验就是一种非常有效的政治模式。

政治机制调整的模式往往以国家力量为后盾，具有至高无上的权威，但其缺陷也十分明显，即缺乏稳定性和文化自我调节能力。其实，世界上绝大多数国家之间跨国民族维持基本的和平状态，主要是依靠这种国家政治机制的调节，是一种国家社会之间的契约机制。世界需要这种机制，这种机制是稳定当前世界国家体系的基本手段之一。这种机制实际上是一种政治文化规约的"和平跨居"模式，而政治文化即国家政治文化，这种政治文化是在不同国家之间达成的某种契约以及对契约的付诸实践。

从爱尔兰跨国民族人口分布情况看，爱尔兰共和国与北爱尔兰之间的民众，一般在民族认同上不存在分歧，只是在教派归属上有所不同，而真正的区隔是在现代国家建构过程中，同一民族的不同政治集团存在认识和利益分歧或对抗。这种社会和民族分裂的类型，表面看似乎没有什么特别，但若深究，其中大有文章。

显然，爱尔兰的跨国民族现象与亚洲的经验完全不同，这里的"和平跨居"似乎更多的是一种政治力量推动下的弱化"民族主义"意识的实践。边界线两侧的人们，既是两个不同国家的公民，又可以是同一国家的公民，因为两国彼此都承认双重国籍。这种特殊性使得我们甚至难以用"跨国民族"这个概念来表述他们彼此之间的关系，同时也使我们对于"民族""国家""公民""世界"等概念有了许多新的想象的空间。

尽管如此，笔者仍然把爱尔兰现在的"和平进程"看作是政治文化建设的"和平跨居"模式，它虽然容易受国家关系好坏的影响，缺乏跨国民族自我消解冲突或矛盾的能力，但《贝尔法斯特协议》签订后，在英爱两国的大力推动，以及国际社会的大力支持下，和平跨居的政治文化建构已经呈现出良好的发展态势。

爱尔兰和平进程的最终实现经历了一个漫长的过程，有学者将这一过程分为冲突、妥协、权力共享、和平进程[①]等阶段，这些分析高度概括了历史事实。和平的确来之不易，而要长久保持并进一步巩固这种和平形式，"和平跨居"的政治模式只能不断完善和加强。

结　论

在爱尔兰民族问题研究过程中，笔者越来越深刻地认识到，民族的相对性存在，以及民族相对主义和和平主义应当成为民族学人类学研究的最主要理论命题之一。

一　民族存在是相对的

"你若不曾问起民族的意义为何，我们会以为我们早已知道答案，但是，实际上我们很难解释清楚到底民族是什么，也很难给它一个简单

---

① 邱小显平、杨小明：《北爱尔兰民族冲突化解途径分析》，《世界民族》2008年第6期。

定义。"① 事实的确如此，在今天我们所看到的所有有关"民族"概念的讨论，始终争论不休，无论是"客观标准"派还是"主观认同"派，甚至"唯意志论"者，都不能给出令所有人信服的解释。这本身就是一个问题，为什么我们无法给出令人信服的解释？正如笔者所遇到的那样，"在讨论像爱尔兰人民这样的话题时，很难找到一个合理的平衡"②。但是，爱尔兰民族和国家历程的经验，似乎又能够给我们一些启发和解释。

"一直要到 18 世纪，（民族）这个词的现代意义才告浮现。"③ 民族究竟是什么？这个问题已经有无数学界精英反复拷问过自己，也拷问过别人，当然也少不了政治家们的参与。埃里克·霍布斯鲍姆（E. J. Hobsbawm）并不看重政治家们的解释，但他看重政治家们的解释，"对后世政坛的重大影响，而非基于其较不足道的学术成就"④。正是由于 19—20 世纪，"民族"成了人类政治和社会生活的核心主题之一，由此而引起的各种民族主义思想和实践，进一步区隔着我们原本脆弱的社会网络整体。"因为'民族'的概念到今天，已被滥用到足以混淆是非，不具任何严肃意义的程度。"⑤ 正是在这种情况下，笔者不再讨论"民族"的真实性问题，转而讨论"民族"的不真实的一面，即民族的相对性。

众所周知，早期的人类氏族社会，由于生活在彼此隔绝封闭的有限地域内，血缘的联系比较紧密。但是，随着人类群体的不断迁徙、彼此接触、相互交往，特别是公元 1500 年后新大陆的发现以及工业化时代的到来，世界上所有的交通障碍都被人类一一打破。从此以后，相对纯

---

① Walter Bagehot, *Physics and Politics*, London, 1887, pp. 20 – 21.

② Edited by Patrick Loughrey, *The People of Ireland*, first published and printed by the Appletree Press Ltd. in Belfast in 1988, p. 186.

③ ［英］埃里克·霍布斯鲍姆：《民族与民族主义》，李金梅译，上海人民出版社 2000 年版，第 3 页。

④ ［英］埃里克·霍布斯鲍姆：《民族与民族主义》，李金梅译，上海人民出版社 2000 年版，第 2 页。

⑤ ［英］埃里克·霍布斯鲍姆：《民族与民族主义》，李金梅译，上海人民出版社 2000 年版，第 9 页。

洁的人类群体就已名存实亡了。

"古代各国的部落建立在两种方法上：有的按氏族，有的按领土。按氏族特征组成的部落，比之按领土特征形成的部落较为古老，而且前者几乎到处都被后者排斥"①。如果说马克思（Karl Heinrich Marx）这里所说的"按氏族"更像单一民族组成的国家形式，那么"按领土"组成的就更像多民族整合形成的多民族国家形式。很显然，后者更符合历史发展的潮流。事实也证明，"后者"对前者的排斥早已导致了古老氏族的彻底崩溃，可以断言，当今世界的任何民族都是不同人群整合的结果。因此，任何宣称自我"纯粹"的民族，都是经不起科学"求证"的主观想象，今天的文化民族主义、经济民族主义和国家民族主义，只是新的时代进行文化族群凝聚或政治族群再整合的意识形态手段。而极端民族主义的背后，却隐藏着少数政治狂人对权力的追求，以及来自个人或族群的狭隘的民族自卑感。他们常以"被压迫者"或"被侵害者"的形象出现，并以"抗争者"的形象对抗所在国家的法律与社会秩序，以及排斥或打击周边族群甚至世代杂居的个体。

而具有讽刺意味的是，极端民族主义者置自己本身就是历史上不同人群整合产物的结果于不顾，却极力反对新的族群或社会整合，扮演着当今世界最残酷的排除异己者，并追求纯粹的所谓附着在民族身上的文化的界线。而文化的纯粹性，正如我们血统的纯粹性一样，只有自欺欺人者才会为了一些不可告人的目的，去极力维护和证明。我们很难想象，现有世界的3000多个文化族群，倘若全都追求自我文化边界的国家构建，那将会经历怎样的血腥和漫长。"而我们所生存的世界，已经没有足够的自然资源、领土和财富使得每一个民族都构建成为一个国家。"② 因此，我们对于任何以文化或附带血统意义而要求构建新的民族国家的构想并不感到奇怪，但我们坚决反对以此为借口，排斥、打击，甚至使用极端暴力对待邻近其他民族的行为。这是人类现代文明社

---

① ［德］马克思：《资本主义以前各社会形态》（单行本），人民出版社1956年版，第13页。

② Hastings Donnan & Thomas M. Wilson, *Borders: Frontiers of Identity, Nation and State*, first published in 1999 by Berg, UK, p. 7.

会的耻辱，毫无疑问，他们也是全人类的公敌。

按照一般学者的观点，现代民族最初形成于欧洲，而且相对来说，其国民主要是以文化、语言来划分界线并构建现代工业国家的。因此我们可以这样理解，从西方世界源起的现代国家结构，一开始就想以民族为单位、以文化为边界构建出比较纯粹的民族国家。但这种努力最终是徒劳的。事实上，要想把复杂的人类社会完全按照语言文化界限划分，只能是一种近乎幼稚的主观想象，我们不能也根本没有可能完全按照语言文化界限划分并构建出现代民族国家。今天的西方国家也都普遍存在着多民族结构或文化族群跨国存在的问题。可以说，只要你愿意，我们就可以找出差别。正如我们可以在英国人中区分出英格兰人、苏格兰人、威尔士人和爱尔兰人一样。而欧洲民族主义势力已经衰落，"在欧洲，自1918年以来的事件已经证明，使每一个民族都构建出自己国家的思想已经破产"①。

现在看来，最初的欧洲现代国家也只是相对于亚洲或其他地区的国家来说，民族国家的特征相对更真实一些，整合的人群更紧密一些罢了。而随着欧洲一体化的进程，即使在欧洲大陆再也没有相对单一的民族国家存在了，相反，却是各种人种和民族混杂的"花花世界"出现在欧洲的中心地带。

没有纯粹的单一民族，没有纯洁的独立文化，这就是笔者强调的当今世界的民族存在的相对性。这一点，其实在我们熟读的斯大林（Joseph Vissarionovich Stalin）的有关民族的定义中，已经用相对稳定的共同体明确表述出来。我们所区分彼此为不同民族的标准本身就存在普遍争议，而依此标准所区分出的民族，也只能是彼此大致不同。就像我们可以把爱尔兰岛的人们分为爱尔兰人和英国人，甚至还可以进一步在爱尔兰人中再分出苏格兰人、维京人等，但谁敢说他们是绝对纯粹的一脉血统，这一点恐怕连自我宣称者也不敢那么理直气壮。

肯定了民族存在的相对性，我们就一定要树立民族相对主义的思

---

① Hastings Donnan & Thomas M. Wilson, *Borders*: *Frontiers of Identity*, *Nation and State*, first published in 1999 by Berg, UK, Amaral 1994: 20, p. 7.

想。那么什么是民族相对主义？从表面上看，这似乎是一个全新的概念，而事实上，其核心的内容早已被人们认识和理解。民族相对主义的内涵就是，民族不是虚无的、无根的、想象的，民族是真实的、有源的，但民族绝对不是纯洁的一脉血缘和独立文化群体，每一个民族都或多或少融入了其他民族的血脉和文化。这种相对在生物学意义上如此，在文化的意义上也是如此。我们可以为了不同目的的需要，将人群指称为"民族"，但必须要认识到它的非纯洁性。更多的时候，它只具有语言学层面的指代的意义，因为，今天我们生活的世界，完全是一个彼此有着千丝万缕联系的世界，早已是你中有我，我中有你。过去，我们以反抗民族压迫、诉求民族解放为旗帜，宣扬了太多的民族主义思想，但却没有理性反思过民族存在的相对性。虽然早期的民族主义思想激起的民族自豪感、自信心以及凝聚人心的社会动员力量曾经确实带来过世界的进步，甚至彻底改变了由帝国主义者主导的世界殖民体系。但如今，从现实的世界看，由于民族概念的继续存在和影响，许许多多的人们依然坚信自己民族的纯洁和伟大，并因此而排斥其他，有人甚至把"民族"神圣化，被"民族"概念冲昏了头脑，不断有意制造你我界线，不断挑起彼此争斗，将自己完全置于"民族"概念之下的奴隶地位而不自知。笔者无意完全否定"民族"及"民族主义"的价值，但过分强调"民族"和"民族主义"已经被反复证明对当今人类社会是弊多利少的，也越来越与全球化时代格格不入。

对于民族主义的危害，埃里克·霍布斯鲍姆曾经有过精辟的论述，以及深深的担忧。在《民族与民族主义》的导论中，霍布斯鲍姆甚至以假想的方式，把人类世界的毁灭归咎于"民族"及其衍生的种种概念。① 笔者并不是因为人们有了如此的担忧，就要毫无根据地彻底否定民族的存在，恰恰相反，笔者提出民族相对主义，只是试图有限解构并质疑民族存在的纯洁性。

民族相对主义不同于文化相对主义（cultural relativism），博厄斯

---

① ［英］埃里克·霍布斯鲍姆：《民族与民族主义》，李金梅译，上海人民出版社2000年版，第1页。

（Franz Boas）、赫斯科维茨（Melville J. Herskovits）提出的文化相对主义，主要的观点是否定了不同文化的等级差异，承认每个文化存在的自身价值。文化相对主义并不是肯定不同文化界线可区别的相对性，而笔者强调的民族相对主义，就是强调民族和文化可区别的相对性，特别是对民族及其整体文化绝对纯洁性的彻底否定。我们必须承认，当代人类社会，无论哪个民族哪种文化，都是彼此或多或少有着内在联系的人类整体。我们能够从表面看到的任何民族之间的差异，都不是本质性的，也绝不是彼此对立的根源。民族只是我们用于指称相对具有个性化的人类群体，它跟种族概念一样不是一个绝对科学化的概念，但它的确在人类现实生活中具有大致分类和用于社会科学研究的价值。

笔者认为，单就民族主义而言，没有观念的终结，将没有历史的终结。事实上，不仅民族是相对的，国家也是相对的，甚至历史都是相对的。民族主义思潮能够把一群不是同一渊源的生命个体，集合成精神高度一致的社会共同体，使"民族"概念成了一种信仰，甚至一种宗教。而民族相对主义就是要终结民族神圣性和纯洁性的神话，就是要告诉人们，"民族"只是凝聚社会力量的一种知识手段，我们与他者并不是毫无联系绝对隔绝的群体，我们彼此的区别是相对的甚至是不真实的。民族相对主义就是要把我们彼此回归到"人"的层面，回归到彼此相连的事实，使得我们相互尊重，平等交往，和睦相处。

在爱尔兰国立梅努斯大学汤姆先生（Abdullahi Osman El-Tom）的办公室里，有一张他个人的照片，上面附有一句话：所有人都是一样的（People are all the same）。他有意识地把这几个单词放大并加黑加粗。汤姆先生是位出生于苏丹的黑人，在美国获得博士学位后，来到了爱尔兰国立梅努斯大学，并娶了一位白人太太。他是一位非常和善的人，我经常去他的办公室，他对中国没有多少了解，甚至认为南苏丹问题与中国有关，但我们彼此之间从未有过争论。他留给我印象最深的，不是他本人的形象和举止行为，而是墙上那张照片上的那句话。它时时在提醒汤姆先生，也时时在提醒我们：我们都是一样的人。

笔者不是民族虚无主义者，我们承认历史上曾经的真实，而正是这些历史的真实，维系着现实的不真实，并且渐渐地使这些不真实再次成为真实，并继续下去。真实的小的共同体，演变为想象的大的共同体，再继续演变为真实的扩大的共同体，这已经成为人类社会发展的一个普遍规律。而这一点恰恰说明了民族发展形成的复杂性和相对性。

并不是所有的问号背后都是疑问，有些问号背后就隐藏着答案。"谁是爱尔兰人"这是一个包含了丰富内涵的历史和现实之问，问题的背后不仅隐含着挑战，同时也就是答案。亨廷顿（Samuel P. Huntington）提出的"谁是美国人"只是这一问题的接续而已。笔者将这一问题看作最经典的"爱尔兰之问"，这一问题将会被越来越多的人所认识。

二　经济发展自然带动政治稳定社会安定不是绝对的

经济发展可以带来政治稳定、社会安定，这一观点似乎已经普遍为政治家们所认同。

首先，笔者对于这一结论也部分地持认同态度，认为其的确包含有合理的逻辑。但是，这一观点不是绝对的，不是放之四海而皆准的，我们务必要在不同的条件下加以区分。爱尔兰的经验告诉我们，即使在经济高速发展的时期，爱尔兰南北地区同样出现了社会不安定现象。

亨利·A. 基辛格（Henry Alfred Kissinger）先生曾经说："过去几十年来，时髦的'进步'观认为，经济发展将多少是自动地带来政治的稳定……经济发展中存在着自动稳定政治的因素。这个观点已显然是错的了。"① 正如基辛格先生所说，"这个观点已显然是错的了"，特别是当我从民族的视角看问题时，情况更加不同。

笔者认为，假设一个国家在经济发展繁荣的情况下，排除外敌入侵等外力因素影响，单以经济发展为前提，什么条件下一个国家会出现政治危机和社会动荡？从民族或族群的视角分析，我们大致可归纳出以下三种可能：

第一种可能，就是经济发展导致整个社会阶层分化严重，官场腐败，贫富差距拉大，这样便很容易造成社会动荡和政局不稳。这种贫富

---

① ［德］海因里希·贝克、吉塞拉·系密尔贝尔主编：《文明：从"冲突"走向和平》，吴向宏译，中国社会科学出版社1998年版，第83页。

两极分化的出现不带有族群性特征，是不分种族民族出现的各种群体普遍的两极分化，因此无论在多族群社会还是相对单一族群社会，其结果都可能造成社会动荡和政局不稳。本质上，这是制度设计缺陷导致社会分配不公，是经济发展拉大阶级差异导致社会冲突，进而带来各种危机。

第二种可能主要出现在多民族社会，就是经济发展后由于国家政策导向错误而导致特定族群整体性分配不公，出现有的族群整体性比较富裕，有的族群整体性比较贫困，甚至在各个领域出现族群歧视等。由于这种结果带有明显的族群性整体差异，很容易导致民族主义情绪出现，并进一步引发族群矛盾，进而导致社会动荡和政治危机。本质上，这也是制度设计出了问题，特别是民族政策出了问题，才会出现虽然经济发展了，反而拉大了民族间整体性差距从而导致社会动荡。

第三种可能，就是在经济发展繁荣条件下，在不同族群享有社会分配基本公平的条件下，依然有可能出现因族群矛盾引起的社会动荡。而这种情况的出现，往往是由于不同族群之间历史和文化积怨造成的，这与经济发展没有必然联系。值得注意的是，在经济发展落后时期，由于彼此忙于生计，这种矛盾有可能常常被掩盖或忽视；而在经济发展繁荣之后，彼此关系不仅没有得到改善反而进一步倒退，并由此导致社会动荡。而当今世界越来越多地出现的正是第三种可能。

显然，从族群的视角看，当经济发展繁荣时，如果是在一个相对单一族群的民族国家内部，只要是缩小或消除同一族群内部的阶级分层，就很容易带来政治和社会的稳定，甚至真的是"自动地带来政治的稳定"。但是，如果是在非同质性的多民族社会，情况可能就大不相同，有些甚至正好相反。从一般的逻辑看，在多民族社会出现第二种可能并不奇怪，甚至是必然。但是，随着社会的进步，国际社会的监督，人权的保障等，由于政府政策有意为之而导致的第二种情况已经越来越少。令人费解的是，与经济发展带来社会稳定的逻辑恰恰相反的是第三种可能，这一点已经无法单纯从经济发展的角度加以解释了，而问题的根源正是民族意识存在所导致的。因此，经济发展自然带来政治稳定和社会安定的逻辑不是绝对的。

九 爱尔兰经验

纵观爱尔兰历史，其在寻求独立的整个过程中，曾经就属于当时世界上最强大和富有的英国。当时，英国正值工业革命突飞猛进的发展上升时期，同时其殖民侵略又从海外掠夺了大量的财富，但就是如此发展繁荣的英国却没有享有政治稳定和社会安定。单就爱尔兰岛情况而言，由于当时的英国政府不能够平等对待爱尔兰岛的罗马天主教徒，使他们完全与新教教徒形成泾渭分明的界线，便出现了属于"第二种可能"的严重的政治危机。因此，无论当时英国的经济怎么发达，都无法消弭爱尔兰岛出现的民族压迫，进而激起爱尔兰人更加强烈的独立诉求。

另外，在1921年《英爱条约》达成后，北爱尔兰之所以不愿意脱离英国，除了当时北爱尔兰经济发展水平较高之外，其实更多的还是新教徒与英国人有着更加密切的联系所决定的。

20世纪90年代，"凯尔特之虎"大显神威，爱尔兰的GDP以每年7%的速度飞快增长，一度达到9.2%。据统计，2003年爱尔兰人均GDP已经高达欧盟平均水平的136%。经济的巨变改变了爱尔兰人在欧盟中的形象，人们把这个变化称作"凯尔特虎奇迹"。这个曾经的"欧洲乞丐"，如今的富裕程度已经名列欧盟第二、世界第三。国际货币经济组织公布的数据显示，爱尔兰2008年人均GDP为41520欧元，超过了德国、法国和英国，成为欧盟仅次于卢森堡的最富裕国家，并且人均净资产在全球范围内超过了美国，成为仅次于日本人的第二富裕民族。[①]

由于爱尔兰经济的飞速发展，我们必须承认，爱尔兰岛的民族问题出现了弱化的趋势，南北对话和解代替了矛盾冲突，甚至在北爱尔兰的教派冲突也日益减少，南北政治和社会较以前更加稳定。当然，爱尔兰共和国经济的飞速发展，并没有直接带来北爱尔兰渴望南北统一的诉求。除了人们愿意和解和平，珍惜现实的一切以外，似乎北爱尔兰的新教教徒并没有被爱尔兰共和国的经济发展所吸引。显然，用经济杠杆解决民族社会问题特别是人的意识问题，其作用是非常有限的。

---

① ［英］罗伯特－基:《爱尔兰史》，潘兴明译，中国出版集团东方出版中心2010年版，第395页。

　　笔者以为，就爱尔兰和平进程而言，与其说是经济发展带动了社会安定，不如说经济发展使得英爱两国政府有条件花费更多的人力物力，能够调动更多的资源，投入和平事业的经营中，并使之日见成效。同时，和平安定的社会进一步推动了经济的发展，而经济发展又在不断推进和平进程，由此进入良性循环阶段。

三　提高全民素质是社会稳定的必要条件

　　爱尔兰社会有一个非常明显的特征，那就是其全民受教育程度较高。毫无疑问，教育使人的素质全面提高，而人的总体素质的提高的确对于人们更加理性地认识世界有积极的作用，使人们对于世界本质的认识也更加到位，这就减少了人们在应对外部事务时的盲从和非理性行为，的确能够带来社会的稳定。充满盲从行为的社会，往往是那些整体教育水平低下，却又迷信少数所谓知识精英的社会。

　　也许有人会说，教育引导的正确性很重要。如果教育引导的方向是错误的，很可能"知识越多越反动"。的确，这样的逻辑推理是可能的。但是，我们务必注意到，如今的世界大众教育，具有普遍的知识性、开放性、自主性，只要全民素质普遍提高，人们的自我辨别能力也就在同时提高。完全封闭的、有意进行错误引导的教育已经难有容身之地，如果有，那只能是相对封闭的国家社会或者非常有限的小圈子内的洗脑教育。

　　"在一九九六至二○○二年期间，取得大学阶段教育毕业证书的爱尔兰人数增加了百分之三十九点九。……最近一次人口普查显示，爱尔兰的博士生人数增加了百分之六十五点八。……都柏林中心区的那些人口中取得大学学位的人数大幅跃升百分之八十，而取得博士学位的人数更是增加了百分之一百一十五。"[①] 以上这些数字，完全可以从一个侧面反映出爱尔兰经济发展的同时所带来的爱尔兰全民教育发展的提升，以及爱尔兰整体国民素质的提高。"这种教育的提升将会对这里的阶级

---

　　① ［爱尔兰］戴维·麦克威廉斯：《教皇的孩子们》，蔡凌志译，人民文学出版社2009年版，第20页。

系统的性质产生一种长久的影响。"① 非常遗憾的是戴维·麦克威廉斯先生在这里只提到了对"阶级系统的性质"所产生的长久影响，而没有看到这同样对"不同文化系统的性质"所能够产生的深远影响。

正如克朗内尔斯小镇上很多当地居民所言，除了正确的国家政策以外，良好的教育的确是维护和平的另一要素。良好的教育造就了人们较高的素质，良好的教育改变了当地人的观念。如今，他们对边境地区过去的冲突认识得更为深刻了，他们真诚希望人们能够彼此珍惜现在的和平进程，携手共同走向更加美好的未来。

他们积极参加小镇上社区论坛组织的各种"再教育"活动，认真反思过去的历史，他们已不再担心会有暴力冲突的发生，他们认为接下来的难题将是消除边界两侧人民的心理障碍，推动彼此相互了解与合作，并以此增进边界两侧人民彼此合作和相互尊重。

尽管人们依然坚守各自虔诚的信仰，但教育和沟通使得人们看到了各自的固执，从而有了放下包袱面对现实的愿望和勇气。绝大多数人都渴望现世的和平与安康，都希望诸如过去的伤痛成为远去的历史。过去数十年的流血冲突中，历史用受害者的牺牲和血泪唤醒了彼此的理性，这是生命和血的代价。现今，人们所面对的任务将是如何向公众诠释过去的历史，并广泛教育人民，消除彼此心中的边界，让历史的悲剧不再重演。

克朗内尔斯小镇上的人们虽然不知道什么是"跨国主义"的理论，也不知道"和平主义"的核心内容，但教育使人们都非常理性地认识到，世界是相互依存的，和平环境永远要比动荡的社会好。虽然教育不是万能的，不一定能够改变所有人的观念，但绝大多数人观念的改变，不能不归功于教育。

四 普遍的和解意愿的确能促进社会的稳定

爱尔兰人有着特殊的历史和文化背景，不同社会群体之间的矛盾冲

① ［爱尔兰］戴维·麦克威廉斯：《教皇的孩子们》，蔡凌志译，人民文学出版社2009年版，第20页。

突持续时间漫长，积怨很深。在一个不同社群长期积怨的国家社会，如果没有社会各个层面普遍的和解愿望，这个社会就不可能有稳定与发展。约翰·密尔（John Stuart Mill）说，"只要什么地方坚持迫害，迫害总是成功的"①。那么，反过来说，只要什么地方坚持和解，和解也会总是成功的。

如果一个社会的不同群体之间充满了不信任甚至是敌意，那么这个社会潜在的冲突就有可能随时随地爆发；如果一个社会的不同群体之间尽管有这样那样的矛盾，但彼此都有真诚和解的愿望，社会的冲突就容易避免。这就像我们每个人祈愿和发誓一样，如果每个人都发誓一定要血债血偿，那么这个社会绝不会太平；如果每个人都真诚祈愿结束暴力，心向和平，那么这个社会逐渐就会走向稳定。当然这种理论上的假设虽然符合逻辑，但实际生活中的极端主义者并不少见，不过我们必须先有这样的愿望。欧内斯特·巴克（Ernest Barker）曾经说："地理不是国家生活的主导者。世间唯一的最终原因是人的心灵……地理既不能决定爱尔兰的独立，也不能注定它不能独立。是人，是人的意志，决定了这两者的区别。海洋可以分裂，但也可以联合，这要看人们的意愿。"② 贝克特（J. C. Beckett）也曾说过，"分裂并不依赖于可以根据政治行动发生改变的地理边界，而是取决于两个群体之间的重大差异；虽然这些差异可能会因为政治分歧而加剧，也不一定会因为政治联盟而消失。但爱尔兰真正的分裂并不在地图上，而是在人们的心中"③。

当然，在一个国家主义盛行的时代，社会和平的构建，不仅需要人民大众的和解意愿，更需要国家层面的和解意愿，因为国家的和解意愿对于人民有太多的影响。

从爱尔兰经验中，我们恰恰看到了这两个层面的和解愿望。一是国家层面，英国和爱尔兰政府都表现出了和解的愿望；二是民间的层面，

---

① ［英］约翰·密尔：《论自由》，程崇华译，商务印书馆（北京）1996年版，第30页。
② Dr. M. W. Heslinga, *The Irish Border as a Cultural Divide*, Van Gorcum Assen, The Netherlands 1979, p. 1.
③ Dr. M. W. Heslinga, *The Irish Border as a Cultural Divide*, Van Gorcum Assen, The Netherlands 1979, p. 1.

不同党派，不同教派，都表现出了和解的愿望。有了和解的愿望，爱尔兰和平进程的开启便顺理成章，整个社会的秩序也逐渐更加安定。

为了纾解社群矛盾，促生和解愿望，爱尔兰的社会科学研究做了大量的工作，尤其是在跨国合作研究与实践方面。其中，较多的研究是关于解决北爱尔兰社会动乱的经验和典型案例，这些经验和案例对于世界各国来说都是十分重要和有价值的参考，特别是在推动全民和解中所做的大量工作。

现今，爱尔兰两大社群之间通过沟通交流结束了冲突，并逐步建立互信和合作，接受和平进程的提议。爱尔兰岛所有的边境地区都重新开放，边界两侧的人民来往自由，就如同一个国家的公民。显然，爱尔兰岛上下齐心，共同追求和平的愿望已经成为社会稳定的重要因素之一。

五　积极正面的国际外力是构建和平的重要条件

爱尔兰和平进程不仅有内部的基础性和解愿望，也有国际社会积极正面的外部推动助力，这是爱尔兰解决民族问题的另一个明显的特征。

众所周知，如今的国际社会是一个多重利益关联的世界，世界国家体系结构中各种力量博弈不断，每个国家都会受到各种外力的影响。有些影响是正面的，有些是反面的，因此在许多问题上，国际社会常常难以取得一致的意见，甚至一些大国为了自身利益相互掣肘，但是在爱尔兰和平进程问题上，国际社会却表现出高度的一致。

爱尔兰和平进程，除了爱尔兰和英国两个当事国表现出了积极和解的意愿，广大民众有要求和平的愿望，同时得到了联合国、欧盟、美国的认同与支持，世界上其他国家也都持促谈促和的态度。正是这些积极正面的国际外力推动，使得爱尔兰和平进程具备了十分有利的外部条件，并最终得以顺利推进。

自从威斯特伐利亚体系形成之后，人类社会的政治生活就逐渐被民族国家所主导，同时，各个民族国家的国家行为也受到国际社会的牵制。在国际关系中，我们一贯主张国家的主权、独立和领土完整不容侵犯，也一贯谴责"国际干预"，特别是反对西方霸权主义以各种形式出现的干涉别国内政，甚至是以武力和武力威胁进行的干预，这种干预直到今天依然广泛存在，我们务必要警惕。但我们也不能不承认，今天的国际社会已经不是昨天的国际社会，在全球治理宏观视野下，在和平发展主流方向下，在联合国主导下的积极正面的国际外力推动正发挥着越来越多的作用，这种积极促谈促和的态度也是建立在遵守联合国宪章基础之上的，爱尔兰和平进程就是一个比较典型的例证。

六　争取和平具有无限的可能性

爱尔兰民族问题是一个十分复杂的问题。长期以来，英爱两国各持立场，互不妥协，因此爱尔兰民族问题长期处于无法化解的困境。但是，当英爱两国从人民和平要求的大愿望出发，改变过去僵化的立场，就使得问题出现了转机。

1981 年，英爱两国建立政府间委员会，为两国之间的联系和沟通提供了正式的框架；1985 年 11 月，英爱两国政府签署英爱协议，正式允许爱尔兰政府参与北爱尔兰事务。自此之后，两国政府在解决北爱尔兰问题方面展开了实质性的合作。《贝尔法斯特协议》谈判中，双方以和平为最高理想，彼此都做出了妥协和让步，表现出了高超的政治智慧和灵活务实的态度。由此，《贝尔法斯特协议》才得以签署，爱尔兰和平进程才开启了光明的未来。

笔者常常感叹《贝尔法斯特协议》中文字使用的高超技艺，其实英爱两国彼此原有的立场并没有彻底改变，但由于文字表述的不同，协议既没有堵死爱尔兰岛在未来走向完全统一的可能性，也没有否定北爱尔兰继续留在英国的现实，甚至永远留在英国的可能性。这样，英爱两国政府保全了彼此的尊严，对各自的国民也有了交代，而且两国国民认同并接受了协议。这在世界国家体系中，针对复杂敏感的跨国民族问题，不能不说是一个成功的范例。

记得有一次在劳伦斯教授的办公室，他与我谈到了爱尔兰和平进程问题。他一直在表达一个核心思想：和平是珍贵的，一切为了和平，为了和平制度是可以灵活变化的。仅从他的谈话中，我已经深深地感受到了爱尔兰人民对于和平的珍惜。"也许我们今天所做的一切，在遥远的将来会变得没有意义。但无论如何，在人类无法彻底消除彼此利益争斗的今天，有一个道理是永远有意义的，那就是人们要彼此尊重、宽容、关爱，关爱自己、关爱自然，友好地和平相处。和平，也唯有和平，是我们能够跨越自我民族和国家立场可以共同面对的目标。"①

　　爱尔兰经验，再次证明了世界的多样性可能，当我们面对一种困局时，只要我们彼此真诚面对，解决问题的出路总是存在的，在争取和平的道路上有着无限的可能性。

---

　　① 周建新：《沿边而行》，广西人民出版社 2006 年版，第 133 页。

参考文献

一　中文著作（按第一作者姓氏拼音字母顺序排序）

《爱编之》编写组编：《爱尔兰风格编织—迷人小物》，顾亚娟译，江苏科学技术出版社 2009 年版。

《爱尔兰共和国·北爱尔兰》（译自《英国大百科全书》，张梦白、缪华伦译），江苏人民出版社 1974 年版。

陈丽：《时间十字架上的玫瑰：20 世纪爱尔兰大房子小说》，复旦大学出版社 2009 年版。

荷兰时代生活图书公司：《史前英雄：凯尔特神话》，费云枫、张晓宁译，2006 年版。

黄勇：《宗教之善与政治之公正——超越自由主义—社群主义之争》，黄启祥译，广西师范大学出版社 2016 年版。

霍椰尔编著：《兼收并蓄：爱尔兰田园风格》，王世庆，张滨江译，天津科技翻译出版公司 2002 年版。

建设部标准定额研究所编：《爱尔兰园林——世界名园丛书》，中国建筑工业出版社 2005 年版。

柯春桥、梁晓秋、牛伟宏：《炸弹杀手：爱尔兰共和军》，当代世界出版社 2000 年版。

刘克华选译：《1870—1914 年的英国》，商务印书馆 1987 年版。

美国时代—生活图书公司：《祭司与王制：凯尔特人的爱尔兰（公元 400—1200）》，李绍明译，山东画报出版社 2003 年版。

钱乘旦、许洁明：《英国通史》，上海社会科学出版社 2002 年版。

（清）魏源：《海国图志》，中州古籍出版社 1999 年版。

邱方哲：《亲爱的老爱尔兰》，上海三联书店 2015 年版。

施坚雅：《中国农村的市场和社会结构》，史建云、徐秀丽译，虞和平校，中国社会科学出版社 1998 年版。

苏国勋、张旅平、夏光：《全球化：文化冲突与共生》，社会科学文献出版社 2006 年版。

苏丝：《爱尔兰北西行：春山半是云》，上海书店出版社 2009 年版。

王洪波：《社会发展中个人与社群关系研究》，中国社会科学出版社 2015 年版。

王美秀、段琦、文庸、乐峰等：《基督教史》，江苏人民出版社 2006 年版。

王展鹏主编：《中爱关系：跨文化视角》，世界知识出版社 2011 年版。

王振华、陈志瑞、李靖堃编著：《列国志——爱尔兰》，社会科学文献出版社 2007 年版。

新加坡 APA 出版有限公司编：《爱尔兰》，刘耀宗、余焘译，中国水利水电出版社 2007 年版。

姚大志：《正义与善——社群主义研究》，人民出版社 2014 年版。

俞可平：《社群主义》，中国社会科学出版社 1998 年版。

张本美编著：《基督教会史略》，云南民族出版社 2012 年版。

周建新：《和平跨居论——中国南方与大陆东南亚跨国民族和平跨居模式研究》，民族出版社 2008 年版。

周建新：《沿边而行》，广西人民出版社 2006 年版。

［爱尔兰］艾德蒙·柯蒂斯：《爱尔兰史》（上、下册），江苏师范学院翻译组译，江苏人民出版社 1974 年版。

［爱尔兰］杰鲁莎·麦科马克主编：《爱尔兰人与中国》，王展鹏、吴文安等译，人民出版社 2010 年版。

［爱尔兰］马克·奥尼尔：《闯关东的爱尔兰人：一位传教士在乱世中国的生涯（1897—1942）》，牟京良编译，生活·读书·新知三联书店 2013 年版。

［爱尔兰］麦克威廉斯：《教皇的孩子们》，蔡凌志译，人民文学出版社

2009 年版。

［爱尔兰］乔伊斯：《尤利西斯（最新修订本）（上、下册）——译林世
　　界文学名著》，萧乾、文洁若译，译林出版社 2005 年版。

［爱尔兰］叶芝：《幻象》，西蒙译，作家出版社 2006 年版。

［爱尔兰］叶芝：《凯尔特的薄暮》，殷杲译，江苏人民出版社 2007
　　年版。

［爱尔兰］叶芝：《叶芝诗选——诺贝尔文学奖文集》，李斯等译，时代
　　文艺出版社 2006 年版。

［德］弗朗克·祖巴赫：《爱尔兰的体验》，崔恒 李吟吟译，江苏人民
　　出版社 2012 年版。

［德］海因里希·贝克，吉塞拉·希密尔贝尔主编：《文明：从"冲突"
　　走向和平》，吴向宏译，中国社会科学出版社 1998 年版。

［德］海因里希·伯尔：《爱尔兰日记》，孙书柱、刘英兰译，上海文艺
　　出版社 2005 年版。

［德］马克思：《资本主义以前各社会形态》（单行本），人民出版社
　　1956 年版。

［德］马克斯·韦伯：《新教伦理与资本主义精神》，于晓，陈维刚等
　　译，陕西师范大学出版社 2006 年版。

［法］埃吕埃尔：《凯尔特人的欧洲》，邵明、丁建译，上海人民出版社
　　2006 年版。

［法］爱弥尔·涂尔干：《宗教生活的基本形式》，渠东、汲喆译，商务
　　印书馆（北京）2011 年版。

［法］洛克：《论宗教宽容》，吴云贵译，商务印书馆（北京）1996
　　年版。

［法］玛丽·弗朗索瓦·杜兰等：《全球化地图：认知当代世界空间》，
　　许铁兵译，社会科学文献出版社 2007 年版。

［法］皮特·格雷：《爱尔兰大饥荒》，邵明、刘宇宁译，上海人民出版
　　社 2005 年版。

［美］本尼迪克特·安德森：《想象的共同体——民族主义的起源与散
　　布》，吴叡人译，上海人民出版社 2016 年版。

［美］戴尔·布朗主编：《北欧海盗：来自北方的入侵者》，金冰译，华夏出版社、广西人民出版社 2002 年版。

［美］戴尔·布朗主编：《凯尔特人：铁器时代的欧洲人》，任帅译，华夏出版社、广西人民出版社 2002 年版。

［美］戴尔·布朗主编：《早期欧洲：凝固在巨石中的神秘》，高峰 王洪浩译，华夏出版社、广西人民出版社 2002 年版。

［美］胡斯托·L. 冈萨雷斯：《基督教史》（上下卷），赵城艺译，上海三联书店 2016 年版。

［美］卡尔·多伊奇：《国际关系分析》，周启朋等译，世界知识出版社 1992 年版。

［美］泰德·奥尔森：《活着的殉道者：凯尔特人的世界》，朱彬译，北京大学出版社 2007 年版。

［美］提莫志克：《后殖民语境中的翻译：爱尔兰早期文学英译》，上海外语教育出版社 2004 年版。

［美］约翰·多诺修编：《凯尔特智慧》，刘镇译，重庆出版社 2009 年版。

［挪威］弗雷德里克·巴斯主编：《族群与边界——文化差异下的社会组织》，李丽琴译，马成俊校，商务印书馆 2014 年版。

［挪威］约翰·加尔通：《和评论》，陈祖洲等译，南京出版社 2006 年版。

［瑞士］斯蒂芬·赫克、［爱尔兰］克里斯琴·弗·米勒：《艾琳·格雷——爱尔兰建筑大师》，曹新然译，辽宁科学技术出版社 2005 年版。

［英］T. W. 弗里曼：《爱尔兰地理》，上海师范大学《爱尔兰地理》翻译组译，上海人民出版社 1977 年版。

［英］埃里·凯杜里：《民族主义》，张明明译，中央编译出版社 2002 年版。

［英］埃里克·霍布斯鲍姆：《民族与民族主义》，李金梅译，上海人民出版社 2000 年版。

［英］厄内斯特·盖尔纳：《民族与民族主义》，韩红译，中央编译出版

社 2002 年版。

[英] 罗伯特 – 基:《爱尔兰史》, 潘兴明译, 中国出版集团东方出版中心 2010 年版。

[英] 威廉·配第:《爱尔兰的政治解剖》, 周锦如译, 商务印书馆 1964 年版。

[英] 约翰·密尔:《论自由》, 陈崇华译, 商务印书馆 (北京) 1996 年版。

二 英文著作 (按作者姓氏首字母排序)

Alan F. Parkinson, 1972 and the Ulster Troubles: "A Very Bad Year", Published Dublin: Four Courts, 2010.

Basil Chubb, The Government and Politics of Ireland, London and New York: Longman, 1992.

Brian MacDonald, A Time of Desolation: Clones Poor Law Union 1845 – 1850, printed for the publisher, Clogher Historical Society, Enniskillen, by R. & S. Printers, The Diamond, Monaghan, Supported by the EU special programme for Peace and Reconciliation.

Brian O. Caoindealbhain, Citizenship and Borders: Irish Nationality Law and Northern Ireland, IBIS working paper no. 68.

Cadogan Group, Blurred Vision: Joint Authority and the Northern Ireland problem, Published Belfast: Cadogan Group, 1994.

Clones Erne East Area Strategy, Clones Erne East Partnership.

Colm Toibin, Walking Along the Border, Queen Anne Press, 1987.

Compiled by Clones Community Forum Ltd. , A Clones Miscellany.

Conflict in Northern Ireland: the History, the Problem, and the Challenge, D. P. Doumitt, Series American University Studies, Series IX. History; Vol. 5, published New York: P. Lang, c1984.

Cormac O. Grada and Brendan M. Walsh, Did (and does) the Irish Border Matter? IBIS working paper, No. 60.

D. P. Barritt, Northern Ireland, the Problem of a Divided Community: (a pa-

per) *read* 25*th January* 1972, Published Stockport: Manchester Statistical Society, 1972.

David Robert Spence Gallagher, *The Failure of Attempts to Solve the Northern Ireland Problem*: 1972 - 1980, Published Belfast, 1984.

Denis Barritt, *Northern Ireland-a Problem to Every Solution*, Published London: Quaker Peace & Service, in association with Northern Friends Peace Board, 1982.

Denis P. Barritt and Charles F. Carter, *The Northern Ireland Problem*: *a Study in Group Relations*, Published London: Oxford University Press, 1972.

Dr. M. W. Heslinga, *The Irish Border as a Cultural Divide*, Van Gorcum Assen, The Netherlands, 1979.

E. E. Davis and R. Sinnott, Attitudes in the Republic of Ireland Relevant to the Northern Ireland Problem, Vol. 1, *Descriptive Analysis and Some Comparisons with Attitudes in Northern Ireland and Great Britain*, Published Dublin: Economic and Social Research Institute, 1979.

Edited by Paddy Logue, *The Border*: *Personal Reflections from Ireland*, *North and South*, Oak Tree Press, Dublin, 1999.

Edited by Patrick Loughrey, *The People of Ireland*, first published and printed by the Appletree Press Ltd. in Belfast in 1988.

Editor William O'kane, *The Derrykerrib Story*: *Island Memories from Derrykerrib*, *Upper Lough Erne*, *County Fermanagh*, published by Derrykerrib Community Association, in conjunction with Irish World, Dungannon, 1996.

Editors: John Coakley and Liam O'Dowd, *Crossing the Border*: *New Relationships between Northern Ireland and the Republic of Ireland*, first published in 2007 by Irish Academic Press.

Harold Jackson; with additional material by Georgina Ashworth, *The Two Irelands*: *the Problem of the Double Minority*: *a Dual Study of Inter-group Tensions*, Published London: Minority Rights Group, 1979.

Harry Calvert, *The Northern Ireland problem*, Published London: United Nations Association, 1972.

Hastings Donnan & Thomas M. Wilson, *Borders: Frontiers of Identity, Nation and State*, first published in 1999 by Berg, Oxford/ New York.

Ian R. K. Paisley, *The Ulster Problem, Spring* 1972: *a Discussion of the True Situation in Northern Ireland*, Published Greenville, (S. C.): Bob Jones University Press, 1972.

Jack White, *Minority Report: the Protestant Community in the Irish Republic*, first published in 1975, Gill and Macmillan Ltd., Dublin.

James Hewitt, *The Irish Question*, first published in 1986 by Wayland Ltd., England.

John Agnew, *Making Political Geography*, first published in Great Britain in 2002. by Arnold, a member of the Hodder Headline Group, 338 Euston Road, London NW13BH.

John Coakley and Liam O'Dowd, *Crossing the Border: New Relationships Between Northern Ireland and the Republic of Ireland*, first published in 2007 by Irish Academic Press.

John Hickey, *Religion and the Northern Ireland problem*, Published Dublin: Gill and Macmillan, 1984.

Malcolm Anderson, *Frontiers: Territory and State Formation in the Modern World*, first published in 1996 by Polity Press, in association with Blackwell Publishers Ltd. in UK.

Michael Hughes, *Ireland Divided: the Roots of the Modern Irish Problem*, Published Cardiff: University of Wales Press, 1994.

Monaghan County Development Plan 2007 – 2013, Incorporating the Development Plans for the towns of Monaghan, Carrickmacross, Castleblayney, Clones & Ballybay.

Nigel P. Baylor, *Drummully: The Story of A Cross Border Parish.*

Paul Arthur, *Special Relationships: Britain, Ireland and the Northern Ireland Problem*, Published Belfast: Blackstaff, 2000.

Peader Livingstone, *The Monaghan Story: A Documented History of the County Monaghan from the Earliest Times to* 1976, Clogher Historical Society Enniskillen, 1980.

Peter and Fiona Somerset Fry, *A History of Ireland*, London and New York: Routledge, 1991.

Prepared by Members of Cumann Seanchais Chlochair, *The War of Independence in Monaghan*.

The Ulster Problem, Workers' Association, Published Belfast (10 Athol St., Belfast BT12 4GX): The Association, 1977.

Through the Years, *Community Development in Co. Monaghan*, by county Monaghan Community Network in 2008.

后　记

　　一个人的一生似乎有许多偶然，其实那都是必然。我们走过一生，不可能再回头重新选择一遍。因此，当写完这本书后，我细细地回忆，自己是怎样走进爱尔兰，以至于爱上这个遥远的国度。

　　思前想后，真的没有理由，那只是一个必然。

　　2006 年，当我第一次前往英国剑桥大学做短期访学，在夏天那些阴雨绵绵的日子里，在那里我第一次关注爱尔兰问题。最初抱着游历的态度，造访了北爱尔兰首府贝尔法斯特。那个城市给我留下了深刻的印象，那些曾经竖起隔离墙的街道，让每个人都想探寻它背后的故事。

　　2008 年，我再次前往爱尔兰岛，在梅努斯大学访学一年。在那些全年都阴冷多雨的日子里，其间我两次到访克朗内尔斯小镇，由此开始了在西方社会进行的第一次真正的田野调查。尽管对爱尔兰的气候有着种种不适，但我依然坚持没有放弃。

　　2014 年我又一次前往爱尔兰岛，并且直接进入小镇。这一次半个月的停留，天气格外好，在那些阳光灿烂的日子里，我终于完成了我的补充调研。

　　从 2006 年到 2014 年，8 年的时间匆匆而过，而我对爱尔兰的了解依然是星星点点。要研究一个国家，需要了解的东西实在太多。例如，对于爱尔兰的山川地理、历史文化、风土人情、政治制度等，都需要深入学习认真了解，而其中对于宗教知识的学习和了解，是我最为欠缺的，也是最为茫然的，直到今天，我依然不能完全理解罗马天主教和新教之间的人们为什么彼此不肯相互妥协。

　　为了对爱尔兰社会有更加深入的了解，我甚至想徒步穿越爱尔兰整个边界地区，当然这个梦想没有实现，我只能以车代步，匆匆走过整个爱尔兰岛的南方和北方。

从遥远的东方，来到遥远的西方，一下子进入西方人的社会，自己不适应，访问对象也不适应。如何以人类学的视野，开展对异国他乡的研究，始终困扰着我。来到爱尔兰，我在中国所有的田野经验几乎完全失灵，加之语言的隔膜，爱尔兰人特有的语音，经常让我摸不着头脑。而在爱尔兰进行边界问题研究，让我感受到了东西方的差异，也颠覆了我在东方对于边界调研的经验。在东方调研时，我只能站在边界一侧遥看边界另一侧，而在爱尔兰边界两侧，那是真正的开放，没有边防军，也没有海关检查站等，空旷的边界地带，甚至找不到几个边民，人们都在现代化的交通工具中匆匆赶路，似乎没有人在意那个真实而又虚幻的边界。在爱尔兰的田野，实际上是一次"经验之外"的田野。

中外历史上，苛求历史的人是自寻烦恼，歪曲历史的人是别有用心，回避现实的人是懦夫胆小鬼，只有尊重历史、正视历史、面对现实，我们才能解读历史。历史有个性，也有共性，我们完全可以把爱尔兰的历史看作是一部全人类发展史的微缩版，大同小异。我们必须承认，我们现有的一切，都是历史和现实的混血儿。我们所捍卫的自认为纯洁的所谓的"共同体"，事实上都不是我们想象得那么纯洁。对于人的共同体，只有纯洁的想象，绝没有纯洁的存在。

完成这本专著花费了我太多心血，中途曾数次准备放弃，其中的原因也实在太多。

自 2010 年获得此项国家社科基金一般项目立项后，原本以为可以顺利开展工作，但由于恰逢广西民族大学民族学博士点申报的关键时期，本人担任学院行政领导工作，并承担着民族学博士点建设的具体任务，主要精力出现位移，因此研究工作一直被耽搁。

2013 年广西民族大学获得民族学一级学科博士学位点之后，本人数次要求辞去院长行政职务的报告终于得到批准，此后才能专心教研工作，并继续完成本书的调研和写作工作。

本书是我第一次改变写作方法，尝试用西方人惯用的分节自由体写作。之所以如此，主要的原因有两点，一是调研内容本身比较零散和跳跃，按照刻板的写作框架难以成书；二是为了增强可读性，以这种自由松散文体表达，可以兼顾到民族志的基本描述和学术问题的严肃讨论。

无论如何，我已经尽心尽力了。我一直记得小镇上的人说，等你在中国出版了有关我们小镇的著作，记得一定要送给我们；我也一直记得帕迪老人说不要忘记我们。正是这些鼓励，让我最终完成了这本著作。

虽然走过许多国家，也在不同国家进行过长短不一的田野调查，但真正以人类学的视角，个人独立完成一部海外民族志式的著作，这还是第一次。但愿我的这本著作，能够为那些愿意了解爱尔兰社会的普通人，以及那些研究爱尔兰社会的人，提供一些帮助。

完成这样一部著作，即使静心闭关一年也不为过，但自己是在繁忙的工作和琐碎的生活节奏中，零敲碎打断断续续完成的。特别是在每天晚上临睡之前逐字修改完成的。虽然常常心烦意乱，甚至心力交瘁，但无人时，想想这些，也会被自己的坚持和坚强所感动。我想如果我们从来不曾被自己的行为感动过，也许真的辜负了生活。

本书的完成得益于中国国家留学基金资助的访问学者经费，以及爱尔兰国立梅努斯大学提供的学术津贴，中国国家社科基金项目支持的二次田野调查经费，在此我要特别感谢这些机构或基金在访学和调研资金上给予的支持。

在爱尔兰梅努斯大学人类学系访学期间，我得到系里所有教师给予的很大帮助，尤其是劳伦斯·泰勒（Lawrence Taylor）教授，阿卜杜拉·奥斯曼·埃尔－汤姆（Abdullahi Osman El-Tom）先生，以及迪尔德丽（Deirdre）和杰凯（Jacky）秘书。

特别感谢邀请我前往爱尔兰并担任我合作导师的劳伦斯·泰勒教授。我和我的家人在爱尔兰生活期间，他给予了我们很大的帮助，还专门为我的儿子安排了学校上学。

同样，我也特别感谢爱尔兰国立梅努斯大学的校长约翰·G. 休斯（John G. Hughes）教授和他的妻子吴新宇女士，感谢他们全家热情的欢迎晚宴，以及他们对我们日常生活的关心。

在克朗内尔斯小镇实地调查和后期写作期间，许多的人都给予我精神上的支持和专业知识上的帮助。他们包括：劳伦斯·泰勒教授；阿卜杜拉·奥斯曼·埃尔－汤姆博士；安迪·波拉克（Andy Pollak）先生；西蒙斯·阿斯金（Seamas O'Siochain）先生；安妮·诺兰（Anne Nolan）女士；卡瑟尔·奥尼尔（Cathal O'Neill）先生；玛丽·特雷纳（Mary Treanor）女士；迈克尔·特雷纳（Michael Treanor）先生；安·玛丽（Ann Marie）女士；帕迪·奥弗莱厄提（Paddy O'Flaherty）先生；尤金·考米基斯（Eugene Comiskey）先生；沃尔特·普林格尔（Walter Pringle）先生；黛德丽·凯丽（Deidre Kelly）女士；艾尔肯（Alken）先生；迈克尔·卡登（Micheal Cadden）先生；詹姆斯·西瑞恩（James Sheerin）先生；丹尼尔·麦克亚当（Daniel McAdam）先生；黛德丽（Deirdre）女士；黛德瑞·麦奎德（Deidrio McQuaid）女士；杰凯（Jacky）女士；董辉清先生；温玉先生。我衷心地感谢以上提及的所有人，以及我在克朗内尔斯小镇遇到的善良的人们，谢谢他们对我的帮助。

我还想借此机会感谢广西民族大学民族学与社会学学院的领导和老师，长期以来对我工作的支持和帮助！同时感谢课题组成员雷韵博士帮助我翻译了部分外文资料！

最后，我要感谢我的妻子覃美娟女士和儿子周宁远，感谢他们在爱尔兰陪伴我度过那漫长的冬日，以及对我日常生活上无微不至的照顾！

2015年2月，应哈萨克斯坦国立欧亚大学国际关系学院东方学系撒马尔主任的邀请，作为国际访问教授（visiting prof.）我有机会来到欧亚大学开展为期半年的教学活动。在此期间，学校为我提供了良好的工作条件，使得我能够静心写作，并得以最终完成本书书稿。在此特别感谢中央民族大学的吴楚克教授，以及欧亚大学的撒马尔主任、阿依努尔博士、吐尔逊教授、阿雅博士，还有欧亚大学孔子学院的潘麦玲老师！

著作中引用了许多学者的成果，绝大多数都有脚注标示，但一些基本常识、法律条文和历史事件脉络引用了普通读物、网络资料以及翻译文章中的内容，不能全部一一标注，在此一并予以说明！

由于各种原因，本书的出版一直拖延至今，但未做过多的修改，有些文献梳理和资料引用已显老旧，还望读者见谅。

2016 年 11 月，本人调入云南大学工作，感谢林文勋校长、王文光教授、方铁教授、李晨阳教授、段红云教授的关心和支持！感谢学科带头人何明教授，感谢民族学与社会学学院赵春盛书记、关凯院长、李晓斌书记、李志农副院长、马居里副院长以及马翀炜教授、高志英教授、郭建斌教授、马腾嶽教授、邓玉函老师、李丽双老师、张赟老师、朱敏老师、牛阁老师、赵海娟老师、陈雪老师等给予的帮助和支持！同时感谢我在云南大学的研究生杨啸、杨璐、王美莲、杨猛、田丽娟、赵长雁、许爱坤、刘静瑶、朱芳圻、王燕、杨琴、林豆帮助我完成许多教学、科研和日常差旅琐碎事务！本书的出版，得到云南大学民族学一流学科建设经费资助，以及李志农副院长、赵海娟老师的积极协调和热情帮助；同时，也得到中国社会科学出版社王莎莎责编的大力支持，在此一并表示衷心的感谢！

周建新

2020 年 6 月 18 日

于中国昆明